东北农业大学
现代农业发展研究中心
农村合作经济创新团队

农村合作经济丛书

农民合作社高质量发展研究

HIGH QUALITY DEVELOPMENT OF FARMER COOPERATIVE

郭翔宇　霍雨佳　刘二阳　姚江南 等　著

中国农业出版社
北　京

图书在版编目（CIP）数据

农民合作社高质量发展研究 / 郭翔宇等著. —北京：中国农业出版社，2024.5
ISBN 978-7-109-32011-6

Ⅰ.①农… Ⅱ.①郭… Ⅲ.①农业合作社—发展—研究—中国 Ⅳ.①F321.42

中国国家版本馆 CIP 数据核字（2024）第 110040 号

农民合作社高质量发展研究
NONGMIN HEZUOSHE GAOZHILIANG FAZHAN YANJIU

中国农业出版社出版
地址：北京市朝阳区麦子店街 18 号楼
邮编：100125
责任编辑：赵　刚
版式设计：小荷博睿　　责任校对：张雯婷
印刷：北京中兴印刷有限公司
版次：2024 年 5 月第 1 版
印次：2024 年 5 月北京第 1 次印刷
发行：新华书店北京发行所
开本：700mm×1000mm　1/16
印张：21.5
字数：410 千字
定价：168.00 元

农村合作经济丛书

编委会

前言

FOREWORD

2016年4月24日，习近平总书记在黑龙江省考察时指出，农业合作社是发展方向。早在任浙江省委书记时，习近平就曾指出，发展农村新型合作经济，是促进现代生产要素投入农业和现代生产方式改造农业、促进现代农业发展的一个重要选择；是在坚持和稳定农村基本经营制度基础上，进一步推进农业经营体制创新、完善农村生产关系的一项重要举措；是政府转变农业管理职能，有效落实对农业农村的支持保护政策的一种有益尝试。在2006年12月19日召开的浙江省发展农村新型合作经济工作现场会上，习近平强调，要把建立和发展农民专业合作、供销合作、信用合作“三位一体”的农村新型合作经济，作为推动现代农业发展的重要举措，使这项工作成为解决“三农”问题的一个重要途径。

我国农村新型合作经济，是在农村改革之后发展起来的，作为其主要组织形式的农民专业合作社是在20世纪90年代初开始出现的。2007年，《中华人民共和国农民专业合作社法》颁布实施之后，农民专业合作社步入快速发展轨道。截至2022年底，全国农民合作社达到222.9万家，入社农户超过1亿户，占全国农户总数的近一半。农民合作社业务范围涵盖粮棉油、肉蛋奶、果蔬茶等主要产品生产以及农机、植保、水利、资金、信息、休闲农业等多个领域，并展现出股份合作、资金互助合作、农民用水合作、合作社再联合等多种组织形式。农民专业合作社，作为重要的新型农业经营主体和农业社会化服务主体，在农业现代化过程中做出了重要贡献，特别是在促进农业规模经营、推动农业供给侧结构性改革、带动农民收入增长中发挥着越来越突出的作用。

东北农业大学作为国家“211工程”重点建设大学和国家“双一流”建设高校，坚持立足“三农”，面向全国，积极服务国家和地方现代农业建设以及农村发展与乡村振兴的办学定位，所属相关学院积极从事涉农人才培养、科学研究和社会服务工作。其中，经济管理学院一直重视农村合作经济发展的理论和政策研究，早在1997年就在农业经济管理学科下设立农村合作经济研究方向，招收硕士研究生，2000年开始招收博士研究生，2003年开始招收博士后研究人员。截至目前，先后有5名博士后研究人员、11名博士研究生、32名硕士研究生完成或正在进行农村合作经济领域的博士后工作报告和学位论文研究工作。1998年，东北农业大学成立农村经济与社会发展研究中心，下设农村合作经济研究所。2004年，研究中心入选黑龙江省哲学社会科学研究基地，2007年入选黑龙江省普通高校人文社会科学重点研究基地，2017年入选黑龙江省重点培育智库，2020年入选黑龙江省高端智库。2012年，东北农业大学农村合作经济与现代农业发展创新团队入选黑龙江省高等学校哲学社会科学创新团队。在过去的20多年里，东北农业大学农村合作经济团队先后主持完成国家社会科学基金项目、国家自然科学基金项目、国家软科学计划研究项目重大、重点、一般项目10余项，主持完成教育部、农业农村部及黑龙江省各类科研课题40余项，发表相关领域学术论文100余篇，相关科研成果获黑龙江省社会科学成果一等奖、二等奖10余项，学术专著《农村合作经济：组织、效率与国际比较》被评为中国合作经济学会“新中国成立70年合作经济优秀著作”、中国生产力发展优秀理论成果。

本套丛书是本团队主要成员郭翔宇、颜华、张梅和所指导研究生长期研究的成果，包括《农村合作经济：组织、效率与国际比较》《农产品供应链与农民专业合作社绩效优化研究》《农民用水合作组织：成员行为、组织绩效与激励机制》《农机合作社运营效率与治理机制研究》《农民合作社高质量发展研究》等五部专著。其中，《农民合作社高质量发展研究》是在郭翔宇指导的博士研究生霍雨佳（安庆师范大学）、刘二阳（郑州大学）和硕士研究生姚江南（东北农业大学）、万博文（东北农业大学）完成的学位论文基础上经修订而成的一部学术专著，是全国文化名家暨“四个一批”人才工程项目“农民合作社、农地流转与农业现代化研究”的阶段性成果之一，霍雨佳撰写上篇第二章至第七章，刘二阳撰写第一章和中篇第八章至第十四章，姚江南和万博文撰写下篇第十五章至第十九章。

与发达国家相比，目前我国的农民合作社还存在着规模较小、实力较弱、服务能力偏低以及运行不规范等问题。在今后促进农民合作社数量扩张与规范运行的发展过程中，需要更多的专家学者和实际工作者一起跟踪深化研究和进行实践探索。

作者

2023 年 12 月

目录

CONTENTS

下篇　农民合作社效率测度及其影响因素研究

导 论

高质量发展，是党的二十大报告中强调的“全面建设社会主义现代化国家的首要任务”，是中国式现代化的一条本质要求。目前，中国已经走过“唯总量论英雄”的时代。创新发展、协调发展、绿色发展、开放发展、共享发展，是高质量发展的基础。站在历史唯物主义和辩证唯物主义的视野观之下，高质量发展是正确把握“质”与“量”关系的发展，是立足中国国情、顺应时代的发展。

一、农民合作社高质量发展的内涵

（一）高质量发展

2017 年，党的十九大报告提出“经济高质量发展”概念后，众多学者对经济高质量发展的概念进行了大量的研究。学者们对经济高质量发展内涵的定义不尽相同，但涵盖的基本内容和研究方向大致相同，学者们主要从五大新发展理念角度、质量效率动力角度以及中国社会矛盾变化等角度来研究。一是将经济、政治、社会、文化、生态五位一体作为经济高质量发展的研究标准。任保平等研究认为，经济高质量发展除了要重视最基本的经济总量的增长，还要注重经济发展的质量和经济结构的优化①。二是以创新、协调、绿色、开放、共享新发展理念作为高质量发展的衡量标准。三是从质量变革、效率变革、动力变革等角度研究经济高质量发展。

高速度发展到高质量发展是一个量变到质变的过程，习近平总书记在参加十三届全国人大四次会议青海代表团审议时的讲话中指出，高质量发展的科学内涵是“能够很好满足人民日益增长的美好生活需要的发展，是体现新发展理念的发展”。因此，谈高质量发展，不谈新发展理念不行。构建新发展格局要

① 任保平，文丰安．新时代中国高质量发展的判断标准、决定因素与实现途径［J］．改革，2018（4）：5－16.

遵循创新、协调、绿色、开放、共享的新发展理念，这五大发展理念是习近平总书记2015年10月在中国共产党十八届五中全会上提出来的，被称作“新发展理念”。改革开放以来，中国基于社会主义初级阶段的基本国情，确定中国社会的主要矛盾是人民群众日益增长的物质文化需要与落后的社会生产之间的矛盾。进入新时代，中国社会主要矛盾已经转化为人民日益增长的美好生活需要和不平衡不充分的发展之间的矛盾，发展中的矛盾和问题集中体现在发展质量上。不平衡不充分的发展就是发展质量不高的表现。这就要求必须把发展质量问题摆在更为突出的位置，着力提升发展质量和效益。

在党的二十大报告中，习近平总书记强调：“没有高质量发展，就谈不上社会主义现代化。”对于如何牢牢把握高质量发展这个首要任务，习近平总书记在十四届全国人大一次会议江苏代表团审议时指出：一是“必须完整、准确、全面贯彻新发展理念”。二是“必须更好统筹质的有效提升和量的合理增长”。三是“必须坚定不移深化改革开放、深入转变发展方式”。四是“必须以满足人民日益增长的美好生活需要为出发点和落脚点”。这“四个必须”是准确理解并全力推进高质量发展的重要抓手，体现了党对经济社会规律性认识的深化与发展。这些精准论述为推动高质量发展提供了根本遵循和科学指引。

基于上述分析，可以发现，“高质量发展是指能够很好满足人民日益增长的美好生活需要的发展，是体现新发展理念的发展”。此外，梳理已有研究，总结高质量发展具有以下几点特征：一是高质量发展要坚持质量第一、效益优先的理念，真正实现有效益、有质量、可持续的发展；二是高质量发展内容具有多维性和丰富性，创新、协调、绿色、开放、共享的新发展理念成为对新时代高质量发展的新要求，这也是是否实现高质量发展的评价准则；三是高质量发展具有可持续性，要以人民幸福安康作为推动高质量发展的最终目的。系统性地创造发展优势，走符合实际和具有特色的道路，以各种有效和可持续方式满足人民不断增长的多方面需要，是高质量发展的本质性特征。

（二）农民合作社高质量发展

农民合作社高质量发展与整体经济高质量发展以及其他行业高质量发展还不完全相同。对农民合作社高质量发展概念的定义需要充分考虑到农民合作社的独特性和特殊性。本书通过梳理上述学者对高质量发展的研究，结合新发展理念、农民合作社发展原则、政府指导文件、政策法规和农民合作社发展方式、现状及实现目标等，来界定农民合作社高质量发展这个核心概念。

首先，农民合作社的高质量发展是中国高质量发展一个极其重要的方面，具有基础性地位，关乎国家粮食安全、乡村振兴和农业农村现代化目标能否成功实现。从某种意义上来讲，农民合作社高质量发展是高质量发展理念在农业领域的实践与延续，是新时期中国高质量发展目标的具象化和深度化。

其次，农民合作社高质量发展应坚守合作社发展的基本原则。农民合作社发展原则是合作社成员所制定的在实践中所遵守，被证明是行之有效的、用来指导合作社发展的行为规范。农民合作社发展原则是合作社经济组织本质特征的体现，它提供了合作社经济组织制度的制定标准。即农民合作社高质量发展应坚持“自愿和开放”的社员原则，“社员的经济参与”原则，“自治、自立”原则，“社员民主控制”原则，教育、培训和信息服务原则，“合作社间的合作”原则，以及“关心社区”原则。

此外，推动农民合作社高质量发展必须贯彻新发展理念。要坚持从农民合作社的根本目的、问题导向等方面把握创新、协调、绿色、开放、共享的新发展理念，准确、全面地贯彻新发展理念。要聚焦完善农民合作社运行机制，持续深化综合改革，增强内生动力，提高组织生产经营效率。要进一步加强与农民的利益联结，不断夯实为农服务的基础。

最后，农民合作社高质量发展应基于《中华人民共和国农民专业合作社法》（以下简称《农民专业合作社法》）和相关政府文件的要求。新时代党和政府对农民合作社发展质态提出了更高层次要求。党的二十大擘画了以中国式现代化全面推进中华民族伟大复兴的使命任务，对新时代新征程“三农”工作作出“全面推进乡村振兴”“加快建设农业强国”“建设宜居宜业和美乡村”等一系列重要决策部署。新时代农民合作社高质量发展，必须主动将自身发展放在党和国家事业全局，将党和国家的重大战略细化到农民合作社发展过程中。为了更好地适应并促进社会向更高质态的发展轨道跃迁，农民合作社高质量发展更关注于农民合作社所提供服务的使用价值与其示范带动效应，以更好地满足人民日益增长的美好生活需要。

基于上述分析，本书提出农民合作社高质量发展的基本概念：新时代背景下农民合作社高质量发展是以提升合作社规范化水平为基础，以提高合作社经营效率为首要目标，以示范带动当地“三农”发展、推动共同富裕为最终目的的可持续发展。

二、农民合作社高质量发展的特征

（一）规范化运营

规范化运营是农民合作社高质量发展的基础。提升农民合作社规范化水平是农民合作社高质量发展的前提和基础，也是当前和今后一段时期最为迫切的任务。合作社规范化运营是其高质量发展的“生命线”，农民合作社高质量发展应以资源和资产的产权明晰为出发点，产权制度的完整性直接影响农民合作社的发展质量。提升农民合作社规范发展水平，是维护农民合作社成员合法权益、增强农民合作社内生发展动力的客观要求。已有的经验表明，农民合作社发展的速度和规模不是问题，关键是如何规范提升、促进良性发展，牢牢把握住质量和效益这条生命线。

（二）经营效率提升

提升合作社的经营效率是合作社高质量发展的目标。农民合作社高质量发展是适应市场经济发展的，要以提高经营效率为目标。不以规模和数量论英雄，以质量和效益论英雄，在提高质量和确保效益的前提下加快发展，防止重数量轻质量。只有坚持规范运营、效益优先，才能提高农民合作社的竞争力。诺斯在《经济史中的结构与变迁》中提出，有效率的经济组织是经济增长的关键，是西方世界兴起及由传统农业社会向现代社会成功转型的原因。2018年，习近平总书记在中央政治局第八次集体学习时指出："要突出抓好农民合作社和家庭农场两类农业经营主体发展，赋予双层经营体制新的内涵，不断提高农业经营效率"。因此，农民合作社高质量发展的首要目标是提升合作社组织的经营效率。

（三）示范带动农业发展

示范带动农业发展是农民合作社高质量发展的最终目的。农民合作社高质量发展是向着示范带动、共同富裕和现代化方向发展的。党的十九大指出，"实现小农户和现代农业发展有机衔接"具有丰富的政策内涵。党的十八大以来，新型农业经营主体和服务主体呈快速发展之势，农民合作社已经成为不可忽视的农业生产服务主体。农民合作社的示范带动能力是农民合作社高质量发展的出发点和归宿，也是联农助农富农的真正体现。

农民合作社是通过使用共同拥有的资产和资源，通过合作与联合实现共同发展。乡村振兴最主要的实现形式就是通过农民合作社等各种组织，实现生产、加工、流通、销售、宣传和服务。合作社这种实现形式不仅是劳动力的聚集，还是土地、资本、服务和技术的聚集，要素的合作和联合最终带来以合作社形式实现规模化生产、加工、流通、销售、宣传和服务，进而带动周边产业发展。因此，农民合作社高质量发展的最终目标和长期目标是向着示范带动、共同富裕和现代化方向的发展。

三、农民合作社高质量发展的重要意义

进入新时代，我国社会主要矛盾发生了变化，约束条件和外部环境也发生

了重大改变，社会经济发展不能走专注数量和速度的老路子，必须与时俱进，顺势而为，走质量优先的新道路。当前，我国经济已由高速增长阶段转向高质量发展阶段，守住“三农”战略后院，发挥好压舱石和稳定器的作用，必须大力推动农业高质量发展。农民合作社的规模化、集约化、组织化程度较高，是未来现代农业经营的重要方式和必然趋势，在推动农业高质量发展中承担重要使命。从实践看，农民合作社高质量发展是全面建设社会主义现代化国家的需要。新时代背景下，农民合作社高质量发展具有重要意义。

（1）作为中国特色社会主义农村经济的“顶梁柱”，农民合作社高质量发展直接关系乡村的经济高质量发展能否成功实现。经济从高速增长阶段转向高质量发展阶段是中国特色社会主义迈入新时代的鲜明特征，而经济高质量发展归根结底需要通过各类企业、组织高质量发展予以实现。

（2）农民合作社高质量发展，对于推进农业现代化、实现乡村全面振兴意义重大。习近平总书记指出，发展多种形式适度规模经营，培育新型农业经营主体是建设现代农业的前进方向和必由之路。在全面推进乡村振兴过程中，农民合作社是推动农业现代化的新型组织形态，是促进农村经济社会发展的重要动力，是实施乡村振兴战略的重要力量及主要载体。

（3）农民合作社高质量发展对于解决社会问题、创造社会价值具有重要意义。农民合作社高质量发展要求农民合作社坚持社会价值本位而非纯粹合作社利益最大化的发展理念，以社会价值为引领，置身于经济社会发展大局中定位自身的角色与使命，洞察、预知、挖掘社会需求，推动社会的发展。

四、主要研究内容与理论框架

在系统地梳理农民合作社高质量发展内涵、特征的基础上，本书分别从农民合作社主导农产品供应链、资本禀赋对农民合作社高质量发展的影响、农民合作社效率测度及其影响因素三个方面开展学术研究，为提升合作社发展质量，推进合作社高质量发展进程提供决策参考。

本书上篇为合作社主导的农产品供应链研究。首先，采用案例分析和扎根理论的方法对农民合作社主导的农产品供应链的特征、存在问题进行梳理。其次，构建农民合作社主导的农产品供应链系统并进行仿真模拟，分析系统内构成要素间的相互关系，讨论不同情境下系统的稳定性。再次，构建农民合作社、加工企业和销售企业的三方演化博弈模型，并研究供应链协同合作机制。最后，构建分散决策和集中决策两种模式下的农产品动态定价模型，讨论主要参数对供应链整体利润的影响，设计收益共享协调契约，并提出农民合作社主导的农产品供应链系统优化的具体路径。

本书中篇为资本禀赋对农民合作社高质量发展的影响研究。首先，界定农民合作社资本禀赋、农民合作社高质量发展的概念与内涵。其次，分析黑龙江省农民合作社的总体发展现状，构建农民合作社资本禀赋测度指标体系，并测算样本农民合作社的资本禀赋水平。再次，以农民合作社资本禀赋为核心切入点构建农民合作社高质量发展的驱动机制逻辑框架，并基于理论分析阐明资本禀赋对农民合作社高质量发展的影响机理。最后，利用黑龙江省371家粮食种植类农民合作社的调研数据对影响机理进行实证检验。

本书下篇为农民合作社效率测度及其影响因素研究。首先，在界定农民合作社概念和农民合作社效率内涵的基础上，依据相关理论和实地调研经验，构建了农民专业合作社效率影响因素组态分析框架。其次，借鉴现有的合作社效率测度研究成果，选取合理的投入、产出与外部环境变量，应用三阶段DEA方法客观准确地测度样本合作社的效率。再次，以三阶段DEA测度的合作社综合效率值为结果变量，使用fsQCA方法探究合作社高效率或低效率的影响因素组态路径。最后，补充信贷约束要素，实证探究信贷约束对农民专业合作社绩效的影响。

上篇

农民合作社主导的农产品供应链研究

第一章 引 言

一、研究背景与问题的提出

“十四五”时期是开启全面建设社会主义现代化国家新征程的第一个五年，也是全面推进乡村振兴、加快农业农村现代化的关键五年。2021 年，中央经济工作会议和中央农村工作会议均指出，要逐步形成国内国际双循环的新格局，需要增强产业链供应链自主可控能力，维持产业链供应链稳定。党的二十大报告提出，要着力提升供应链韧性和安全水平。农业作为基础产业，始终是国家发展的基石，维持农产品供应链稳定是适应经济发展要求，符合农业现代化发展方向的必然选择。优化农产品供应链更是促进国内国际双循环新格局形成的重要举措。全球农产品供应链体系的逐步完善与发展，对农产品贸易起到一定的推动作用。据《2020 年世界农产品市场状况》显示，世界农产品贸易量从 1995 年至 2018 年已实际增长一倍以上，贸易额从 1995 年的 6 800 亿美元增至 2018 年的 1.5 万亿美元，这一时期农产品贸易量在商品贸易总量中平均占比为 7.5%。国际贸易催生了经济全球化，世界各地的农产品需求与供给已经紧密相连，在经济全球化的大背景下，我国农产品供应链早已成为全球农产品供应链不容分割的重要组成部分。

习近平总书记在党的十九大报告中强调了供应链创新与应用作为经济转型升级的重要性。2017 年 10 月 13 日，国务院办公厅发布的《关于积极推进供应链创新与应用的指导意见》，明确指出要将供应链创新与应用作为经济转型升级的重要抓手。2018 年，中央农村工作会议提出要加快构建现代农业生产体系、经营体系和产业体系。构建现代农业产业体系是乡村振兴的关键。习近平总书记强调，要依托农业农村特色资源，推动乡村产业全链条升级，同时，多次提出要因地制宜支持发展农民合作社等新型农业经营主体。2020 年 3 月，农业农村部发布《新型农业经营主体和服务主体高质量发展规划（2020—2022 年）》鼓励各类服务主体与服务主体之间或者与经营主体之间，围绕同一产品或者同一产业的供应链，以服务、技术、资金等要素为纽带，进行联合与合作，实现相互融合，功能互补，切实提升产业的整体质量和效益。2022 年农业农村部有关领导强调，建设农业强国关键要全面提高农业产业体系的韧性和稳定性。2022 年 2 月 18 日，农业农村部发布《创新农副产品供应链模式推进农业高质量发展》，围绕供应链优化，打造统一、安全、高效、协同的农副产品供应链系统，实现生产者、消费者及其他服务者于一体的跨行业、跨区域产业联盟。2022 年，农业农村部办公厅发布《农业品牌精品培育计划（2022—2025 年）》，强调支持新型农业经营主体创建品牌和服务品牌，打造知名特色农产品品牌，完善供应链、提升价值链，提升农产品价值和服务效益。可见，供应链管理的理念正在逐步渗入新型经营主体的管理模式中来。供应链管理强调供应链上的各节点组织集中各自的优势资源专注于核心业务，非核心业务则与供应链上的其他节点组织协同合作，实现横向一体化。在鼓励供应链创新和乡村振兴的大背景下，探索如何推进农产品供应链创新对于构建现代农业产业体系、发展壮大乡村产业、促进农村产业振兴和实现农民共同富裕具有重要的现实意义。

农产品供应链创新管理是增强农产品供应链上节点企业市场竞争力的战略选择，也为农产品市场经济发展提供了新的增长点。我国作为农产品生产和消费大国，当前的农产品流通体系呈现出多渠道、多主体、多区域并存的基本特征。农产品供应链是农产品流通现代化的重要体现，其中包括流通主体的组织化、管理方式的先进化和信息技术的畅通化。农产品供应链将农产品生产者与消费者联结起来，是传统要素和现代要素的有机结合点。但是，我国农产品供应链的运行过程中“小农户与大市场”之间的矛盾一直存在，这严重影响了农业增效和农户增收。另外，传统的农产品供应链模式中，中间商的利润往往较高，农产品生产者在农产品供应链中处于弱势地位，从而引发“菜贱伤农”“菜贵伤民”的现象。在愈发多元且开放的农产品市场中，农业生产趋向市场化、产业化、信息化，生产端主动融入农产品供应链且主动占据供应链主导地位，既有利于其获取优质农业资源，打破传统大型企业垄断局面，提高农产品贸易的话语权和定价权，更有助于深化农业对外合作，保障国家粮食安全，提高重要农产品的供给韧性。

农民合作社作为农产品供应链的节点组织之一，随着其自身规模的扩大和内部管理的规范化发展，依靠组织力量逐渐深度融入农产品供应链建设，并凭借特色农产品等资源优势，已经有能力占据供应链的核心位置。美国农产品供应链大多以农民合作社为主导，农民合作社通过配送中心实现产销一体化，产地直销降低物流成本，逐步强化其供应链上的主导地位。农民合作社在美国的农业发展中，占有举足轻重的地位，近 80％的加工农产品来源于合作社，

70%的农产品出口来源于合作社，且农民合作社总体数量呈下降趋势，单个合作社规模和营业额呈上升趋势。丹麦通过农民合作社，将农业种植养殖与农产品深加工、农产品销售甚至售后环节结合起来，农民合作社主导全过程的农产品供应链，推动丹麦有机农业发展至全球领先水平。

从一些农业强国的农产品供应链发展经验来看，虽然传统小农户缺乏议价能力，在农产品定价上更处于弱势地位，但农民合作社作为小农户和大市场对接的有效载体，不仅能够提供技术服务，更能够通过特色农产品的合理定价，在为农民争取到更多利益的同时为供应链整体创造更多利润。农民合作社的发展能够增强农产品的供给能力和市场竞争力，提高农户的市场谈判地位和综合获利能力。在发展中国家，农民合作社也逐渐融入农产品供应链中，帮助小农户实现规模经济，依靠组织力量获得市场交易地位的提升，解决农产品向下游企业的销售难题。许多国家的农民合作社不仅代表农民的利益，更是政府、市场、农民之间的桥梁，在供应链中发挥主导作用。

近年来，我国农民合作社作为重要的新型农业经营主体之一发展态势良好，据农业农村部农村合作经济指导司统计，截至 2022 年底，全国农民合作社数量达到 222.9 万家，辐射带动近一半农户。农民合作社也逐渐由数量快速增长向质量逐步提升转变，其发展对农村区域经济也起到一定的辐射和带动作用，农村发展前景广阔，蕴含着巨大的消费潜力和发展潜力。根据农业农村部数据，近年来，农民合作社的服务带动能力持续增强，经营水平不断提高。截至 2021 年，31.3 万家农民合作社面向小农户提供专业化社会化服务，9.3 万家农民合作社出资创办实体企业发展加工、流通、销售，10.8 万家农民合作社取得注册商标打造品牌，通过农产品质量认证的农民合作社有 5.5 万家。农民合作社为社员所提供的经营服务总值超过 8 800 亿元，社员人均享受合作社统购统销服务额约 1.4 万元。农民合作社逐渐成为带领小农户参与国内外市场竞争的关键力量。通过壮大合作社的发展，可以缓解强势企业资本与弱势农产品生产者之间的不平衡竞争问题，为农民在农产品市场竞争中获取合理的收益分配奠定了一定基础。据 2019 年，国家示范社发展指数研究报告显示，我国共评选出 2 186 家农民合作示范社，其中众多合作社都具备较强的核心竞争力。随着示范社规模的不断扩大，其在农产品供应链中的影响力不断提高，获得的供应链收益分配的比例也逐步增加，领导权逐渐上移，进而成为供应链运行中的核心组织。农业农村部管理干部学院和中国农村合作经济管理学会联合发布的《国家农民合作社示范社发展指数（2020）研究报告》显示，国家示范社发展水平进一步提升，截至 2021 年 11 月底，县级以上示范社已有 16.8 万家，示范社成员出资总额均值为 600.4 万元，经营收入均值为 1 514 万元；69.94%的理事长学历在高中及以上，聘用技术、销售等工作人员数量平均约

14人，带动非成员农户数量平均为778户；拥有注册商标数量均值为1.18个，拥有农产品质量认证数量均值为2.23项。国家示范社已成为全国农民合作社中最具经济实力、发展活力和带动能力的榜样群体。“十三五”期间国家鼓励多地因地制宜发展农民合作社，利用当地特色产业，打造区域品牌。党的二十大报告再次强调，发展乡村特色产业，发展新型农业经营主体，拓宽农民增收致富渠道。

基于以上现实背景，在国家宏观政策的引导下以及农民合作社日益壮大的作用下，农民合作社主导的农产品供应链具有其出现的必然性和可行性：从消费端来看，消费者膳食结构在经济增长、技术进步等因素的驱动下逐渐转变，对优质加工产品的需求逐步上升，这一趋势影响着农业生产，要求生产端产出标准化程度高、特色化程度高的优质农产品。部分特色优质的农产品凭借高质量和品牌影响力占领较大的市场空间。特色农产品的品质与生产主体和产地密切相关，仅靠传统小农户生产难以满足消费者日益提高的农产品要求。通过农民合作社来控制农作物标准化种植，对农产品质量和安全进行全供应链把控更符合消费者的需要。从供应链发展来看，根据供应链核心组织演化漂移理论，占据供应链核心资源的节点组织将逐步成为供应链核心组织，主导供应链运营。农民合作社掌握着农产品种植的核心资源禀赋，特别是在一些仅需要初级加工的特色农产品供应链上，产品的核心竞争力来自农民合作社产出的农产品的特色程度，农民合作社占据供应链上的核心地位顺应供应链演化规律，能够更好地促使供应链稳定和健康发展。从农业发展来看，市场信息获取难和交易成本高是发展中国家农业市场发展薄弱的重要原因，农民合作社成为供应链的核心组织能够更好地掌握并控制供应链信息流动，改变合作社传统的盲目生产为按需生产，降低信息搜寻成本和市场交易成本，可促进供应链利润分配更合理，增加农民合作社收益，为合作社全体社员谋取更大利益。因此，农民合作社占据农产品供应链的主导地位将会是未来的发展方向。

农民合作社主导的农产品供应链的形成需要具备一定的条件。由于近年来农产品“逆技术”发展趋势明显，消费者越来越青睐有特色的、健康的甚至是生产方式原始的农产品，众多消费者对地方的乡土特产更是情有独钟，因此部分农民合作社在不加工或初加工的特色农产品供应链中越来越多地具备成为核心组织的优势。五常大米、焦作铁杆山药、正阳花生、富平柿饼、洛川苹果等一系列地域特色鲜明的农产品品牌深受消费者偏爱。近年来，农业农村部实施品牌强农战略，在《农业品牌打造实施方案（2022—2025年）》中强调，提升农产品品牌特色化差异化，坚持农产品质量第一，特色优先。可见，特色农产品在市场中竞争力愈发增强。截至2021年9月，我国已认定308个中国特色农产品优势区和667个省级特色农产品优势区，增强了绿色优质中高端农产品供给能力，培育了一批地理标志农产品品牌。特色农产品优势区是农产品品牌建设的重要载体。但是，从整体看，我国农产品品牌发展还处于产品多、品牌少，普通品牌多、知名品牌少的阶段。特色农产品生产、农产品品牌建设与新型农业经营主体的关系密不可分，农民合作社在推动农产品品牌建设中发挥着重要的作用。尤其对于具有地理标志农产品品牌的特色农产品来说，特色度主要源于农产品生产端的先天优势，受生产地域限制，着重强调在最适宜的地方生产最适宜的农产品，以此保证农产品的特色度。农民合作社处于供应链的生产端，占据着优势自然资源和地理标志品牌，通过规模化、标准化生产，统一销售和产品溯源，更好地保证了农产品的品质和特色度。初步研究发现，当农产品供应链的核心资源从客户资源逐渐转移到初级农产品的特色程度上，供应链为主营特色农产品的响应型供应链时，农民合作社在供应链上的核心竞争力增强，逐步演变为供应链上的核心组织。由于具备供应链上的核心资源禀赋，农民合作社具有供应链上的产品研发权、品牌控制权、优先定价权、品质把控权和监督权。实地调研发现，黑龙江克山县“仁发现代农业农机专业合作社”、云南龙陵县“云山深处高原特色发展专业合作社”、河南省舞钢市“旭超果蔬专业合作社”等当前国内发展较好的农民合作社都在其参与的部分供应链中成为供应链的核心组织且发挥着主导作用。

就现实情况来看，农民合作社主导的农产品供应链虽然已经存在，但占比仍然较少，已经存在的供应链系统稳定性有待加强。供应链运行过程中受到扰动因素的影响，可能导致供应链个别或部分“链节点”断裂，致使整条供应链崩溃，这也是导致当前这类供应链占比较低的重要原因。目前，农民合作社主导的农产品供应链的形成及稳定运行缺乏一定的理论指导，并且这一类型的供应链未能在其发展过程中最大程度凸显其现实作用和实际价值。从合作关系上看，农民合作社与下游的加工企业、销售企业之间合作时长较短，合作关系松散，彼此间信任程度不高，难以实现信息共享。从收益分配上看，农民合作社在农产品的品质及特色程度等方面的付出为农产品带来了增值空间，但供应链上大部分收益都流向了后端。供应链上出现农产品生产端低价售出，消费者高价购买的现象，长此以往会降低生产端积极性和消费者购买欲。可见，在其运行过程中由于多方面因素产生了主体合作关系松散和收益分配不协调的问题，导致农民合作社主导的农产品供应链运行不稳定，这归根结底是效率与公平的问题。我国提出“效率优先，兼顾公平”的价值目标，习近平总书记强调，要在高质量发展中促进共同富裕。由此可知，效率与公平是相互依存、相互促进的，效率是公平的物质前提，公平是提高效率的保障。2021 年，国务院发布《关于进一步加强农产品供应链体系建设的通知》强调，要提高农产品供应链上下游协同性和运行效率。从供应链的发展角度来看，就是要通过各节点组织间的协同合作促进生产力的发展，为农产品供应链整体创造更多的收益，进而通过收益协调实现收益公平分配，调动各主体的经营积极性，促进各节点组织收益增加，实现供应链上各主体的帕累托改进。换句话说，就是先通过协同合作将蛋糕做大，再对蛋糕进行合理公平的分配，达到收益协调，最终促进供应链系统稳定运行实现供应链节点组织的帕累托改进。

那么如何促进更多农民合作社主导的农产品供应链形成并通过系统优化实现供应链上各节点组织的帕累托改进？本研究亟须按照供应链“形成—发展—稳定”的发展规律探究以下几方面具体问题：首先，农民合作社主导的农产品供应链形成的理论逻辑是什么？其次，已有的农民合作社主导的农产品供应链有哪些特征、存在什么实际问题？另外，如何构建农民合作社主导的农产品供应链系统模型验证其运行中出现的问题并分析原因？最后，如何从协同合作和收益协调两方面对供应链进行系统优化？以此来为更多农民合作社主导农产品供应链提供指导，力求通过系统优化实现供应链及供应链上各节点组织的帕累托改进，促进供应链系统稳定有序运行。本研究思路如图 1－1 所示。

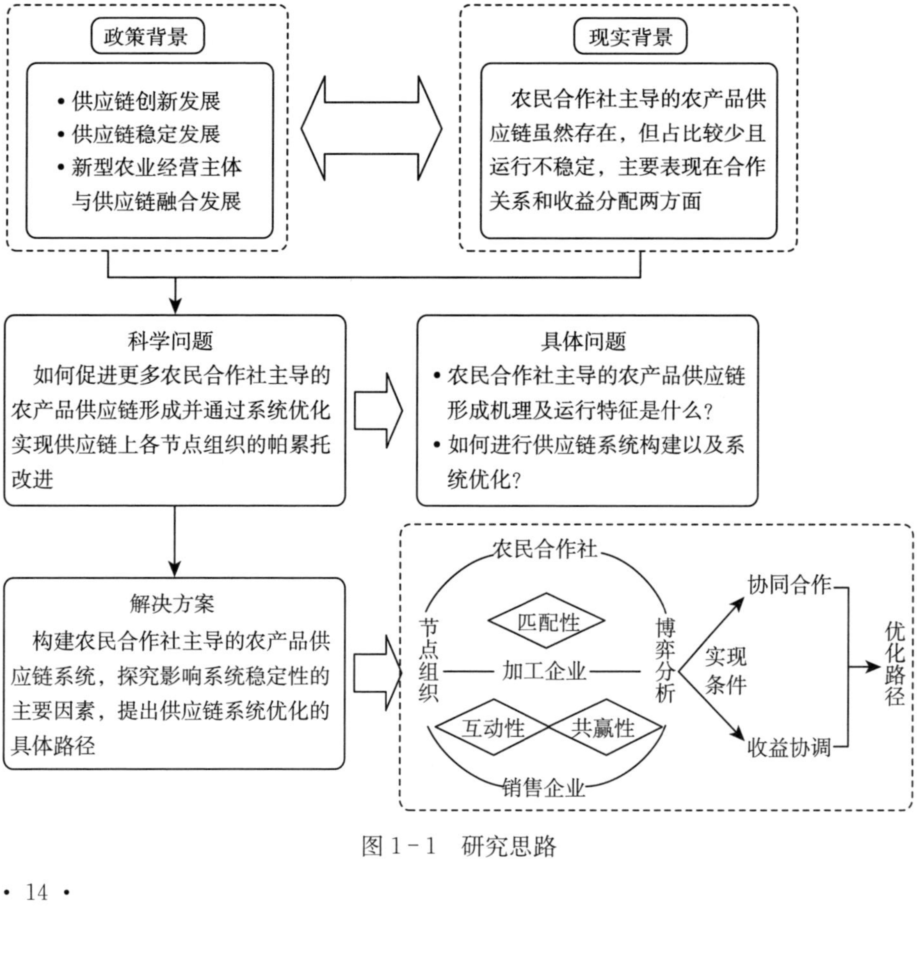

图 1－1　研究思路

二、相关研究的文献梳理

通过对国内外相关文献进行梳理，发现现有研究主要集中在以下四个方面：关于农产品供应链的研究、关于农民合作社与农产品供应链关系的研究、关于供应链系统构建的研究和关于供应链协同合作与收益协调的研究。基于对国内外研究的梳理，找到现有研究的不足之处和研究空间，明晰本研究所处的学术阶段并借鉴现有的理论成果和现实经验，为展开接下来的研究提供方向和指导。

（一）关于农产品供应链的研究

1. 农产品供应链管理的内涵及核心问题

（1）农产品供应链管理的源起及内涵。供应链管理思想最早起源于 20 世纪 80 年代的制造业领域，在制造业中的成功应用引起了社会各界和学术界的广泛关注。因此，学者们开始重视供应链管理对农产品生产运营带来的巨大变革。农产品供应链通常包含产品制造、加工、分销和零售等多个流程，以客户和厂商等主体为纽带进行联结。农产品供应链是一个以满足消费者需求为导向、提高供应链效率为目标的农产品经营体系，通过资金流、物质流和信息流对供应链上的生产者、加工商、分销商和零售商等主体进行控制与协调。鉴于农产品供应链形成和运行的复杂性，亟须对其进行内部和外部管理，供应链的绩效也由内部因素和外部因素共同作用。内部因素与以流程为导向的战略制定有关，其中包括最小化成本、高产品质量和广泛的品牌声誉。外部因素与市场化战略有关，包括灵活性、政策和利益相关者意识。因此，对复杂的农产品供应链进行有效管理非常重要。特别是对于发展中国家，迫切需要一个强有力的供应链管理战略来管理供应链上的主体行为，通过设计农产品供应链治理模型，降低交易成本，提高小农户对农产品供应链管理的认知。

国内关于农产品供应链问题的研究起步较晚，21 世纪初期，国内学者将农产品供应链界定为农产品在生产、加工、运输、分销过程中围绕核心企业，通过对物流、信息流、资金流的控制，形成农户、制造商、分销商、零售商直至最终用户的功能网链。鉴于农产品本身具备季节性、易腐蚀性、道地性以及消费时效较短等特征，农产品供应链管理的基本目标就是保证农产品质量安全和农产品品质优良。相较于非农产品供应链，农产品供应链涉及主体和不确定性因素更多，因而农产品供应链网络更加复杂。此外，研究表明我国农产品供应链中生产主体组织化程度低，缺乏有效信息共享，物流业发展较为滞后。

（2）农产品供应链管理的核心问题。目前，针对农产品供应链如何有效管理的研究屡见不鲜。农产品供应链管理主要围绕以下三方面问题展开：

一是关于农产品供应链的链节点存在产品损耗的问题。现有研究主要从如何减少农产品生产环节、加工环节和运输环节的消耗展开研究。而对于生鲜农产品供应链的损耗，需要进一步考虑需求情况、生产状况、现实基础以及财务条件，根据不同层次的需求建立不同的新鲜农产品供应体系，采用系统动力学模型对生鲜农产品供应链运营问题进行数学仿真，找到扰动因素后对其进行优化是降低供应链上产品损耗率的有效方法。

二是关于农产品供应链上供需矛盾和价格波动的问题。Nie 等针对农产品终端定价，讨论了农产品需求量随价格和产品质量变化的需求函数，将农产品订单数量和定价决策从单一降价条件和多个降价条件两个维度进行分析①。Wang 等构建了农产品供应链绿色评价模型，模型结果表明制订生产计划、订单化处理产品、优化产品库存与物流配送可以实现供应链上高生产收益和低销售价格的效果②。考虑到农产品供应链中价格和需求不确定性带来的风险，通过购买保险以防范农产品价格波动风险是一种有效途径。此外，通过降低供应链物流成本也能够缓解供需矛盾，农产品物流网络应确定农产品收集和加工的适当地点，以将这些成本降至最低。农产品供应链上的参与主体之间通过合作和整合不仅能提升供应链的物流绩效，也能通过运输路线、距离和总运输时间的优化实现成本最小化。

三是关于传统农产品供应链模式的弊端。相关研究提出破解传统供应链的弊端需要构建现代农产品供应链体系，包括信息化体系、服务体系、渠道体系、组织体系和安全体系，从而保证农产品供应链系统运行的高效性。其中，信息传递机制和利益协调机制是现代农产品供应链管理体系的两个核心。此外，将互联网信息和特色农产品销售充分结合，构建“互联网＋特色农产品”供应链模式，充分利用信息化实现新型农产品智慧供应链体系也是破解传统供应链弊端的有效手段。现代农产品供应链的实质是建立以消费者需求为导向，以契约为纽带，通过合作社和生产基地将分散的小农户有机结合起来，与加工企业建立战略合作关系，最终与下游的销售企业联结，通过对资金流、物流、信息流和质量流的控制，实现供应商、加工商、批发商、零售商、运输商和消费者之间的整合，为消费者提供优质安全、便利以及高附加值农产品的功能网链结构。

---

① Nie K，Xie D F，Li W. Research on Dynamic Pricing and Ordering Policy of Fresh Agriculture Product Considering Consumers Perceived Quality［C］. International Conference on Computer Information Systems and Industrial Applications，2015.

② Wang Y，Deng X D. Research on the Construction of Green Evaluation Model Based on IOT of Agricultural Products［J］. Applied Mechanics & Materials，2014（687－691）：4631－4637.

2. 农产品供应链核心企业的形成与发展

（1）核心企业的源起及内涵。随着农产品供应链的逐步横向整合和纵向协调，对于供应链整体的相关研究日趋成熟，供应链上各节点组织间的权力分配问题得到了学术界广泛的关注。权力是一个企业在供应链中控制关键资源的能力，能够通过对关键资源的利用持续创造和积累供应链价值。权力分配形成的不同权力结构影响着供应链节点组织间的关系，权力结构不同导致消费者剩余与供应链上的主体受益都存在差异。一方面，不同的权力结构影响着供应商、制造商和零售商的形成、决策与定价；另一方面，差异化的权力结构决定着节点组织的利润和供应链的整体绩效，是影响供应链系统和系统中企业盈利的关键问题。如果供应链上的一个主体通过对核心资源的控制提高了供应链系统内其他主体的相互依赖程度，则该主体具备了不可替代性，在供应链上处于主导地位。这种掌握着供应链上核心资源的控制权，在供应链的运作和管理中起着统领、协调和控制等重要作用，以实现信息和物流调度为关键任务的主导企业被称作供应链的核心企业。假如把供应链比作一个企业联盟，那么核心企业就可以看作整个供应链的盟主。

在以市场为导向的农产品供应链系统中，以核心企业为统领，是实现供应商、加工商、零售商直到最终消费者连成整体网链结构的关键。核心企业在供应链中作用突出，不但能够对供应链上物流、资金流、信息流进行协调和配置，合理分配各个节点企业利润、降低交易成本、提高供应链的运行效率，同时还是供应链的组织结构调整中心、供应链管理文化中心和系统构建中心。核心企业主导着供应链的运作，掌握供应链上核心原材料、客户资源、物流资源和技术创新能力等多种资源，可以促进企业把握市场走向，有效提高竞争力，甚至大幅度增加收益。供应链上核心企业的管理水平与协调能力是影响供应链运作质量和产品竞争力强弱的重要因素。此外，核心企业不仅应该具备规模大和较高信誉等基本素质，还应该能实现供应链核心竞争优势并为供应链成员带来利益。核心企业掌握着更多的供应链的信息，能够通过对供应链成员的信息共享行为进行管理和协调，从而增大整个供应链系统的收益。

（2）核心企业的形成条件。供应链核心企业的形成是不同权力结构下的博弈，是供应链上各主体之间的理性选择。由于核心企业需要协调好供应链上各个参与企业之间的关系，并且核心企业应该在行业领域中具有较强影响力和较大运作规模，因此，一般情况下农产品市场中的龙头企业才能作为所在供应链上的核心企业。供应链核心企业也必须不断强化自身赖以生存的技能和技术，将目光集中在自身重点优势的培养上，以此来提升核心能力。核心企业只有立足核心竞争力，在不断变化的宏观经济环境寻找企业发展的良好契机，努力成为行业中处于核心地位的经济实体，才能在供应链的运营发展中扮演着重要角色。

从农产品供应链中核心企业的差异性角度进行分类，可以分为加工企业、零售企业、批发市场和物流中心为核心企业的四类农产品供应链的运作模式。通过以往的研究不难发现，农产品供应链的核心企业以制造企业、销售企业和物流企业居多。但是，Harland早在1997年就曾指出，无论是销售还是生产，企业都有机会成为供应链中的核心企业。在激烈的市场竞争环境下，小型企业可以通过与核心企业建立合作关系，共享资源和需求，提高市场竞争力①。在合作和竞争中相辅相成，不断探索增强企业核心优势的途径，逐渐成为供应链中的核心企业。

从动态的视角来看，供应链核心企业的形成受到内外部双重因素的共同作用。一方面，供应链上的核心企业是根据能力以及在行业内的地位决定的，而不是根据年限和规模的大小决定的，节点企业成为供应链核心企业需要依赖对供应链的资源投入。核心企业的创新能力和信誉度是其重要标识，同时也必须具备较强的资源分配能力。另一方面，外部因素对供应链上企业核心地位的影响不容小觑，企业地位的形成和变化会受到行业或企业间经济价值效应的影响。随着企业赖以获取重要资源的主要渠道发生转移，供应链的核心企业也在供应链中发生迁移。供应链外部环境、内部因素、产品性质和企业自身素质是影响供应链核心企业形成的主要因素，供应链上各企业在这四方面因素的共同作用下形成演化博弈。因此，同一条农产品供应链会因这四方面因素的变化出现供应链核心企业转移，即供应链核心企业的自组织演化漂移。

（3）核心企业的发展现状。当前，农产品供应链以加工企业和销售企业作为核心企业的相对较多，对于一些需要精深加工的农产品，加工企业和销售企业各自掌握着核心技术、市场信息、消费者需求等资源，更易成为供应链上的核心企业。核心企业虽然掌握着供应链上的多种核心资源和市场信息，但在不同权利结构下的供应链管理决策（如定价策略、订货决策等）存在着显著差异。当农产品供应链由零售商或加工企业主导时，制造商和零售商增加了农产品的中间成本和最终价格，分享了供应链上的更多收益，使得消费者面临较高的价格，农民处于供应链上的不利地位。农民合作社作为农产品供应商只能被动地接受价格波动。由于农民属于风险厌恶者，当面临产量不确定及价格波动双重风险时，生产积极性会降低，从而可能导致农产品供应受阻。相反，如果制造商主导供应链，则零售商将处于被动订购的地位。

供应链上核心企业控制权的差异对产品定价、供应链订购量和供应链成员

① Harland C. Supply chain operational performance roles [J]. Integrated Manufacturing System, 1997, 2 (8): 145-146.

的合作绩效均有显著影响。供应链核心企业对整个供应链的控制权并非为固定值，不同决策模式中存在着不同的最优控制力。节点企业不应盲目追求主导地位，要更理性地考虑其经济利益及发展趋势，根据外部环境、产品性质等因素的变化选择符合自身发展趋势的供应链定位。供应链核心企业必须将各个参与企业看成一个整体，通过提高资源利用率降低整个供应链的风险，才能实现增加个体收益和供应链系统的整体利润的目的。

（二）关于农民合作社与农产品供应链关系的研究

1. 农民合作社积极融入农产品供应链

随着经济全球化的发展，全球消费者和生产者之间的联系日益紧密，一方面激发了农民销售“地方产品”的愿望，另一方面也促成寻求对地方农产品感兴趣的消费者结成联盟。对于农产品供应链来说，深受消费者青睐的特色农产品能够产生一种将上下游企业纵向联合的市场力量。为保护特色农产品对生产者的重要作用，由此产生了地理标志（GI）等相关规定。考虑到搜寻成本、信息成本等问题，农民合作社与下游企业之间的纵向协调、合同生产代表了现代农产品供应链的发展方向。在这种供应链模式下，由于供应链上的主体间通过资源提供或相互关联的合同关系，可以在一定程度上提高生产者的议价能力，所以下游企业会较少使用市场力量降低上游供应商的利润。而供应链上主体之间同时存在合作与竞争关系，具有竞争加剧的可能性，如果竞争关系过于激烈，主体间协调和合同关系可能因为机会主义行为和交易成本的增加而破裂。因此，供应链上的市场力量仍然不容忽视，农民合作社作为重要生产者联合融入农产品供应链发展的问题值得关注。

农民合作社是农民的联合，也是农产品供应链的重要节点组织。由于受到市场环境、发展动机和农民素质等多种因素的影响，不同地区的农民合作社发展水平存在较大差异，在农产品供应链中扮演的角色也各不相同。相较于发展中国家集中的亚非地区，发达国家的合作社发展较快也较为完备。截至 2019 年，欧洲共建有 4 万多家农民合作社，合作社中包括 900 万农民成员和 60 多万工人。在欧洲大部分地区，农民合作社远不是一种边缘组织模式，而是欧洲农业中的主导角色。例如，希腊的农民合作社是农产品供应链的重要参与主体，消费者对于合作社的农产品信赖程度更高，将合作社看作农产品质量安全的保证。农民合作社不仅在解决就业、环境保护、社会管理和增加农民收入方面发挥积极作用，也能够通过积极融入农产品供应链强化组织的市场竞争力。农民合作社的成员组织化程度、运行策略以及外部政策环境都能影响合作社积极参与农产品供应链，这种行为也有利于农民收入增加和供应链整体价值增值。将农民合作社与农产品供应链联系起来，使农民合作社服务于供应链并进一步成为农产品供应链中的核心企业，能够在保证农民利益的基础上提升供应链系统的整体收益。

2. 提升农民合作社在农产品供应链上的地位

发展中国家和地区农民合作社虽然也具有带动农民的功能，但大多情况下，农民合作社在农产品供应链中的角色往往是农产品供应商，主要工作是为下游企业提供初级农产品。在发展中国家，农民的权力失衡阻碍了农产品供应链的发展。农产品供应链离不开农民，但农民进入市场时会面临较高交易成本等负面因素，且供应链中间参与者过多，农产品增值在参与者之间分配不公平，进而导致农产品供应链的运行不稳定。那么，如何提高农产品生产者在供应链上的地位是供应链研究中的一个重要切入点。有研究表明，通过减少农产品损耗和农产品种植过程中的污染能够有效提高生产者在农产品供应链中的地位。农业生产者通过融入农产品供应链能够促进乡村发展，提高农产品附加值，为农民带来更多的收益。发挥农民合作社在农产品供应链中的重要作用，有利于促进生产者与下游企业在签订供应合同的过程中就产品价格、产品质量、生产标准、交货和付款时间等问题达成一致，且能缩短流通流程。农民合作社将农民组织起来统一进行生产，通过发展订单农业有助于增强农民的谈判能力，提高议价地位，集中销售农产品最终使农民受益。

然而，我国农民合作社的兴起相对较晚，蓬勃发展始于 2007 年施行的《农民专业合作社法》。近年来，农民合作社数量的快速增加和服务功能的不断拓展，农民合作社已经发展为现代农业发展中重要的组织化、市场化、专业化、科技化、规模化和社会化的参与主体。回顾脱贫攻坚系列成果，农民合作社作为新型农业经营主体之一，在许多贫困地区通过组织创新，例如进行特色农产品种植，提升产品附加值，来带动农民和农村脱贫。然而，在新时期发展道路上，如何促进农民合作社高质量发展既是当前面临的主要问题，也是中国实现农业现代化的必然要求。此外，以农民合作社为代表的合作经济组织，已经成为我国供应链中除了大中型流通企业外的重要主体之一。农民合作社与农产品供应链的发展相辅相成，农民合作社将传统种植业与二三产业相融合是农产品供应链绩效增加的重要因素，农民合作社参与并融入农产品供应链也是新时期农民合作社绩效评价的关键要素。提高农民合作社在农产品供应链中的地位，既有利于推动小农户和大市场的有效对接，提高合作社绩效水平进而带动农户增收，又可以提高生产效率，实现农村土地规模化经营，提高农民收入，促进农业现代化发展。培育农民合作社并发展壮大，建立农民合作社主导的农产品供应链可以推进现代化农业的高速发展，是解决我国农业现代化建设过程中诸多挑战的有效途径。由此可见，我国近年来对农民合作社的发展尤为重视，注重农民合作社与农产品供应链融合发展，不断提升农民合作社在供应链上的地位，从而为农民谋取更多利益。

（三）关于供应链系统构建的研究

1. 供应链系统构成要素

食品安全在全球范围内愈发成为消费者的关注点，管理者逐渐认识到供应链参与者之间的关系和供应链结构安排的重要性，学者对供应链如何运作以及如何优化的思考发生了重大转变。张向阳等指出，我国农产品供应链的类型可用于农产品供应链构建，农产品供应链构建时需选择合适的策略和结构，并注重物流和信息流发展①。构建新型农产品供应链，应充分考虑顾客需求、价格、网络能力以及第三方机构。面对实际运行问题，采用系统动力学的方法对农产品供应链系统进行分析是十分必要的。Guo 等基于系统动力学的方法构建农产品供应链系统，得出推式供应链运行不稳定，应该采用推拉结合模式来构建农产品供应链系统②。

首先，供应链的基本结构是供应链系统的重要支撑，良好的供应链结构能够增加供应链网络的稳定性和抗风险能力。供应链的异质性、多样性、连通性等结构特征和抗攻击能力将提升供应链的稳定性；同时，供应链的关系强度、可持续性、附属性、多样化等特点，以及关系的有效协调与治理，亦可提升供应链的稳定性。因此，高度连通和嵌套的网络体系能够促进供应链的稳定性。

其次，供应链企业间的关系是供应链系统内的重要组成部分。农产品供应链的持续发展需要供应链上多主体的协调互动。主体之间的联结能够使供应链更好地满足市场需求，且提高主体的绩效。伙伴关系的稳定是指彼此间关系未发生无法预料的突然终止，企业间寻求发展亲密合作关系进而持续创造价值的倾向，借助制度维持伙伴间关系的稳定性。信任是维持合作稳定的根本，关系紧密度是保持合作稳定的重要因素，合作满意度是合作稳定性的决定性因素。从经济学的角度看，网络结构将使供应链的成员间建立依赖关系并对供应链合作的稳定产生正效应。网络效应是指产品对消费者的价值大小，使用某产品的人越多，该产品的价值越大，将引起更多的人购买。在供应链中，“套牢”是供应链的成员间在品牌、技术或关系等方面建立起的深度依赖关系，若要更换需要承担巨大代价，“套牢”越深，供应链上的伙伴关系越紧密。

再次，供应链中个体及群体行为是系统内的构成要素。供应链中个体及群

---

① 张向阳，熊峰，邱妘．我国农产品供应链构建［J］．中国流通经济，2013，27（11）：60－64.

② Guo Y，Yin Y. Analysis on Optimization of Agricultural Products Supply Chain Based on Dynamic System［J］. Discrete Dynamics in Nature and Society，2022（5）：1－13.

体行为策略通过合作链接机制传导至整个链条，影响供应链的稳定性。马雪丽等学者的研究结果显示，对在途库存采取不同策略，供应链的稳定性有所不同①。供应链的主导企业，如果过度地挤压或占用供应链上下游的资源，挤占其他成员利润空间的话，可能导致供应链个别或部分“链节点”断裂，致使整条供应链崩溃。同样，供应链中成员可能的逃避责任、违约、投机和提供虚假信息等行为，将造成供应链成员失信，引发信用危机，导致供应链不稳定。Moreno 等将主体间协调纳入供应链可持续评价体系中来，并且分析主体协调与经济、环境和绩效之间的关系②。

最后，环境也是供应链系统的构成要素。供应链是隶属于经济体的子系统，必然会受到环境因素的影响。环境因素包括政治、经济、科技、文化、法律、地理、天气等多方面，这些都可能对供应链运行产生影响。

2. 供应链系统稳定性及影响因素

（1）供应链系统稳定性的内涵及测度。供应链系统稳定性是供应链“确保连续性的能力”，稳定性是供应链网络的基本动态特性。当外界环境变化时，由于供应链结构的高度敏感，承载能力变小，会导致供应链突然的断裂，这里体现的是突变论角度的供应链稳定性。例如，供应中断就涉及系统稳定的问题，即库存水平能否在中断后随着时间的推移恢复到预先设定的水平，而不是在库存过剩和短缺之间摇摆。摇摆则意味着不稳定的状态，稳定是指在一个合理的时间窗口内达到预期的客户满意度水平。这一概念与生态学文献中关于稳定性和恢复力的平衡定义一致。其中，稳定性指的是恢复到稳定状态的能力，而恢复力则与恢复的速度有关。

在供应链管理的相关文献中，系统稳定性主要是在库存动态变化的背景下进行分析，其中动态稳定性考虑的是库存水平能否可以持续一段时间。这些研究使用了基于库存和订单的生产控制系统（IOBPCS）的变量，该变量基于线性规划控制规则，并构成了标准的“库存订单到水平”模型。文献中的模型主要是线性的，但由于流动的非负性，一些研究者试图考虑非线性和由于有限的容量、产品可用性对系统造成的压力。可见，传统的建模方法主要使用特定的、在大多数情况下是线性的库存控制策略来识别供应链的不稳定性。这种方法促进了小型供应链分析的可处理性，但难以扩展到大型供应链网络的分析上。因此，运用一般非线性公式分析大型供应网络的稳定性仍然是一个开放的

① 马雪丽，王淑云，金辉，等．考虑保鲜努力与数量/质量弹性的农产品三级供应链协调优化[J]．中国管理科学，2018，26（2）：175-185.

② Morenomiranda C，Dries L. Integrating coordination mechanisms in the sustainability assessment of agri-food chains：From a structured literature review to a comprehensive framework [J]. Ecological Economics，2022，192（2）.

问题，有待于进一步讨论。

（2）供应链系统稳定性的影响因素。影响供应链系统稳定运行的因素有很多。首先，合理的库存、生产能力冗余和提供多样化的产品能够提高供应链的稳定性。Palsule-Desai 等通过构建模型验证协调机制（包括生产者数量、成本、利润分享等参数）对供应链网络稳定性的影响进行研究，发现利润共享的协调机制有助于实现供应链稳定，进而提高供应链绩效①。因此，产品生产和库存策略以及协调机制仍是供应链系统稳定的关键，制定合理的物质流策略有利于供应链系统的稳定性。其次，稳定的供应链需要在节点组织间建立长效的合作机制，节点企业间的忠诚、信息分享、风险共担和奖惩机制是关键因素。运行稳定的供应链取决于所有参与成员的集成和协同，以形成一种有效的网络结构，达到降低运作成本和快速响应客户需求的目的。供应链系统稳定意味着节点企业愿意共享信息或技术、相互依赖和协调，从而能够从稳定的关系中获取更多利益，并且可以减少供求不确定性，提高供应链绩效。Sosic 在研究供应链动态联盟及其稳定性问题时发现，当供应商处于强势地位或弱势地位时，联盟结构总存在唯一非空核，以保持联盟的稳定性②。一个稳定的供应链联盟可以减少由于分散化而导致的低效率，更有利于协调定价和生产决策。作为最基本生产单元的农户，可以与农业企业形成供应链的共生体系，更有利于增强农产品供应链的稳定性。因此，应该抑制供应链上的机会主义行为，促进成员长期投入和协同合作，从而保证供应链稳定运行。从系统论角度看，负反馈是系统稳定的重要影响因素，系统实际输出与计划输出的差值形成负反馈，作用于系统影响供应链系统稳定运行。

（3）农产品供应链系统稳定的必要性。农产品供应链稳定与供应链绩效呈正相关，并且稳定的供应链能够有效促进农户减贫增收。但是，随着农业发展从传统农业向精细农业、智能农业方向转变，农产品供应链面临的资源环境压力和市场需求也增加了愈来愈多的挑战。有学者提出，数据驱动的农产品供应链对于实现社会、环境和经济的可持续发展具有重要推动作用。在未来农业发展过程中，数据是命脉，加强物联网、区块链、大数据和人工智能等技术在农业领域中的应用，有助于建立一个有韧性和可持续的农产品供应链系统。由此可见，农产品供应链的稳定性与农业经济的可持续发展息息相关。从另一个角度来看，供应链代表参与者的不同行为之间的联系，这涉及社会关系和结构的

① Palsule-Desai O D, Tirupati D, Chandra P. Stability issues in supply chain networks: Implications for coordination mechanisms [J]. International Journal of Production Economics, 2013, 142 (1): 179-193.

② Sosic G. Impact of Demand Uncertainty on Stability of Supplier Alliances in Assembly Models [J]. Production and Operations Management, 2010 (6): 905-920.

形成。正如 Searchinger 等人所述，预计到 2050 年，世界人口将达到 100 亿，农产品供应链仍然面临着为世界日益增长的人口提供足够食物的挑战[①]。农产品的生产和分配对于生态环境有一定的负面影响，因此近年来研究农产品供应链稳定且持续发展变得尤为重要。政府提供适当的农业信息有助于供应链上的主体收益增加，当政府干预农产品批发价格时，农民合作社的收益会在一定程度上提升。Sahay 等将数学模型与系统仿真相结合，对现有供应链运营情况进行分析，提出可以通过模型优化来指导决策以实现资源的最优分配[②]。鉴于农产品供应链上生产端获取的低利润，供应链系统优化对于生产端的利润增加和供应链的效率提升具有重要的意义。农产品供应链的稳定发展和优化不仅能解决供应链主体的盈利问题，对于解决社会关系问题也有一定的帮助。

（四）关于供应链协同合作与收益协调的研究

1. 供应链协同合作

近年来，国内外学者对供应链主体间协同合作的研究主要集中在协同合作的内涵及产生条件、如何提高协同合作程度以及协同合作对供应链运行的影响三个方面。

第一，关于协同合作的内涵及产生条件。协同合作不仅仅指合作或不合作的简单决策，还包括合作过程中基于信任的彼此配合及合作关系的稳定，即在合作与不合作间存在不同水平的合作，具体而言，包括合作态度、信息共享程度、生产计划协同和库存联合管理。Dora 提出，地理邻近和目标一致性是形成协同合作的催化剂[③]。基于资源基础理论和资源依赖理论，农业企业由于具有异质性资源形成不同的企业竞争力，同时与周围环境相互依存，获取更多资源，因而产生合作关系。并且，供应链上的参与主体合作行为相互影响，一个成员的行为不仅取决于其自身的策略，还取决于供应链上其他成员的策略。Du 等探讨了如何在环境压力和追求利润的情况下使供应链上的参与者协同合作[④]。Wan 和 Hashemi 等人采用多种方法对供应链中参与主体的合作伙伴选择策略进行分析，从实证的角度探讨影响供应链上各主体间能否形成稳定的合

---

① Searchinger T，Waite R，Hanson C，Ranganathan J，Dumas P，Matthews E. Creating a sustainable food future. A menu of solutions to feed nearly 10 billion people by 2050 [R]. 2018.

② Sahay N，Ierapetritou M. Supply Chain Management Using an Optimization Driven Simulation Approach [J]. Aiche Journal，2013，59 (12)：4612-4626.

③ Dora M. Collaboration in a circular economy：Learning from the farmers to reduce food waste [J]. Journal of Enterprise Information Management，2019 (33)：769-789.

④ Du S，Zhu J，Jiao H，Ye W. Game-theoretical analysis for supply chain with consumer preference to low carbon [J]. International Journal of Production Research，2015，53 (11-12)：3753-3768.

作关系的关键因素①②。Lo 等深入研究了农业企业与种植户之间形成稳定合作关系的影响因素，结果表明，农产品的种植周期是其形成合作关系的关键因素③。还有一些研究则关注交易成本、种植户的自身特征等因素对参与主体合作意愿的影响，如 Key 等人分别对以上因素的显著性进行深入分析，认为种植户个体特征和合作过程中的交易成本对种植户参与合作意愿有着显著影响④。马士华等采用委托—代理理论从选择合作对象、制定合同和监督执行三个方面分析了最优合作伙伴的选择策略⑤。而王永平等则运用演化博弈理论，深入研究了供应链中各参与主体之间的合作竞争机制⑥。二者通过分析策略选择的演化过程，发现合作获得的利益、时间成本和博弈的初始状态等因素是影响供应链演化路径的关键因素。供应链管理的理想状态是合作博弈，但其合作关系是一个动态变化的过程，即存在合作与不合作两种基本状态，以及处于中间的不同程度的协同合作。

第二，关于如何提高协同合作程度。合作伙伴相互依赖有助于提高协同合作的程度（信息共享、协作沟通、决策同步、激励协调、资源共享和联合知识创造），进而提高供应链效率。其中，持有关系专属资产和互补的资源禀赋是构建协同合作关系的基础，激励策略是加强供应链上各主体协同合作的内在动力。供应链上各主体进行专业化分工、各司其职，是协同合作的组织基础。合作创造的额外净收益、收益分配系数、订货量、奖惩政策、道德风险、“搭便车”带来的收益以及社会责任等因素会影响主体间协同合作的积极性。但是，供应链的节点企业构建并维系协同合作关系会产生一定的合作成本，在不同的合作水平下，主体会为降低自身合作成本做出不同的决策。Fynes 等从契约信任、能力信任和善意信任三个信任维度探讨合伙人之间的合作关系维系问题⑦。在农产品供应链中，信任是参与主体之间建立稳定合作关系的关键。信任即相信成员之

---

① Wan N，Chen X. Supply Chain Bilateral Coordination with Option Contracts under Inflation Scenarios [J]. Discrete Dynamics in Nature and Society，2015 (3)：1-16.

② Hashemi S H，Karimi A，Tavana M. An Integrated Green Supplier Selection Approach with Analytic Network Process and Improved Grey Relational Analysis [J]. International Journal of Production Economics，2015 (159)：178-191.

③ Lo S M，Power D. An empirical investigation of the relationship between product nature and supply chain strategy [J]. Supply Chain Management，2010，15 (2)：139-153.

④ Key N，Mcbride W. Production Contracts and Productivity in the U. S. Hog Sector [J]. American Journal of Agricultural Economics，2003，85 (1)：121-133.

⑤ 马士华，林勇，陈志祥．供应链管理 [M]. 北京：机械工业出版社，2000：5.

⑥ 王永平，孟卫东．供应链企业合作竞争机制的演化博弈分析 [J]. 管理工程学报，2004 (2)：96-98.

⑦ Fynes B，Voss C，SD Búrca. The impact of supply chain relationship quality on quality performance [J]. International Journal of Production Economics，2005 (96)：339-354.

间的许诺，并具有共建利益共享、风险共担的合作关系的意愿。供应链上的节点企业对其他成员而言的可靠性和可靠性的感知水平也会影响节点组织间的合作关系。一些学者认为，除了信任外，相互依赖、权力、协作价值、监管对协同合作程度也有显著的影响，相互依赖和权力是协同合作形成的基础，也是形成长期稳定的合作关系的重要影响因素。成员应该制定保护性合同，以防止机会主义行为并惩治违约行为。保护性合同可以清除成员之间的投机心理，提高其他成员的信任水平，并有助于建立利益一体化和风险共担的协同合作关系。

第三，关于协同合作对供应链运行的影响。供应链上各节点组织间的合作关系在社会、经济和环境三方面影响供应链的绩效。Ma 等研究发现，一个处于混乱状态的供应链系统会比一个稳定的供应链系统遭受更大的“牛鞭效应”①。Xie 等构建了制造商、供应商和分销商三方协同创新演化策略并得出，协同创新收益系数的增加更加有利于维护供应链协同创新体系的稳定②。可见，协同合作对于供应链自身的稳定发展具有正向反馈作用。Shen 等将协同预测引入到库存补货决策中，发现协同预测能够降低易腐农产品供应链运营成本③。Chen 等通过对比不同模式下的供应链利润，发现合作模式下的供应链利润总是高于非合作模式下的供应链利润④。Benjaafar 等认为，同一供应链内企业之间的运营灵活性和协同合作对减少碳排放有显著促进作用⑤。为了实现农产品供应链上的质量安全有效管理，胡定寰等提出了“超市＋农民合作社＋农户”的农业产业化模式，并且倡导供应链上的成员都应该共同参与⑥。兰萍进一步研究了农产品供应链质量安全系统的协同管理，提出了农产品协同管理潜在的问题及解决方案⑦。协同合作是供应链上各节点企业为了提高供应链

① Ma J，Lou W. Complex characteristics of multichannel household appliance supply chain with the price competition [J]. Complexity，2017 (16).

② Xie J P，Lei H Y. Simulation study on the evolutionary game mechanism of collaborative innovation in supply chain enterprises and its influencing elements [J]. Journal of Mathematics，2021 (3)：8038672.

③ Shen D，Lai K，Leung S，Liang L. Modelling and analysis of inventory replenishment for perishable agricultural products with buyer - seller collaboration [J]. International Journal of Systems Science，2011 (42)：1207 - 1217.

④ Chen X，Wang X，Zhou M. Firms' green R&D cooperation behaviour in a supply chain：Technological spillover，power and coordination [J]. International Journal of Production Economics，2019 (218)：118 - 134.

⑤ Benjaafar S，Li Y，Daskin M. Carbon footprint and the management of supply chains：insights from simple models [J]. IEEE Transactions on Automation Science & Engineering，2013，10 (1)：99 - 116.

⑥ 胡定寰，Fred Gale，Thomas Reardon. 试论“超市＋农产品加工企业＋农户”新模式 [J]. 农业经济问题，2006 (1)：36 - 39，79.

⑦ 兰萍 . 基于协同管理理论的安全农产品供应链研究 [J]. 农村经济，2008 (12)：94 - 96.

的整体竞争力而进行的紧密合作和彼此协调，并对外部环境变化和市场需求变化做出及时的协同反应。高效率的供应链管理需要将自身的非核心业务外包给供应链上的合作伙伴，在专业化分工的基础上，供应链上多主体进行协同合作是供应链发展的重要模式。协同合作可以克服自身弱势，实现优劣互补、风险共担、资源共享、提高供应链整体效率，为供应链整体创造更多的收益。

2. 供应链收益协调

供应链管理的主要手段和方式是供应链协调。供应链中的多个活动需要多个参与主体在一定时间范围内共同完成。因此，需要通过某些方式来协调整个供应链。收益协调是供应链协调的主要内容之一，现有研究主要围绕以下四方面内容展开：收益协调影响因素、收益协调机制、收益分配方法和契约设计。

首先，关于收益协调影响因素的研究。供应链上存在生产、加工、运输、消费等多个环节，利益相关者的收益受到多重因素的影响，例如，公平偏好、风险规避。若要实现农产品供应链稳定运行的目标，则需合理地协调农产品供应链中各主体的收益分配。Kamble 等认为，以连锁超市为主导的“农超对接”型农产品供应链需要通过提高供应链的管理能力加快物流和资金流的流动，提高供应链效益进而协调收益分配①。Feng 等人研究了动态讨价还价博弈中制造商和零售商之间的订单和支付②，指出成本是决定供应链中产品定价和生产的关键因素，真实成本信息的共享可以影响参与者的决策和供应链的收益协调。Singh 等在农产品供应链中使用具有大数据和 GIS 的协作式模糊应用程序以及更高程度的启发式仿真，考虑了土地适用性、生产技术、运输能力、废物管理能力、可持续性问题以及干旱管理，建立了一个综合的、可分析整个供应链绩效的集成模型③。可见，在网络信息化时代，计算机技术的发展也为农产品供应链的收益协调带来升级和进化。然而，供应链还涉及多个参与主体以及内外部环境等因素，这些因素也对收益分配产生着显著影响。其中，供应链各参与主体的权力地位是核心因素之一。研究表明，供应链参与主体的自身能力、资源掌握以及在供应链系统内的关系地位等因素都会影响其在供应链中的

① Kamble S S，Gunasekaran A，Gawankar S A. Achieving sustainable performance in a data - driven agriculture supply chain：A review for research and applications [J]. International journal of production economics，2020 (219)：179 - 194.

② Feng Q，Lai G，Lu L. Dynamic bargaining in a supply chain with asymmetric demand information [J]. Management Science，2014，61 (2)，301 - 315.

③ De A，Singh S P. Analysis of Fuzzy Applications in the Agri - Supply Chain：A Literature Review [J]. Journal of Cleaner Production，2021 (283)：124 577.

收益分配结果。节点企业在供应链上的地位影响其产品销售策略，如定价策略，进而影响供应链成员收益。农民合作社作为重要的供应链节点组织，也面临农产品价格的不确定性，价格不确定性对整个供应链的绩效和收益协调产生一定的影响。

第二，关于收益协调机制的研究。收益协调机制主要集中在收益共享、风险共担、回购契约、组合契约等方面。随着农业现代化进程的加快，农产品生产、加工、分销、零售过程中各个企业开始整合成一个供应链来生产和销售农产品，不再依托于传统的农贸市场进行零散的农产品生产销售。相关研究表明，通过采用供应链契约、联合决策、集体学习和信息共享等协调机制，可以实现农产品供应链的收益协调。其中，宋华基于交易成本经济学和价值链治理等微观概念和理论的视角，分析了供应链契约在农产品供应链中的适用性，并解释了订单农业愈发流行的原因。另外，赵辛全面分析了订单农业相关的实证文献，发现订单农业中的供应链契约不仅提高了生产效率和供应链运行效率，而且对农民的福利具有正向反馈作用①。徐良培等讨论了在农产品具有差异和动态价格条件下的供应链收益协调机制，并通过案例论证了该机制的合理性②。在农民合作社的市场交易中，是否具有价格合同对合作社及供应链整体绩效产生影响。Ha 研究了成本信息不对称下两阶段供应链中的合同设计③，构建农产品供给模型需要从生产商、批发商、零售商三级供应链的实际运行状况出发，分析易腐农产品三级供应链收益协调机制。彭建仿基于共生理论分析了农产品供应链中产销双方的质量安全协同行为，进而指出协同有助于产销双方互惠互利，进一步构建了供应链协调机制④⑤。

第三，关于收益分配方法的研究。此类研究常采用数学模型来定量分析供应链收益分配的最优路径。一方面，研究主要包括以 Stackelberg 和 Nash 协商为主的非合作博弈分配方法。张贵磊等研究了由供应商和零售商组成的两级供应链中，收益共享契约对供应链的影响，运用 Stackelberg 博弈模型分析发现主导企业可以获得所有剩余利润，通过制定合理的利润分配比例，主导企业能够有效地协调供应链⑥。周晓阳等则采用 Stackelberg 模型研究了一个制造

---

① 赵辛．鲜活农产品供应链价格风险生成机理与管理机制研究［D］．重庆：西南大学，2013.

② 徐良培，李淑华，陶建平．基于产品专用性差异的农产品供应链协同机制研究［J］．科技进步与对策，2011，28（22）：26－30.

③ Ha A Y. Supplier－buyer contracting：asymmetric cost information and cutoff level policy for buyer participation［J］．Naval Research Logistics，2001，48（1）：41－64.

④ 彭建仿．供应链环境下安全农产品供给的协同机理研究——基于龙头企业与农户共生的理论分析［J］．财贸经济，2011（3）：89－95.

⑤ 彭建仿．龙头企业主导下农产品供应链源头质量管理模式研究［J］．西安财经学院学报，2013，26（2）：77－81.

⑥ 张贵磊，刘志学．主导型供应链的Stackelberg利润分配博弈［J］．系统工程，2006（11）：19－23.

商和两个零售商构成的供应链，得出了可以使供应链实现协调的收益分配系数范围①。贡文伟等人发现，Nash 谈判利润分配机制有利于提高合作主体的收益②。方颉等人使用博弈论方法比较了两级供应链中双方分别处于 Nash 均衡、合作均衡和 Stackelberg 均衡时的利润差异，证明合作博弈更具优势③。另一方面，研究人员通常使用非合作博弈理论来分析供应链中各参与者的行为策略选择，通过设定不同的模型假设来分析如何设计市场机制，以鼓励参与者自发地选择最优策略，同时能够满足供应链整体利益和个体利益的最大化。胡海青等考虑了投资权重的影响，得出当各参与主体共同创新时，可以达到供应链整体和个体的最优状态。肖勇波等则以水产品为例，研究了随机到货时间对供应链利益分配的影响，并提出了成本分摊模型以实现供应链的最优状态④。类似的研究还包括 Hsieh 等、Ang 等以及 Xia 等根据不同的假设条件，分析了各成员不同的策略选择，并探究如何实现供应链整体与个体的最优，也具有一定的参考价值⑤~⑦。

最后，关于契约设计方面的研究。关于收益共享契约的研究主要包括 Feng 等、Jain 等、Qian 等以及白世贞等人，学者们探讨了如何通过设计收益共享、价格折扣或返利契约等形式，促进供应链各参与主体之间的纵向协作，以实现供应链整体效率和各主体利益最大化的目标⑧~⑪。而成本契约的相关

① 周晓阳，等．政府补贴下考虑零售商不同竞争行为的闭环供应链决策及合同选择［J］．中国管理科学，2022，30（3）：176－188.

② 贡文伟，等．基于策略消费者的退货产品再销售渠道选择研究［J］．软科学，2019，33（1）：98－103.

③ 方颉，杨磊．"新零售"背景下的生鲜供应链协调［J］．中国流通经济，2017，31（7）：55－63.

④ 肖勇波，陈剑，徐小林．到岸价格商务模式下涉及远距离运输的时鲜产品供应链协调［J］．系统工程理论与实践，2008（2）：19－25.

⑤ Hsieh C，Chang Y，Wu C. Competitive pricing and ordering decisions in a multiple－channel supply chain［J］．International Journal of Production Economics，2014，154（4）：156－165.

⑥ Ang J，Fukushima M，Meng F，et al. Establishing Nash equilibrium of the manufacturer—supplier game in supply chain management［J］．Journal of Global Optimization，2013，56（4）：1297－1312.

⑦ Xia L，He L. Game Theoretic Analysis of Carbon Emission Reduction and Sales Promotion in Dyadic Supply Chain in Presence of Consumers' Low－Carbon Awareness［J］．Discrete Dynamics in Nature and Society，2014（2）：1－13.

⑧ Feng X，Moon I，Ryu K. Revenue－sharing contracts in an N－stage supply chain with reliability considerations［J］．International Journal of Production Economics，2014（147）：20－29.

⑨ Jain K，Nagar L，Srivastava V. Benefit sharing in inter－organizational coordination［J］．Supply Chain Management，2006，11（5）：400－406.

⑩ Qian G，Zhang Y，Wu J，Pan Y. Revenue Sharing in Dairy Industry Supply Chain－A Case Study of Hohhot，China［J］．Journal of Integrative Agriculture，2013，12（12）：2300－2309.

⑪ 白世贞，陶阳红，鄢章华．信用支付下基于收益共享契约的网购供应链协调策略研究［J］．运筹与管理，2019（7）：44－54.

研究包括 Lee、Cho、Ghosh、Sheen 等人，与前者类似，这些研究多以风险分摊、成本分摊等形式设计供应链契约，以达到供应链整体收益协调的目的[①~④]。在此方面，Deng 和 Cox 等人分别针对中国鲜食葡萄供应链和英国肉类供应链进行研究，发现供应链各主体间利益联结较为松散，缺乏契约关系和直接沟通渠道，限制了供应链的进一步发展[⑤⑥]。与之类似的是，王薇薇等以中国粮食流通供应链为例，发现供应链上各主体之间的利益联结较为松散，建议降低交易费用和提高市场运作效率以加强各主体之间的联结[⑦]。

从现有研究中可以看出，供应链成员之间利润分配的不公平性是降低供应链系统绩效的重要因素。因此，如何协调分配各方的利益以期实现供应链系统利润最大化成为整个供应链平稳运行的关键问题。当前特色农产品的溢价空间更多停留在供应链下游企业，而特色农产品的核心竞争力主要是由农产品种植端创造的，如果农民合作社在农产品的品质及特色程度等方面的付出为农产品带来了增值却未获得合理的收益，就会降低其生产积极性，进而影响特色农产品的特色度和品质。已有研究表明，供应链上的核心企业具有定价权，通过合理的产品定价能够促进收益公平分配，调整消费者对产品的需求以及企业所占的市场份额，维持供应链的稳定运行。对于一些主营特色农产品的供应链来说，合理制定以农民合作社为核心企业的农产品供应链上的定价策略具有现实意义，既能平衡供应链上各主体之间利益，保证农产品供应链主体协同合作关系稳定，又能维持供应链协调可持续发展，避免供应链上出现库存积压以及价值浪费的现象。

（五）对现有研究的述评

通过对国内外相关文献的列举和梳理可以发现，运用供应链管理思想是学

⑤ Deng L, Wang R, Dong T, et al. Assessing the table grape supply chain performance in China - a value chain analysis perspective [J]. British Food Journal, 2016, 118 (5): 1129 - 1145.

⑥ Cox A, Chicksand D, Palmer M. Stairways to heaven or treadmills to oblivion? Creating sustainable strategies in red meat supply chains [J]. British Food Journal, 2007, 109 (9): 689 - 720.

⑦ 王薇薇，谢琼，王雅鹏，等．粮食收购市场各主体利益协调的经济学分析［J］．中国农村观察，2009 (4): 13 - 19.

⑧ Lee J Y, Cho R K. Contracting for vendor - managed inventory with consignment stock and stockout - cost sharing [J]. International Journal of Production Economics, 2014, 151 (5): 158 - 173.

⑨ Ghosh D, Shah J. Supply chain analysis under green sensitive consumer demand and cost sharing contract [J]. International Journal of Production Economics, 2015, 164 (6): 319 - 329.

⑩ Jiang L, Wang Y, Liu D. Logistics cost sharing in supply chains involving a third - party logistics provider [J]. Central European Journal of Operations Research, 2016, 24 (1): 207 - 230.

⑪ Sheen G J, Wang S Y, Yeh Y. The impact of the distance - dependent promotional effect on the promotion cost sharing decision [J]. International Journal of Systems Science, 2016, 47 (3): 544 - 560.

者们解决农产品供应链实际运行过程中存在的诸如主体间收益不协调、信息不对称、主体间合作关系松散以及管理缺失等问题的主要措施，核心目的是提升供应链运行效率，增强运行稳定性。但是，国内对农民合作社主导的农产品供应链研究相对薄弱，国外虽然存在较多该类型的供应链，但相关研究仍存在探讨的空间，主要集中在以下几个方面：

（1）国内外以往的研究往往忽视了农民合作社具备成为农产品供应链核心组织的可能性。在供应链核心企业的相关研究中，很多学者将加工企业、批发商或零售商视为供应链上的核心企业，忽视了在卖方市场中，位于供应链上游规模较大、具备核心竞争力的且其生产的特色农产品供不应求的农业生产经营主体也有机会成为供应链核心组织的现实，因此，在研究供应链核心企业的过程中目光不应仅局限在供应链的下游企业上，也需要对农民合作社主导的农产品供应链形成机理进行探讨和揭示。

（2）以往的农产品供应链构建的研究内容不够全面。通过分析以上研究内容可以发现，大量的文献往往仅针对构建供应链中的某一个问题进行研究，缺乏系统性的全面考察，未能涵盖供应链上的节点组织间的匹配性、互动性与共赢性多个维度要素，无法有效指导农民合作社主导的农产品供应链系统构建。另外，研究中所用的方法相对单一，缺少对供应链系统构建的宏观把握。

（3）已有文献研究了协同合作的产生条件、如何提高协同合作程度以及协同合作对供应链运行的影响，但对供应链上不同层级的主体进行交叉协调、协同合作的研究相对匮乏，不同层级的主体进行协作可能会使得供应链更加稳定、可靠、灵活，提高整个供应链的竞争力。以往研究未能从主体策略选择及影响策略选择的具体因素剖析供应链实现协同合作的内在机理。

（4）在关于农产品定价决策中没有考虑到消费者的异质性需求，忽略了农产品特色化度这一参数对其定价策略的影响以及对供应链上各节点企业收益分配的影响。本篇基于生产经营者有一定定价权的特色农产品，将农产品特色化度这一参数纳入到定价决策中来，并考虑到供应链上同时经营的普通农产品和特色农产品两种类型，根据供应链上各主体决策过程将定价决策分为集中决策和分散决策两种类型，研究农民合作社主导的农产品供应链上产品定价受到哪些因素影响，供应链上各主体如何制定合理的定价策略来实现供应链上各成员的帕累托改进。

（5）以往供应链相关研究更多是站在企业视角，难以保障农产品生产者的利益，站在为农业生产者谋求供应链上合理收益分配的视角来研究农产品供应链成为当务之急。农民在市场竞争中处于弱势地位，在与企业合作的过程中容易利益受损。而以往的研究中，供应链的核心企业往往是大型企业，大多是从企业利益的视角考虑如何使企业利益最大化，研究结果不适合应用在农民合作社主导的农产品供应链上。因此，农民合作社主导的农产品供应链的收益协调问题亟须深入研究。

综上所述，本篇基于经济学与管理学中多种理论与方法，较为系统地研究农民合作社主导的农产品供应链系统运行及其优化问题，能够对以往关于供应链的研究做一些补充。本研究与以往研究的不同之处在于，以往的研究是从企业利益最大化的视角进行研究，而本研究从农民利益的角度出发，将农民合作社主导的农产品供应链作为研究对象，研究农民合作社主导的农产品供应链基本特征、系统构建、主体协同合作与收益协调等问题，研究结果为促进农民合作社主导的农产品供应链形成及稳定运行提供了理论参考与实践指导。

三、相关概念界定

（一）农产品供应链

1. 农产品供应链的内涵

农产品供应链是指农产品在生产、加工、运输、分销过程中围绕核心企业，通过对资金流、信息流、物流的控制，形成农户、制造商、分销商、零售商直至最终用户的功能网链。农产品供应链的核心机理是以核心企业为中心的交易制度不断演变和改进，从而提高整体交易效率和效益，最终实现供应链整体利益的最大化。农产品供应链强调横向一体化管理，核心理念是供应链上的节点企业形成合作伙伴关系，通过发挥各自的核心能力来实现优势互补。在这种模式下，传统的上下游企业之间单一的买卖关系向伙伴关系转变，原本相互独立的个体形成供应链联盟，运用先进的供应链管理方法，依托网络平台等先进的技术手段，充分实现企业内外部资源的整合，提高供应链上产品的响应速度，满足消费者对产品和服务的需求。

本质上看，农产品供应链是一个复杂的系统，其中包含多个子系统，比如生产与控制系统、物流组织系统和信息支持系统。生产与控制系统是指农产品的种植、加工、包装、管理等作业，需要根据农产品特性采用相应的技术和手段。这是保证农产品品质的关键，也是供应链运行的基础。物流组织系统是指农产品的储存、运输、装卸、配送等作业，这是整个系统的神经，是子系统间的纽带与桥梁。信息支持系统是指通过网络技术进行信息收集、管理、传达，及时准确的信息共享在现代供应链运行中扮演着重要角色。

2. 农产品供应链的特点

农产品供应链的特点主要取决于农产品自身特点和供应链上的节点组织特点。

农产品特点主要从自然属性、经济属性和质量属性三方面体现。从自然属性上看，农产品具有季节性、周期性的生产特性，其生长过程强烈依赖外部自然环境，导致农产品鲜活、易腐蚀、产量质量不稳定。从经济属性上看，农产品要进入市场交易，普通农产品的收入价格弹性和需求价格弹性较低，由于其生长特性，农产品的供给难以根据市场价格在短时间进行调整，经营普通农产品难以依靠价格变动或者供给变动获取较大的市场收益。从质量属性上看，同一品种的农产品因为生长环境的不同会表现出差异化的产品特征，具体体现在产品营养价值、质地、口感等方面。由于农产品区别于工业产品的参数，类似于经验型商品，难以让消费者在购买时快速辨别出品质差异，消费者信息获取具有滞后性。

从供应链上的节点企业特点来看，我国农业生产端主要呈现出小农经营、较为分散的特征，农产品运输成本偏高、效率低下，农产品生产、加工、销售难以紧密相连，农产品生产端无法分享到农产品的增值收益。我国农产品在流通过程中损失率依旧偏高。数据表明，我国蔬菜、水果在采摘、储存和运输过程中损耗率为25%～30%，发达国家的损耗率为5%以下。另外，农产品生产端以分散的小农户为主，不利于农产品统一标准化储存和管理。农民合作社将分散的小农户整合，进行规模化种植，进而将农产品统一储存运输能够解决这一问题。相较于农民来说，农民合作社具有更高的谈判能力，直接与下游企业直接对接，减少中间流通环节，有利于保证农产品品质，降低农产品流通成本。

（二）农产品供应链核心组织与节点组织

1. 核心组织与节点组织的内涵

根据供应链管理理论，已有研究大多将供应链上的主导者界定为供应链上的“核心企业”，核心企业在供应链运营中肩负重要的统筹、控制和协调的任务，但这一概念的适用范围是有限的。在农产品供应链中，农民合作社、加工企业和销售企业等不同类型的组织都可以担当主导角色。农民合作社是一种具有企业和社团双重性质的互助性经济组织，而加工企业和销售企业则是以营利为目的的经济组织。因此，在农民合作社主导的农产品供应链中，“核心企业”的概念不适用于农民合作社，而加工企业和销售企业也属于供应链中重要的组织。本研究提出农产品供应链“核心组织”这一概念是指：掌握农产品供应链中瓶颈原材料、核心技术或客户等核心资源，通过制定供应链发展战略，协调信息流、物流、资金流等资源配置，并对供应链中其他节点组织进行管理，带领供应链上各节点组织共同获得合作收益，且能够决定供应链核心竞争优势和发展水平的组织。供应链节点企业的概念也应扩展为供应链节点组织，包括核心组织和非核心组织，非核心组织是指供应链上处于非核心地位的其他组织，在供应链运行中起到协作者的作用。

2. 不同核心组织辨析

传统农产品供应链上参与主体众多且核心组织并不唯一，主导其运营的可以是农民合作社、加工企业或销售企业。在农民合作社参与的农产品供应链中，一般可以将其分为以农民合作社为核心组织的农产品供应链、以加工企业为核心组织的农产品供应链和以销售企业为核心组织的农产品供应链。

以农民合作社为核心组织的农产品供应链。农民合作社通常具有较强的资源禀赋，基于资源基础理论，农民合作社具有难以复制的优势资源，从而决定了特色农产品的品牌和品质，拥有较强的市场竞争力，从而占据主导地位。农民合作社从生产资料和种植环节等方面对农户进行标准化管理，对加工企业和销售企业提出一定的要求，严格控制仓储、初加工、运输和营销工作，保证农产品的质量和农产品品牌的运行。农民合作社在供应链上具有先动优势，通过合理分工、有效的管理和相对公平的收益分配机制，能够保证供应链上农民的收益和整个供应链持续稳定地运营。

以加工企业为核心组织的农产品供应链。以加工企业为核心组织的农产品供应链是指加工企业占据主导地位，联结着农产品生产者和农产品零售企业。这种加工企业普遍具有标准化的加工体系和管理体系，也具有核心加工技艺，主营需要初加工或深加工的农产品。这类农产品供应链模式虽然能够通过成熟的加工技艺提升农产品的附加值，但也存在一定的缺陷。一方面，对农产品生产端的品质控制不足。加工企业的上游供应商类型多样，包括分散的小农户、农产品经纪人、农民合作社、家庭农场等组织，收购渠道的多元化导致农产品生产端品质难以管理和监测。另一方面，容易造成收益分配不均。由于加工企业在供应链上的强势地位，往往会压低农产品的收购价格，导致农民在供应链上没有议价权，长此以往侵犯农民利益会降低农民生产积极性，带来一系列社会问题。

以销售企业为核心组织的农产品供应链。该类型农产品供应链是以销售端作为供应链的核心环节。销售企业包括大型超市、批发市场、零售商等销售组织，因资金充裕、实力雄厚而占据主导地位。这类农产品供应链一般具有统一的市场准入规则，能够提供产品分类、产品监测和存储运输等一系列服务。销售企业全面掌握消费者需求信息，对市场变化的反应能力大大增强，具有较强的市场营销和市场覆盖能力。但是，由于销售企业本身不参与生产和加工环节，对于供应链上游的统一管理和协调较为困难。

（三）农民合作社主导的农产品供应链

农民合作社主导的农产品供应链即以农民合作社为农产品供应链上的核心

组织，由农民合作社掌握农产品供应链上的原材料、核心技术或客户等核心资源，生产具有地域特性、特有文化内涵或历史底蕴的特色农产品，且农民合作社拥有自主注册的农产品商标，能够带领并管理合作社社员、协调供应链下游的加工企业和销售企业获取更高的合作收益。本篇重点考虑供应链的生产、加工和销售三个关键节点上的参与主体间关系，故以农民合作社主导的“农民合作社＋加工企业＋销售企业”三级农产品供应链为研究对象。

农民合作社主导主要表现在五个方面：一是在农产品生产过程中，农民合作社控制特色农产品生产所需的原材料、核心技术等关键要素，通过规模化和标准化经营，为供应链带来产品数量优势、品质优势以及稳定的供给优势；二是农民合作社依托于特色农产品地理标志创建农产品品牌，在供应链上具有品牌控制权；三是供应链上主营的特色农产品在市场上供不应求，农民合作社凭借其对产品特色化度的贡献，对特色农产品具有一定的自主定价权；四是农民合作社对供应链下游企业的特色农产品品牌沿用、品质把控、产品流通过程兼具监督作用，避免供应链上出现品牌乱用、品牌套用、品质降级等现象；五是该供应链上主营的特色农产品在同类产品市场上占有率较高，消费者对于该特色农产品的认知，主要受到原产地和产品品牌的影响，农民合作社通过自身资源禀赋能够在一定程度上决定供应链核心竞争优势和发展水平。

针对上述概念界定，本研究基于以下指标在农民合作社示范社中筛选出在农产品供应链上处于主导地位的农民合作社，具体包括合作社规模、年盈利总额、自主注册商标数量（是否实际应用）、是否生产地理标志农产品、主营的特色农产品受消费者认可程度、是否具有农产品自主定价权、对下游企业是否会进行品牌监管。从示范社中进行筛选的原因有三点：一是示范社依据《农民专业合作社法》等法律法规统一进行评定和监管，相对非示范社更具规范性和代表性；二是能够主导农产品供应链的农民合作社需要具备一定的发展条件，从示范社中更易筛选出在供应链中处于主导地位的农民合作社；三是示范社普遍具有引领作用和示范效应，能够在一定程度上反映出农民合作社未来的发展趋势，因此对其研究成果更具推广价值。

四、研究思路与方法

（一）研究思路

本研究遵循从现实、理论再到实践的螺旋式上升的研究思路，以农民合作社主导的三级农产品供应链为研究对象，供应链上主体包括合作社、加工企业和销售企业。按照供应链“形成—发展—稳定”的发展规律，首先阐明农民合作社主导的农产品供应链的形成机理及主体间关系，对该供应链的特征和现实问题进行描述；其次，通过系统构建和仿真呈现供应链系统内要素间的交互关系并剖析问题成因，进而从供应链主体合作关系和收益分配两方面进行研究，解决供应链运行中的效率与公平问题；最后，提出具体优化路径以此促进供应链稳定运行和供应链上各主体实现帕累托改进，为农民合作社主导的农产品供应链的进一步发展提供理论指导和实践参考。基本研究思路如图 1－2 所示，具体研究内容包括以下五部分：

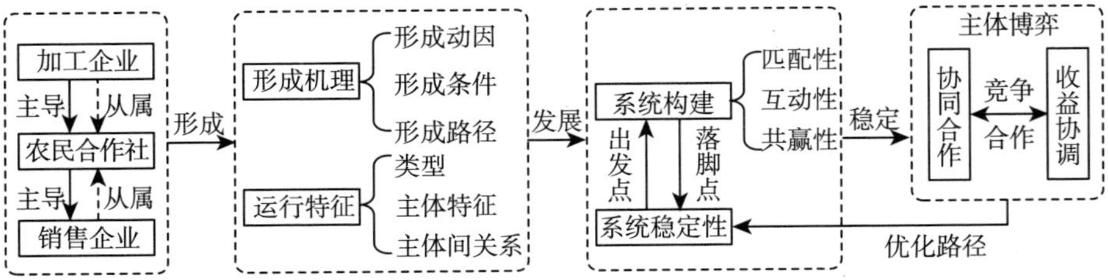

图 1－2　基本研究思路

1. 农民合作社主导的农产品供应链特征及存在问题分析

农民合作社主导的农产品供应链具有其存在的必然性和可行性，但现实中运行数量较少且未完全凸显出其现实意义。综合考虑农业发展水平、土地资源禀赋以及农民合作社主导的农产品供应链的发展现状，本着系统性和典型性抽样的原则选取农民合作社主导的农产品供应链实际案例，对农民合作社主导的农产品供应链进行模式划分和案例描述。进一步，基于扎根理论这一质性研究方法，对选取的典型农民合作社主导的农产品供应链上的各节点组织访谈原始材料进行数据编码，从农民合作社主导的农产品供应链整体特征、供应链上节点组织特征、节点组织间关系特征三个方面进行全面分析；从节点组织间合作关系和收益分配两方面分析农民合作社主导的农产品供应链运行中存在的现实问题：合作关系松散、收益分配不协调，为供应链系统构建提供现实依据。

2. 农民合作社主导的农产品供应链系统构建

构建农民合作社主导的农产品供应链系统并找到影响供应链系统运行稳定性的因素。供应链运作过程中主体与环境之间、主体与主体之间都由多种要素联结，存在着密切关联和交互机理，共同构成了一个复杂的系统。从供应链系统稳定性的含义出发，运用结构方程模型验证供应链系统稳定性影响因素的理论假设并得到影响因素与供应链系统稳定性之间的路径系数；应用系统动力学的方法，从匹配性、互动性和共赢性三个维度出发，对供应链中生产与控制系统、物流组织系统、信息支持系统进行系统分析；结合农民合作社主导的农产品供应链特征分析提炼这一系统所涉及的相关变量，建立不同变量之间的因果关系并进一步绘制系统动力学流图；在以上研究的基础上构建系统动力学模型，并进行模型仿真，深入分析农民合作社主导的农产品供应链的构成要素及其交互关系，重点探究供应链系统稳定性的变化趋势以及影响系统稳定性的因素，验证供应链运行中存在的问题，并剖析问题成因。

3. 农民合作社主导的农产品供应链协同合作研究

探究供应链上主体策略选择及其影响因素，提出供应链上主体协同合作的实现条件。现实情况下的农产品供应链运作中，各参与主体都会以自身利益最大化为导向，因此，就会出现供应链上的各“理性经济人”的战略目标与供应链整体战略目标不一致的情况，从而导致供应链运行不协调。供应链上会出现农民合作社与下游的加工企业和销售企业之间合作时长较短，合作关系松散，缺乏信息交流，彼此间信任程度不高等问题，往往会导致供应链整体的收益受损。在该供应链中，为了提高供应链整体运行效率以及充分发挥协同作用，除了农民合作社要起到主导作用，各节点组织也需要在农产品的生产、加工、销售等方面进行全面的协同合作，从而实现供应链的稳定运行。本部分研究构建农民合作社、加工企业和销售企业的三方主体演化博弈模型，针对以上问题，运用模仿者复制动态方程来分析各主体的策略选择及其演化趋势，探讨从属企业协同合作的可能性与稳定性，并将奖惩措施和“搭便车”行为纳入模型中来，在此基础上分析协同系数、合作成本、奖惩力度、“搭便车”收益等因素对于供应链协同合作策略演化的影响机理，通过数值仿真分析对博弈模型和初步结论进行验证。

4. 农民合作社主导的农产品供应链收益协调研究

剖析供应链上产生收益冲突的成因，制定合理的定价策略和契约关系实现收益协调。在农民合作社主导的农产品供应链中，农民合作社在农产品的品质及特色程度等方面的付出为农产品创造了增值空间，但供应链上大部分收益都流向了后端，产生了收益分配不均的问题。考虑到农产品供应链运行中各主体实现收益协调的实际诉求，基于农民合作社成为农产品供应链核心组织的前提条件和消费者的异质性需求，将农产品市场细分为存在替代关系的特色农产品、普通农产品两类产品，引入农产品特色化度这一参数，综合考虑农产品潜在市场容量、价格敏感系数、农产品数量损耗、特色化农产品偏好系数等参数影响。本部分研究将构建分散决策和集中决策两种模式下的农产品动态定价模型，设计收益共享协调契约，通过数值算例讨论主要参数变动对供应链整体利润的影响，探究如何协调集中决策与分散决策下供应链整体收益，并结合实际调研数据对模型分析结果进行了模拟验证，为主体决策的优化和调整提供量化依据。

5. 农民合作社主导的农产品供应链系统优化研究

首先，明晰农民合作社主导的农产品供应链系统优化的内涵，结合前文研究，阐明供应链系统优化机理。其次，从节点组织间的合作关系和收益分配两方面对供应链系统内的互动性和共赢性进行优化仿真，并验证供应链系统稳定性的优化结果。最后，根据上述优化过程和优化结果提出农民合作社主导的农产品供应链系统具体优化路径。

（二）研究方法

1. 文献分析法

文献分析法亦称为“文献资料研究法”，即对现有的文献和资料进行梳理并加以总结归纳，从中获取必要的理论与事实支撑。国外关于农产品供应链的研究最早可以追溯的20世纪60年代提出的农业纵向整合；国内关于农产品供应链的研究起步较晚，近几年才成为理论研究的热点，管理实践发展也相对滞后。农民合作社相关研究最早起源于19世纪40年代，自2007年《农民专业合作社法》出台后，国内学术界开始对农民合作社进行规范化研究。近年来，国内学者开始关注农民合作社高质量发展，但目前关于农民合作社主导的农产品供应链相关研究较少。本研究在大量阅读相关国内外文献的基础上，梳理分析与农产品供应链、供应链主导企业、农民合作社与农产品供应链关系等内容的相关文献，结合农民合作社主导的农产品供应链发展现状，为促进农民合作社主导的农产品供应链形成和系统优化寻求路径。

2. 深度访谈与典型调查法

深度访谈是一种针对特定问题、无结构、直接、个性化的非全面调查方法。通过深入访谈被调查者，能够揭示其态度、信念、感情和潜在动机，这一方法对于研究某些处于发展初期的事物效果显著。一般而言，在对研究对象总体进行全面分析的基础上，可以从中选取若干个单位进行系统周密的调查研究，以达到调查目的。本研究是选取典型的农民合作社主导的农产品供应链，对供应链上节点组织进行深度访谈。访谈对象包括选择的农民合作社主要管理者，以及该供应链上加工企业和销售企业的主要管理者，采用半结构式访谈，主要访谈内容包括农民合作社的土地规模、经营管理制度、财务状况、主营产品特征、管理者特征、村级层面情况等；农产品加工企业和销售企业的经营规模、财务状况、主营业务、市场状况、管理者特征等；供应链上下游节点组织间的契约关系等。

3. 扎根理论法

扎根理论研究法是由芝加哥大学的Barney Glaser和哥伦比亚大学的Anselm Strauss两位学者共同研究得到的一种研究方法，逐渐演化为社会科学领域中质性研究的重要方法，尤其适用于具有复杂性、互动性和过程性的研究对象。扎根理论的原理是采用系统化的程序，针对某一现象或事物的发展状况进行归纳式总结，从而抽象出概念和新观点。扎根理论的核心是通过挖掘文字材料和理论基础中所包含的关键信息和两者之间的关联度，凝练出材料和理论中的性质和特点。扎根理论是一种从底层出发，通过对经验资料进行三个等级编码（开放性编码、主轴性编码和选择性编码），再通过缩小编码等级来形成理论的方法。其中，一级编码即开放性编码，将经验资料中更具体的内容抽象成不同的概念，再根据概念之间的关联程度提炼成不同的范畴，一级编码用以获取原始资料本身的基本特性；二级编码即主轴性编码，是将开放性编码获得的初始范畴进一步分类归纳，从中得出主范畴和副范畴；三级编码即选择性编码，是对主范畴和副范畴的进一步提炼和概括，从而得到核心范畴。同时，在建立模型之前，对理论概念进行升华初步确定了一个“核心范畴”，需要在此进行验证。扎根理论方法的应用过程就是在将经验材料全部进行概念化、范畴化，归纳提炼出源于资料、又适用于描述此类现象的系统模型。

本研究是基于扎根理论对选取的典型农民合作社主导的农产品供应链上的各节点组织访谈原始材料进行数据编码，从农民合作社主导的农产品供应链类型特征、供应链上节点组织特征、节点组织间关系特征三个方面对其进行全面分析；从节点组织间协同合作和收益分配两方面归纳农民合作社主导的农产品供应链运行中存在的现实问题。

4. 系统动力学法

系统动力学是通过分析社会经济系统内部各变量之间的反馈结构关系来研究系统整体行为的理论。系统动力学方法是一种基于仿真的方法，在数据不足的条件下仍可进行研究，解决一系列特定的问题。因此，系统动力学建模与仿真更擅长解决农产品供应链这种复杂的非线性动态系统问题。本研究将应用系统动力学的方法，从匹配性、互动性和共赢性三个维度出发，对供应链系统内的子系统进行分析，结合农民合作社主导的农产品供应链特征分析提炼这一系统所涉及的相关变量，建立不同变量之间的因果关系并进一步绘制系统动力学流图，最后在以上研究的基础上构建系统动力学模型。系统动力学建模步骤如下：

（1）明确系统模拟的目的。简要分析我们需要解决问题的系统，明确系统的内部结构和相关组成要素，确立构建系统动力学模型的目的，为构建系统动力学因果图和流图提供方便。

（2）确认系统边界。基于系统模拟的目的，确定系统的合理边界。通过剔除对系统影响较小的因素确定系统的边界，力求通过最小的边界去解决系统内部的问题。

（3）因果关系分析。系统动力学模型建立的第一步就是要明确各要素之间存在的因果关系。利用 Vensim 软件绘制出系统的因果关系图，通过分析因果树和反馈回路，明确不同要素对系统的影响。

（4）建立系统动力学模型。根据建立模型的基本假设和 Vensim 方程，进行系统动力学的存量流量的模型构建。

（5）计算机仿真实验。根据方程式在计算机上进行模拟计算。

（6）结果分析。通过不断地模拟仿真，对比模型结果的变化，进行合理的评估，得到解决系统问题的策略。

5. 博弈论

博弈论是一种研究博弈中各方是否存在最合理行为方案以及如何找到这个方案的数学理论和方法，亦称对策论。博弈论在经济分析中应用广泛，而且在社会、政治、军事、科学和技术等领域也有应用。本研究利用博弈论的相关方法对农产品供应链各成员间的合作与竞争关系进行刻画和研究，力求提供相应的决策支持。

演化博弈被广泛应用于供应链研究领域，主要用于研究两个或多个利益主体之间的策略行为问题，是一种有效的量化方法。演化博弈拓展了经典博弈论的思想，假设参与主体是有限理性的，并且通过不断学习和模仿进行策略调整。演化博弈可以更好地应对影响因素、策略演化过程和稳定策略的复杂性。通过构建模型描述并监测系统的演化过程，有利于供应链问题识别。众多学者应用该方法研究供应链问题。Long 等构建了绿色敏感型政府、企业和销售者的三方演化博弈模型，得出绿色敏感性对稳定策略有重要影响①。Zhang 等构建了供应商和制造商的两级供应链信息协作演化博弈模型，得出中小企业联合体战略的形成机制②。Chen 等从演化博弈的角度构建了供应链企业运行机制模型，验证了合作在创意产品供应链中的重要性③。Esmaeili 等运用演化博弈考察企业多种策略实施的长期过程，选择最稳定的策略④。

本研究首先构建农民合作社、加工企业和销售企业的三方主体演化博弈模

---

① Long Q, Tao X, Shi Y, Zhang S. Evolutionary game analysis among three green-sensitive parties in green supply chains [J]. IEEE Transactions on Evolutionary Computation, 2021, 25 (3): 508-523.

② Zhang Z, Xue Y, Li J, Gong L, Wang L. Supply chain logistics information collaboration strategy based on evolutionary game theory [J]. IEEE Access, 2020 (8): 46 102-46 120.

③ Chen T, Jiang Y. Research on operating mechanism for creative products supply chain based on game theory [J]. Discrete and Continuous Dynamical Systems-Series S, 2017, 8 (6): 1103-1112.

④ Esmaeili M, Allameh G, Tajvidi T. Using game theory for analysing pricing models in closed-loop supply chain from short-and long-term perspectives [J]. International Journal of Production Research, 2016, 54 (7): 2152-2169.

型，运用模仿者复制动态方程分析各主体协同合作行为的策略选择及其演化趋势，探讨从属企业协同合作的可能性和稳定性。演化博弈理论的两个核心概念分别是“演化稳定策略”（Evolutionary Stable Strategy，ESS）和“复制者动态”（Replicator Dynamics）。“演化稳定策略”给出了稳定性判断的条件，表征演化博弈的稳定状态；“复制者动态”描述了达到这种稳定状态的动态过程。

通过逆向归纳法求解供应链上节点组织间主从博弈形成的斯坦克尔伯格（Stackelberg）模型，运用纳什均衡描述供应链上各主体间的博弈定价策略，得到各节点组织在特定条件下的最优定价策略，进而通过收益共享契约实现供应链上收益协调。Stackelberg 博弈属于动态博弈，与静态定价相比，动态定价策略更利于供应链的长期协调稳定，且该模型在分析主从问题上具有典型意义。供应链定价多是由零售商、加工企业主导并控制价格的动态博弈，Stackelberg 博弈在供应链定价研究中应用更为广泛。Jena 等运用 Stackelberg 博弈研究不同权利平衡结构下，捆绑决策和广告投放对供应链总利润的影响①。Yin 等构建了基于 Stackelberg 博弈的三级供应链模型，探究价格对新鲜农产品供应机制的影响②。通过 Stackelberg 博弈进行主体收益博弈，协调渠道冲突，能够得到企业生产的均衡策略，使企业随着消费者变化所作决策更具战略性，可依据消费者需求数量的变化及时调整库存和生产量，探索企业利益最大化的参数变化。

6. 结构方程模型

结构方程模型，简称为 SEM，是一种估计、检验以及分析多变量关系的统计模型，包含潜变量（不可直接观测与测量）与测量变量（可以直接观测与测量）。近年来，由于结构方程模型能够分析不可直接测量和观测的变量，解决了传统计量方法的不足，在社会科学领域得到广泛应用。

结构方程模型中的变量可分为两类，可被直接观测的变量和不可被直接观测的变量；难以被直接观测和测量的变量被称为潜变量，可被直接观测和测量的变量被称为测量变量。结构方程模型假定潜变量之间存在因果关系，每个潜变量可以通过一组测量变量表示，是测量变量的线性组合。潜变量之间的关系可以利用验证测量变量间的协方差，进一步估计得出线性回归模型的系数，接下来检验假设模型是否合理。结构方程模型中的潜变量和测量变量的相互作用形成了模型的共变关系，其基本表达式如下：

---

① Jena S，Ghadge A. Product bundling and advertising strategy for a duopoly supply chain：A power - balance perspective [J]. Annals of Operations Research，2020，315（2）：1729 - 1753.

② Yin S，Bai L，Zhang R. Prevention schemes for future fresh agricultural products（FAPs）supply chain：Mathematical model and experience of guaranteeing the supply of FAPs during the covid - 19 pandemic [J]. Journal of The Science of Food And Agriculture，2021，101（15）：6368 - 6383.

$$\boldsymbol{X}=\boldsymbol{\Lambda}_X\cdot\boldsymbol{\xi}+\boldsymbol{\delta} \tag{1-1}$$

$$\boldsymbol{Y}=\boldsymbol{\Lambda}_Y\cdot\boldsymbol{\eta}+\boldsymbol{\varepsilon} \tag{1-2}$$

式中，$\boldsymbol{X}$ 代表“因”变量（内生潜变量）的观测变量所组成的向量；$\boldsymbol{\xi}$ 代表外生潜在变量组成的向量；$\boldsymbol{\Lambda}_X$ 代表 $\boldsymbol{X}$ 对 $\boldsymbol{\xi}$ 的因子载荷矩阵；$\boldsymbol{\delta}$ 代表 $\boldsymbol{X}$ 的测量误差向量；$\boldsymbol{Y}$ 代表“果”变量（内生潜在变量）的观测变量组成的向量；$\boldsymbol{\eta}$ 代表内生潜在变量组成的向量；$\boldsymbol{\Lambda}_Y$ 代表 $\boldsymbol{Y}$ 对 $\boldsymbol{\eta}$ 的因子载荷矩阵；$\boldsymbol{\varepsilon}$ 代表 $\boldsymbol{Y}$ 的误差向量。

$$\boldsymbol{\eta}=\boldsymbol{B}\cdot\boldsymbol{\eta}+\boldsymbol{\Gamma}\cdot\xi+\zeta \tag{1-3}$$

式中，$\boldsymbol{B}$ 代表“果”变量间的结构系数矩阵；$\boldsymbol{\Gamma}$ 代表因变量间的外生结构系数矩阵；$\boldsymbol{\zeta}$ 代表结构模型的误差向量。

相较于其他统计分析方法，结构方程模型是一种能够处理主观性较强的变量，且同时处理多个因变量和自变量之间复杂关系的方法。结构方程模型具有更大的灵活性，它可以处理不可直接测量的变量，允许变量存在测量误差，并使用多个指标测量变量。此外，利用结构方程软件，可以验证模型中所有假设。但是，在某些情况下它也存在局限性，它需要较大的样本量，样本应至少是变量数的 10～15 倍。此外，当模型含有指定误差时，与样本所在总体拟合不好。

本研究将采用结构方程模型对影响农民合作社主导的农产品供应链系统稳定性的因素进行实证检验，进而建立系统动力学模型对系统稳定性做仿真模拟和动态分析。结构方程模型（SEM）能够同时处理潜变量及其指标间的关系，更加有效地解决了部分变量难以直接观测的问题，清晰地描绘出农民合作社主导的农产品供应链系统中要素间的关系。

第二章　农民合作社主导的农产品供应链特征及存在问题

本章将从实际案例出发，综合考虑农民合作社主导的农产品供应链的多种运行模式，并选取典型案例对不同模式进行介绍。在此基础上，基于扎根理论这一质性研究方法系统地揭示影响农民合作社主导农产品供应链的主要影响因素与深层逻辑，对供应链的特征以及现存问题进行归纳和剖析。

一、农民合作社主导的农产品供应链运行模式

农民合作社主导的农产品供应链在实际运行中存在多种模式，不同模式间的节点组织关系和运行特征有所不同。因此，想要对该类供应链的特征进行有效分析需要对供应链的运行模式进行总结。本部分在模式划分的基础上选取典型案例对不同模式进行描述，原因有以下两点：一是农民合作社主导的农产品供应链在现实中还处于发展的初期阶段，通过典型案例描述更有利于直观地体现该类供应链运行模式的不同，能够加强对这类农产品供应链的了解；二是通过实际案例描述能够为后文的特征归纳和问题挖掘做好铺垫，更有利于深入挖掘现象背后的逻辑关系。

（一）运行模式划分与案例选择

农民合作社主导农产品供应链的前提是供应链上主营特色农产品，且供应链上的核心竞争力由农民合作社掌握的特色资源禀赋决定。本章根据农民合作社、加工企业和销售企业三者之间的结合方式不同划分出“社企结合”“加工外包”“社社结合”“产销结合”四种运行模式，并基于四种运行模式各选取一个典型的供应链案例（案例选取情况如表 2-1 所示）。值得注意的是，实际运行中多为供应网模式，即同一个节点上存在多个参与主体，但本章仅做链式研究，因此在案例分析中仅对农民合作社主导的供应链（即每个节点上最主要的一个主体和不同节点上的主体间关系）进行描述。

表 2-1　农民合作社主导的农产品供应链案例概况

编号	模式名称	供应链主营产品	地理标志	产品生产区	注册商标
1	“社企结合”模式	怀药	怀山药、怀菊花	国家特色农产品优势区	怀府农友
2	“加工外包”模式	花生	正阳花生	省级特色农产品优势区	金汇白沙
3	“社社结合”模式	大米	马宣寨大米	品种示范区	菡香
4	“产销结合”模式	甜瓜	黑柳子、白梨、脆甜瓜	品种示范区	广恒瓜娃子、黑柳子

资料来源：作者根据实际调研和相关资料整理所得。

案例一是“社企结合”模式下的供应链。代表是“武陟县农友种植专业合作社＋焦作市农友生物科技有限公司＋韩国 CK 公司”，这种模式下农民合作社主要负责农产品的生产，加工企业是由农民合作社出资成立的，负责农产品的初加工，然后再和下游的销售企业合作销售农产品。

案例二是“加工外包”模式下的供应链。代表是“正阳县金汇种植合作社＋正阳县乐彤花生精选加工有限公司＋小李干鲜货销售公司”，这种模式下的农民合作社不仅进行农产品生产，还要负责将农产品的加工环节外包给加工企业，进而将初加工后的农产品进行销售，通过与销售企业的合作，拓宽产品销售范围和品牌影响力。

案例三是“社社结合”模式下的供应链。代表是“河南菡香生态农业专业合作社＋焦作市沿黄稻米合作联社＋陟选好物旗舰店”，这种模式下的农民合作社依旧负责农产品的生产，加工环节是由农民合作社牵头与其他合作社联合成立的合作社联社负责，进而再和下游的销售端合作。

案例四是“产销结合”模式下的供应链。代表是“广恒农民专业合作社＋联合创业联盟”，这种模式下的农产品多为特色瓜果这种不需要加工的农产品，农民合作社负责农产品的生产和包装，产品不需要经过精深加工环节，可以直接与销售端对接。农民合作社与销售端共同创建销售平台，包括自营实体店、线上销售和与超市进行合作。

（二）多案例描述

1. 案例一：武陟县农友种植专业合作社＋焦作市农友生物科技有限公司＋韩国 CK

武陟县农友种植专业合作社成立于 2015 年，位于国家特色农产品优势区，是一家主营四大怀药种植的合作社，每年种植四大怀药 3 000 余亩*。2017 年，随着 178 户建档立卡贫困户的加入，入股合作社农户达到 378 户，覆盖 27 个村。合作社为社员提供耕、种、管、收、加、储、销全程系列化生产服务，努力发展精、特、优农产品，实现四大怀药的规模化、标准化、品牌化经营，对社员实施年终分红制度。2019 年，农友种植专业合作社获得农业农村部名、优、特、新农产品称号，2020 年，地黄获得“一品一产”地理性标志，依托地理标志，合作社成功自主注册“怀府农友”商标并投入使用；2021 年 4 月，获得焦作市十佳合作社；同年 5 月，获得“国家级农民合作社示范社”称号。

焦作市农友生物科技有限公司由农友种植专业合作社出资，成立于 2020 年，占地面积 20 余亩，拥有 8 个加工车间，主营业务为农产品初加工。韩国 CK 集团每年对四大怀药的需求量在 5 000 吨左右，对合作社的产品依赖程度较高。农友种植专业合作社位于河南四大怀药原产地，享有产地资源优势和产品品牌，能够有效保证农产品质量和特色化程度。通过农友生物科技有限公司对合作社的产品进行初级加工，进而出口到韩国。

农民合作社凭借产地特色资源优势、特色农产品品牌以及产地初级加工等优势，生产的四大怀药在韩国市场上具有一定的市场份额和品牌地位。

2. 案例二：正阳县金汇种植合作社＋正阳县乐彤花生精选加工有限公司＋小李干鲜货销售公司

正阳县金汇种植农民专业合作社成立于 2010 年 1 月，位于中国花生种植第一大县，省级特色农产品优势区，主要进行规模化花生种植。合作社以服务“三农”，谋求全体社员的共同利益为宗旨，为社员开展技术培训、技术交流和咨询服务。合作社设有农产品回收部、信息部、农资农技部、农机水电部等部门。合作社还创建了网络信息平台，产品销往全国各地，由建社初的注册资金 420 万元已发展到 2020 年的 500 多万元，通过近几年的良性发展，全体社员在合作社里充分享受到了实惠，农药、种子、化肥统一供应，由合作社集体采购，确保质优价低。2013 年，合作社在国家工商总局注册“金汇白沙”商标；2014 年，驻马店农业局授予正阳县金汇种植农民专业合作社“市级示范社”；2014 年，合作社独家买断“正阳花生”中文网络域名；2018 年 1 月，合作社获得绿色食品花生认证；2018 年，“金汇白沙花生”荣获河南省知名农业品牌荣誉证书；2020 年 5 月，荣获全国名特优新农产品证书。

河南省正阳县乐彤花生精选加工有限公司是一家从事花生食品加工的企业，产品拥有烘烤、油炸、醋泡、原味四大系列等 10 多条产品加工线，并逐

---

* 亩为非法定计量单位，1 亩≈667 平方米，下同。

步开发花生新产品，年加工能力 20 万吨，建有 1 座 1 120 立方米低温冷库。

小李干鲜货销售公司主要进行干鲜果、预包装食品零售业务。立足于正阳县全国花生种植第一大县的资源优势，金汇种植农民专业合作社凭借其产品品质和消费者对品牌的认可度成为小李干鲜货销售公司的供应商。

3. 案例三：河南菡香生态农民专业合作社＋焦作市沿黄稻米合作联社＋陟选好物旗舰店

菡香生态农民专业合作社位于武陟县乔庙乡马宣寨村。马宣寨村历史悠久，自古以来就种植莲藕和水稻，形成了以池塘相连、稻田有藕、莲边有稻的种植格局。2006 年 9 月，河南菡香生态农业专业合作社借助水乡地区的水资源优势成立。2020 年，合作社有 319 户成员和 4 000 余亩土地经营面积，总资产 4 000 余万元，固定资产 3 000 余万元，拥有大型农机具、植保机械 150 余台套。该合作社通过投资购置设备和引进科学规范的生产流程，以及完善的生产、检测和销售档案，保证了“菡香”系列大米的优良品质。自 2007 年起，“菡香”品牌获得国家商标总局认证和农业农村部无公害农产品认证，并连续获得多个国内外奖项。同时，“菡香”大米还成为多个国内外知名企业的指定供应商。

菡香大米的品质优良，连续多年获得中国国际食品博览会和中国绿色食品博览会的金奖，并入选“全国百家合作社百个农产品”品牌。此外，菡香大米成为河南航空和南方航空的唯一供应商，全国少数民族运动会的指定供应商，中国国家博物馆将菡香大米作为全国六大贡米之一向公众展出。菡香生态农民专业合作社牵头与周边多家合作社联合成立焦作市沿黄稻米合作联社，在菡香生态农民专业合作社的带领下，联合社不仅对稻米进行统一生产管理，还开展了大米初级加工业务，并冠以“菡香”这一品牌入驻陟选好物旗舰店，进入产品销售环节。

4. 案例四：广恒农民专业合作社＋联合创业联盟

包头市广恒农民专业合作社成立于 2010 年 10 月，社员 480 人，种植规模 1.1 万亩。合作社围绕当地特色瓜果产业种植，不断培育打造“黑柳子”品牌。合作社对种植品种进行对比和不断淘汰，筛选出优良高端品种。合作社借助先进种植技术优化品种培育，采用社员统一管理等方法，实现了农业生产方式的转型，从传统的粗放式农业走向了集约化、智慧化的现代农业。这种转型推动了规模化种植、标准化生产和品牌化销售等经营格局的建立，为产业经营注入了新的活力。为了进一步提升特色瓜果的品质和口感，合作社与市农科院、农技推广中心合作，通过土壤改良技术增强土壤肥力，采用有机肥替代化肥，实现产品绿色种植。2015 年，农民合作社自主注册“黑柳子”品牌，“黑柳子甜瓜”于 2018 年获得绿色农产品认证，一年后被列入全国“一村一品”名录。合作社年销售额总计约 3 800 万元，辐射带动社员和农户 800 余户，合作社社员人均增收 4 800 元。

特色瓜果在加工环节仅需要对产品进行分级包装，通过品牌建设，实现农产品最终的优质优价。广恒农民专业合作社与包头市乡村联合创业联盟签订战略联盟合作协议，共同打造“农势力生鲜供”平台。通过销售平台建设和运营，使错峰上市的“黑柳子甜瓜”走出内蒙古，发往广东、河北、陕西、山西、山东等地。这一模式可有效减少供应链中间环节，实现产销对接，保证甜瓜的品质，不断提升品牌的市场影响力。

二、基于扎根理论对供应链特征及问题的识别

（一）扎根理论方法的选取

扎根理论研究方法是从原始资料入手归纳出初始概念，再逐步上升到系统理论的质性研究方法。本部分采用扎根理论的方法，遵循开放式编码—主轴编码—选择性编码的逻辑步骤，利用 Nvivo12 对农民合作社主导的农产品供应链上节点组织的原始访谈资料进行全面分析并编码。为了最大限度克服质性研究的主观性，本研究严格按照扎根理论方法的过程处理数据、反复修正、验证结论。通过专家咨询和课题组成员的数次讨论，从初始概念中提炼出核心范畴，对于编码难以达成一致或者无法解释的问题，课题组会通过电话回访的形式向被访者求证，将被访者的意见重新录入系统，再次编码至结论一致。经过不断修正理论，对结论进行验证，使之具有信度和效度，最终达到理论饱和。

（二）数据来源

综合考虑农业发展水平、土地资源禀赋以及农民合作社主导的农产品供应链的发展现状，本研究本着系统性和典型性的抽样原则，先确定基本研究区域，包括地理区域上黑龙江、河南、内蒙古；再根据本研究的基本对象“农民合作社主导的农产品供应链”寻找符合条件的供应链上的相关主体，包括农民合作社、加工企业和销售企业。所选案例与本研究的核心问题相契合，兼具典型性和代表性，并且有相对完整的可获得的信息资料支撑后续研究。

为了保证研究结论的全面性和可靠性，本研究运用多种数据收集方法，将实地调研数据和二手文本资料相结合，对农民合作社主导的农产品供应链的关键特征进行深入挖掘。实地调研案例采取目的抽样方法，本着典型性、代表性和启示性原则，选择与研究主题相契合的案例进行深入分析，这样能够有较强的理论导向。

在研究数据的选取上，为避免合作社发展运行模式不同造成的选择偏差。基于前文划分的“社企结合”“加工外包”“社社结合”“产销结合”四种运行模

式，分别选取 7 家、3 家、5 家和 6 家合作社作为研究样本（前文的四个典型案例包含在合作社样本中）。调研的方式均采用半结构化访谈，于 2021 年 9 月至 2022 年 12 月间采用访谈提纲与农民合作社主要负责人和企业主要负责人进行面对面访谈，并且参观农作物生长环境和合作社办公场所，单个访谈时间约 1.5 小时。访谈提纲的设定基于最初的文献综述以及对研究主题的预调研，并且在调研过程中根据现实情况对其进行适当的调整，采用开放式的问题和调查方式，鼓励访谈对象进行详细的回答。访谈过程中做了详细的笔记并全程录音，形成 3.6 万字的文字记录，访谈结束后对文本资料进行进一步的补充和信息提取。

二手文本资料来源于农民合作社提供的官方材料和线上搜集的公开资料，线上搜集的资料来源渠道包括《全国农民合作社典型案例》、企查查、官方公众号、官方网站、新闻资料等。典型范例会受到新闻媒介的关注和宣传，通过网络检索出相关新闻资料，对不同来源渠道的资料进行梳理，相互论证其准确性，筛选出最贴合主题的资料进行综合分析。

（三）数据编码与逻辑演绎

1. 开放式编码

开放式编码是对数据资料初步概念化的过程。首先，要将初始的访谈资料打散之后逐句分析，在保留句子原意的基础上对其客观性加以概括，得到初始概念共 119 个。其次，剔除与研究内容关联度较低的节点和出现频次较少的节点，将概念重复的节点进行合并，最终抽象出初始范畴 86 个。部分编码结果如表 2-2 所示。

表 2-2　开放式编码示例

初始范畴	访谈资料中的部分原始语句
地理条件	我们这里特别适合种植水稻，空气清新、湿度和光照以及地势都很符合水稻的生长条件；“红宝石”蜜柚在我们这里种植优势明显，气候环境十分适合，产量高，易种植，无木质化
农产品品质	大米口感好，品质优良，年年在市场上供不应求，销路不是问题；“红宝石”蜜柚是热销的优良品种，属于柚子中的高端名贵产品；精良的工艺，最大限度地保留了大米中的全天然营养成分，科学规范的生产流程和严格的检测制度都保证了产品的优良品质
产品认证	被认定为绿色食品，并且获批地理标志农产品；获得国家商标总局认证和农业农村部无公害农产品认证
品牌建立	合作社注册了“菡香”大米商标，“菡香牌”大米被认定为河南省名牌农产品和绿色食品；合作社注册“七仙红”商标，我们要视保护品牌如同保护我们的眼睛

（续）

初始范畴	访谈资料中的部分原始语句
品牌文化内涵	深入挖掘“七仙女下凡”的民间传说，打造品牌故事；马宣寨村历史悠久，自古以来就种植莲藕和水稻，形成了以池塘相连、稻田有藕、莲边有稻的种植格局，菡香大米是源自千年荷塘的珍品
技术研发	合作社成立了沿黄水稻工程技术研究中心，与中国农业大学的科研团队有合作；合作社联合省农科院研发出特色桃品种“红肉桃”；合作社与省农科院合作，实施土壤改良技术，平衡土壤 pH，改善土壤肥力和养分
技术改进	引入“智慧农业”物联网项目，对 2 栋温室进行智能化改造，安装传感器、摄像头、智能灌溉、智能施肥系统等先进科技设备，温室中的信息会及时传输到管理人员的手机上，从而实现远程遥控
规模化经营	合作社统一经营 2 000 亩土地，实现标准化种植；统一提供种苗、统一进行栽植及管理、统一施用化肥农药
农技指导	统一提供技术指导和服务；产前指导成员选用抗病、高产、耐储运、商品性好、成熟期适中的优良品种，产中指导成员严格按照绿色标准技术操作规程操作
种植结构	根据消费者偏好调整种植结构，大力发展附加值高的特色农产品；合作社投入 100 余万元的资金调整种植结构，开垦耕地、治理荒渠，并建成了“菡香一号”水稻新品种示范区
品牌延续	我们的大米销售出去要保留“菡香”这一品牌，提高消费者认知和品牌依赖度
鼓励社企合作	国家很重视合作社高质量发展，加大力度鼓励社企合作；依托于村集体经济，拓展社企结合模式
活动推广	政府利用农事节庆为特色农产品品牌做推广，扩大品牌影响力，吸引企业加入；大米获得了全国农产品加工博览会的优质奖和中国绿色食品博览会的畅销奖
品牌认可度	消费者大多是冲着品牌来购买产品的，因为认可品牌，才相信产品品质；产品连续多年获得了中国国际食品博览会和中国绿色食品博览会的金奖，并入选“全国百家合作社百个农产品”品牌
市场竞争力	市场上销售普通大米没有什么竞争力，特色化农产品逐渐兴起，更能抢占一定的市场；国内小规模引种，市场占有量还很小
消费者需求	目前来看，高端消费者更倾向品牌化特色农产品，注重口感、品牌和包装，本地人走亲访友都会带我们的大米
初级加工	合作社每年委托加工企业对大米进行初级加工和包装
销售渠道	销售端有大型商超、航空公司和线上平台销售；成为多个国内外知名企业的指定供应商
加工企业选取	加工企业一般选取价格合理、距离近的，对加工技术没有太高的要求，就是初级加工；签订合作协议，降低中间环节的交易成本

（续）

初始范畴	访谈资料中的部分原始语句
合作动机	只要我们的农产品有特色、品质好，就会有企业找上门来合作
品牌化效益	农产品品牌打响，具有一定的知名度，自然价格就涨上去了
市场地位	种得好不一定卖得好，但如果有特色有品牌有知名度，就有一定的议价权
签约频次	和下游企业的合同一般是一年一签，也有合作久的两三年一签；信誉较好的合作伙伴五年一签
存储运输	农产品易腐烂，对储存、运输条件要求较高
生产端不断改善	我们也是在不断筛选适合本地的品种，改进种植方法，应用新技术
交易冲突	与下游企业交易容易出现压价、货款不及时交付的问题
违约惩罚落实	会和企业签订合同，合同里有违约惩罚条款，但也视情况而定
信息获取渠道	一般通过电视、互联网关注农产品市场信息，也能从下游企业得到一些消费者的反馈
生产计划协同	根据市场信息和消费者反馈，合作社会适时调整种植结构
农民增收	农户可以获得种植收入，还能获得务工收入，收购价高于市场收购价
助力脱贫攻坚	合作社开展“明星服务队”创建活动，组织机车义务为贫困户机收活动，积极吸纳贫困户入社，带动贫困户脱贫致富
品质溯源	合作社与网络公司合作，不断提高产品质量，实现产品可溯源；建立了完整的生产、检测、销售档案及追溯制度

2. 主轴编码

主轴编码是对开放式编码得到的概念进行聚类分析。依照初始概念之间的关联性，找到概念之间潜在的逻辑关系，提取出主范畴和副范畴。副范畴是对初始概念的归纳，将其合并为一个更高层次的范畴。同理，主范畴是对副范畴的进一步整合并且能够有效包含全部副范畴代表的含义。主轴编码结果如表 2－3所示。

表 2－3　主轴编码分析

主轴编码		初始范畴	副范畴含义
主范畴	副范畴		
外部环境特征	政策支持	鼓励社企合作、政策识别、活动推广	相关政策对农民合作社主导的农产品供应链的扶持
	产业推动	农业现代化、特色产业集群	产业发展对农民合作社主导的农产品供应链的推动
	市场需求	消费者对品牌认可度特色农产品销量	市场对农民合作社主导的农产品供应链的需求

（续）

主轴编码		初始范畴	副范畴含义
主范畴	副范畴		
农民合作社特征	主营产品	特色化产品、绿色产品、品牌化产品、地理标志农产品、农产品品质、品牌文化内涵	农民合作社主营产品的特点
	合作社规模	土地规模、社员构成、注册资金、农产品产量	农民合作社经营规模包括土地、人力、资金、产品规模
	运营能力	管理制度、盈余分配、要素配置	农民合作社对生产要素的配置能力
	核心技术水平	技术研发、技术改进、与科研院所合作、良种选择、生态理念	农民合作社具备的生产能力和生产理念
	资源禀赋	土地资源、气候条件、生产技术、品牌资源	农民合作社具备的核心资源
	带动农户能力	提供就业、增加收入、致力脱贫攻坚	农民合作社对农户的辐射带动作用
从属企业特征	经营规模	注册资金、交易量、年营业收入、企业从业人员	供应链上从属企业的经营规模
	加工能力	加工技术、订单量、质量保障	加工企业的核心能力
	营销能力	营销团队、销售额、售后服务	销售企业的核心能力
	企业市场竞争力	市场占有率、市场知名度	从属企业在市场中的地位
节点组织关系特征	伙伴选择	独特优势、生产能力、交付能力、价格与服务、信誉度	供应链上节点组织间的选择标准
	合约时长	合同签订频次、合作时长	节点组织间的合作时长和签约频次
	违约问题	交货时间、产品质量、品牌沿用	节点组织合作期间可能出现的违约行为
	监督机制	品质监督、品牌监督、价格监督、惩罚机制	供应链上对于违约行为的监督机制
	合作关系	信息沟通频率、库存管理、运输策略、采购次数、产品设计、种植结构、质量管控、协同预测	节点组织间存在的合作行为
	竞争关系	产品定价、交易方式（交易量和频率）、产品储存、交易产品质量	节点组织间存在的竞争行为

（续）

主轴编码		初始范畴	副范畴含义
主范畴	副范畴		
供应链整体特征	供应链属性	特色农产品、需求响应、初加工、消费者需求	农民合作社主导的农产品供应链本质
	理想状态	一体化运行、利益共同体、动态稳定、协同发展、环境推动	农民合作社主导的农产品供应链理想状态下的运行特点
	运行阶段	供应链形成、供应链发展、供应链稳定	农民合作社主导的农产品供应链所处阶段

3. 选择性编码

选择性编码是在主轴编码的基础上提炼“核心范畴”，并通过系统分析形成一个完整的理论框架。通过主轴编码得到的主范畴均属于该供应链的特征，包括供应链类型特征和主体特征，这些特征共同组成了农民合作社主导的农产品供应链。因此，核心范畴是农民合作社主导的农产品供应链特征。

基于这一核心范畴，可以将前文的主范畴和副范畴共同归结为：农民合作社主导的农产品供应链特征主要包括外部环境特征、农民合作社特征、从属企业特征、节点组织关系特征和供应链整体特征五个方面。

4. 饱和度检验

对于以上编码结果还需要进一步做饱和性检验来确保结果的可靠性。本研究从预留的访谈文本中随机抽取一份，并且从网络上获取到三篇国家级农民合作社的相关报道，再次将文本导入 Nvivo12，重复编码步骤，所得编码均包含在研究已得到的范畴中，没有出现新的概念和范畴。最终将所得结果与三位专家学者进行交流，一致认为本研究所得编码基本达到饱和，农民合作社主导的农产品供应链特征可以根据所得结果做出进一步解释。

三、农民合作社主导的农产品供应链特征分析

基于前文的数据编码分析，本部分将对核心范畴下的五个主范畴：包括外部环境特征、农民合作社特征、从属企业特征、节点组织间关系特征和供应链整体特征展开分析。

（一）外部环境特征是供应链的产生动因

外部环境特征是农民合作社主导的农产品供应链形成的动因。外部环境特征主要体现在政策背景、产业背景和市场需求情况三个方面。

1. 政策支持农民合作社积极融入并主导农产品供应链

从政策背景上看，近年来，国家部委依次出台多个政策文件强调供应链创新发展、供应链稳定发展，其中包括《国务院办公厅关于积极推进供应链创新与应用的指导意见》《商务部等八部门关于开展供应链创新与应用试点的通知》等政策文件。2020年，农业农村部发布的《新型农业经营主体和服务主体高质量发展规划》鼓励新型农业经营主体与各服务主体围绕同一产业或同一产品的供应链，展开联合与合作。可见，供应链管理的理念逐步深入到新型农业经营主体的发展中，维持农产品供应链稳定是适应经济发展要求，符合农业现代化发展方向的必然选择。在政策的支持下，农民合作社已经积极融入农产品供应链，并逐步占据供应链上的主导地位。

2. 产业推动农民合作社主导的农产品供应链产生

从产业背景看，发展乡村特色产业是国家农业发展的重中之重，农产品供应链的完善和发展关系着乡村产业兴旺的进程。做大做强乡村特色产业强调立足于当地特色资源，以新型农业经营主体为支点，将资源优势转变为产业优势。农民合作社作为新型农业经营主体之一，逐渐由数量快速增长向质量逐步提升转变，肩负着带动产业兴旺、农民增收的重任。随着合作社自身规模的扩大和规范化发展，部分合作社已经有能力在主营特色农产品的供应链上占据主导地位。农民合作社融入农产品供应链且主动占据供应链主导地位对于促进农民增收，增强农民合作社市场竞争力，实现农业农村现代化都有重要的推动作用。

3. 市场需求拉动农民合作社主导的农产品供应链形成

从市场需求情况来看，消费者对农产品的需求朝着特色化个性化方向发展，原有的生产流通方式已经难以满足消费者对农产品品牌、质量等方面的需求，迫切需要农产品供应链的转型升级。消费者对区域特色农产品的需求量日益加大，农产品特色化度高的产品往往会更大程度地影响消费者的感知价值，进而促进购买行为。与此同时，对特色农产品的重视程度和对品牌重视程度也会正向推动消费者的购买行为。相较于普通农产品，消费者对特色农产品的品质要求更高，也会更关注农产品的种植和生产情况，倒逼供应链上产品品质溯源和全过程监管的开展。农民合作社主导供应链一方面可以将分散的小农户集中起来，加强供应链源头环节质量安全管理；另一方面，也能够通过构建产业化模式进行农产品规模化、标准化和专业化生产，加强对供应链上下游各环节的监督，从而降低农产品质量安全风险。

（二）节点组织特征是供应链形成的基础

在农民合作社主导的农产品供应链上，农民合作社与从属企业都隶属于供应链上的节点组织，节点组织特征是该供应链的内部特征，也是供应链形成的坚实基础。

1. 农民合作社特征

农民合作社特征主要体现在主营产品、合作社规模、运营能力、核心技术水平、资源禀赋和带动农户能力六个方面。

从主营产品来看，处于供应链主导地位的农民合作社大多主营特色农产品，并且农产品品质优良、品牌化效应突出，产品具有一定的市场竞争力。依据产品竞争要素，“特色”属于农产品的先天优势，是构成产品综合比较优势的要素之一。农民合作社通过地理标志、绿色产品认证、特有文化内涵等方式增加产品附加值，建立起品牌和消费者之间的信任，赢取消费者口碑和客户黏性，强化了其市场地位。

如图 2-1 所示，特色农产品在供应链上的价值增值主要源于生产环节。由于经营高附加值的特色农产品的农民合作社占据了供应链上的稀缺要素，便更有可能成为特色农产品供应链上的核心组织。

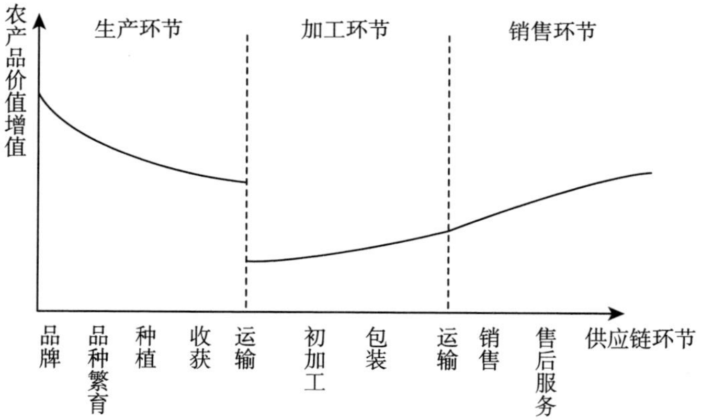

图 2-1 特色农产品在供应链中的价值增值

从农民合作社规模来看，处于供应链主导地位的农民合作社一般为规模较大的合作社或者合作社联合社，土地面积均在千亩以上，社员人数高于合作社平均社员人数。合作社规模是合作社发展的基础，一般来说规模越大说明合作社自身发展能力越强，与此同时核心资源占有量和产品交易量也在供应链上具备一定优势。

从合作社运营能力来看，能够主导农产品供应链的农民合作社自身运营状况良好，均属于示范社。运营能力主要是强调农民合作社运行过程中对于多种生产要素和资源的应用及配置能力，其中包括资金、劳动力、土地、信息等要素和资源。主导供应链的合作社自身普遍具有完善的管理制度和合理的盈余分配模式，最终体现为合作社运行效率的提升。

从核心技术或者生产能力上看，农民合作社为了提升农产品品质和口感，与科研院所合作，实施土壤改良技术，改善土壤肥力和养分；为社员选择抗病、高产、成熟期适中的优良品种，统一进行绿色标准技术操作，实现“绿色种植”；试行智慧农业项目，安装智能灌溉、智能施肥等先进科技设备，大大降低人力成本。位于主导地位的农民合作社普遍掌握核心技术以及不断进行技术改良的能力。

从资源禀赋来看，农民合作社在农产品供应链中的地位强弱与资源占有量的多少呈正相关。根据资源基础理论，处于主导地位的农民合作社由于具备稀缺资源禀赋，具有一定的竞争优势。但是，仅拥有资源禀赋还不足够，合作社还需要具备将独特资源禀赋持续不断地转化为竞争优势的能力，避免因为初始资源耗尽而进入成长困境。因此，处于供应链主导地位的农民合作社不仅占据着供应链上的核心资源，其中包括土地资源、气候条件、生产技术等，还能够将核心资源转化为特色品牌，并且不断加强品牌建设，从而产生源源不断的竞争优势。

从带动农户能力方面来看，农民合作社一方面通过合作社的盈余分配增加农户的经营性收入；另一方面，通过土地规模化经营节约劳动力，为农户提供更多的就业机会，增加农户的工资性收入。除此之外，农民合作社还致力于扶贫事业，义务为困难户提供农机服务，积极吸纳困难社员，帮助社员致富。

2. 从属企业特征

在农民合作社主导的农产品供应链上从属企业主要包括加工企业和销售企业。从属企业特征体现在经营规模、加工能力、营销能力、企业市场竞争力四个方面。

从加工企业的经营规模来看，处于农民合作社主导的农产品供应链上的加工企业大多是小微型的企业，在同类加工企业中不占据竞争优势。从加工企业的加工能力来看，加工企业一般只需要完成特色农产品的初级加工，不需要具备先进独特的加工技术，但要在加工量和交付时间上满足农民合作社的需求。除了核心工艺，在加工环节涉及设备水平、环境卫生、产品质量安全，加工企业能够获得质量安全认证，对农民合作社的特色农产品进行统一加工且不断完善加工标准体系，保障农产品加工环节的质量。从加工企业的市场竞争力来看，一般来说企业的核心能力决定了其市场竞争力。由于供应链上的加工企业的核心加工能力处于中下游水平，其市场占有率并不高，难以靠单打独斗提高市场竞争力。

农民合作社主导的农产品供应链上的销售端一般为中小型商超、线上销售平台或者其他对接消费者的企业，接下来统称为销售企业。

从销售企业的经营规模来看，销售企业在同行业中属于小微型企业。从销售企业的营销能力来看，企业具有相对专业的营销团队，对消费者需求能够进行实时响应。营销能力主要体现在销售企业对特色农产品的销售方式和对消费者的高质量服务上。销售企业充分发挥零售优势，为特色农产品打通销售渠道，为消费者提供便捷且舒适的农产品购物环境和标准的售后服务。从销售企业的市场竞争力来看，销售企业依托特色农产品的品牌和品质具有一定的市场占有率和知名度，成为消费者信赖的特色农产品购买渠道。销售企业直接对接消费者能够充分考虑市场行情、消费者需求特征等因素，对产品价格、农产品供应情况做出及时反馈和调整。

（三）节点组织关系特征是供应链运行的过程要素

节点组织间关系特征主要体现在伙伴选择、合约时长、违约问题、监督机制、合作关系和竞争关系六个方面。节点组织间关系特征是供应链运行的过程要素。

合适的合作伙伴选择是农产品供应链稳定运行的前提和基础。在供应链组建初期，节点组织有伙伴选择的权力。处于主导地位的农民合作社具有选择下游合作伙伴的权力。下游企业也有接受和拒绝与其合作的权力。从农民合作社主导的农产品供应链的基本特点来看，农民合作社是占据核心资源禀赋和拥有供应链上的核心竞争力的一方，对于下游的伙伴选择主要基于企业独特优势、企业信誉度、价格与服务这三个方面选择。农民合作社需要找到能力互补的从属企业来实现农产品的价值增值。因此，从企业独特优势的维度来看，农民合作社在选择加工企业时需要看加工企业是否能够在保证农产品品质的前提下实现农产品初级加工，在选择销售企业时则需要看在沿用合作社农产品品牌的前提下是否具备良好的营销能力。从企业信誉度的维度来看，农民合作社会根据历史合作情况、企业在行业内的口碑和契约履行情况来判断从属企业是否能够进行合作。从价格和服务维度来看，农民合作社会考虑下游企业的收购价格是否合理，信息交流是否及时且全面，能否保证农产品质量和品牌的沿用。而下游企业主要是通过农民合作社的独特优势、生产能力和交付能力来判断是否与其合作。从独特优势层面，下游企业考虑农民合作社生产的农产品是否具备资源的稀缺性，是否有消费市场。从生产能力层面，下游企业则考虑上游的供货数量、农产品质量和农产品特色化度。确保农民合作社能够有能力供给企业所需的农产品数量，同时保证农产品的品质和特色化度。从交付能力层面，由于农产品的特性，生产阶段容易受自然条件影响，且具有季节性和易腐性，因此要确保农民合作社能够及时交货且保证农产品在运输过程中的低损耗率。根据上述评价维度，供应链节点组织选择评价指标体系如表 2－4 所示。

表 2－4　供应链节点组织选择评价指标

评价维度	评价指标	具体含义
独特优势	资源稀缺性	是否具备市场上稀缺的资源
	能力互补性	是否能够取长补短
生产能力	供货数量	可提供的农产品上限数量
	农产品质量	农产品是否标准化生产，产品合格率高低
	农产品特色化度	是不是特色化农产品
交付能力	供货速度	是否能够及时交货
	运输损耗	产品运输过程中损耗率是否可控
价格与服务	价格	定价是否合理
	信息反馈	能否及时沟通，信息共享
	售后服务	后期服务情况
信誉度	历史合作情况	历史合作中履约完成率
	行业口碑	在行业内是否有良好的评价
	契约履行情况	能否遵守约定

从合约时长上看，供应链上的节点组织在伙伴选择后，会签订合约，约定合作时长。由于农产品生产和农产品市场需求的不确定性，合作伙伴一般选择合作时长为中短期（1～3 年），签约频次为一年一签。

在节点组织合作的过程中，也容易出现违约问题。比如，未按照合同约定的交货时间进行交易，农产品实际质量与事前要求的质量不符，下游企业未按照合同约定沿用农民合作社的产品品牌等一系列违约行为。对于违约问题，供应链上也存在监督机制，包括对农产品品质的监督、品牌使用情况的监督、农产品价格监督和相应的惩罚机制。但是，在运行过程中，监督机制的执行效果还有待于进一步增强。

供应链上的节点组织之间既存在合作关系，也有竞争关系。从合作关系上看，供应链上的节点组织间由于资源互补性，在信息沟通、库存管理、运输策略、采购次数、产品设计、质量管控、协同预测等多方面进行合作。例如，通过互联网技术进行信息共享，农民合作社从产出推动模式转为需求拉动模式，根据网上的订单数据，可以及时开展农产品采摘、收割，尽可能保证农产品处于待收获状态，而不是长时间存储在仓库中，这样不仅节约库存成本，还能保证特色农产品的新鲜度。

从竞争关系上看，供应链上的节点组织更多以自身利益最大化为目标。因此，在产品定价、交易量、产品储存等方面产生竞争。农民合作社主导的农产品供应链主要采用订单模式，特色农产品相较于普通农产品更容易建立订单模式，故相较于普通农产品的无差异化，特色农产品资产专用性高，订单更具韧性。订单农业，即农民合作社与下游企业在农业生产之前签订订单合同，农民合作社按照合同组织生产活动，企业按约定收购农民合作社的农产品。订单农业相比传统的现货销售（具体区别如表 2-5 所示），能够显著降低农产品生产端的市场风险（包括农产品价格风险和农产品销售风险），避免农产品陷入滞销的困境，有助于优化农业种植结构和增加农业生产者的经营性收入，也能降低下游企业的缺货风险和交易成本。但是，据调查，全国农业订单的履约率仅在 30%左右，而影响订单履约的主要因素有合同约定的产品价格、价格的实际波动幅度、收益分配等。目前，订单农业中的农产品收购价格主要有三种模式，包括固定收购价格、随行就市和保底价格收购随行就市。有学者研究发现，保底价格收购随行就市能够让生产端专心生产，企业降低交易成本，使得供应链运行更稳定。也有学者认为这种模式能够保证生产者的利益，但下游企业易出现违约的情况。供应链上的节点组织为了获得各自价格优势，会对产品质量、成本等信息进行隐藏，在农产品定价中则容易出现目标冲突，进而导致供应链上收益分配不合理。

表 2-5　供应链上现货交易与订单交易的区别

项目	农产品现货交易	农产品订单交易
对接时间	农产品成熟后	农产品成熟前
对接频率	少次	多次
农产品需求时间	即时性	非即时性
优势	沟通成本低，价格可控	资金充裕、库存成本可控、易保证农产品新鲜度
劣势	仓储成本难以确定、滞销风险大	沟通成本高，承担品控风险

（四）整体特征是供应链的最终表现形式

供应链整体特征是供应链的最终表现形式，可以从供应链类型、理想状态和运行阶段三个方面展开分析。

1. 农民合作社主导的农产品供应链属性

农产品供应链根据不同的产品特点，可以将其分为效率型农产品供应链和响应型农产品供应链。效率型农产品供应链以通过规模效益实现成本最小化和利润最大化为主要目标，在不增加成本的前提下缩减供货期，实现最小库存。响应型供应链以快速响应不可预测的需求为目标，使用模块化设计和延迟制造技术实现产品差异化。效率型农产品供应链以功能性农产品为主，其需求相对来说可预测，产品生命周期较长，但功能性农产品相对来说品种较少，边际收益相对较低。响应型农产品供应链以创新型农产品为主，产品生命周期相对较短，产品品种多，边际收益较高。

根据农产品的特点，可将其分为特色农产品和非特色农产品。特色农产品是指依据当地原始地理地貌、土壤、水资源和人文环境等独特的资源禀赋，带有文化内涵或历史底蕴，有显著的地理区域性特征的产品。特色农产品和非特色农产品在发展方向、信息反馈和技术改进等方面存在显著差异。相较于非特色农产品而言，特色农产品的目标消费群体具备高标准和易改变的消费特点，特色农产品经营强调整体性思维，围绕品牌定位、产品生产、包装、物流、售后的每个环节，持续以消费者需求为导向，将品牌价值和特色程度注入特色农产品的消费价值中。

位于主导地位的农民合作社普遍具备较强的核心竞争力，主营特色农产品。特色农产品进入市场前需要进行初加工来保证农产品质量，提高农产品储存时间。农产品初加工是指在不改变特色农产品内在成分的前提下，对收获的初级农产品进行清理、烘干、分级、包装等简单的加工活动。有研究表明，对农产品进行产地初加工能够减少农产品运输损耗，实现供应链的提质增效。

从消费者对农产品的需求情况来看，越来越多的中高端消费者不单单以农产品作为满足基本温饱的必需品，更多追求农产品的特色化程度来满足更高层次的需求，具体体现在对农产品品牌的认可度。比如，特色化农产品是否基于“三品一标”认证创建了自主品牌，品牌即品质的标签。另外，对农产品包装的选择，特色化农产品是否具有多种包装形式来供消费者选择，比如袋装、真空包装、礼盒装等。

从以上分析中可以看出，农民合作社主导的农产品供应链大多是主营初级加工的特色农产品，类属于响应型农产品供应链。该供应链能够通过对特色农产品的改良和调整，协调各节点组织快速响应消费者的需求。

2. 农民合作社主导的农产品供应链理想状态

（1）整体性。农民合作社主导的农产品供应链是由具备不同功能的多个参与主体构成的复杂系统。首先，具备系统的整体性特征。每个参与主体都作为供应链系统的一个节点组织，节点组织之间需要信息共享，协同合作来保持系统的整体性。其次，供应链系统内任何一个要素都不是独立存在的，它的变动都可能影响整个供应链系统的运行状态，因此这体现了供应链的整体性。另外，农民合作社、加工企业和销售企业三者合作发挥彼此的资源优势，农产品附加值的增加幅度高于三者独立运行的价值的增加幅度，故供应链整体效能的发挥大于局部效能之和。

(2) 开放性。农民合作社主导的农产品供应链会受到外界环境的影响，并不是一个封闭的系统。首先，政策支持和农产品市场竞争等外界因素都会影响供应链系统的稳定性。同时，供应链上的节点组织间并没有严格的隶属关系和条件限制，随着系统稳定性的下降，可能会有节点组织退出供应链，也可能会有新的成员加入。另外，由于互联网平台的开放性，供应链上的信息平台也具有开放的特征，这为节点组织提供了更多不断更新、可供选择的信息来源。

(3) 动态性。首先，农民合作社主导的农产品供应链整体具有动态性的特征，由于系统的开放性，系统内部与外部环境之间存在信息、物质、资源等要素的交换，系统会不断调整来适应所处的环境，始终处在动态变化的过程中。另外，系统内的农民合作社、加工企业和销售企业之间存在竞争和合作的动态关系，竞合关系使二者相互制约、此消彼长，在变化中寻找供应链系统的稳态。最后，供应链系统通过物质流、信息流和资金流的有序流动创造农产品价值增值，正是由于要素的不断流动才使得供应链顺畅地运行，供应链的整体竞争力愈发增强。

(4) 目的性。农民合作社主导的农产品供应链主要目的是通过主体间的资源互补实现农产品的价值增值，为整个供应链创造更多收益，进而将收益合理分配促使农民增收。这是供应链整体运行的目标，但它的实现需要各节点组织的战略目标相统一。加工企业和销售企业在农民合作社的主导下，能够充分发挥各自的核心竞争力，以供应链整体收益最大化为目标，实现供应链的协同发展。

(5) 协同性。供应链的协同性是区别于传统企业间买卖关系的最显著的特征。一方面，农民合作社主导的农产品供应链要与外界环境相互协同，充分利用相关扶持政策来发展壮大供应链，农产品生产、加工和销售环节不断适应农产品市场需求现状，对消费者需求变动实现快速响应。另一方面，节点组织之间协同合作，通过不同主体间的优势互补和信息共享使供应链系统朝着稳定有序化的方向发展，实现供应链整体功能增强。

3. 农民合作社主导的农产品供应链运行阶段

以上特征是农民合作社主导的农产品供应链运行的理想状态，它是供应链不断发展、动态演化实现的最终稳态。现实情况下的供应链运行要经历以下三个阶段：形成阶段、发展阶段和稳定阶段，并且在不同阶段会呈现出不同的运行特点，如图 2-2 所示。

(1) 形成阶段。农民合作社与加工企业和销售企业最初由于业务外包、优势资源互补等一系列原因形成供应链。在主营特色农产品的供应链上，农民合

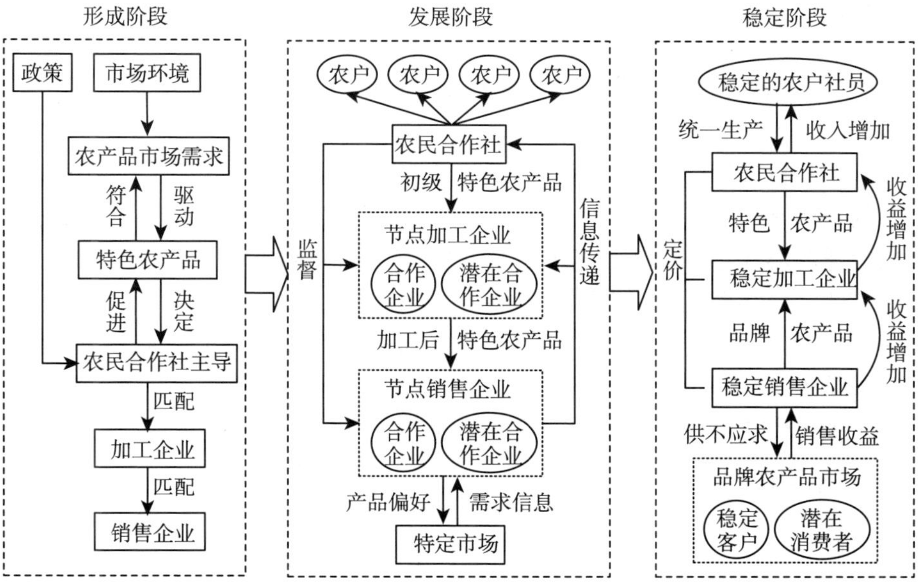

图 2-2　农民合作社主导的农产品供应链运行阶段

作社掌握供应链上的核心资源禀赋，逐渐占据供应链的主导地位。通过节点组织之间的合作，各主体之间可以降低交易成本，获得高于合作之前的收益，故增加了继续合作的意愿和可能性。但是，此时供应链上的合作关系并不稳固，节点组织之间难以形成统一的战略目标，供应链上存在潜在的道德风险问题和投机行为。

（2）发展阶段。农民合作社主导的农产品供应链雏形初步形成后，参与主体获得了一定的经济效益，供应链开始进一步发展壮大。有更多的企业希望加入供应链提升自身经济效益，供应链上的节点组织之间也开始在合作与竞争共存的动态关系中不断调整。农民合作社会依据对从属企业的能力需求选择下游合作伙伴，下游企业也会根据农民合作社的运营能力和农产品特色化度做出接受或者拒绝合作的决定。经过伙伴选择之后，供应链上的主体匹配程度不断提高，节点组织的发展目标开始向追求供应链整体收益最大化转变。但是，随着合作关系的深入，供应链上的地位竞争、价格竞争等深层次的矛盾会日益凸显。开始出现节点组织之间信任度降低，合作关系松散，收益分配不合理等现象。

（3）稳定阶段。稳定阶段是农民合作社主导的农产品供应链发展的最终目标。当供应链运行到稳定阶段时，农民合作社在充分发挥主导能力带动整个供应链实现整体收益最大化的同时，进行合理分配实现各节点组织的增收。此时，节点组织间关系稳固，能够实现供应链上的资源优化配置、信息共享和风险共担。

四、农民合作社主导的农产品供应链现实问题分析

基于扎根理论的编码分析与逻辑演绎，得到五个主范畴隶属于农民合作社主导的农产品供应链特征。外部环境特征是供应链的产生动因，节点组织特征是供应链的形成基础，节点组织关系特征是供应链运行的过程要素，整体特征是供应链的最终表现形式。通过上述特征分析得出，农民合作社主导的农产品供应链正处于发展初期，节点组织关系特征是供应链发展初期稳定运行的关键。根据表 2-3 节点组织关系特征这一主范畴下的副范畴和初始范畴分析，可以归纳出供应链运行存在的主要问题为合作关系松散和收益分配不协调。

（一）合作关系松散

农民合作社主导的农产品供应链之间合作关系松散体现在节点组织间的合作时长较短。签约频率为一年一签或者二至三年一签，供应链上的参与主体未能形成长期的利益共同体。节点组织根据上下游的历史合作情况以及当前的市场情况，确定未来合作意愿，彼此信任程度还不高。在短期合作中，由于未来合作状况的不确定性增加，易导致节点组织的合作投入成本偏低，机会主义行为风险增大。

农民合作社主导的农产品供应链之间合作关系松散还体现在节点组织之间合作程度较低。节点之间的关系以订单模式为主，合作关系仍不够紧密。在信息沟通频率上，节点组织在农产品生产、收获、交易等关键节点上会就契约内容进行沟通。在农产品生产过程、产品流通过程、进入市场后的交易频率还较低，供应链全过程的信息透明度还有待于提高。在质量管控方面，更多是停留在节点组织交易环节对产品质量进行验收以及销售环节的消费者反馈，在供应链上的其他环节对农产品的实时监控程度较弱。在协同预测方面，仍未实现上下游组织共同谋划供应链未来的发展策略，缺乏节点组织之间的信息共享和目标协同。

（二）收益分配不协调

供应链上的收益协调即供应链上的节点组织最终获得的收益与其对供应链整体的付出相匹配。在农民合作社主导的农产品供应链上，供应链的核心竞争力主要源于特色农产品的特色化度。这一核心竞争力来源于农产品的生产端即农民合作社，农民合作社在农产品的品质及特色化度等方面的付出为农产品供应链创造了增值空间，但供应链上的收益更多流向了后端，由此产生了供应链

上的收益分配不协调。

农民合作社主导的农产品供应链上的收益分配不协调主要体现在产品定价和契约关系上。从产品定价来看，供应链上不同的价格策略会影响农产品的销售量、供应链上的整体收益以及各节点组织的收益。在供应链的运行过程中，下游企业想以较低的价格采购农产品，而上游的农民合作社想以更高的价格出售农产品，各节点组织从自身利益最大化出发，产生了价格冲突。中间环节的定价策略都将直接影响到消费者面临的农产品零售价，进一步辐射到消费者的购买意愿和行为上。从契约关系上看，节点组织之间的契约关系中一般包括产品交易方式、产品储存、交易产品质量等内容，节点组织的履约情况关系到各自的投入成本和面临的市场风险。由于农产品的季节性和易腐蚀性，当下游企业未按时履约时，则增加了农民合作社的存储成本和面临的市场风险，降低了产品品质和产品议价能力，因此会给农民合作社的收益造成一定损失。

五、本章小结

本章从实际案例出发，根据供应链上的主体间关系将农民合作社主导的农产品供应链运行模式归结为四种不同的类型，并对四种类型的相关典型案例进行描述。从原始访谈资料入手，基于扎根理论这一质性研究方法，通过Nvivo12对文本资料进行深度分析，得到119个初始概念，通过初始概念形成86个范畴，进一步概括提炼出22个副范畴，从外部环境、供应链整体、农民合作社、从属企业、节点组织间关系五个方面系统地描述了农民合作社主导的农产品供应链基本特征。

研究表明，农民合作社主导的农产品供应链在政策支持、产业推动和市场对特色农产品的强烈需求下发展而来。目前，该类供应链是仍处于发展初期的响应型供应链。供应链上主营的农产品通常为需要初级加工的特色农产品。产品具有“三品一标”认证和独特的品牌文化内涵，产品特色化度主要源于农民合作社的优势资源和生产技术。位于农产品供应链主导地位的农民合作社普遍是具有一定生产规模的国家级示范社或者省市县级示范社，规模较大且具有较强的运营能力和明确的经营理念。从属企业主要为同行业中的小微型企业。在供应链运行过程中，节点组织间合作与竞争的关系并存，容易出现合作关系松散和收益分配不协调的问题。

第三章　农民合作社主导的农产品供应链系统构建

基于系统论和协同论，农产品供应链系统复杂且开放，是由多个子系统共同构成的网状结构。农民合作社主导的农产品供应链涉及多个主体，系统内结构复杂，不确定性因素较多。因此，本章将基于前文的理论分析和现状描述，提炼供应链系统的构成要素，从供应链系统稳定性出发，通过结构方程模型对影响农民合作社主导的农产品供应链系统稳定性的因素进行实证检验，进而建立系统动力学模型，探究构成农民合作社主导的农产品供应链系统的具体要素及要素间的因果关系，对系统运行进行仿真模拟和动态分析，探究影响系统稳定性的关键因素，旨在为农民合作社主导的农产品供应链系统稳定运行提供实践依据。

一、研究假设与数据来源

（一）研究假设

1. 外部环境

外部环境即农民合作社主导的农产品供应链所处的政策环境和市场环境，具体包括政策支持和同类农产品供应链市场竞争。农产品供应链始终处于一个开放的系统中，需要与外部环境进行物质、资源和信息的交换。外部环境对农产品供应链稳定性具有重要影响。Zi 等发现合理的关系契约能够提高供应链上的产品新鲜度和利润，却不能完全保证供应链稳定性，而政府可以通过政策补贴提高供应链稳定性①。面临突发事件时，有效政策支持可以增强供应链应对风险的能力，确保农产品供应链稳定运行。在市场竞争中，当同类农产品供应链市场竞争越激烈时，企业则越有动力增强上下游的合作黏性，维持供应链整体稳定，进而增强供应链整体竞争力。

---

① Zi W，Zhou J，Xu H，Li G，Lin G. Preserving relational contract stability of fresh agricultural product supply chains [J]. Journal of Industrial and Management Optimization，2021 (17)：2505 - 2518.

因此，本研究选取政策支持和同类农产品市场竞争来反映外部环境，并且提出以下假说：

H1：外部环境推动对农民合作社主导的农产品供应链系统稳定性产生显著的正向影响。

2. 节点企业能力

节点企业能力包括核心组织能力和从属企业能力，是指满足自身生存和供应链发展需要的综合能力。张树山等提出，维持供应链稳定关键要提升节点企业的能力[①]。按照企业资源基础理论以及能力理论所强调的，节点企业自身所具备的能力决定了企业的战略定位。供应链管理思想强调核心企业的竞争力。农民合作社作为供应链上的核心组织，其能力在自身经营方面主要体现在规模化标准化程度和产品特性，在管理方面主要体现在对从属企业的品牌管理能力，这对于促进供应链稳定至关重要。从属企业的能力主要体现在核心技术及竞争优势上。

因此，本研究选取产品特性、规模化标准化程度、品牌管理水平来反映农民合作社能力，选取加工企业加工水平、加工企业竞争优势、销售企业销售水平、销售企业竞争优势来反映从属企业能力，并且提出以下假设：

H2：农民合作社能力对农民合作社主导的农产品供应链系统稳定性产生显著的正向影响。

H3：从属企业能力对农民合作社主导的农产品供应链系统稳定性产生显著的正向影响。

3. 合作关系

供应链协同合作是指供应链上多个节点企业围绕着共同的目标和利益而紧密合作的过程。协同合作不仅仅指合作或不合作的简单决策，还包括合作过程中基于信任的彼此配合及合作关系的稳定，具体而言，包括伙伴信任程度、信息共享程度、生产计划协同和库存联合管理程度等。核心企业愈发意识到供应链关系治理的重要性，并且逐渐通过高效的关系治理来实现供应链整体的协同化运作。Yang 和陈耀等基于社会交换理论和目标相互依存理论得出，供应链主体间信任对供应链联盟稳定性产生积极影响，进而对联盟绩效产生积极影响[②③]。Li 等认为，合作关系稳定是供应链长期稳定的重要条件[④]。合作时长

---

① 张树山，等．供应链数字化与供应链安全稳定——一项准自然实验［J］．中国软科学，2021（12）：21－30，40.

② Yang J，Wang J，Wong C，Lai K. Relational stability and alliance performance in supply chain［J］．Omega，2008，36（4）：600－608.

③ 陈耀，生步兵．供应链联盟关系稳定性实证研究［J］．管理世界，2009（11）：178－179.

④ Li J，Wang S，Cheng T. Competition and cooperation in a single－retailer two－supplier supply chain with supply disruption［J］．International Journal of Production Economics，2010，124（1）：137－150.

和合作态度均取决于伙伴之间的信任程度。原毅军等通过构建系统动力学模型验证供应链稳定性的影响因素后得出，伙伴间的信任程度对稳定性起到正反馈作用①。罗昌等人的研究表明，外部环境的变化以及决策者的偏好都是影响系统稳定性的关键要素，信息共享程度也对系统稳定性具有正向影响②。平稳的合作关系应该有良好的信息共享联盟，信息共享能够降低牛鞭效应，使供给和需求有效衔接。Sipahi 等通过对供应链稳定性分析，找出生产计划和库存水平相关的参数，发现供应链管理中的每个延迟行为都会影响整个供应链的稳定③。

因此，本研究选取伙伴信任程度、信息共享程度、生产计划协同、联合库存管理来反映节点企业的协同合作程度，并且提出以下假设：

H4：协同合作程度对农民合作社主导的农产品供应链系统稳定性产生显著的正向影响。

4. 竞争关系

竞争关系在战略联盟的应用旨在他人付出的成本基础上追求个人利益。供应链上的成员在个体成本的基础上追求自身利益的最大化，由此产生其个体行为与整体目标之间的冲突。在竞争理论中，经济价值产生于企业内部，而企业之间的互动影响到对方经济价值的获取，即经济价值的分配。一个企业的竞争成功与价值占用意味着博弈中另一些企业的失败，即价值损失，因此，竞争是基于零和博弈原理的结局。这种竞争关系主要体现在供应链的收益分配上，供应链上的收益分配不协调是降低系统稳定性的重要因素。Sosic 研究了不确定性需求对五种供应链联盟结构稳定性的影响，并且比较了两种分配模式下的稳定联盟结构，包括 Shapley 值分配和核仁法分配④。但是，一些学者认为，由于供应链收益分配过程是极其复杂的，合作博弈论和委托代理理论并不能完全解释供应链收益分配背后的驱动机制。供应链收益分配的合理性与供应链联盟系统的稳定性密切相关。由于供应链上的不同产品具有不同的特性，产品代表的利润厚度也不同。因此，如果产品的利润空间越大，那么越有利于提高供应链收益分配的合理性以及供应链联盟系统的

---

① 原毅军，田宇，孙佳．产学研技术联盟稳定性的系统动力学建模与仿真［J］．科学学与科学技术管理，2013，34（4）：3-9.

② 罗昌，贾素玲，王惠文．基于系统动力学的供应链稳定性研究［J］．系统仿真学报，2008（14）：3815-3819，3824.

③ Sipahi R，Delice I. Stability of inventory dynamics in supply chains with three delays［J］．International Journal of Production Economics，2010，123（1）：107-117.

④ Sosic G. Stability of Information-Sharing Alliances in a Three-Level Supply Chain［J］．Naval Research Logistics，2010，57（3）：279-295.

稳定性。供应链管理思想强调通过供应链上的节点企业协同合作共同把整条供应链的总收益做大，再采用“竞争”的方式对供应链总收益进行协调管理。

因此，本研究选取供应链整体收益率、公平感、收益分配合理度来反映供应链收益协调程度，并且提出以下假设：

H5：收益协调程度对农民合作社主导的农产品供应链系统稳定性产生显著的正向影响。

5. 系统稳定性

从广义角度出发，稳定性是指系统性能特性对其参数（包括初始状态）的连续依赖。从系统论观点来看，稳定性是指系统被扰动因素干扰后依然能够保持或恢复到初始平衡状态的性能。从鲁棒控制理论来看，稳定性是要通过优化系统结构来维持系统功能稳定运行，提高系统抗风险能力。供应链系统稳定性是指供应链上的节点企业为了实现既定的共同战略目标，能够按照既定计划和契约有序实施战略，在一定时期内主体间关系处于动态均衡状态，供应链整体具有抗扰动和自我恢复能力。稳定并不是不变的，而是在互动中不断寻求新的平衡，是层次越来越高的平衡。农民合作社主导的农产品供应链系统稳定性是指以供应特色农产品为主的农民合作社与下游的加工企业和销售企业形成稳定的契约关系，参与主体互信互利，供应链各环节信息透明、利益关系和责任明晰，供应链整体具备较强的抗扰动能力和自我恢复能力且始终处于动态均衡状态。供应链系统稳定是供应链不断改进和优化的前提。

因此，本章从节点组织间的合作时长、合作关系和抗风险能力三个角度出发，综合选取多个变量测量供应链系统稳定性。为了分析复杂供应链系统的运行过程，本章运用结构方程和系统动力学模型相结合的方法，对系统要素之间的关系及其与外部环境的相互作用进行分析和监测。

（二）数据来源

调查对象是黑龙江省、吉林省、辽宁省、河南省四个省的农民合作社示范社，调研时间为 2020 年 10 月—2022 年 1 月，通过电话调研、实地调研和网络调查共计收回问卷 256 份。根据初步调查结果，本研究基于合作社规模、年盈利总额、自主注册商标数量、是否具有地理标志、与下游企业合作关系等问题筛选农民合作社在供应链中是否处于主导地位。经过筛选后得到有效问卷 206 份，问卷有效率 80.47%。该部分数据的特征及分布情况如表 3-1 所示。

表 3-1　样本基本特征与分布状况

被调查者	分类	数量	百分比	合作社	分类	数量	百分比
性别	男	185	89.8	示范社级别	国家级	29	14.1
	女	21	10.2		省（区）级	68	33
年龄	25～40 岁	55	26.7		市级	73	35.4
	41～50 岁	96	46.6		县级	36	17.5
	51～60 岁	52	25.2	地域分布	黑龙江省	68	33
	60 岁以上	3	1.5		吉林省	40	19.4
受教育程度	初中	28	13.6		辽宁省	43	20.9
	高中	91	44.2		河南省	55	26.7
	大专	57	27.7	注册商标数量	平均值	1.5	
	本科及以上	30	14.5	地理标志数量	总量	23	

二、结构方程模型构建

（一）模型的提出

结构方程模型（Structural Equation Model）是一种估计、检验以及分析多变量关系的统计模型，包括潜变量和测量变量。结构方程模型能够定量分析各变量与供应链系统稳定性之间的关系，并且可以得到变量之间的路径系数，可以进一步作为系统动力学模型中的系数。本章在框架上整体遵循“匹配性+互动性+共赢性—稳定性”的逻辑，涉及外部环境、主导组织能力、从属企业能力、合作行为、收益协调和系统稳定性共 6 个潜变量。其中，包含 19 个测量变量，每个变量的测量值都可以从实际数据中获取。通过对这些数据进行模型拟合和参数估计，可以定量评估各变量之间的关系和影响，进而提出改善供应链管理的策略建议。构建的结构方程模型如图 3-1 所示。

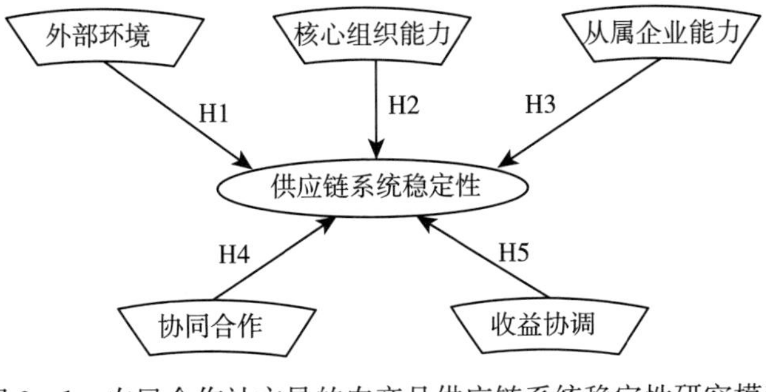

图 3-1　农民合作社主导的农产品供应链系统稳定性研究模型

对于模型中的测量变量采用 Likert 五级量表（从 1 至 5）进行打分，潜变量和测量变量的描述性统计如表 3-2 所示。

表 3-2　模型变量及其说明

潜变量	可测变量	均值	标准差
外部环境（*EE*）	政策扶持（*PS*）	3.31	1.11
	同类供应链市场竞争（*MC*）	3.19	1.26
核心组织能力（*FC*）	产品特性（*PC*）	3.37	1.14
	规模化标准化程度（*SD*）	3.39	1.13
	品牌管理（*BM*）	3.43	1.22
从属企业能力（*EC*）	加工企业加工水平（*PA*）	3.3	1.40
	销售企业销售水平（*RC*）	3.36	1.35
	加工企业的竞争优势（*MA*）	3.43	1.28
	销售企业的竞争优势（*RA*）	3.49	1.23
协同合作（*CB*）	伙伴信任程度（*PT*）	3.21	1.09
	信息共享程度（*IS*）	3.18	1.05
	生产计划协同（*PP*）	3.43	1.03
	联合库存管理（*JI*）	3.31	1.00
收益协调（*RD*）	供应链整体收益率（*TR*）	3.27	1.19
	公平感（*FS*）	3.26	1.22
	收益分配合理度（*DR*）	3.23	1.21
供应链系统稳定性（*SCS*）	合作时长（*CT*）	3.44	1.11
	合作关系（*CR*）	3.22	1.21
	抗风险能力（*AR*）	3.23	1.16

（二）信度效度检验

1. 信度检验

Cronbach'α 值是最常用的信度检验系数。为验证问卷数据的一致性，通过 SPSS 25.0 对 206 个样本进行信度检验。结果表明，包含全部 19 个可测变量的问卷总体信度为 0.909，属于较高信度。对外部环境、核心组织能力、从属企业能力、协同合作、收益协调和供应链系统稳定性六个维度的分项 Cronbach'α 值均大于 0.8，说明问卷数据具备足够的可靠性。具体分项结果见表 3-3。

表 3-3 信度分析

维度	N	$Cronbach'\alpha$
总体信度	19	0.909
外部环境（*EE*）	2	0.903
核心组织能力（*FC*）	3	0.829
从属企业能力（*EC*）	4	0.894
协同合作（*CB*）	4	0.876
收益协调（*RD*）	3	0.823
供应链系统稳定性（*SCS*）	3	0.886

2. 效度检验

问卷设计在参考已有研究成熟量表的基础上，结合预调研情况对农民合作社理事长和企业负责人的访谈内容进行了多次修改，保证问卷的整体维度和具体题项能够在一定程度上涵盖农民合作社主导的农产品供应链系统稳定性的影响因素。

问卷效度采用 KMO 与 Bartlett 检验，以确定变量间的相关关系。KMO 检验结果的取值范围是 0～1，数值越接近于 1，表示相关性越强。Bartlett 检验可以看出检测数据是否来源于服从多元正态分布的总体。本研究的 KMO 度量值为 0.882，大于 0.8，Bartlett 检验近似卡方值为 2 436.743，自由度为 171，P 值为 0.000（小于 0.01），通过了显著水平为 1%的显著性检验，说明变量间有共同公因子存在，数据来源于正态分布的总体。结果见表 3-4，符合效度检验标准，可做进一步分析。

表 3-4 KMO 和 Bartlett 检验

取样足够的 Kaiser-Meyer-Olkin 度量		0.882
Bartlett 的球形度检验	近似卡方	2 436.743
	df	171
	Sig	0.000

（三）模型适配度检验

本研究使用 AMOS 软件对数据的拟合度进行检验。主要使用卡方自由度比值、拟合优度指数、调整后拟合优度指数、近似误差均方根等绝对拟合指标和相对适配度指数、递增拟合指数等相对拟合指标考察拟合优度。拟合指标的检验结果如表 3-5，其统计值都在参考标准的范围内，均符合标准的拟合结果，各项拟合指标的结果均为合格。因此，可以据此进行下一步的验证性因素分析。

表 3-5　结构方程模型拟合度评估结果

拟合指标性质	拟合指标	统计值	参考标准	拟合结果
绝对拟合指标	卡方自由度比值（x^2/df）	1.119	<3	合格
	拟合优度指数（*GFI*）	0.930	>0.9	合格
	调整后拟合优度指数（*AGFI*）	0.903	>0.9	合格
	近似误差均方根（*RMSEA*）	0.024	<0.05	合格
相对拟合指数	规范拟合指数（*NFI*）	0.939	>0.9	合格
	相对适配度指数（*RFI*）	0.924	>0.9	合格
	递增拟合指数（*IFI*）	0.993	>0.9	合格
	非规范拟合指数（*TLI*）	0.991	>0.9	合格
	比较拟合指数（*CFI*）	0.993	>0.9	合格

（四）模型结果分析

通过极大似然法对前文假设进行检验，得到模型路径检验结果如表 3-6。其中，“*EE*→*SCS*”“*FC*→*SCS*”“*CB*→*SCS*”“*RD*→*SCS*”四条路径系数均在 0.01 水平上显著，“*EC*→*SCS*”未通过显著性检验。

表 3-6　结构方程模型路径检验结果

路径	路径系数	标准误差（*S.E.*）	临界比值（*C.R.*）	*P* 值
EE→*SCS*	0.195	0.059	3.311	***
FC→*SCS*	0.244	0.074	3.298	***
EC→*SCS*	−0.095	0.060	−1.597	0.110
CB→*SCS*	0.513	0.115	4.455	***
RD→*SCS*	0.266	0.079	3.356	***

注：*** 代表 *P* 值小于 0.01。

农民合作社主导的农产品供应链系统稳定性影响因素的实证结果如图 3-2 所示。从实证结果来看，外部环境、核心组织能力、协同合作程度、收益协调程度均对农民合作社主导的农产品供应链系统稳定性产生显著的正向影响，从属企业能力对农产品供应链系统稳定性产生显著的正向影响这一假设未通过显著性检验。

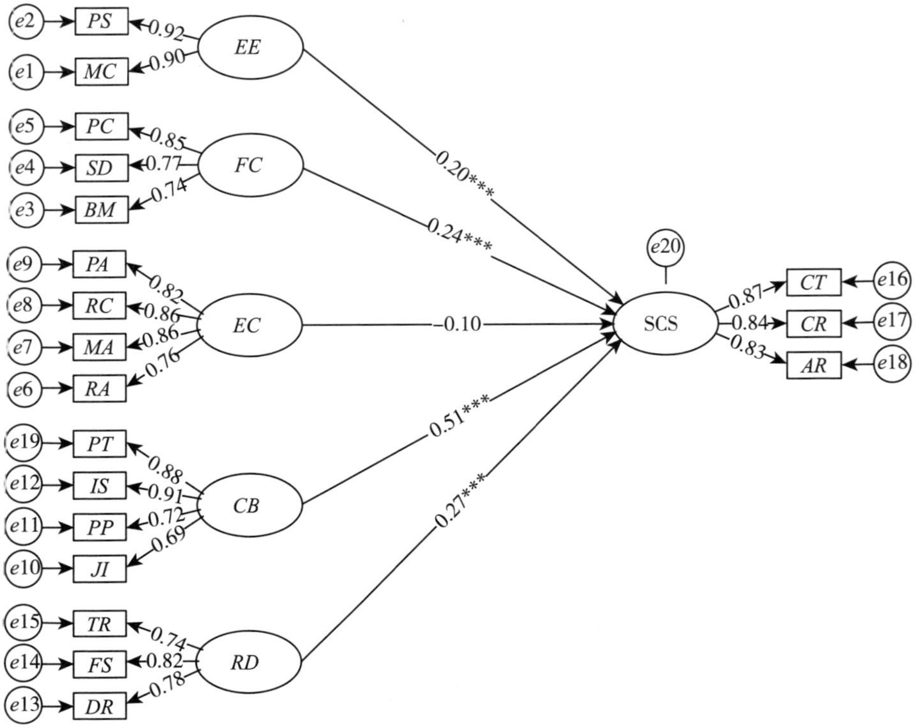

图 3-2　农民合作社主导的农产品供应链系统稳定性影响路径

协同合作程度对供应链系统稳定性影响的路径系数为 0.513，且在 1%的水平上显著。由此可见，节点企业间协同合作程度越高，供应链系统稳定性越强。当前，随着居民消费水平的提升，对农产品的需求逐渐向高品质、特色化、多样化的方向发展，农民合作社主导的农产品供应链，因经营的产品具有高附加值的特性，更需要为消费者提供优良的品质及相关服务，所以供应链主体企业的协同合作更为重要，以此保证农产品生产、加工和销售环节紧密衔接，持续稳定地供应优质、安全的农产品。

收益协调程度对供应链系统稳定性影响的路径系数为 0.266，且在 1%的水平上显著，可以看出供应链上的收益协调是维持其稳定运行的关键因素。供应链共赢性主要体现在供应链的收益上。通过协同合作为供应链整体创造更高的收益，进而对收益进行合理分配，收益分配愈公平，供应链系统愈稳定。

另外，供应链上核心组织能力对供应链系统稳定性影响的路径系数是 0.244，且在 1%的水平上显著。这说明核心组织能力越强，供应链系统就越稳定。农民合作社的能力越强，则其对供应链上下游企业的管理和控制能力越强，下游企业对其产品依赖度更高，供应链系统运行则愈稳定。

从属企业能力对农民合作社主导的农产品供应链系统稳定性的正向影响不

显著，表明从属企业能力越强，供应链不一定稳定。从现实情况来看，农民合作社主导的农产品供应链上的加工企业普遍规模较小且核心技术不凸显，供应链上的核心竞争力主要由农民合作社端产生，对于下游企业的能力要求不高，这样才更能保证农民合作社能够占据供应链上的主导地位。

外部环境推动对供应链系统稳定性影响的路径系数是 0.195，且在 1%的水平上显著。可见，政府支持和同类农产品供应链竞争程度的增强能够促进该供应链稳定性的提高。政府对于社企合作的鼓励和税收上的减免政策有效推动了农民合作社主导的农产品供应链形成，同类农产品供应链竞争强度的增强也激励了同一供应链上的节点组织协同合作，减少企业单打独斗的市场竞争，促进供应链整体的稳定有序发展。

三、系统动力学模型构建

（一）模型的提出

美国麻省理工学院的 Forrester 首创了系统动力学（System Dynamics，SD）这一研究方法，通过模型模拟研究复杂系统中功能和行为之间的交互作用，将定性分析和定量分析相结合对企业管理问题进行研究，是一种强调系统功能与系统结构的仿真分析方法。与结构方程模型（SEM）相似，系统动力学也关注研究对象内部要素对整个系统的影响。但是，二者之间的区别体现在：结构方程模型是一种静态影响因素分析方法；系统动力学方法则是通过探索系统内部信息反馈机制，进行动态分析以预测系统长期运行特征。系统动力学模型（SD）能够较好地弥补结构方程模型不能进行动态演化的局限，通过分析系统内要素间复杂的交互作用来构建农民合作社主导的农产品供应链系统，呈现出供应链系统动态变化趋势，且进一步检验前面理论分析的合理性。

为此，本研究从系统动力学视角构建农民合作社主导的农产品供应链分析框架，结合供应链系统稳定性的反馈特征，从匹配性、互动性和共赢性三个模块对供应链上的生产控制要素、物流组织要素、信息支持要素等要素之间的复杂关系进行分析。系统结构决定主体的行为，供应链系统的稳定性与系统结构紧密相关。这种模块化的系统动力学分析框架可以打破由组织边界或者异质性所造成的变量冗杂。

农民合作社主导的农产品供应链处于动态变化的状态，供应链运作过程中各个环节都会对供应链系统的稳定性造成影响。影响农产品供应链系统稳定性的因素存在于供应链的每个阶段。根据供应链不同阶段的特点可以将农民合作社主导的农产品供应链系统划分为匹配性模块、互动性模块以及共赢性模块。

匹配性模块，即在农民合作社主导的农产品供应链组建阶段影响供应链形成的相关因素，包括外部环境和供应链主体能力两大方面。外部环境具体包括政府支持和同类供应链市场竞争强度；供应链主体能力相关的因素包括合作社规模、合作社运营能力、合作社主导能力、加工企业和销售企业规模。资源互补性包括从属企业依赖程度，产品特色化度、产品加工程度、营销能力。互动性模块，即在供应链运行过程中，节点组织间为了更好地交换资源信息产出更多的收益而产生的合作行为，具体包括：伙伴信任程度、信息共享程度、生产计划协同程度、库存联合管理、物流响应程度。共赢性模块，即分析在供应链运作一段时间后的成果分配行为，也即供应链上的收益分配，包括供应链整体利润率、收益分配合理度、内部冲突、公平感。

要确保农民合作社主导的农产品供应链系统的稳定性，必须对匹配性模块、互动性模块和共赢性模块中的各个因素进行充分的考虑和规划。只有在考虑到各种因素的基础上，才能确保农民合作社主导的农产品供应链系统的稳定性和持续发展。

借鉴熵和系统有序度的概念，对农民合作社主导的农产品供应链的稳定性进行类比，利用 Logistic 模型衡量供应链系统稳定性，通过对有序度演化曲线的求解来讨论供应链系统有序度演化的不同阶段及特征。根据前文供应链匹配性、互动性和共赢性的因素分析，构建因果关系图来展现各要素对供应链系统稳定性的作用机制，并进一步建立系统流图和系统动力学模型，对供应链系统稳定性进行数值仿真，检验理论分析的合理性，呈现供应链系统运行状态和系统稳定性的动态变化趋势。

（二）因果关系回路

接下来将对农民合作社主导的农产品供应链匹配性、互动性和共赢性的因果关系回路进行分析。

1. 匹配性因果关系回路图

从匹配性模块来看，如图 3-3 所示，农民合作社主导的农产品供应链组建涉及多个主体的核心能力之间的匹配和外界环境的共同作用。消费者需求和政策支持对农产品特色化度的提高具有推动作用，农产品特色化度作为这类供应链上的核心竞争力，主要源于农民合作社具备的核心资源禀赋，包括自然资源、气候条件等先天优势，故具有一定的地域限制。在农民合作社主导的农产品供应链上，由于核心资源的利用限制，对于下游的从属企业能力要求不高，而农民合作社作为核心组织，其自身运营能力对于农产品特色度的提升具有重要的推动作用，主导能力的增强有助于提高供应链系统的稳定性，从而提高供应链整体收益和市场竞争力。

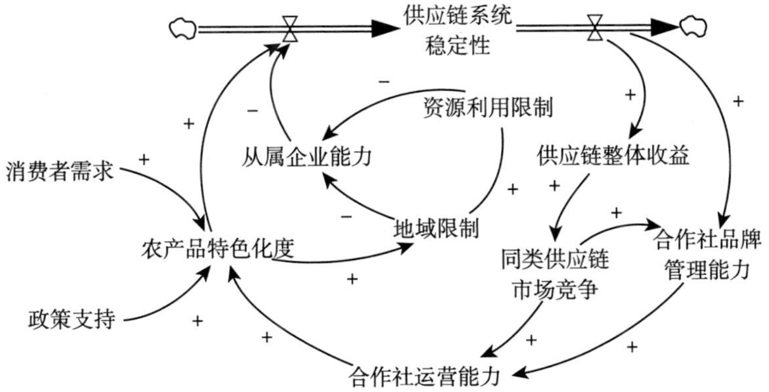

图 3－3　匹配性因果关系回路图

2. 互动性因果关系回路图

从互动性模块来看，如图 3－4 所示，农民合作社主导的农产品供应链上的合作行为主要源于供应链上主体之间的信任程度，节点组织间合作经验愈加丰富，则彼此间信任程度越高，进而能够增强信息共享程度。伙伴信任程度的增强和生产计划协同能够提高供应链系统的稳定性，增加协同合作带来的收益，加强信息平台建设，进一步增强供应链上的信息共享程度。但是，供应链上节点组织的投机行为会给合作关系带来内部冲突。对于整个供应链来说，虽能够在一定程度上增加自身收益，但协同合作收益会下降，不利于供应链系统的稳定运行。

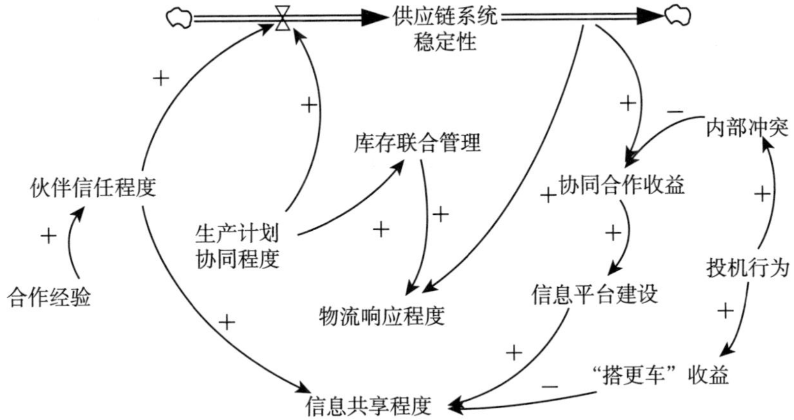

图 3－4　互动性因果关系回路图

3. 共赢性因果关系回路图

从共赢性模块来看，如图 3－5 所示，农民合作社主导的农产品供应链运行的最终目的以及直接激励就是农产品供应链整体收益增加并且节点组织间的合理分配。若在供应链运行中投机行为增多，则会导致供应链整体收益率下降并且内部冲突增多。收益分配不合理是导致投机行为产生的原因之一。若收益分配合理度下降，供应链上的主体会因为付出与回报不成比例而降低主体间合作的积极性，进而影响供应链系统的稳定性。同时，因为实际收益与预期收益相差甚远会降低主体的公平感，难以保证供应链的稳定运行。增强供应链上收益分配合理度，提高节点组织的公平感才是促进供应链系统稳定运行的有效手段。

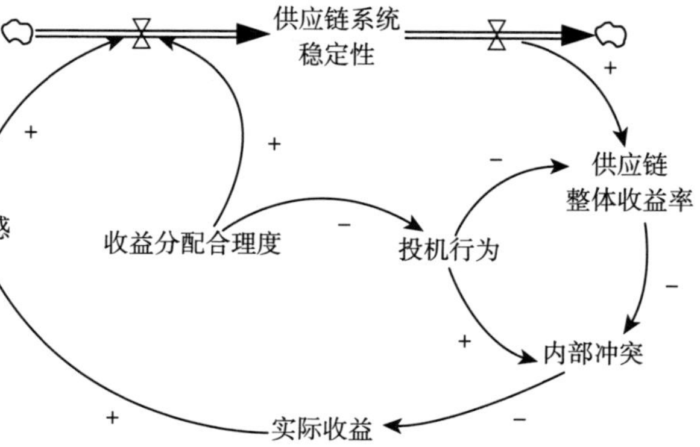

图 3-5　共赢性因果关系回路图

（三）系统流图构建

以因果关系回路图分析作为基础，从匹配性、互动性和共赢性三个模块出发构建系统流图，充分利用状态变量、辅助变量和速率变量对农民合作社主导的农产品供应链系统稳定性模型中的各个因素进行抽象，得到农民合作社主导的农产品供应链系统流图（图 3-6）。

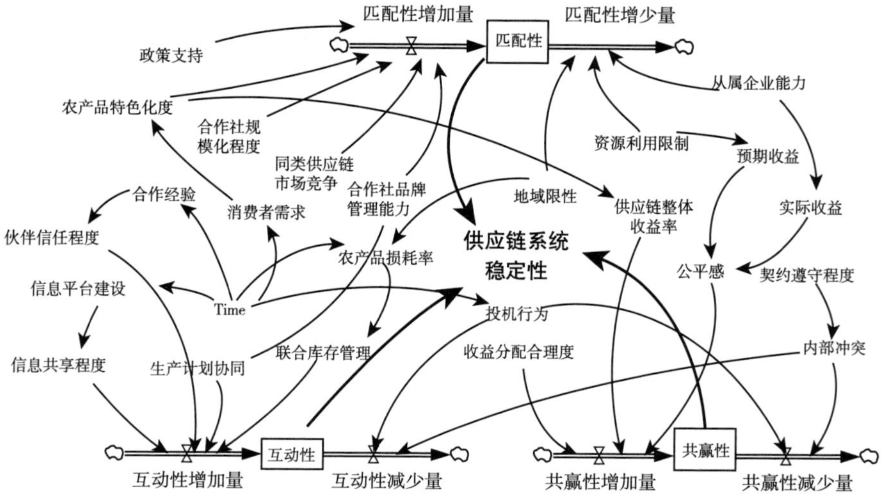

图 3-6　农民合作社主导的农产品供应链系统流图

由于农民合作社主导的农产品供应链是一个复杂的系统，其系统稳定性需要综合供应链系统动力学的特征以及农产品供应链系统稳定性的生成过程这两方面来界定。对于农产品供应链这类有着较为复杂的系统特性的组织来说，通过使用 logistic 模型来对其系统变化过程进行描述是合理可行的。供应链系统稳定性可以看作匹配性、互动性和共赢性的产出，具体表示为

$$Y = A(t)M^{\alpha}C^{\beta}R^{\gamma}\mu \tag{3-1}$$

式中，Y 为供应链系统的稳定性，$A(t)$ 为三个模块的稳定性转化率，M 为匹配性流位变量，C 为互动性流位变量，R 为共赢性流位变量，α 为匹配性流位变量的产出弹性系数，β 为互动性流位变量的产出弹性系数，γ 为共赢性流位变量的产出弹性系数，μ 表示随机干扰的影响。

由于系统的复杂性，不同模块之间会存在交叉的要素。某些要素会在同一时点同时影响多个模块，使得各个模块之间也会相互影响。基于本研究主题和协同论的核心观点，这里将只考虑各个模块的决定性因素，对于交叉性要素不做深入研究，重点加强决定性因素的提升或规避决定性因素的不利影响。

（四）仿真结果与应用

1. 参数值设定

由结构方程模型的实证结果可知，匹配性、互动性和共赢性对系统稳定性的路径系数分别为 0.244，0.513 和 0.266，于是令 $\alpha=0.244$，$\beta=0.513$，$\gamma=0.266$。由于 $\alpha+\beta+\gamma>1$，符合系统稳定性规模报酬递增的前提条件。外部环境推动对供应链系统稳定性影响的路径系数是 0.195，故令 $\mu=0.195$。

对于系统内难以采取现实数据的变量，采用平衡态赋值法，这种赋值方法可以分析系统稳定性的发展趋势，保证趋势的真实性和可比性。在参数赋值过程中，对变量均进行无量纲化处理，取值范围介于 0 和 1 之间。

由于在农产品供应链组建之前，农民合作社、加工企业以及销售企业就已经作为成熟独立的个体存在，各个农产品的生产周期也都不尽相同，根据实际调研得到的多条农产品供应链的平均持续时间，假设从供应链开始组建算起，建立一个为期 6 年的农产品供应链。设置 INITIAL TIME＝0，FINAL TIME＝6，UNITS FOR TIME＝YEAR，TIME STEPT＝1。变量初始值与函数关系的设定如表 3－7 所示。

表 3－7　主要模型变量及方程式

变量名称	参数/方程设定
供应链系统稳定性	0.195×匹配性^0.244×互动性^0.513×共赢性^0.266

（续）

变量名称	参数/方程设定
匹配性	INTEG（匹配性增加量-匹配性减少量，10）
互动性	INTEG（互动性增加量-互动性减少量，10）
共赢性	INTEG（共赢性增加量-共赢性减少量，10）
匹配性增加量	[（合作社规模化程度- DELAY1（合作社规模化程度，1）] /DELAY1（合作社规模化程度，1）＋ [合作社品牌管理能力- DELAY1（合作社品牌管理能力，1）] /DELAY1（合作社品牌管理能力，1）＋ [农产品特色化度- DELAY1（农产品特色化度，1）] /DELAY1（农产品特色化度，1）×政策支持×市场竞争×匹配性
匹配性减少量	[（DELAY1（资源利用限制，1）-资源利用限制] /DELAY1（资源利用限制，1）＋ [DELAY1（从属企业能力，1）-从属企业能力] /DELAY1（从属企业能力，1）×地域限制×匹配性
互动性增加量	[（信息共享程度- DELAY1（信息共享程度，1）] /DELAY1（信息共享程度，1）＋ [伙伴信任程度- DELAY1（伙伴信任程度，1）] /DELAY1（伙伴信任程度，1）＋ [生产计划协同- DELAY1（生产计划协同，1）] /DELAY1（生产计划协同，1）×互动性
互动性减少量	[（DELAY1（内部冲突，1）-内部冲突] /DELAY1（内部冲突，1）＋ [DELAY1（投机行为，1）-投机行为] /DELAY1（投机行为，1）×互动性
共赢性增加量	[（供应链整体利润率- DELAY1I（供应链整体利润率，1，1）] /供应链整体利润率）×公平感×收益分配合理度×共赢性
共赢性减少量	[DELAY1（投机行为，1）-投机行为] /DELAY1（投机行为，1）×（1＋内部冲突）×（1＋资源限制）×共赢性
农产品特色化度	消费者需求×2
合作社规模化程度	0.7
同类供应链市场竞争程度	0.5
合作社品牌管理能力	0.6
政策支持	0.5
合作经验	IF THEN ELSE（Time<5，0.2，0.5×Time）
信息平台建设	IF THEN ELSE（Time<5，0.2，0.5×Time）
伙伴信任程度	2×合作经验
消费者需求	IF THEN ELSE（Time<5，0.2，0.5×Time）
农产品损耗率	IF THEN ELSE（Time<5，0.2，0.5×Time）
联合库存管理	供应链主体信息共享意愿× [信任度- DELAY1（信任度，1）] /DELAY1（信任度，1）

（续）

变量名称	参数/方程设定
生产计划协同	0.4
信息共享程度	信息平台建设×2
投机行为	IF THEN ELSE（Time<5，0.5，1.2×Time）
收益分配合理度	0.4
公平感	1-（预期收益-实际收益）/预期收益
内部冲突	1-契约遵守程度
契约遵守程度	IF THEN ELSE（Time<5，0.2，0.5×Time）
从属企业能力	0.3
资源利用限制	0.4
地域限制	0.6
供应链整体收益率	农产品特色化度×3

2. 模型有效性检验

在构建系统动力学模型并赋值后，需要对模型进行有效性检验。为保证接下来能获得可靠的仿真结果，并确保农民合作社主导的农产品供应链系统稳定性相关问题的理论分析能够被很好地解释，对于大多数的系统动力学模型，有效性检验首选理论检验，以此验证系统动力学模型逻辑结构的合理性以及与现实的匹配程度。通过观察模型中变量随时间变化的情况，可以判定模型结果与理论预期的运行趋势是否一致。系统内的三个子模块随时间变化的趋势数据如表 3-8 所示。

表 3-8　不同时间点的变量数据

时间（年）	1	2	3	4	5	6
匹配性	10	10.116 4	9.718 1	8.944 99	8.101 32	7.512 52
互动性	10	11.336 4	11.677 2	11.480 3	10.979	10.507 9
共赢性	10	12.274 7	13.613 2	12.478 6	10.818	9.562 11
供应链系统稳定性	2.6	2.905 74	3.055 89	2.800 76	2.656 4	2.467 72

据表 3-8，在既有参数的设定下，系统仿真模拟能够表现出供应链系统稳定性的变化趋势。同时，系统内的三个子模块匹配性、互动性和共赢性的变动趋势都能体现，且能够预测系统在一定时间内的变化数值。模型对内部单因素或者多因素的组合调整具有较强的敏感性和适应性，能够直观揭示变量之间的关系和不同变量对供应链系统稳定性的影响。

图 3-7 中纵坐标数值仅代表本模块中的变量随时间的变动情况，不同模块之间的数值不具有可比性。农民合作社主导的农产品供应链系统稳定性在一定时间内呈现先持续增加后下降的趋势。从图中可以看出下降的拐点位于第三年，即系统稳定性从第三年开始下降，从时间来看供应链系统只能维持一个中短期的稳定状态。这一预测结果与调研情况初步吻合，大多农产品供应链上的节点组织有效合作时长处于三年左右，之后则面临更换合作伙伴或更改契约等一系列操作。

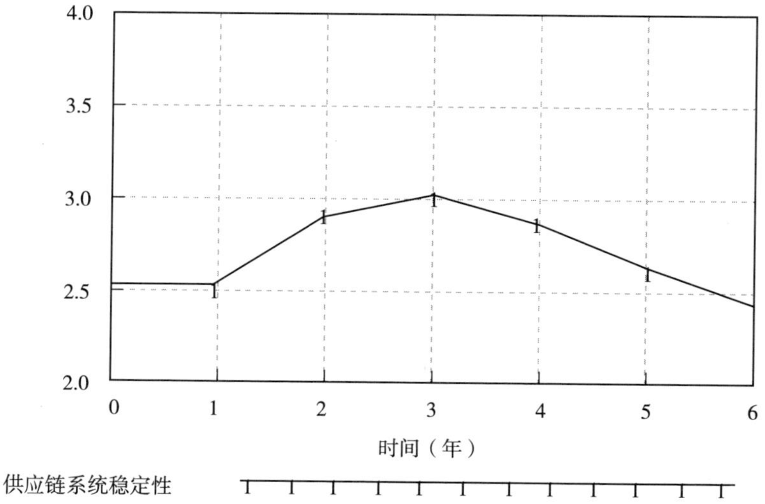

图 3-7　供应链系统稳定性随时间变化图

从图 3-8 可以看出，匹配性随时间变化呈现先平稳再缓慢下降的趋势，其整体波动较为缓慢。匹配性主要包含政策支持、市场竞争、供应链主体能力等先天因素，这类因素在短期内不会发生显著变化，但随着时间的推移，供应链上的主体能力经过长期发展可能会相差悬殊，主体间资源互补程度逐渐下降导致节点组织之间的不匹配，故匹配性会在供应链的中后期产生一定程度的下降。

从图 3-9 和图 3-10 可以看出互动性和共赢性均呈现先上升到达一个拐点后开始下降的状态。从这三个子系统的变化趋势可以看出，互动性和共赢性的趋势与系统稳定性的变动呈现出同步性。互动性模块是反映主体间的合作行为，其决定性要素包括伙伴信任程度、信息共享程度、生产计划协同程度等因素。在供应链前期和中期合作关系越来越紧密，伙伴间加强信任程度，合作行为日臻成熟。供应链上的各主体获得由于合作产生的额外收益时会提高信息共享程度、生产计划协同程度，供应链上的契约关系此时相对稳定。但是，随着时间的推移，参与主体之间由于无法趋于一致的企业文化以及战略目标等制约，

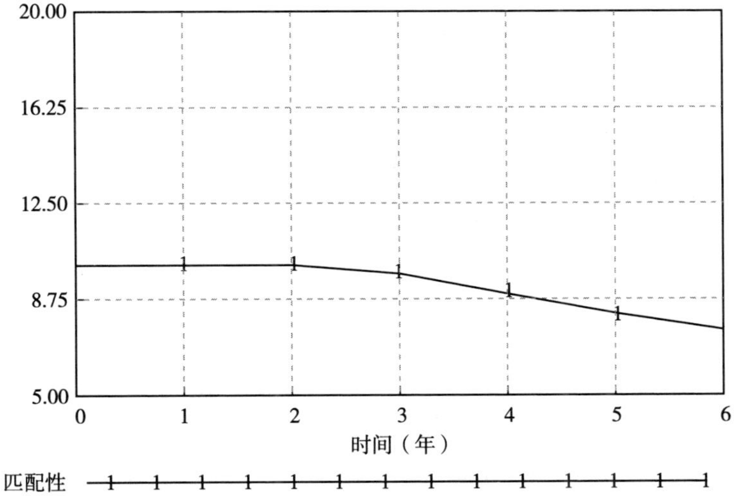

图 3-8　供应链系统匹配性

会逐渐产生投机行为。一旦其中一方产生投机行为，供应链上的合作关系则出现不信任因素，互动性模块会因此呈现下降趋势。共赢性模块反映供应链上的收益分配，包括整体收益分配率以及收益分配合理度等因素。在供应链组建初期，主体间会严格遵守契约，共同带着强烈的合作意愿实现合作共赢。此时，供应链上合理分工，整体运行效率提高，供应链上整体收益增加且实现合理分配。但是，发展到一定规模时，之前的合理分配并不能代表平均分配，当一方的预期收益和实际收益相差甚远时，会由于另一方的高收益感到不公平而产生内部冲突，进而产生投机行为凸显供应链上的利己主义，共赢性模块开始下降。

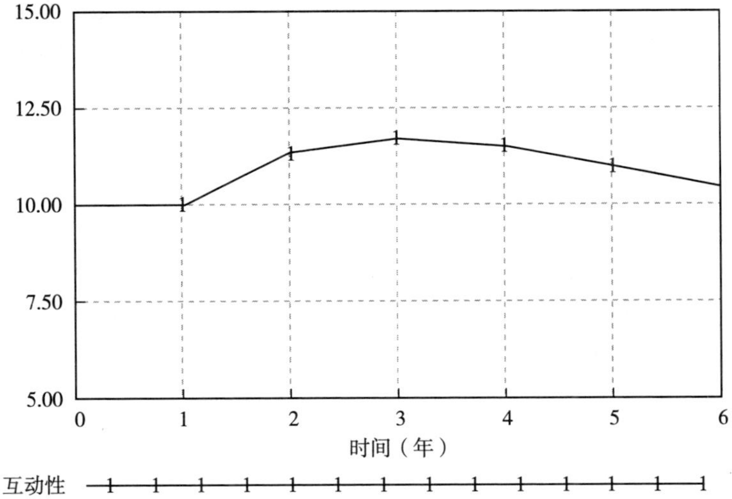

图 3-9　供应链系统互动性

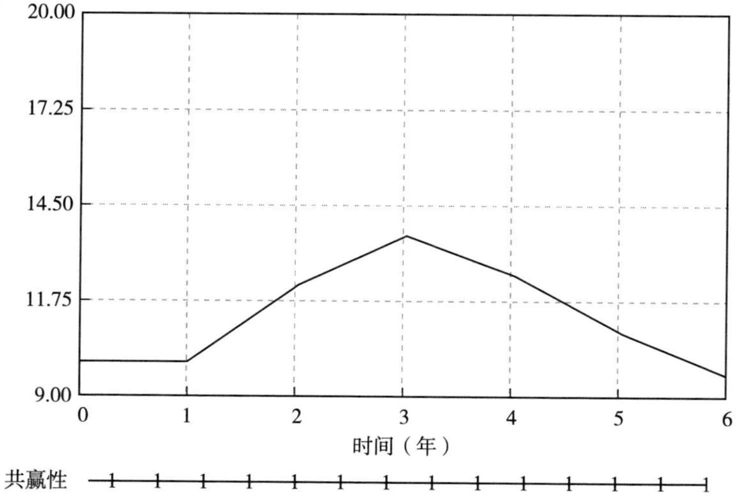

图 3－10 供应链系统共赢性

通过上述分析，可以进一步验证结构方程模型的结果，反映了农民合作社主导的农产品供应链系统稳定性的变化过程。因此，该模型能够通过有效性检验，为接下来的供应链系统稳定性的动态仿真奠定了基础，最终能够得出对供应链稳定发展有益的理论指导。

3. 仿真结果

通过结构方程模型的结果，已经验证了主要影响因素对农民合作社主导的农产品供应链系统稳定性的影响方向。从系统动力学的视角，进一步将影响因素划分为匹配性、互动性和共赢性三个子系统。在系统动力学模型经过有效性检验的基础上，运用 Vensim 软件对供应链系统稳定性模型进行模拟，可以得到系统稳定性随时间变化的动态演变趋势和不同子系统对系统稳定性的作用机制。基于协同论的核心思想，要找到系统中的序参量，也就是找到影响系统变化的关键要素或是主导要素，从而把握整个系统的变化趋势。图 3－7 至图 3－10 为供应链系统的初始状态，接下来将对系统内关键要素数值进行组合调整，更为直观地反映出关键要素变动对供应链系统稳定性的影响。

图 3－11 是将农产品特色化度、农民合作社规模化程度、品牌管理能力同时提高 30％得到的匹配性趋势变动图，图 3－12 是供应链系统稳定性趋势变动图。图中 current 曲线是供应链系统处于初始状态时的曲线，EEFC 是将要素数值调整后的变化曲线。从图中可以看出，与初始状态相比，要素调整后的匹配性会增强，供应链系统稳定性也会相应增强。农产品特色化度、农民合作社规模化程度和农民合作社的品牌管理能力提升意味着农民合作社的综合实力增强，作为供应链上的核心组织，其自身发展能力和管理能力的提升会显著增

强整个供应链的带动作用。由于农产品特色化度的提升，下游的加工企业和销售企业对农民合作社的资源依赖程度增加，进而巩固了农民合作社的主导地位。主营特色农产品的供应链的核心竞争力来自农民合作社，对于下游企业的技术和能力要求不高，故当合作社的综合实力增强，就能够提高整个农产品供应链的市场竞争力，进而增强供应链稳定性。观察随时间变动曲线可以发现，即便数值调整后的匹配性在中后期呈现显著上升趋势，供应链系统稳定依旧会下降。从匹配性模块要素特征可以看出，匹配性在供应链形成初期对供应链系统稳定性提高具有重要的促进作用，但长期来看，匹配性要素不能无限提升，难以影响供应链系统中长期的稳定性变动趋势。

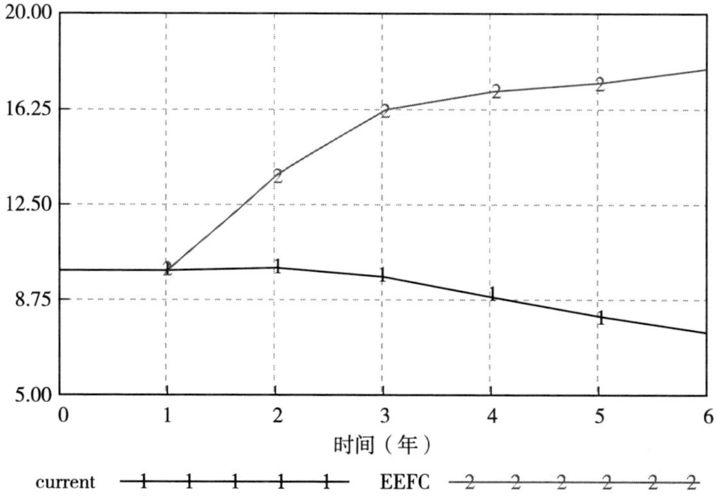

图 3 - 11　匹配性趋势变动图

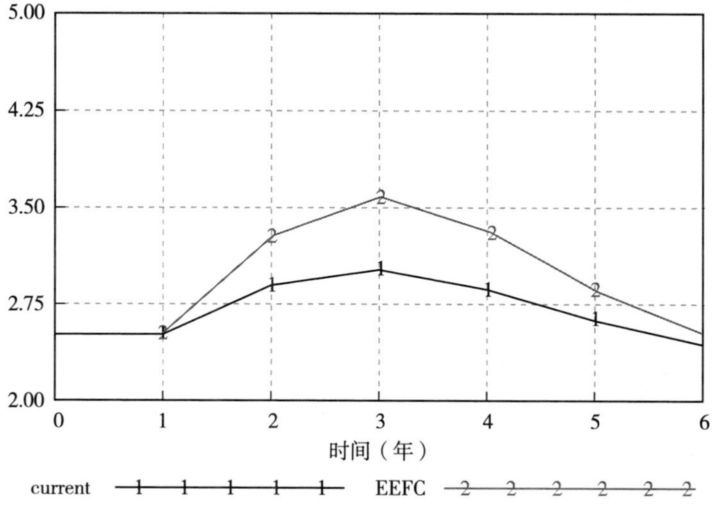

图 3 - 12　供应链系统稳定性趋势变动图

图 3－13 是将伙伴信任程度和信息共享程度同时提高 30％后得到的互动性趋势变动图，图中 current 曲线是供应链系统处于初始状态时的曲线，CB 是将要素数值调整后的变化曲线。从图 3－13 中可以看出，与初始状态相比，要素调整后的互动性会增强，供应链系统稳定性也会相应增强。提高伙伴信任程度和信息共享程度意味着供应链上的节点组织之间协同合作程度增强，有助于维持良好的互动关系。加工企业和销售企业与农民合作社的合作意愿增强，多个参与主体在农产品生产计划、库存管理等方面协同合作，有利于构建农产品全程可追溯体系，完善农产品质量安全监管机制，实现农产品供应链的科学管理和系统优化。因此，供应链上的伙伴信任程度和信息共享程度的增加能够使互动性增强。

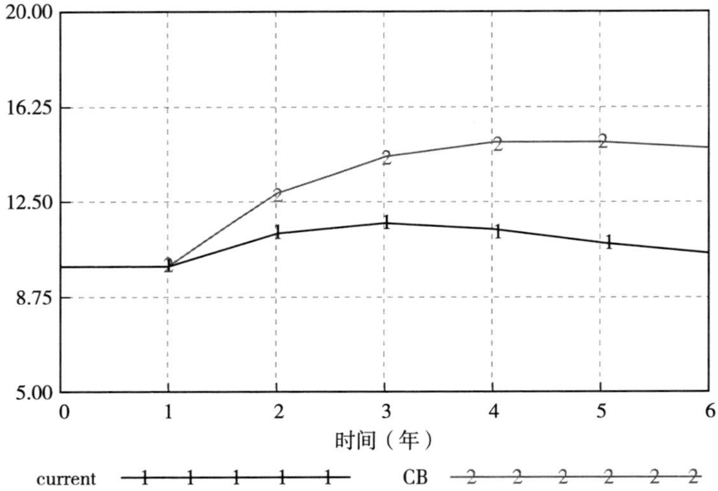

图 3－13　互动性趋势变动图

而图 3－14 是互动性提高后对应的供应链系统稳定性趋势变动图，current 和 CB 曲线分别表示供应链系统处于初始状态时的曲线和要素数值调整后的变化曲线。从图 3－14 中可以看出，随着互动性要素的调整，相较于初始状态供应链系统稳定性有显著提升，但供应链系统稳定性的整体变动趋势没有发生改变。

图 3－15 是将收益分配合理度和公平感同时提高 30％后得到的共赢性趋势变动图，图 3－16 是要素改变后的供应链系统稳定性趋势变动图。图中 current 曲线是供应链系统处于初始状态时的曲线，RD 曲线是将要素数值调整后的变化曲线。

从图 3－15 中可以看出，与初始状态相比，要素调整后的共赢性会增强，供应链系统稳定性也会相应增强。收益分配合理度和公平感的增加意味

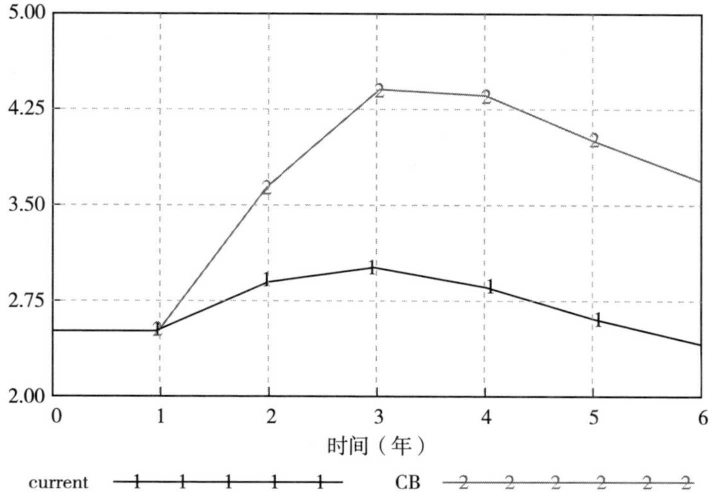

图 3 - 14　供应链系统稳定性趋势变动图

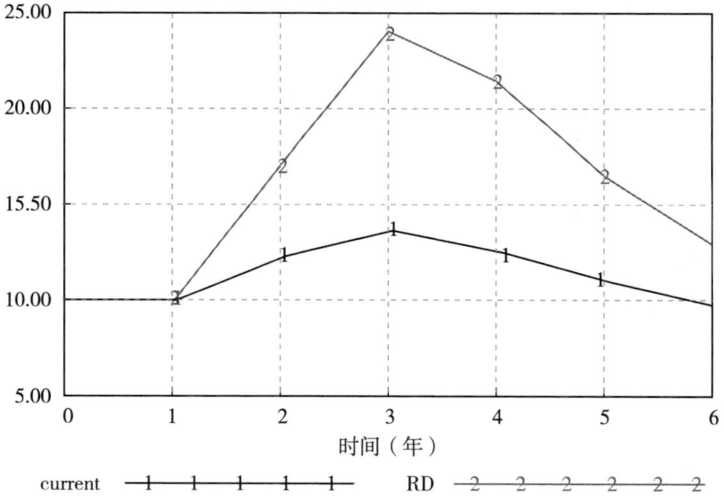

图 3 - 15　共赢性趋势变动图

着节点组织对供应链上的收益分配较为满意，节点组织的实际收益与预期收益的差值相对较小，自身付出与收益回报成正比。在二者的正向驱动下，系统内部冲突减少，节点组织能够继续为供应链系统的高效稳定运行共享力量，进一步发挥子系统之间的协同作用，为整个供应链系统创造更多的收益。因此，供应链上的收益分配合理度和公平感的增加能够使共赢性增强，供应链系统稳定性也显著提升，但稳定性的整体变动趋势依旧没有发生改变。

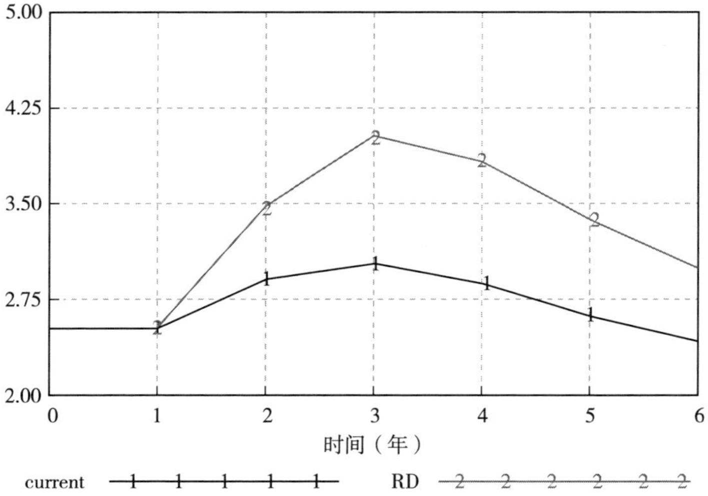

图 3-16　供应链系统稳定性趋势变动图

供应链系统稳定性受到多种因素的影响和制约，单个因素的影响机理相对简单，多个因素的组合变动对于供应链系统稳定性的影响更为复杂。供应链实际运行中也是受到多个因素的共同作用。根据以上分析可以看出，农民合作社主导的农产品供应链系统稳定性随时间变化而发生动态改变，系统稳定性在一定时间内呈现先上升后下降的趋势。这与现实情况相类似，农民合作社主导的农产品供应链在中后期会面临系统稳定性下降，从而断裂的问题。而通过对供应链系统内匹配性模块、互动性模块和共赢性模块的变动趋势分析可得知，导致供应链系统后期稳定性下降的主要原因是互动性模块和共赢性模块的要素变化。因此，需要进一步探究互动性模块和共赢性模块的要素变动机理，关注供应链系统内多个子系统和要素之间的联动，综合提升协同作用，来保障农民合作社主导的农产品供应链系统稳定运行。

四、本章小结

本章通过对农民合作社主导的农产品供应链系统进行分析，从供应链系统稳定性概念出发，提出了供应链系统稳定性影响因素的理论假设，并且运用结构方程模型对理论假设进行验证。

研究发现农民合作社的主导能力、协同合作程度、收益协调程度都对农民合作社主导的农产品供应链系统稳定性产生显著的正向影响，外部环境推动对供应链系统稳定性也具有正向影响，但其影响程度相较于前三个因素较弱。从属企业能力对农产品供应链系统稳定性产生显著的正向影响这一假设未通过显著性检验。

为了弥补结构方程模型无法动态演变的局限，进一步利用系统动力学模型从匹配性、互动性和共赢性三个模块构建出农民合作社主导的农产品供应链系统，通过系统仿真模拟呈现出供应链系统动态变化趋势，且能进一步检验前面理论分析的合理性。

研究结果表明，农民合作社主导的农产品供应链系统稳定性随时间变化而发生动态改变，系统稳定性在一定时间内呈现先上升后下降的趋势，其变化主要受匹配性、互动性和共赢性三个模块的共同影响。分别从三个模块的变动趋势来看，匹配性模块在供应链形成初期对供应链系统稳定性提高具有重要的推动作用。但是，从中长期来看，匹配性模块的上升趋势难以持续影响供应链系统中长期稳定性的下降趋势。然而，供应链互动性和共赢性的变动趋势与系统稳定性变动趋势保持长期的一致性，是供应链稳定性中长期呈现下降趋势的主要影响因素。这种现象是由于各个模块的构成要素特征决定的，以主体规模和主体能力为基础要素的匹配性模块，在中长期供应链发展中发挥的作用存在边际影响递减的特征，而代表供应链节点组织之间的合作关系和收益分配关系的互动性和共赢性模块是能够持续影响供应链稳定性的关键要素。

因此，为了促使供应链系统长期稳定运行更重要的是从节点组织间关系入手，需要根据互动性模块和共赢性模块的基本特征探究其下降的原因，也就是要探究系统内部的合作关系和收益分配问题。如何改善供应链上节点组织间协同合作和收益分配关系，使供应链稳定性下降的拐点延后，并减缓供应链系统稳定性的下降趋势，进而优化农民合作社主导的农产品供应链系统是接下来要研究的问题。

第四章　农民合作社主导的农产品供应链协同合作研究

第三章农民合作社主导的农产品供应链系统构建得出系统互动性的下降是导致供应链系统运行不稳定的原因之一，通过对互动性模块的变动趋势分析可知，互动性模块内的要素变化主要反映了供应链上主体间合作关系松散的问题。农民合作社主导的“农民合作社＋加工企业＋销售企业”构成的三级农产品供应链，从属企业均具有协同合作、不协同合作的动机，是一个动态调整的过程。因此，有必要探究如何实现农民合作社主导的农产品供应链上主体间的协同合作。本章构建了农民合作社、加工企业和销售企业的三方演化博弈模型，从主体策略选择及影响其策略选择的具体因素去研究供应链协同合作机制，最终得到供应链主体间协同合作的实现条件。

一、问题描述

供应链管理强调供应链上的主体通过协同合作来实现供应链整体效益最大化。农民合作社主导的农产品供应链协同合作是指在农民合作社的监督下，供应链上主体基于资源互补形成合作关系，实行联合规划、信息共享，共同提高农产品品质和相关服务质量，为供应链整体创造最佳效益。农产品生产、加工、销售这三个环节难以在同一个主体内完成，即使一个主体可以完成，能够降低对外交易成本，但由于融合产生非常复杂的内部结构，将为这一主体带来高昂的治理成本。因此，需要供应链上多个主体合理分工，协同合作。

农民合作社主导的农产品供应链是由农民合作社、加工企业和销售企业三个主体组成的利益共同体，由于各节点组织并非完全理性经济人，未能看到长期最佳收益，在合作过程中易出现短期“搭便车”、信用违约等道德风险问题，节点组织的不同策略选择会严重影响到主体协同合作关系的稳定性和协同合作效益最大化。由于合作关系不稳定带来的农产品附加值降低、农产品质量安全等问题严重阻碍了农产品供应链高质量发展。从供给端看，供应链上主体未实现协作导致特色农产品的高附加值无法体现，难以获得协同合作带来的最佳收益。从需求端看，供应链上的合作关系不稳定难以保证优质农产品的持续稳定供应。

什么因素影响了农民合作社主导的农产品供应链上主体的合作行为？供应链上的主体如何能实现稳定的协作共赢？当前，关于协作行为的量化研究还很有限。因此，通过供应链上主体演化博弈过程探究不同主体的策略选择及影响其策略选择的机理，以及如何达到供应链主体策略选择的稳定状态具有重要意义。在考虑外部奖励和内部监督的前提下，本章建立了农民合作社、加工企业和销售企业之间的三方博弈模型，探究利益主体之间如何相互作用推动农民合作社主导的农产品供应链实现协同合作。

二、模型假设与构建

（一）模型假设

为构建演化博弈模型，分析各主体策略和均衡点的稳定性及其影响因素，做出以下假设：

H1：农民合作社是农产品供应链上的核心企业，为参与主体一，农民合作社会通过提高农产品特色化程度等方式，促进下游的加工企业和销售企业加强协同合作，加工企业为参与主体二，销售企业为参与主体三，均为有限理性的参与主体，且存在信息不对称的现象，策略选择随时间进行动态调整，最终稳定于最优策略。

H2：农民合作社由于在该供应链上处于主导地位，出于其核心企业的责任感以及对下游企业的功能需要，认为农民合作社一定会与供应链上的其他节点组织协同合作，谋求整个供应链利润最大化。基于诱致性制度变迁理论，供应链上的核心企业出于对供应链整体利润最大化的考虑，有权对供应链上节点企业的合作行为进行监管，因此农民合作社的策略空间为（严格监管，宽松监管），选择严格监管策略的概率为 x ，选择宽松监管策略的概率为 $(1-x)$，$x \in [0,1]$ 。

H3：加工企业的策略空间为（协同合作，不协同合作），选择协同合作的概率为 y ，选择不协同合作的概率为 $(1-y), y \in [0,1]$ ；销售企业的策略空间为（协同合作，不协同合作），选择协同合作的概率为 z ，选择不协同合作的概率为 $(1-z), z \in [0,1]$ 。x,y,z 均为时间 t 的函数。δ 为协同系数，协同系数的大小主要取决于主体合作的努力水平。当从属企业均进行协同合作时，δ 会影响系统由于协同合作产生的额外收益。

H4：若供应链上的各节点组织均采取“协同合作”的策略，供应链上会产生一定的合作投入为 I ，农民合作社、加工企业和销售企业的合作投入比例分别为 $\alpha_1,\alpha_2,\alpha_3$ ，满足 $\alpha_1+\alpha_2+\alpha_3=1$ 。作为独立经济体的组织进行协同合作源于对合作伙伴禀赋的依赖及其带来的额外收益，农民合作社因加工企业进行协同合作带来的额外收益为 Q_{12} ，因销售企业采取协同合作带来的额外收益为 Q_{13} ；加工企业采取“协同合作”策略时，因农民合作社进行协同合作带来的额外收益为 Q_{21} ，因销售企业采取协同合作带来的额外收益为 Q_{23} ；加工企业采取“不协同合作”策略时，因农民合作社进行协同合作得到的“搭便车”收益为 M_{21} ，因销售企业采取协同合作得到的“搭便车”收益为 M_{23} ；销售企业采取“协同合作”策略时，因农民合作社进行协同合作带来的额外收益为 Q_{31} ，因加工企业采取协同合作带来的额外收益为 Q_{32} ；销售企业采取“不协同合作”策略时，因农民合作社进行协同合作得到的“搭便车”收益为 M_{31} ，因销售企业采取协同合作得到的“搭便车”收益为 M_{32} 。

H5：当农民合作社采取严格监管策略时，制定了相应的奖惩机制。农民合作社对采取协同合作策略的从属企业奖励总金额设置为 P ，加工企业和销售企业因协同合作获得的奖励分配分别为 α_2P、α_3P ；对采取非协同合作策略的企业惩罚金额为 L ，惩罚金额将补贴给采取协同合作策略的主体；当农民合作社采取宽松监管策略时，不实施奖惩方案。具体参数说明见表 4-1。

表 4-1　参数及参数定义

参数符号	意义与说明
B_1	农民合作社采取宽松监管时的利润
B_2	加工企业不进行协同合作时的利润
B_3	销售企业不进行协同合作时的利润
I	农民合作社、加工企业、销售企业三方协同合作所需的合作成本投入
α_1	农民合作社协同合作投入比例
α_2	加工企业协同合作投入比例
α_3	销售企业协同合作投入比例
C_1	农民合作社采取严格监管策略时产生的监督成本
P	当农民合作社采取严格监管策略时，对采取协同合作策略的从属企业的总奖励
L	当农民合作社采取严格监管策略时，对采取非协同合作策略的从属企业的惩罚
Q_{12}	农民合作社因加工企业进行协同合作带来的额外收益
Q_{13}	农民合作社因销售企业进行协同合作带来的额外收益
Q_{21}	加工企业采取“协同合作”策略时，因农民合作社进行协同合作带来的额外收益
Q_{23}	加工企业采取“协同合作”策略时，因销售企业采取协同合作带来的额外收益

（续）

参数符号	意义与说明
Q_{31}	销售企业采取“协同合作”策略时，因农民合作社进行协同合作带来的额外收益
Q_{32}	销售企业采取“协同合作”策略时，因加工企业采取协同合作带来的额外收益
M_{21}	加工企业采取“不协同合作”策略时，因农民合作社进行协同合作得到的“搭便车”收益
M_{23}	加工企业采取“不协同合作”策略时，因销售企业进行协同合作得到的“搭便车”收益
M_{31}	销售企业采取“不协同合作”策略时，因农民合作社进行协同合作得到的“搭便车”收益
M_{32}	销售企业采取“不协同合作”策略时，因加工企业进行协同合作得到的“搭便车”收益
δ	协同系数，当从属企业均进行协同合作时，δ 会影响系统由于协同合作产生的额外收益

（二）模型构建

演化博弈研究群体演化的动态过程，是一个重复的策略交互模型。应用演化博弈方法首先需要构建博弈主体的混合策略收益矩阵，然后通过复制动态方程求解博弈均衡点，进而分析均衡点稳定性，最终发现演化稳定策略。

在农产品供应链的实际运行中，参与主体处于不同的市场环境中，存在一定的信息不对称。每个主体都很难预测上游和下游节点组织可能采取的行动。策略选择主要基于持续学习和模仿，这符合演化博弈方法的基本要求。因此，本研究利用三方演化博弈对农民合作社主导的农产品供应链的合作机制进行深入研究。

根据上述假设，本研究构建农民合作社、加工企业和销售企业的混合策略博弈矩阵如表 4－2 所示。

表 4－2　农民合作社、加工企业和销售企业的混合策略博弈矩阵

农民合作社	加工企业		销售企业
	协同合作（y）	不协同合作（$1-y$）	
严格监管（x）	$B_1-C_1-\alpha_1 I+\delta(Q_{12}+Q_{13})$， $B_2-\alpha_2 I+\alpha_2 P+\delta(Q_{21}+Q_{23})$， $B_3-\alpha_3 I+\alpha_3 P+\delta(Q_{31}+Q_{32})$	$B_1-C_1-\alpha_1 I+L+Q_{13}$， $B_2+M_{21}+M_{23}-L$， $B_3-\alpha_3 I+Q_{31}+\alpha_3 P$	协同合作（z）
	$B_1-C_1-\alpha_1 I+L+Q_{12}$， $B_2-\alpha_2 I+Q_{21}+\alpha_2 P$， $B_3+M_{31}+M_{32}-L$	$B_1-C_1-\alpha_1 I+2L$， $B_2+M_{21}-L$， $B_3+M_{31}-L$	不协同合作（$1-z$）

（续）

农民合作社	加工企业		销售企业
	协同合作（y）	不协同合作（$1-y$）	
宽松监管（$1-x$）	$B_1-\alpha_1 I+\delta(Q_{12}+Q_{13})$， $B_2-\alpha_2 I+\delta(Q_{21}+Q_{23})$， $B_3-\alpha_3 I+\delta(Q_{31}+Q_{32})$	$B_1-\alpha_1 I+Q_{13}$， $B_2+M_{21}+M_{23}$， $B_3-\alpha_3 I+Q_{31}$	协同合作（z）
	$B_1-\alpha_1 I+Q_{12}$， $B_2-\alpha_2 I+Q_{21}$， $B_3+M_{31}+M_{32}$	$B_1-\alpha_1 I$， B_2+M_{21}， B_3+M_{31}	不协同合作（$1-z$）

三、三方演化博弈模型的均衡点分析

（一）农民合作社的复制动态方程及均衡点

农民合作社选择严格监管时的期望收益 π_{11} 、选择宽松监管时的期望收益 π_{12} 和平均期望收益 $\bar{\pi}_1$ 分别为：

$$\begin{aligned}\pi_{11} = {} & (1-y)(1-z)(B_1-C_1-\alpha_1 I+2L)+y(1-z) \\ & (B_1-C_1-\alpha_1 I+L+Q_{12})+y(1-z) \\ & xz(B_1-C_1-\alpha_1 I+L+Q_{13})+yz[B_1-C_1-\alpha_1 I+\delta(Q_{12}+Q_{13})]\end{aligned} \tag{4-1}$$

$$\begin{aligned}\pi_{12} = {} & (1-y)(1-z)(B_1-\alpha_1 I)+y(1-z)(B_1-\alpha_1 I+Q_{12})+ \\ & (1-y)z(B_1-\alpha_1 I+Q_{13})+yz[B_1-\alpha_1 I+\delta(Q_{12}+Q_{13})]\end{aligned} \tag{4-2}$$

$$\bar{\pi}_1 = x\pi_{11}+(1-x)\pi_{12} \tag{4-3}$$

则农民合作社严格监管时的复制动态方程为：

$$\begin{aligned}F(x) = \frac{\mathrm{d}x}{\mathrm{d}t} & = x(\pi_{11}-\bar{\pi}_1) = x(1-x)(\pi_{11}-\pi_{12}) \\ & = x(1-x)(zC_1-yC_1-C_1+2L-zL-yL)\end{aligned} \tag{4-4}$$

若 $F(x)=0$，则 $x=0, x=1, y=\dfrac{zC_1-C_1+2L-zL}{C_1+L}$。

若 $y=\dfrac{zC_1-C_1+2L-zL}{C_1+L}$，则 $F(x)\equiv 0$，此时 x 取任何值都处于稳定状态，策略选择不随时间发生变化。

若 $y\neq\dfrac{zC_1-C_1+2L-zL}{C_1+L}$，那么将均衡点 $x=0$ 和 $x=1$ 分别代入 $F'(x)$：

$$F'(x)=\frac{\mathrm{d}(F(x))}{\mathrm{d}x} \tag{4-5}$$

$$F'(x)\mid_{x=0}=zC_1-yC_1-C_1+2L-zL-yL \tag{4-6}$$

$$F'(x)\mid_{x=1}=-(zC_1-yC_1-C_1+2L-zL-yL) \tag{4-7}$$

当 $y<\frac{zC_1-C_1+2L-zL}{C_1+L}$，可以得到 $F'(x)\mid_{x=0}>0, F'(x)\mid_{x=1}<0$ 。因此，$x=1$ 是演化博弈的均衡策略，此时农民合作社选择严格监管策略。

当 $y>\frac{zC_1-C_1+2L-zL}{C_1+L}$，可以得到 $F'(x)\mid_{x=0}<0, F'(x)\mid_{x=1}>0$ 。因此，$x=0$ 是演化博弈的均衡策略，此时农民合作社选择宽松监管策略。

（二）加工企业的复制动态方程及均衡点

加工企业选择协同合作的期望收益 π_{21} 、不协同合作的期望收益 π_{22} 和平均期望收益 $\bar{\pi}_2$ 分别为：

$$\begin{aligned}\pi_{21}=&(1-x)(1-z)(B_2-\alpha_2 I+Q_{21})+\\&(1-x)z[B_2-\alpha_2 I+\delta(Q_{21}+Q_{23})]+\\&x(1-z)(B_2-\alpha_2 I+Q_{21}+\alpha_2 P)+\\&xz[B_2-\alpha_2 I+\alpha_2 P+\delta(Q_{21}+Q_{23})]\end{aligned} \tag{4-8}$$

$$\begin{aligned}\pi_{22}=&(1-x)(1-z)(B_2+M_{21})+(1-x)z(B_2+M_{21}+M_{23})+\\&x(1-z)(B_2+M_{21}-L)+xz(B_2+M_{21}+M_{23}-L)\end{aligned} \tag{4-9}$$

$$\bar{\pi}_2=x\pi_{21}+(1-x)\pi_{22} \tag{4-10}$$

则加工企业协同合作时的复制动态方程为：

$$\begin{aligned}F(y)=\frac{\mathrm{d}y}{\mathrm{d}t}&=y(\pi_{21}-\bar{\pi}_2)=y(1-y)(\pi_{21}-\pi_{22})\\&=y(1-y)[z\delta(Q_{21}+Q_{23})+\\&\quad Q_{21}+x\alpha_2 P+xL-\alpha_2 I-zQ_{21}-M_{21}]\end{aligned} \tag{4-11}$$

若 $F(y)=0$，则 $y=0$，$y=1$，$x=\frac{\alpha_2 I+zQ_{21}+M_{21}-z\delta(Q_{21}+Q_{23})-Q_{21}}{\alpha_2 P+L}$

若 $x=\frac{\alpha_2 I+zQ_{21}+M_{21}-z\delta(Q_{21}+Q_{23})-Q_{21}}{\alpha_2 P+L}$，则 $F(y)\equiv 0$，此时 y 取任何值都处于稳定状态，策略选择不随时间发生变化。

若 $x\neq\frac{\alpha_2 I+zQ_{21}+M_{21}-z\delta(Q_{21}+Q_{23})-Q_{21}}{\alpha_2 P+L}$，那么将均衡点 $y=0$ 和 $y=1$ 分别代入 $F'(y)$：

$$F'(y)=\frac{\mathrm{d}(F(y))}{\mathrm{d}y} \tag{4-12}$$

$$F'(y)|_{y=0}=z\delta(Q_{21}+Q_{23})+Q_{21}+x\alpha_2P+xL-\alpha_2I-zQ_{21}-M_{21} \tag{4-13}$$

$$F'(y)|_{y=1}=-[z\delta(Q_{21}+Q_{23})+Q_{21}+x\alpha_2P+xL-\alpha_2I-zQ_{21}-M_{21}] \tag{4-14}$$

当 $x<\dfrac{\alpha_2I+zQ_{21}+M_{21}-z\delta(Q_{21}+Q_{23})-Q_{21}}{\alpha_2P+L}$，可以得到 $F'(y)|_{y=0}<0$，$F'(y)|_{y=1}>0$。因此，可以推算 $y=0$ 是演化博弈的均衡策略，此时加工企业选择不协同合作策略。

当 $x>\dfrac{\alpha_2I+zQ_{21}+M_{21}-z\delta(Q_{21}+Q_{23})-Q_{21}}{\alpha_2P+L}$，可以得到 $F'(y)|_{y=0}>0$，$F'(y)|_{y=1}<0$。因此，可以推算 $y=1$ 是演化博弈的均衡策略，此时加工企业选择协同合作策略。

（三）销售企业的复制动态方程及均衡点

销售企业选择协同合作的期望收益 π_{31}、不协同合作的期望收益 π_{32} 和平均期望收益 $\bar{\pi}_3$ 分别为：

$$\begin{aligned}\pi_{31}=&(1-x)(1-y)(B_3-\alpha_3I+Q_{31})+\\&(1-x)y[B_3-\alpha_3I+\delta(Q_{31}+Q_{32})]+\\&x(1-y)(B_3-\alpha_3I+Q_{31}+\alpha_3P)+\\&xz[B_3-\alpha_3I+\alpha_3P+\delta(Q_{31}+Q_{32})]\end{aligned} \tag{4-15}$$

$$\begin{aligned}\pi_{32}=&(1-x)(1-y)(B_3+M_{31})+(1-x)y(B_3+M_{31}+M_{32})+\\&x(1-y)(B_3+M_{31}-L)+xy(B_3+M_{31}+M_{32}-L)\end{aligned} \tag{4-16}$$

$$\bar{\pi}_3=z\pi_{31}+(1-z)\pi_{32} \tag{4-17}$$

则销售企业协同合作时的复制动态方程为：

$$\begin{aligned}F(z)=\frac{\mathrm{d}z}{\mathrm{d}t}&=z(\pi_{31}-\bar{\pi}_3)=z(1-z)(\pi_{31}-\pi_{32})\\&=z(1-z)\begin{bmatrix}y\delta(Q_{31}+Q_{32})\\+Q_{31}+x\alpha_3P+xL-\alpha_3I-yQ_{31}-M_{31}\end{bmatrix}\end{aligned} \tag{4-18}$$

若 $F(z)=0$，则 $z=0$，$z=1$，$x=\dfrac{\alpha_3I+yQ_{31}+M_{31}-y\delta(Q_{31}+Q_{32})-Q_{31}}{\alpha_3P+L}$

若 $x=\dfrac{\alpha_3I+yQ_{31}+M_{31}-y\delta(Q_{31}+Q_{32})-Q_{31}}{\alpha_3P+L}$，则 $F(z)\equiv0$，此时 z 取任何值都处于稳定状态，策略选择不随时间发生变化。

若 $x\neq\dfrac{\alpha_3I+yQ_{31}+M_{31}-y\delta(Q_{31}+Q_{32})-Q_{31}}{\alpha_3P+L}$，那么将均衡点 $z=0$ 和

$z=1$ 分别代入 $F'(z)$：

$$F'(z)=\frac{\mathrm{d}(F(z))}{\mathrm{d}z} \tag{4-19}$$

$$F'(z)|_{z=0}=y\delta(Q_{31}+Q_{32})+Q_{31}+x\alpha_3P+xL-\alpha_3I-yQ_{31}-M_{31} \tag{4-20}$$

$$F'(z)|_{z=1}=-[y\delta(Q_{31}+Q_{32})+Q_{31}+x\alpha_3P+xL-\alpha_3I-yQ_{31}-M_{31}] \tag{4-21}$$

当 $x<\dfrac{\alpha_3I+yQ_{31}+M_{31}-y\delta(Q_{31}+Q_{32})-Q_{31}}{\alpha_3P+L}$，可以得到 $F'(z)|_{z=0}<0, F'(z)|_{z=1}>0$。因此，$z=0$ 是演化博弈的均衡策略，此时销售企业选择不协同合作策略。

当 $x>\dfrac{\alpha_3I+yQ_{31}+M_{31}-y\delta(Q_{31}+Q_{32})-Q_{31}}{\alpha_3P+L}$，可以得到 $F'(z)|_{z=0}>0, F'(z)|_{z=1}<0$。因此，$z=1$ 是演化博弈的均衡策略，此时销售企业选择协同合作策略。

以上对博弈者的策略分析表明，农民合作社、加工企业和销售企业的决策相互影响。换言之，农民合作社演化稳态受到销售企业和加工企业的决策影响，加工企业演化稳态受到农民合作社和销售企业的决策影响，销售企业演化稳态受到农民合作社和加工企业的决策影响。因此，农民合作社、加工企业和销售企业的决策是三方共同博弈的结果。

（四）系统均衡点的稳定性分析

依据以上的复制动态方程可以得到一个三维动力系统，令：

$$\begin{cases}\dfrac{\mathrm{d}x}{\mathrm{d}t}=x(1-x)(zC_1-yC_1-C_1+2L-zL-yL)\\ \dfrac{\mathrm{d}y}{\mathrm{d}t}=y(1-y)[z\delta(Q_{21}+Q_{23})+Q_{21}+x\alpha_2P+xL-\alpha_2I-zQ_{21}-M_{21}]\\ \dfrac{\mathrm{d}z}{\mathrm{d}t}=z(1-z)[y\delta(Q_{31}+Q_{32})+Q_{31}+x\alpha_3P+xL-\alpha_3I-yQ_{31}-M_{31}]\end{cases} \tag{4-22}$$

按照 Friedman 的方法可以得到，演化博弈模型均衡点的稳定性能够通过其雅可比矩阵（Jacobian Matrix）进行判断。雅克比矩阵的特征值全部小于零时，相对应的均衡点即为系统的演化稳定策略（ESS），记雅克比矩阵为 J，则有：

$$J=\begin{bmatrix}J_{11} & J_{12} & J_{13}\\ J_{21} & J_{22} & J_{23}\\ J_{31} & J_{32} & J_{33}\end{bmatrix}$$

$$
\begin{cases}
J_{11}=(1-2x)(zC_1-yC_1-C_1+2L-zL-yL)\\
J_{12}=x(1-x)(-C_1-L)\\
J_{13}=x(1-x)(C_1-L)\\
J_{21}=y(1-y)(\alpha_2P+L)\\
J_{22}=(1-2y)[z\delta(Q_{21}+Q_{23})+Q_{21}+x\alpha_2P+xL-\alpha_2I-zQ_{21}-M_{21}]\\
J_{23}=y(1-y)[\delta(Q_{21}+Q_{23})-Q_{21}]\\
J_{31}=z(1-z)(\alpha_2P+L)\\
J_{32}=z(1-z)[\delta(Q_{31}+Q_{32})-Q_{31}]\\
J_{33}=(1-2z)[y\delta(Q_{31}+Q_{32})+Q_{31}+x\alpha_3P+xL-\alpha_3I-yQ_{31}-M_{31}]
\end{cases}
\tag{4-23}
$$

将均衡点代入矩阵 $\boldsymbol{J}$，得到各个均衡点所对应的特征值如表 4-3。观察表 4-3 可知 (0,0,1) 中的特征值 1 和 (1,1,1) 中的特征值 1 明显为正值，故均衡点 (0,0,1) 和 (1,1,1) 不可能为渐进稳定策略。接下来讨论以下六个均衡点。

表 4-3　各均衡点对应的特征值

均衡点	特征值 1	特征值 2	特征值 3
(0,0,0)	$2L-C_1$	$Q_{21}-\alpha_2I-M_{21}$	$Q_{31}-\alpha_3I-M_{31}$
(0,1,0)	$L-2C_1$	$\alpha_2I-Q_{21}+M_{21}$	$\delta(Q_{31}+Q_{32})-\alpha_3I-M_{31}$
(0,0,1)	L	$\delta(Q_{21}+Q_{23})-M_{21}-\alpha_2I$	$\alpha_3I+M_{31}-Q_{31}$
(0,1,1)	$-C_1$	$\alpha_2I+M_{21}-\delta(Q_{21}+Q_{23})$	$\alpha_3I+M_{31}-\delta(Q_{31}+Q_{32})$
(1,0,0)	C_1-2L	$Q_{21}+\alpha_2P+L-M_{21}-\alpha_2I$	$Q_{31}+\alpha_3P+L-M_{31}-\alpha_3I$
(1,1,0)	$2C_1-L$	$\alpha_2I+M_{21}-Q_{21}-\alpha_2P-L$	$\delta(Q_{31}+Q_{32})+\alpha_3P+L-\alpha_3I-M_{31}$
(1,0,1)	$-L$	$\delta(Q_{21}+Q_{23})+\alpha_2P+L-\alpha_2I-M_{21}$	$\alpha_3I+M_{31}-Q_{31}-\alpha_3P-L$
(1,1,1)	C_1	$\alpha_2I+M_{21}-\delta(Q_{21}+Q_{23})-\alpha_2P-L$	$\alpha_3I+M_{31}-\delta(Q_{31}+Q_{32})-\alpha_3P-L$

(1) 当 $\begin{cases}2L<C_1\\Q_{21}-\alpha_2I<M_{21}\\Q_{31}-\alpha_3I<M_{31}\end{cases}$ 时，系统有稳定演化策略 (0,0,0)

这表明当农民合作社的监督成本高于农民合作社从加工企业和销售企业得到的惩罚金额时，农民合作社则倾向于“宽松监管”。若对从属企业的惩罚金额增加，二者惩罚金额之和高于监督成本，稳定策略则发生改变。加工企业或销售企业若通过协同合作从农民合作社端获取的额外收益与其自身付出的合作成本之差少于不协同合作从进行协同合作的农民合作社处得到的“搭便车”收益，则二者会倾向于“不协同合作”，演化策略如图4-1所示。

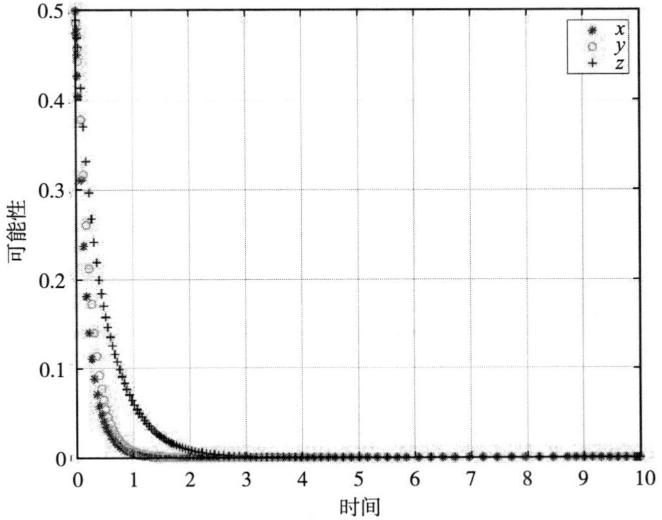

图4-1　演化稳定策略（0,0,0）

（2）当$\begin{cases}1/2L < C_1 \\ Q_{21} - \alpha_2 I > M_{21} \\ \delta(Q_{31} + Q_{32}) - \alpha_3 I < M_{31}\end{cases}$时，系统有稳定演化策略（0,1,0）

这表明当农民合作社的监督成本高于对加工企业或销售企业采取“不协同合作”的惩罚金额的二分之一，农民合作社则倾向于“宽松监管”；加工企业与农民合作社协同合作，从农民合作社端获取的额外收益与加工企业自身付出的合作成本之差高于从进行协同合作的农民合作社处得到的“搭便车”收益时，加工企业则会选择“协同合作”策略；若销售企业与加工企业、农民合作社进行协同合作，从二者获取的额外收益之和与其付出的合作成本之差少于不进行协同合作的销售企业从农民合作社处得到的“搭便车”收益，则销售企业选择“不协同合作”策略，演化策略如图4-2所示。

（3）当$\begin{cases}\delta(Q_{21} + Q_{23}) - \alpha_2 I > M_{21} \\ \delta(Q_{31} + Q_{32}) - \alpha_3 I > M_{31}\end{cases}$，系统有稳定演化策略（0,1,1）

在该情况下，农民合作社倾向于“宽松监督”；若加工企业与农民合作社、销售企业进行协同合作，从二者获取的额外收益之和与其付出的合作成本差值高于不进行协同合作的加工企业从进行协同合作的农民合作社处得到的“搭便车”收益，则加工企业选择“协同合作”策略；若销售企业与农民

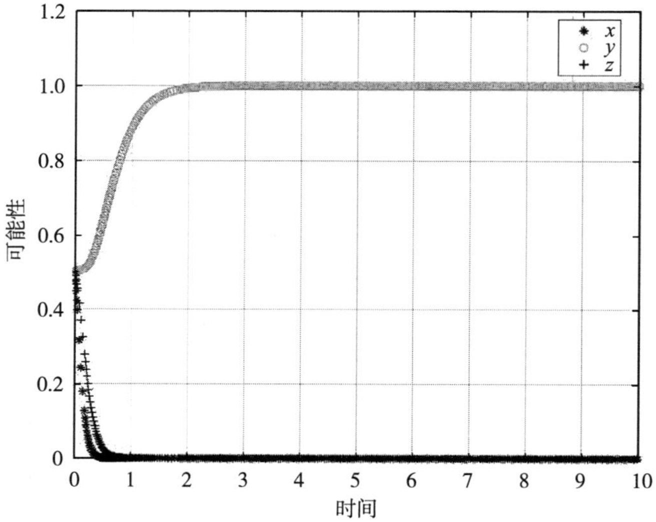

图 4-2　演化稳定策略（0,1,0）

合作社、加工企业协同合作，从农民合作社和加工企业端获取的额外收益与销售企业自身付出的合作成本之差高于不采取协同合作策略得到的“搭便车”收益时，销售企业则会选择“协同合作”策略。演化策略如图 4-3 所示。

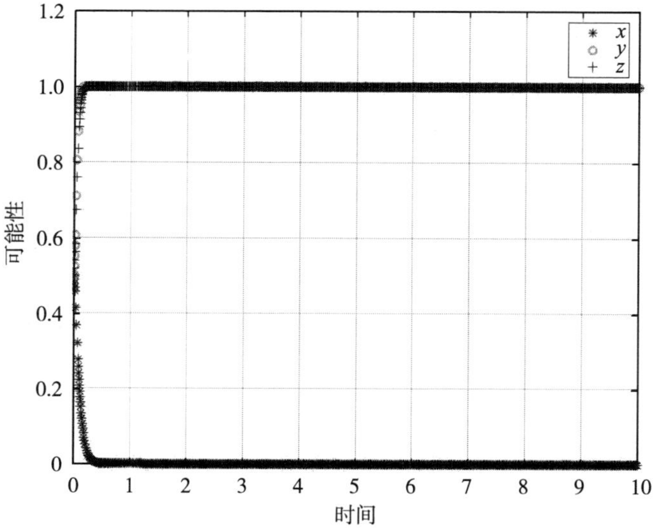

图 4-3　演化稳定策略（0,1,1）

（4）当$\begin{cases}2L>C_1\\ \alpha_2 P+Q_{21}-\alpha_2 I<M_{21}-L\\ \alpha_3 P+Q_{31}-\alpha_3 I<M_{31}-L\end{cases}$时，系统有稳定演化策略（1,0,0）

这表明，当农民合作社的监督成本低于农民合作社从加工企业和销售企业得到的惩罚金额时，农民合作社则倾向于“严格监管”；当加工企业采取协同合作策略时获得的净收益（因协同合作获得的奖励分配和从农民合作社端获取的额外收益与加工企业合作成本之差）少于其不采取协同合作策略获得的净收益（“搭便车”收益与惩罚金额之差），加工企业则采取“不协同合作”策略；当销售企业采取协同合作策略时获得的净收益（因协同合作获得的奖励分配和从农民合作社端获取的额外收益与销售企业合作成本之差）少于其不采取协同合作策略获得的净收益（“搭便车”收益与惩罚金额之差），销售企业则采取“不协同合作”策略。演化策略如图 4－4 所示。

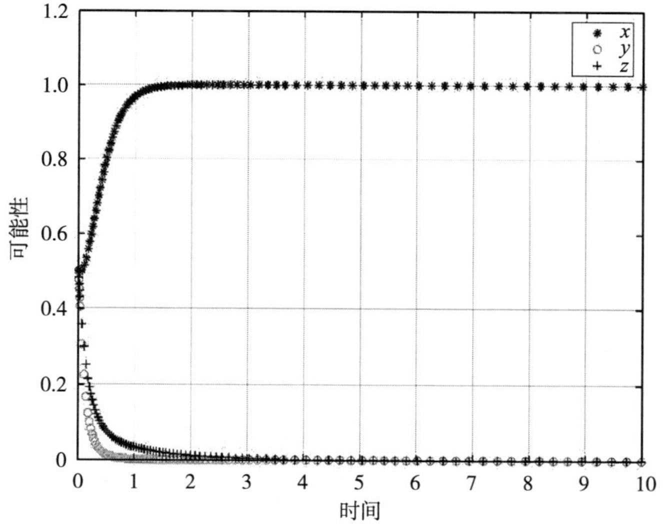

图 4－4　演化稳定策略（1,0,0）

（5）当$\begin{cases}1/2L>C_1\\ \alpha_2 P+Q_{21}-\alpha_2 I>M_{21}-L\\ \alpha_3 P+\delta(Q_{31}+Q_{32})-\alpha_3 I<M_{31}-L\end{cases}$时，系统有稳定演化策略（1,1,0）

这表明，当农民合作社的监督成本低于农民合作社从销售企业得到的惩罚金额的二分之一时，农民合作社则倾向于“严格监管”；当加工企业采取协同合作策略时获得的净收益（因协同合作获得的奖励分配和从农民合作社端获取的额外收益与加工企业合作成本之差）高于其不采取协同合作策略获得的净收益（“搭便车”收益与惩罚金额之差），加工企业则采取“协同合作”策略；当销售企业采取协同合作策略时获得的净收益（因协同合作获得的奖励分配和从进行协同合作的农民合作社和加工企业端获取的额外收益与销售企业合作成本之差）少于其不采取协同合作策略获得的净收益（“搭便车”收益与惩罚金额之差），销售企业则采取“不协同合作”策略。演化策略如图 4-5 所示。

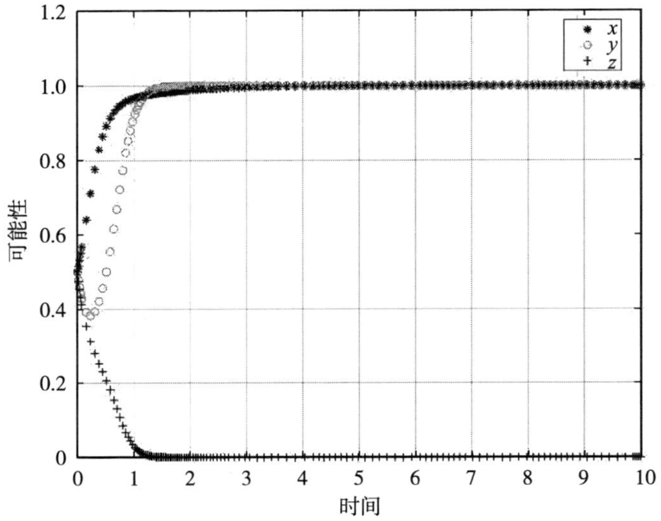

图 4-5　演化稳定策略（1,1,0）

（6）当 $\begin{cases}\alpha_2 P+\delta(Q_{21}+Q_{23})-\alpha_2 I<M_{21}-L\\ \alpha_3 P+Q_{31}-\alpha_3 I>M_{31}\end{cases}$ 时，系统有稳定演化策略（1,0,1）

在该情况下，农民合作社倾向于“严格监督”；当加工企业采取协同合作策略时获得的净收益（因协同合作获得的奖励分配和从协同合作的农民合作社和销售企业端获取的额外收益与加工企业合作成本之差）少于其不采取协同合作策略获得的净收益（“搭便车”收益与惩罚金额之差），加工企业则采取“不协同合作”策略；当销售企业采取协同合作策略时获得的净收益（因协同合作获得的奖励分配和从农民合作社端获取的额外收益与销售企业合作成本之差）高于其不采取协同合作策略获得的净收益（“搭便车”收益与惩罚金额之差），销售企业则采取“协同合作”策略。演化策略如图 4-6 所示。

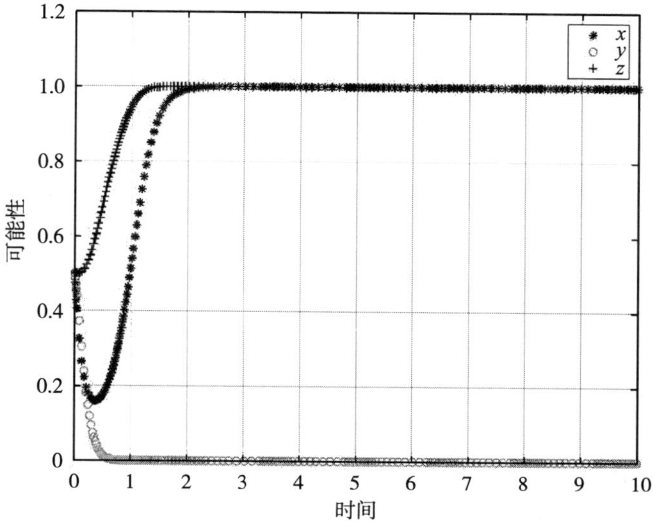

图 4-6　演化稳定策略（1,0,1）

四、农民合作社主导的农产品供应链协同合作的影响因素

为了验证演化稳定性，且较为直观地展现不同因素对博弈主体协同合作的影响，本研究运用 Matlab 软件进行数值仿真。即以菡香生态农民合作社主导的农产品供应链即“菡香生态农民合作社＋沿黄稻米合作联社＋陟选好物旗舰店”为例进行数值仿真。

菡香生态农民合作社注册了“菡香”大米商标，并获农业农村部无公害农产品认证；2008 年“菡香”牌大米被认定为绿色食品；2011 年获有机食品认证，获批农业农村部“马宣寨大米”地理标志农产品。菡香生态合作社实行规模化经营，标准化种植，在加工环节与沿黄稻米合作联社合作，沿黄稻米合作联社对大米进行初级加工，保留大米中的全天然营养成分，最终销售给陟选好物旗舰店。在整个供应链上，菡香生态农民合作社建立了生产、检测、销售档案及追溯制度，并沿用“菡香”品牌。通过与各主体相关负责人的访谈，我们对三者之间的合作关系有了进一步的了解。合同签订时长平均在 1～2 年，相对来说为短期合作。合作是基于资源互补产生的，菡香生态农民合作社能够凭借资源优势生产出品质优良，得到消费者认可的大米，“菡香”品牌即为产品的标签，沿黄稻米联合社具有低温大米加工设备，能够通过初级加工保留大米中的营养成分。陟选好物旗舰店直接对接消费者，具有广泛的销售渠道。通过合作，可以为彼此带来额外收益，合作社会对下游品牌的沿用进行监督，若未采用“菡香”品牌则产生罚金。

由此可见，可能影响农民合作社主导的农产品供应链系统中各个主体的协同合作概率的因素较多。例如，供应链中节点组织的额外收益、策略选择、竞争压力、市场需求和价格变化等都会对各个主体的协同合作行为产生影响。此外，加工企业和销售企业之间的协同合作行为也可能受到交流沟通的效率、信息共享的程度以及冲突解决的方式等因素影响。因此，建立一个稳定的农产品供应链系统需要考虑多种因素，并对多个因素进行合理赋值，以便各个主体能够协同合作、实现共赢。

本节对于利润、额外收益、监督成本、奖励金额、惩罚金额，通过访谈获取实际金额，对于难以得到直接数值的参数，如合作投入比例，搭便车收益。本节结合实际情况与相关学者进行讨论决定，进而对仿真数值进行无量纲处理，具体参数值不代表实际金额，但能表示参数的相对大小，力求使结论一般化。参照现有文献采取的参数赋值方法，基本的参数值如下：$I=20$、$\alpha_2=0.3$、$\alpha_3=0.2$、$C_1=15$、$P=10$、$L=5$、$Q_{21}=13$、$Q_{23}=18$、$Q_{31}=11$、$Q_{32}=13$、$M_{21}=10$、$M_{31}=9$、$\delta=2$。参数值的设定根据实际调研案例数值调整得来，满足前提假设以及（0,1,1）的稳定点条件，接下来将在基本参数值的基础上，各主体的初始概率为（0.5,0.5,0.5），分析 C_1、Q_{21}、Q_{31}、M_{21}、δ、P、L 对系统演化博弈的影响。

（一）监管成本对博弈策略的影响

分析监管成本对博弈策略的影响，能够明确监管对于促进供应链管理中协同合作的推进作用。在既定条件不变的情况下，为分析监管成本 C_1 对系统博弈的影响，C_1 分别取值 5、10、15，仿真结果如图 4-7。在系统演化至稳定点的过程中，监管成本的增加会加快系统演化速度，但农民合作社采取“严格监管”策略的概率下降，加工企业和销售企业采取“协同合作”策略的概率增加。若监管成本提高，农民合作社强化监管，投入更多精力和资金，其原本收益可能会因此下降，所以采取“严格监管”的积极性会降低。另外，监管成本的提高意味着监管趋于严格，对供应链上的从属企业起到警示作用，会促使其加强合作，从属企业采取“协同合作”的概率随之增加。因此，强化监管对促进协同合作有推进作用，但应综合考量监管成本的增加与因协同合作创造的额外收益的多少，农民合作社需要合理地制定监管策略，使其能够达到促进协同合作的目的，又不会影响其收益的最大化。此外，还需要考虑从属企业的行为偏好，如从属企业可能更愿意接受温和的监管，而不是过于严格的监管。因此，农民合作社在制定监管策略时需要综合考虑这些因素，以便实现协同合作的最大化。

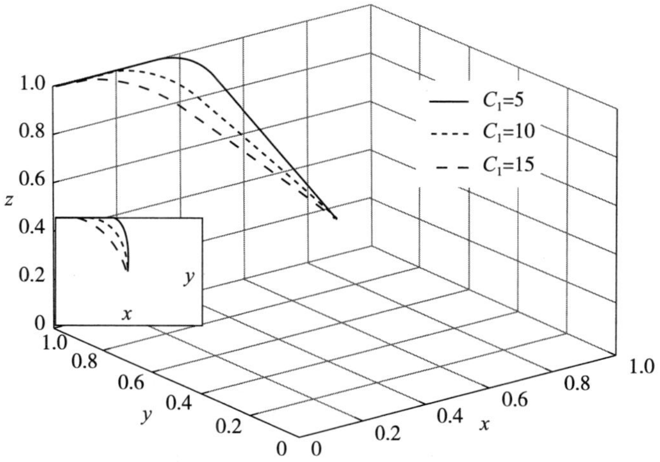

图 4－7　监管成本 C_1 对博弈策略的影响

（二）额外收益对博弈策略的影响

在既定条件不变的情况下，为分析额外收益 Q 对系统博弈的影响，分别赋予 Q_{21} 和 Q_{31} 数值 0、10、20，仿真结果如图 4－8、图 4－9 所示。当加工企业因与农民合作社合作获得的额外收益增加时，系统演化至稳定点的速度加快，加工企业采取“协同合作”策略的概率会随之增加。当销售企业因与农民合作社合作获得的额外收益增加时，销售企业采取“协同合作”策略的概率会随之增加。从图中可以看出，加工企业和销售企业的协同合作概率均是呈正相关的，合作概率受不同因素影响，但两个主体合作行为是相互促进的。

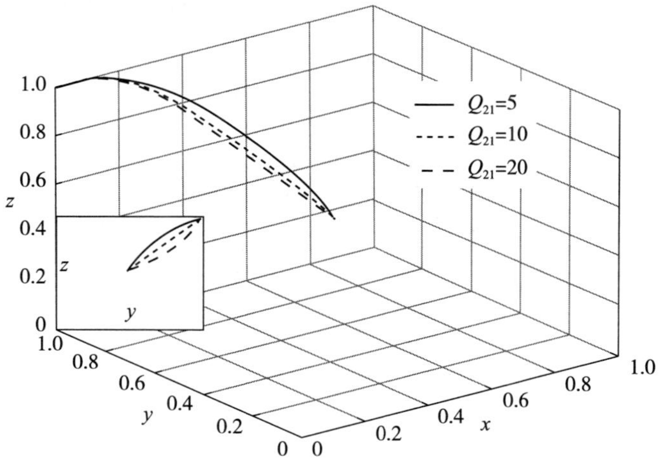

图 4－8　额外收益 Q_{21} 对博弈策略的影响

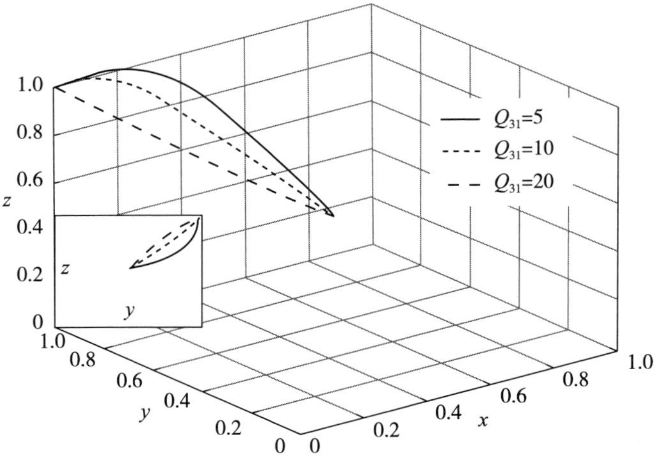

图 4-9　额外收益 Q_{31} 对博弈策略的影响

（三）“搭便车”收益对博弈策略的影响

在既定条件不变的情况下，为分析搭便车收益 M 对系统博弈的影响，分别赋予 M_{21} 和 M_{31} 数值 0、20、40，仿真结果如图 4-10、图 4-11 所示。当加工企业因农民合作社进行协同合作而获得的“搭便车”收益降低，加工企业采取“协同合作”策略的概率增大。当销售企业因农民合作社进行协同合作而获得的“搭便车”收益降低，销售企业采取“协同合作”策略的概率增大。在系统博弈过程中，农民合作社采取“严格监管”策略的概率越大，则与农民合作社进行协同合作获得的“搭便车”收益越低。在供应链运行过程中的“搭便车”行为会给个体收益带来一定提升，但影响整体运行效率。不断降低“搭便车”收益，提高参与主体合作意识，才有利于实现供应链协同合作的稳定运行。

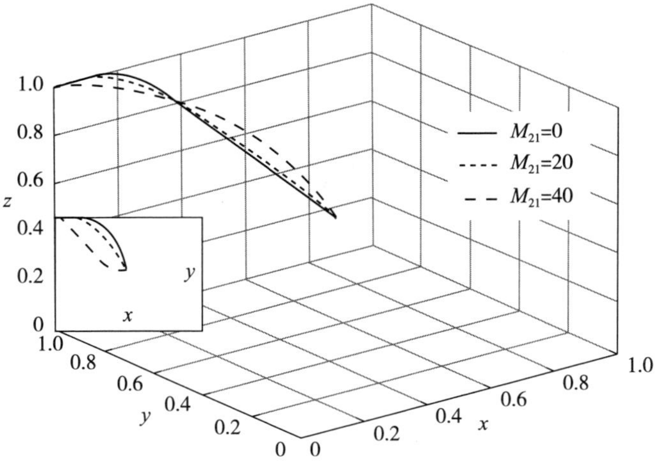

图 4-10　“搭便车”收益 M_{21} 对博弈策略的影响

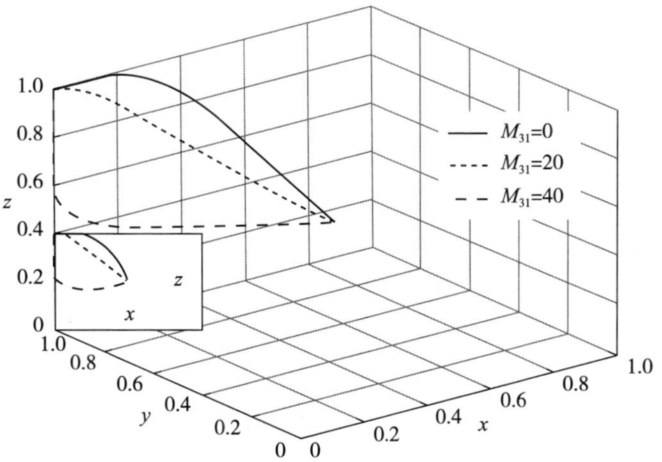

图 4－11　“搭便车”收益 M_{31} 对博弈策略的影响

（四）协同系数对博弈策略的影响

在既定条件不变的情况下，为分析协同系数 δ 对系统博弈的影响，δ 分别取值为 1、2、3，仿真结果如图 4－12 所示。在系统趋于演化稳定的过程中，协同系数的加大会加快系统演化速度，协同系数增加意味着因协同合作给供应链整体带来的收益放大，加工企业和销售企业选择“协同合作”的概率都随之增加，且从属企业的“协同合作”行为相互促进。因此，提高供应链上各主体对正协同效应的认识，促使系统产生更高的协同系数，是实施协同合作的重要举措。

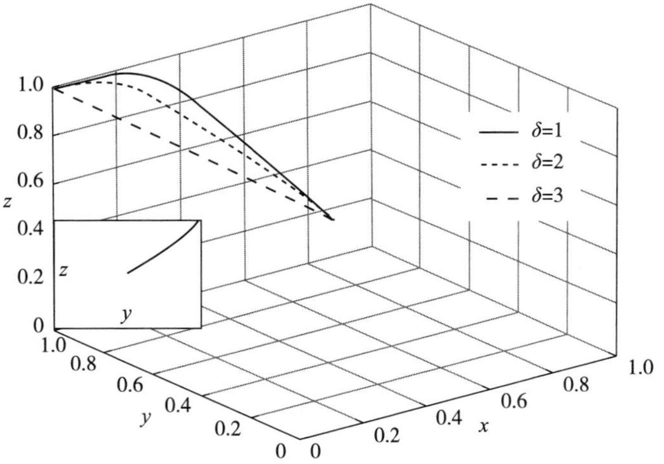

图 4－12　协同系数对博弈策略的影响

（五）奖惩机制对博弈策略的影响

在既定条件不变的情况下，为分析奖惩措施对系统博弈的影响，奖励金额 P 分别赋值为 0、50、100，惩罚金额 L 分别赋值为 0、10、20，仿真结果如图 4－13、图 4－14 所示。根据图 4－13 和图 4－14 的仿真结果，奖励和惩罚金额的提高都能够促进系统的演化至稳定状态，从属企业采取“协同合作”的概率随之增加。

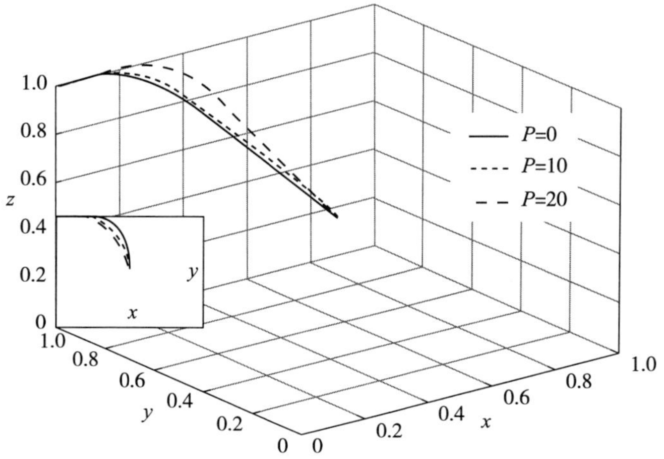

图 4－13　奖励机制对博弈策略的影响

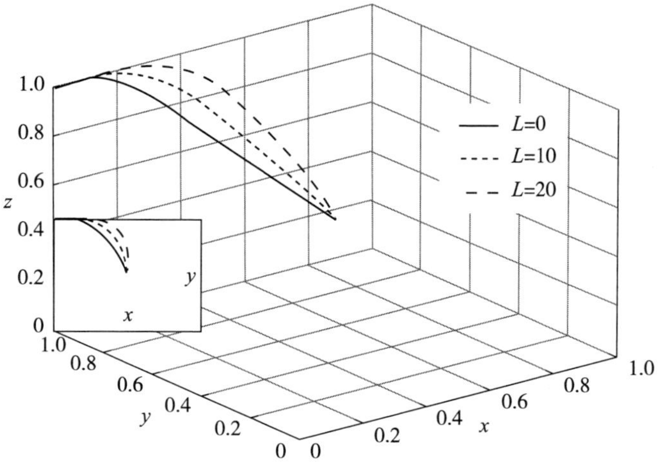

图 4－14　惩罚机制对博弈策略的影响

但同时，奖励和惩罚力度的提高也会带来一定的监管成本，需要考虑制定与实施的成本与收益之间的平衡。此外，奖惩制度的设计还需要考虑不同从属企业的行为偏好。对于那些倾向于“搭便车”的企业，惩罚力度应该相对较高，以避免其产生不当的行为；对于那些倾向于“协同合作”的企业，奖励力度应该更大，以进一步激励其采取“协同合作”的策略。因此，设计完善的奖惩制度应该综合考虑多种因素，包括奖励和惩罚力度的平衡、监管成本的控制、从属企业的行为偏好等，以推动供应链实现良性循环和协同合作的目标。

将参数值从不同初始策略组合出发随时间演化 50 次，仿真结果如图 4-15 所示。系统存在唯一稳定的均衡点（0,1,1），即农民合作社、加工企业和销售企业的演化稳定策略为（宽松监管，协同合作，协同合作）。仿真结果与前文的模型分析结论具有一致性，对农民合作社主导的农产品供应链协同合作具有现实指导意义。

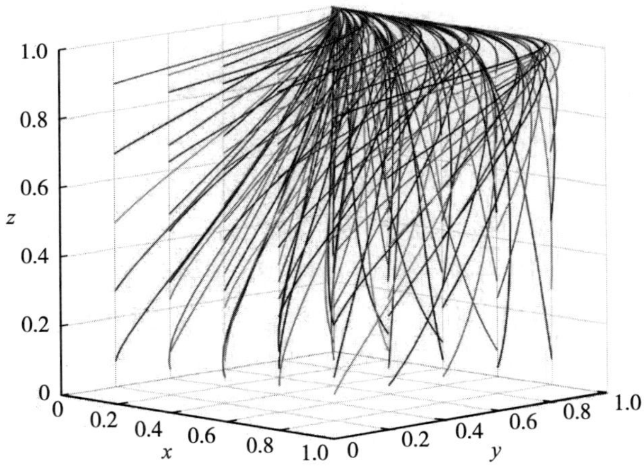

图 4-15　初始参数值演化 50 次的结果

五、本章小结

本章采用演化博弈方法研究了农民合作社主导的农产品供应链上主体协同合作机制，构建了农民合作社、加工企业和销售企业三方演化博弈模型，分析了主体策略选择的稳定性和系统均衡策略组合的稳定性，以及合作成本、“搭便车”收益、额外收益、协同系数及奖惩机制等因素对协同合作策略选择的影响。

研究结果显示，农民合作社实施严格监管策略，增大奖惩力度有利于促进加工企业和销售企业进行协同合作，但监管成本的增加不利于农民合作社自身的收益，故农民合作社倾向于宽松监管策略。在实施宽松监管的情况下，从属企业获取的额外收益与从属企业自身付出的合作成本之差高于不采取协同合作策略得到的“搭便车”收益时，有利于供应链上的从属企业向协同合作的方向演化。无论最初状态如何，系统此时存在一个演化稳定策略组合为（宽松监管，协同合作，协同合作），说明在合理的约束条件下，农产品供应链的运行状态将向最有效率的方向演变。此外，额外收益的增加、奖惩力度的加大和协同系数的提升会提高系统演化到帕累托最优的概率，加快实现农民合作社主导的农产品供应链全面协同合作。合作成本和“搭便车”收益的增加会降低实现全面协同合作的概率。合作额外收益和奖励分配系数与合作投入比例相匹配是利益主体持续协同合作的必要条件，更有利于实现公平分配，促进供应链稳定运行。

从以上结论可以看出，农民合作社主导的农产品供应链实现全面协同合作不适合采用严格监管的模式，更适合 CPFR（Collaborative Planning，Forecasting & Replenishment，协同规划、预测和补货）这种新的供应链合作管理技术，有效地将参与各方共同协作制定的计划贯穿于整个供应链的运作过程中，提高协同系数，减少“搭便车”收益，提高供应链整体效益。农民合作社采取宽松监管的策略更能保证供应链的稳定运行。农民合作社可以通过提高产品特色化程度强化品牌效应，以此增强从属企业对合作社的依赖程度。从属企业应减少投机行为，与农民合作社联合规划，建立信息共享平台，提高协同系数，为整个供应链创造更多利润。公平是维系合作关系的关键。供应链上的收益分配与投入比例应该相匹配，充分保障各主体的权益，使供应链上的全面合作状态可持续。

第五章　农民合作社主导的农产品供应链收益协调研究

第三章农民合作社主导的农产品供应链系统构建得出供应链上收益分配不协调是导致供应链系统运行不稳定的原因之一。因此，有必要探究如何实现农民合作社主导的农产品供应链上主体间收益协调。本章将农产品市场细分为存在替代关系的特色农产品、普通农产品两类产品，引入“农产品特色化度”这一参数，通过对不同决策模式下产品定价策略的探讨以及节点组织间契约关系的制定，得到实现供应链上主体间收益协调的条件。

一、问题描述

供应链上收益分配不合理是影响供应链稳定运行的主要因素之一。在农民合作社主导的农产品供应链上，以特色农产品作为主营产品，农产品特色化度决定了供应链整体的核心竞争力强度。农产品特色化度主要来源于种植地区的资源禀赋、气候条件和文化背景等因素，是由农产品供应链的生产端所决定的，然而特色农产品的溢价空间更多停留在供应链下游企业。长此以往，农民合作社在产品的品质及特色度等方面的付出带来了产品增值却未获得供应链上合理的收益分配，会降低其生产积极性，进而影响特色农产品的特色度和品质。

在供应链的实际运行中，节点组织之间的收益冲突具体体现在产品定价和契约关系上。收益协调即通过合理的定价策略和契约设计实现供应链系统整体利益最大化，同时保证各节点组织的个体收益在收益协调后不减少且分配相对公平。合理制定农民合作社主导的农产品供应链上的定价策略及节点组织间的契约关系具有现实意义，既能平衡供应链上各主体之间利益，保证农产品供应链稳定运行，又能维持供应链协调可持续发展，避免供应链上出现库存积压以及价值浪费的现象。本章通过对农民合作社主导的农产品供应链上产品定价和契约设计进行研究，力求实现节点组织间的收益协调。本章研究对象为单个农民合作社与单个加工企业和单个销售企业构成的农民合作社主导的三级农产品供应链。

由于消费者的异质性需求，该供应链同时经营普通农产品和特色农产品，通过市场细分并对两类农产品差别定价有利于提高整个供应链的市场竞争力。农民合作社掌握供应链上的优势资源并生产特色农产品是其占据农产品供应链主导地位的前提条件。因此，模型中引入农产品特色化度及消费者特色化度偏好是合理定价的前置条件。值得注意的是，与普通农产品相比，特色农产品在品质、品牌和包装等方面都更独特，提升了产品溢价空间，合作社具有一定的价格优势和自主定价权。基于此，本章的基本研究框架如图 5-1 所示。

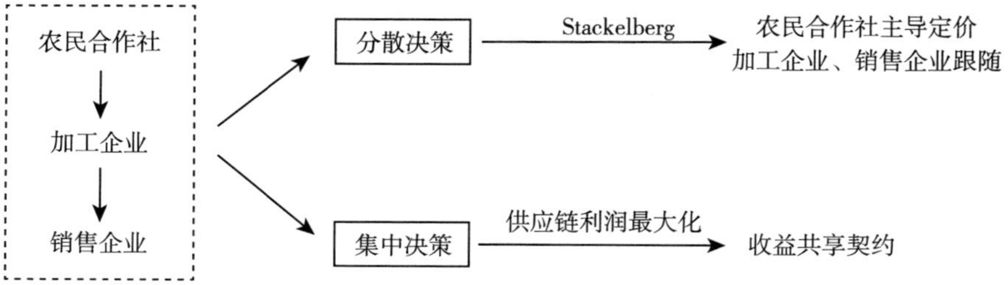

图 5-1　基本研究框架

基于以上前提条件，本章将研究在分散决策和集中决策下的供应链上各节点组织的定价策略，以及主要参数变化和不同定价策略对供应链整体利润的影响，并通过设计收益共享协调契约力求实现收益协调。

在分散决策模型中，农民合作社作为 Stackelberg 博弈的主导者，根据市场信息和供应链上销售企业反馈的消费者需求信息确定农产品市场需求量以及农产品特色化度，向作为跟随者的加工企业提供普通农产品和特色农产品（特色农产品占主要交易份额)，供应链上的节点企业都以自身利润最大化为目标选择最优的行动策略，最终确定普通农产品和特色农产品最优价格与供应链整体利润。

在集中决策模型中，农民合作社将非核心业务外包给下游的加工企业和销售企业，实现内外部资源的有效整合，以供应链整体利润最大化为目标，确定普通农产品和特色农产品最优价格和供应链整体利润；对比分散决策下和集中决策下农产品供应链整体利润，观测主要参数变化对其影响；设计收益共享契约，使其实现农民合作社、加工企业和零售企业以及供应链整体的帕累托改进。

二、模型假设与参数设定

（一）模型假设

H1：农民合作社根据市场需求信息进行农产品生产，普通农产品和特色农产品质量是一定的，由于特色农产品是指依据当地原始地理地貌、土壤、水资源和人文环境等独特的资源禀赋，带有文化内涵或历史底蕴，有显著的地理区域特征的产品。因此，农产品特色化度主要是由农民合作社的生产环节实现的。

H2：不考虑突发事件的影响，市场对农产品的需求量是一定的，对特色农产品的需求只与价格和特色化度有关。在满足基本生存需求的情况下，当农产品定价处于合理区间范围内，根据效用最大化理论，消费者会优先考虑购买特色农产品。倘若特色农产品的性价比未达到消费者预期，消费者则选择购买普通农产品满足其基本生活需要。基于替代品价格竞争的需求函数理论，特色农产品和普通农产品的需求函数分别为：

$$Q_i = a - bP_i + rP_j + \mu e \tag{5-1}$$

$$Q_j = \theta - dP_i + rP_j \tag{5-2}$$

式中，Q_i 表示特色农产品的需求量；Q_j 表示普通农产品的需求量；a 表示特色农产品潜在市场容量；θ 为普通农产品潜在市场容量；b 为特色农产品价格敏感度；d 为普通农产品价格敏感度，普通农产品由于其作为生存必需品的特性，其价格敏感系数略低于特色农产品价格敏感度；r 为普通农产品与特色农产品之间的竞争替代系数，满足 $b > d > r > 0$（即需求量对商品本身价格的敏感度高于对替代商品价格的敏感度）；P_i 和 P_j 分别表示特色农产品零售价格、普通农产品的零售价格；μ 为农产品特色偏好系数；e 为农产品特色化度。

H3：农产品具有易损耗的特征，考虑到农产品生产和流通过程中的数量损耗会影响订货量，假设农产品数量损耗率为 $\beta(0 < \beta < 1)$，当销售企业订货量为 Q 时，农民合作社实际生产量为 $Q/(1-\beta)$。由于谷物类农产品会因加工促进呼吸作用，导致产品内的营养物质有所损失。因此，谷物类农产品应遵循订单拉动的生产方式，库存主要集中在农民合作社，加工企业和销售企业尽量减少库存，本研究只考虑生产端的农民合作社承担的农产品数量损耗成本 $\frac{C_i}{1-\beta_i}$。

H4：特色农产品和普通农产品的单位生产成本分别为 C_i、C_j，并且 $C_i > C_j > 0$。加工企业的采购价格分别为 W_i、W_j，销售企业的采购价格为 S_i、S_j。加工企业的加工成本分别为 C_{im}、C_{jm}，加工企业的利润分别为 π_{im}、π_{jm}。因为 $S_i = W_i + C_{im} + \pi_{im}$，故 $S_i \geqslant W_i$，同理可得 $S_j \geqslant W_j$。为了便于计算，假设农产品的运输成本和库存成本均包含在采购价格中，不做单独计算。

（二）参数设定

具体参数说明见表 5-1。

表 5-1　参数及其定义

参数	参数定义	参数	参数定义
Q_i	特色农产品需求量	a	特色农产品潜在市场容量
Q_j	普通农产品需求量	θ	普通农产品潜在市场容量
P_i	特色农产品零售价格	b	特色农产品价格敏感系数
P_j	普通农产品零售价格	d	普通农产品价格敏感系数
S_i	销售企业的特色农产品采购价格	r	两种农产品之间的竞争替代系数
S_j	销售企业的普通农产品采购价格	β_i	特色农产品数量损耗率
W_i	加工企业的特色农产品采购价格	β_j	普通农产品数量损耗率
W_j	加工企业的普通农产品采购价格	μ	农产品特色度偏好系数
C_i	特色农产品生产成本	e	农产品特色化度
C_j	普通农产品生产成本		

在上述假设下，农民合作社的利润函数为

$$\pi_f=\left(W_i-\frac{C_i}{1-\beta_i}\right)(a-bP_i+rP_j+\mu e)+\left(W_j-\frac{C_j}{1-\beta_j}\right)(\theta-dP_i+rP_j) \tag{5-3}$$

加工企业的利润函数为

$$\pi_m=(S_i-W_i)(a-bP_i+rP_j+\mu e)+(S_j-W_j)(\theta-dP_i+rP_j) \tag{5-4}$$

销售企业的利润函数为

$$\pi_n=(P_i-S_i)(a-bP_i+rP_j+\mu e)+(P_j-S_j)(\theta-dP_i+rP_j) \tag{5-5}$$

三级供应链整体利润函数为

$$\pi_s=\left(P_i-\frac{C_i}{1-\beta_i}\right)(a-bP_i+rP_j+\mu e)+\left(P_j-\frac{C_j}{1-\beta_j}\right)(\theta-dP_i+rP_j) \tag{5-6}$$

三、农民合作社主导的农产品供应链定价模型

（一）供应链分散决策模型

农民合作社是农产品供应链的核心组织，占据主导地位。在分散决策下，供应链上的节点组织均为理性经济体。农产品供应链分散决策为由农民合作社主导的完全信息下的动态 Stackelberg 博弈。根据上述假设和各主体的利润函数，采用逆向归纳法依次对销售企业、加工企业和农民合作社的利润函数求解

如下：

销售企业作为供应链决策的跟随者，市场零售价 P_i、P_j 是其决策变量，决策的目标函数为

$$\max \pi_n = (P_i - S_i)(a - bP_i + rP_j + \mu e) + (P_j - S_j)(\theta - dP_i + rP_j) \tag{5-7}$$

因此，销售企业利润函数 π_n 的 Hessian 矩阵为

$$\boldsymbol{H}^n = \begin{pmatrix} \dfrac{\partial^2 \pi_n}{\partial P_i^2} & \dfrac{\partial^2 \pi_n}{\partial P_i \partial P_j} \\ \dfrac{\partial^2 \pi_n}{\partial P_j \partial P_i} & \dfrac{\partial^2 \pi_n}{\partial P_j^2} \end{pmatrix} = \begin{pmatrix} -2b & 2r \\ 2r & -2d \end{pmatrix} \tag{5-8}$$

因为 $\boldsymbol{H}^n$ 为负定矩阵，所以销售企业利润函数 π_n 是关于 P_i、P_j 的联合凹函数，故一阶最优条件为 $\dfrac{\partial \pi_n}{\partial P_i} = 0$，$\dfrac{\partial \pi_n}{\partial P_j} = 0$，得到销售企业最优反应函数为

$$P_i = \frac{S_i}{2} + \frac{\mu ed + r\theta + ad}{2(bd - r^2)} \tag{5-9}$$

$$P_j = \frac{S_j}{2} + \frac{\mu er + b\theta + ar}{2(bd - r^2)} \tag{5-10}$$

加工企业作为供应链决策的跟随者，农产品采购价格 S_i、S_j 是其决策变量，决策的目标函数为

$$\max \pi_m = (S_i - W_i)(a - bP_i + rP_j + \mu e) + (S_j - W_j)(\theta - dP_i + rP_j) \tag{5-11}$$

因此，加工企业利润函数 π_m 的 Hessian 矩阵为

$$\boldsymbol{H}^m = \begin{pmatrix} \dfrac{\partial^2 \pi_m}{\partial S_i^2} & \dfrac{\partial^2 \pi_m}{\partial S_i \partial S_j} \\ \dfrac{\partial^2 \pi_m}{\partial S_j \partial S_i} & \dfrac{\partial^2 \pi_m}{\partial S_j^2} \end{pmatrix} = \begin{pmatrix} -b & r \\ r & -d \end{pmatrix} \tag{5-12}$$

因为 $\boldsymbol{H}^m$ 为负定矩阵，所以加工企业利润函数 π_m 是关于 S_i、S_j 的联合凹函数，故一阶最优条件为 $\dfrac{\partial \pi_m}{\partial S_i} = 0$，$\dfrac{\partial \pi_m}{\partial S_j} = 0$，得到加工企业最优反应函数为

$$S_i = \frac{W_i}{2} + \frac{\mu ed + r\theta + ad}{2(bd - r^2)} \tag{5-13}$$

$$S_j = \frac{W_j}{2} + \frac{\mu er + b\theta + ar}{2(bd - r^2)} \tag{5-14}$$

农民合作社作为农产品供应链的决策者，农产品批发价格 W_i、W_j 是其决策变量，决策的目标函数为

$$\max \pi_f = \left(W_i - \frac{C_i}{1-\beta_i}\right)(a - bP_i + rP_j + \mu e) + \left(W_j - \frac{C_j}{1-\beta_j}\right)(\theta - dP_i + rP_j) \tag{5-15}$$

因为 $\boldsymbol{H}^m$ 为负定矩阵，所以农民合作社利润函数 π_f 是关于 W_i、W_j 的联合凹函数，故一阶最优条件为 $\frac{\partial \pi_f}{\partial W_i}=0$，$\frac{\partial \pi_f}{\partial W_j}=0$，得到农民合作社最优反应函数为

$$w_i = \frac{C_i}{2(1-\beta_i)} + \frac{\mu ed + r\theta + ad}{2(bd - r^2)} \tag{5-16}$$

$$w_j = \frac{C_j}{2(1-\beta_j)} + \frac{\mu er + b\theta + ar}{2(bd - r^2)} \tag{5-17}$$

将上述结果带入 S_i、S_j、P_i^*、P_j^*、Q_i^*、Q_j^* 可得

$$S_i = \frac{C_i}{4(1-\beta_i)} + \frac{3(\mu ed + r\theta + ad)}{4(bd - r^2)} \tag{5-18}$$

$$S_j = \frac{C_j}{4(1-\beta_j)} ++ \frac{3(\mu er + b\theta + ar)}{4(bd - r^2)} \tag{5-19}$$

$$P_i^* = \frac{C_i}{8(1-\beta_i)} + \frac{7(\mu ed + r\theta + ad)}{8(bd - r^2)} \tag{5-20}$$

$$P_j^* = \frac{C_j}{8(1-\beta_j)} + \frac{7(\mu er + b\theta + ar)}{8(bd - r^2)} \tag{5-21}$$

$$Q_i^* = \frac{a}{8} + \frac{\mu e}{8} + \frac{rC_j}{8(1-\beta_j)} - \frac{bC_i}{8(1-\beta_i)} \tag{5-22}$$

$$Q_j^* = \frac{\theta}{8} + \frac{rC_i}{8(1-\beta_i)} - \frac{dC_j}{8(1-\beta_j)} \tag{5-23}$$

可得到初步结论，在分散决策模式下，农民合作社若想强化其主导地位，必须主营特色农产品，并且不断提升农产品特色度。农产品特色化程度 e 越大，由于产品特色度所带来的溢价促使农产品价格在合理区间内越高，农民合作社通过在供应链上主导定价，能获得相对高的收益分配。

（1）特色农产品和普通农产品的最优零售价格分别为

$$P_i^* = \frac{C_i}{8(1-\beta_i)} + \frac{7(\mu ed + r\theta + ad)}{8(bd - r^2)}; \quad P_j^* = \frac{C_j}{8(1-\beta_j)} + \frac{7(\mu er + b\theta + ar)}{8(bd - r^2)} \tag{5-24}$$

（2）特色农产品和普通农产品的销售企业最优采购价格分别为

$$S_i = \frac{C_i}{4(1-\beta_i)} + \frac{3(\mu ed + r\theta + ad)}{4(bd - r^2)}; \quad S_j = \frac{C_j}{4(1-\beta_j)} ++ \frac{3(\mu er + b\theta + ar)}{4(bd - r^2)} \tag{5-25}$$

(3) 特色农产品和普通农产品的加工企业最优采购价格分别为

$$w_i = \frac{C_i}{2(1-\beta_i)} + \frac{\mu ed + r\theta + ad}{2(bd - r^2)};$$

$$w_j = \frac{C_j}{2(1-\beta_j)} + \frac{\mu er + b\theta + ar}{2(bd - r^2)} \tag{5-26}$$

(4) 特色农产品和普通农产品的最优订货量分别为

$$Q_i^* = \frac{a}{8} + \frac{\mu e}{8} + \frac{rC_j}{8(1-\beta_j)} - \frac{bC_i}{8(1-\beta_i)};$$

$$Q_j^* = \frac{\theta}{8} + \frac{rC_i}{8(1-\beta_i)} - \frac{dC_j}{8(1-\beta_j)} \tag{5-27}$$

(5) 农民合作社的利润是加工企业利润的 2 倍

$$\pi_f = \left[\frac{\mu ed + r\theta + ad}{2(bd - r^2)} - \frac{C_i}{2(1-\beta_i)}\right]Q_i^* + \left[\frac{\mu er + b\theta + ar}{2(bd - r^2)} - \frac{C_j}{2(1-\beta_j)}\right]Q_j^* \tag{5-28}$$

$$\pi_m = \left[\frac{\mu ed + r\theta + ad}{4(bd - r^2)} - \frac{C_i}{4(1-\beta_i)}\right]Q_i^* + \left[\frac{\mu er + b\theta + ar}{4(bd - r^2)} - \frac{C_j}{4(1-\beta_j)}\right]Q_j^* \tag{5-29}$$

$$\pi_n = \left[\frac{\mu ed + r\theta + ad}{8(bd - r^2)} - \frac{C_i}{8(1-\beta_i)}\right]Q_i^* + \left[\frac{\mu er + b\theta + ar}{8(bd - r^2)} - \frac{C_j}{8(1-\beta_j)}\right]Q_j^* \tag{5-30}$$

$$\pi_f = 2\pi_m = 4\pi_n \tag{5-31}$$

(6) 农产品供应链的总利润为

$$\pi_{s1} = \left[\frac{7(\mu ed + r\theta + ad)}{8(bd - r^2)} - \frac{7C_i}{8(1-\beta_i)}\right]\left[\frac{a}{8} + \frac{\mu e}{8} + \frac{rC_j}{8(1-\beta_j)} - \frac{bC_i}{8(1-\beta_i)}\right] + \left[\frac{7(\mu er + b\theta + ar)}{8(bd - r^2)} - \frac{7C_j}{8(1-\beta_j)}\right]\left[\frac{\theta}{8} + \frac{rC_i}{8(1-\beta_i)} - \frac{dC_j}{8(1-\beta_j)}\right] \tag{5-32}$$

(二) 供应链集中决策模型

在供应链上各主体间合作关系稳定的前提下，都以农产品供应链整体利润最大化为目标。集中决策下，农民合作社主导的农产品供应链上的农民合作社、加工企业、零售企业协同合作，确定农产品最优订货量和最优零售价格，力求实现农产品供应链整体利润最大化。

集中决策下，农产品零售价 P_i、P_j 为其决策变量，决策的目标函数为

$$\max \pi_s = \left(P_i - \frac{C_i}{1-\beta_i}\right)(a - bP_i + rP_j + \mu e) + \left(P_j - \frac{C_j}{1-\beta_j}\right)(\theta - dP_i + rP_j) \tag{5-33}$$

因此，供应链整体利润函数 π_s 的 Hessian 矩阵为

$$\boldsymbol{H}^s=\begin{pmatrix}\dfrac{\partial^2\pi_s}{\partial P_i^2} & \dfrac{\partial^2\pi_s}{\partial P_i\partial P_j}\\ \dfrac{\partial^2\pi_s}{\partial P_j\partial P_i} & \dfrac{\partial^2\pi_s}{\partial P_j^2}\end{pmatrix}=\begin{pmatrix}-2b & 2r\\ 2r & -2d\end{pmatrix} \tag{5-34}$$

因为 $\boldsymbol{H}^s$ 为负定矩阵，所以供应链整体利润函数 π_s 是关于 P_i、P_j 的联合凹函数，故一阶最优条件为 $\dfrac{\partial\pi_s}{\partial P_i}=0$，$\dfrac{\partial\pi_s}{\partial P_j}=0$，得到供应链整体最优反应函数为

$$P_i^*=\frac{C_i}{2(1-\beta_i)}+\frac{\mu ed+r\theta+ad}{2(bd-r^2)} \tag{5-35}$$

$$P_j^*=\frac{C_j}{2(1-\beta_j)}+\frac{\mu er+b\theta+ar}{2(bd-r^2)} \tag{5-36}$$

$$Q_i^*=\frac{a}{2}+\frac{\mu e}{2}+\frac{rC_j}{2(1-\beta_j)}-\frac{bC_i}{2(1-\beta_i)} \tag{5-37}$$

$$Q_j^*=\frac{\theta}{2}+\frac{rC_i}{2(1-\beta_i)}-\frac{dC_j}{2(1-\beta_j)} \tag{5-38}$$

可得以下结论：

（1）特色农产品和普通农产品的最优零售价格分别为

$$P_i^*=\frac{C_i}{2(1-\beta_i)}+\frac{\mu ed+r\theta+ad}{2(bd-r^2)};\quad P_j^*=\frac{C_j}{2(1-\beta_j)}+\frac{\mu er+b\theta+ar}{2(bd-r^2)} \tag{5-39}$$

（2）特色农产品和普通农产品的最优订货量分别为

$$Q_i^*=\frac{a}{2}+\frac{\mu e}{2}+\frac{rC_j}{2(1-\beta_j)}-\frac{bC_i}{2(1-\beta_i)};\quad Q_j^*=\frac{\theta}{2}+\frac{rC_i}{2(1-\beta_i)}-\frac{dC_j}{2(1-\beta_j)} \tag{5-40}$$

（3）农产品供应链的总利润为

$$\pi_{s2}=\left[\frac{C_i}{2(1-\beta_i)}+\frac{\mu ed+r\theta+ad}{2(bd-r^2)}\right]\left[\frac{a}{2}+\frac{\mu e}{2}+\frac{rC_j}{2(1-\beta_j)}-\frac{bC_i}{2(1-\beta_i)}\right]+\left[\frac{C_j}{2(1-\beta_j)}+\frac{\mu er+b\theta+ar}{2(bd-r^2)}\right]\left[\frac{\theta}{2}+\frac{rC_i}{2(1-\beta_i)}-\frac{dC_j}{2(1-\beta_j)}\right] \tag{5-41}$$

四、数值算例分析

为了验证理论模型的有效性，将结合实际调研数据设置相关参数数值，通

过 Matlab 软件进行数值模拟仿真。为避免参数数值浮动影响结论，将参数数值整理如下：考虑到谷物类农产品采取订单化生产的模式，故以稻米为例，不考虑特殊情况，主要采用调研案例平均值。农民合作社的特色化稻米生产成本 3 元/千克，普通稻米生产成本为 1 元/千克，特色化稻米数量损耗率为 0.1，普通稻米的数量损耗为 0.2，特色稻米也根据品牌化程度、耕种条件等产生不同等级，认为普通稻米就是满足基本生存需求的特色化程度为 0，特色稻米的特色化度 e 取值为 6，由于消费者对农产品特色化程度的偏好，特色化程度带来的农产品增加量 μ 为 10，a 为当特色农产品价格为 0 时市场的潜在需求，θ 为普通农产品为 0 时市场的潜在需求。一般认为人们追求更高的农产品质量，且在以农民合作社为核心的农产品供应链上，特色农产品的潜在需求高于普通农产品，设定 a 为 60，θ 为 40（表 5-2）。

表 5-2　主要参数基本值

参数	a	θ	C_i	C_j	β_i	β_j	μ	e	b	d	r
基本值	60	40	3	1	0.1	0.2	10	6	6	3	1.5

（一）市场潜在容量对供应链利润的影响

从图 5-2 可以看出，特色农产品潜在市场规模的扩大对分散决策下和集中决策下的供应链整体利润提高都有显著的促进作用，对集中决策下的供应链整体利润促进作用更加明显；并且在相同的条件下，集中决策下的农产品供应链整体利润始终大于分散决策下的农产品供应链整体利润，二者差距会随着农产品潜在市场规模的扩大而扩大。普通农产品潜在市场规模的扩大也会使分散决策和集中决策下的供应链整体利润提高，但相较于特色农产品，其促进作用不明显。这是因为农民合作社主导的农产品供应链，以特色农产品作为其主营业务，特色农产品的溢价空间相较于普通农产品而言更大，其潜在市场需求对供应链整体利润影响更显著。在分散决策下，各节点企业以各自的利润最大化为主要目标，由于信息不对称、信任危机、合作关系脆弱等原因，放大了供应链上的“牛鞭效应”，增加了节点企业间的交易成本，使得供应链整体利润出现一定程度的损失。在集中决策模式下，以供应链整体利润最大化为共同目标进行合理定价，促进农产品供应链上各主体实现协同合作，降低交易成本，提高供应链整体利润。

（二）价格敏感系数对供应链利润的影响

从图 5-3 可以看出，特色农产品价格敏感系数对分散决策和集中决策下

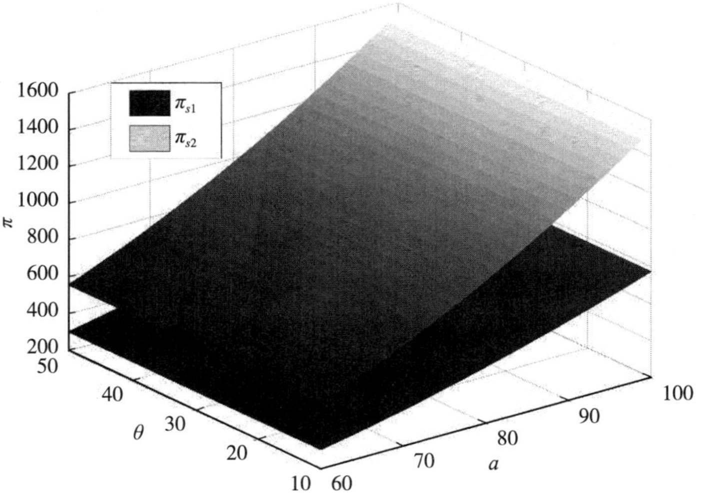

图 5-2　a、θ 对 π_{s1}、π_{s2} 的影响

的利润都有显著的负向驱动作用。根据消费需求理论，产品价格敏感系数越高，产品随着价格的增加而带来需求量减少的幅度越大。普通农产品价格敏感系数变化区间小于特色农产品价格敏感系数变化区间，由于其生存必需性的特征，价格敏感系数低，且不会对供应链利润带来显著的负向作用。

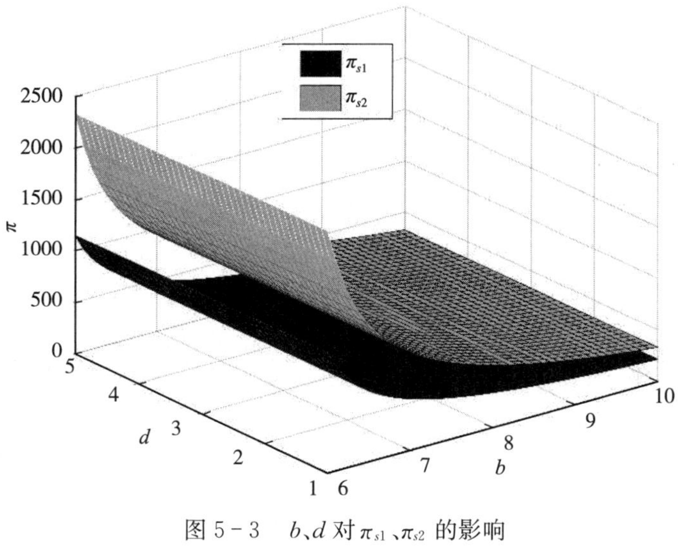

图 5-3　b、d 对 π_{s1}、π_{s2} 的影响

农民合作社主导的农产品供应链是以销售特色农产品为主，特色农产品是供应链整体利润的主要增长点，特色农产品由于其价格敏感系数增加导致产品需求量下降，进而导致供应链整体利润显著降低，但这一过程集中决策下的供

应链整体利润依旧高于分散决策下的供应链整体利润。消费者对特色农产品的价格敏感系数必然高于普通农产品，供应链上各主体应该协同控制特色农产品价格在合理区间，避免因为价格的大幅增长导致供应链整体利润的下降。由于消费者是不完全理性经济人，可以采取个性化定制、特色推广服务等方式增强客户黏性，降低消费者对特色农产品的价格敏感系数，减轻其对供应链整体利润的负面影响。可以采取数量折扣等供应链协调机制，促进农产品的薄利多销。通过上述理论模型也可得出，集中决策下的农产品最优销售价格低于分散决策下的最优销售价格。随着消费价格敏感系数的增加，集中决策下的农产品最优销售量高于分散决策下的最优销售量，最终集中决策下的农产品供应链整体利润大于分散决策下的供应链整体利润。

（三）数量损耗率对供应链利润的影响

由于农产品的脆弱性，在产品流通过程中必然会有数量损耗，供应链上的利润则会受到影响。本研究假定损耗率 β 在 0～1 之间，特色农产品由于其精细化包装、品牌化打造等定制化工序，其流通过程中的数量损耗率一般低于普通农产品的损耗率。由图 5－4 可知，当特色农产品数量损耗率处于合理区间 0～0.3，普通农产品数量损耗率处于 0.3～0.6 时，集中决策下的整体利润会小幅度下降，分散决策下的供应链整体利润会随着数量损耗率略有下降，但变化不显著。数量损耗率的增加必然会使得农产品的实际成本增加，销售价格一定的情况下，总利润降低。由于农民对风险的厌恶，收益面临不确定性，过高的数量损耗率会降低农民生产积极性，导致特色农产品供给受阻，特色农产品数量下降，特色农产品零售价格升高，在一定的价格敏感程度下，随着价格的升高，消费者对特色农产品的需求减少，致使整个供应链利润下降。

（四）特色度和特色偏好系数对供应链利润的影响

从图 5－5 中可以看出，在其他参数一定的情况下，随着农产品特色度的提高，分散模式与集中模式下的供应链整体利润都在不断增加，且集中模式下的供应链整体利润高于分散模式下的供应链整体利润。特色农产品相较于普通农产品而言，由于特色度带来的产品溢价，能为农产品供应链创造更多的利润。因此，在农民合作社主导的农产品供应链中，特色农产品应在主营业务中占据较大份额，故农产品特色度对整体利润影响不容忽视。随着人们消费品质升级，对农产品的需求已从满足基本温饱向追求品质、品牌转变，对于农产品特色敏感度也日益提高，农产品供应链亟须转变传统的经营模式，从供应链前端农民合作社开始，充分利用当地优势自然资源和人文特色，不断提高其生产的农产品特色化度，掌握核心禀赋，占据供应链主导地位，为农产品供应链整体创造更多利润。

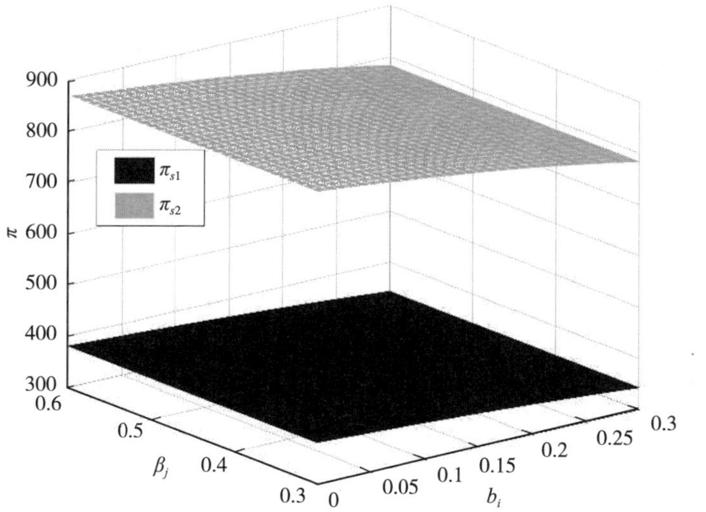

图 5-4　β_i、β_j 对 π_{s1}、π_{s2} 的影响

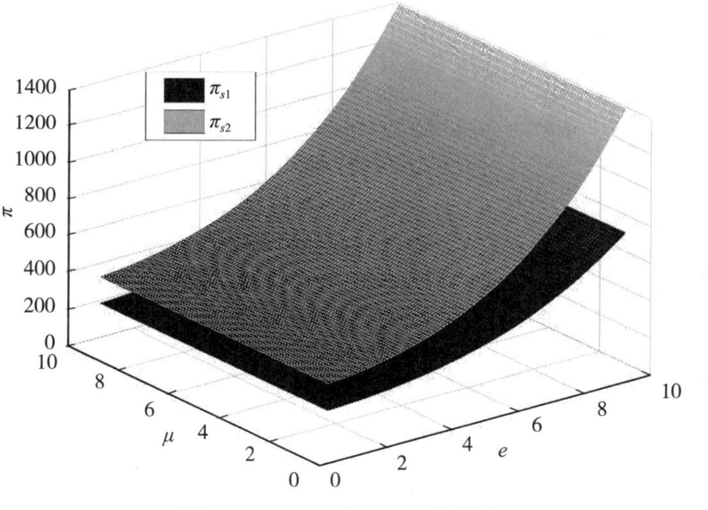

图 5-5　e、μ 对 π_{s1}、π_{s2} 的影响

在供应链上需要对普通农产品和特色农产品进行差别定价。供应链上的主体对于特色农产品享有更多的定价权，并且从中得到更多的收益。基于前面的分析，相比于分散决策下的定价，集中决策下的定价能够为供应链整体带来更多的收益。在集中决策定价的时候，由于特色农产品的特色程度以及消费者的特色度偏好，特色农产品价格要高于普通农产品，并且二者差异程度越高，则定价可以越高。但是，由于消费者价格敏感系数的存在，价格高于消费者能接受的程度，产品需求量则会下降，进而影响整体利润，因此需要综合考虑多个

因素的影响使价格处于合理区间内。

五、收益共享契约模型

（一）模型构建

根据定价决策模型构建和上述数值算例分析，可以看出在集中决策模式下，农产品供应链整体收益高于分散模式下的供应链收益。因此，农民合作社主导的农产品供应链上节点组织需要在协同合作的基础上进行集中决策，统一决定特色农产品的中间价格和最终销售价格，避免分散决策下牛鞭效应引发的供应链收益损失。但是，在集中决策模式下，供应链上的主体之间处于共赢博弈关系，即竞合关系。节点组织间因贸易分工和资源交换产生收益，故需要协同合作。由于每一方都试图瓜分更多的贸易分工利益，因此合作之中又有竞争。在这种竞合关系中，节点组织往往考虑的不仅仅是绝对收益，也包括在绝对收益基础之上的比较收益。也就是说既要保证供应链上的各节点组织在协同合作之后获得的收益高于合作之前自身的收益，又要保证收益分配在参与主体之间是相对公平的。供应链契约实际是一种激励协调机制，在集中决策下，可以通过制定契约关系保证供应链上的收益合理分配，缩小节点组织目标收益与实际收益之间的差距。Wei 等的研究表明，收益共享契约在一定条件下能够优化供应链整体收益①。

在集中决策模式下，本研究设计“收益共享”的协调机制，协调农产品供应链上的农民合作社和供应链下游企业的收益分配。设置契约的目的主要有两方面：一是供应链上的节点组织在以自身利益最大化为目标时，也能同时保证供应链系统整体利益最大化；二是保证节点组织在有契约的情况下获得的收益高于无契约情况下的收益。为了弥补农民合作社创造的品牌价值及其在供应链上占据核心地位的管理效能，并克服双重边际效应，考虑农民合作社主导的农产品供应链上的节点组织按照订单生产和销售农产品，农民合作社与供应链下游企业签订收益共享契约，就收益分享比例 $0<\phi<1$ 达成一致。在收益共享契约下，农民合作社的利润函数为

$$\max\pi'_f=\left(W_i-\frac{C_i}{1-\beta_i}\right)(a-bP_i+rP_j+\mu e)+\left(W_j-\frac{C_j}{1-\beta_j}\right)(\theta-dP_i+rP_j)+\phi(\pi_n+\pi_m) \quad (5-42)$$

供应链下游企业的利润函数为

① Wei Y, Choi T. Mean - variance Analysis of Supply Chains under Wholesale Pricing and Profit Sharing Schemes [J]. European Journal of Operational Research, 2010, 204 (2): 255 - 262.

$$\max\pi'_{mn} = (1-\phi)[(P_i - W_i)(a - bP_i + rP_j + \mu e) + (P_j - W_j)(\theta - dP_i + rP_j)] \tag{5-43}$$

可将其看作两阶段的 Stackelberg 博弈问题，采用逆向归纳法对方程进行求解，首先根据一阶最优条件 $\frac{\partial \pi'_{mn}}{\partial P_i}=0, \frac{\partial \pi'_{mn}}{\partial P_j}=0$ ，可以求得

$$P'_i = \frac{W_i}{2} + \frac{\mu ed + r\theta + ad}{2(bd - r^2)}; P'_j = \frac{W_j}{2} + \frac{\mu er + b\theta + ar}{2(bd - r^2)} \tag{5-44}$$

因为是在集中决策下进行的收益共享契约，所以要保证在有收益共享契约的情况下得到的农产品市场销售价格与集中决策下的产品市场定价相同，则有

$$P'_i = P_i^*; P'_j = P_j^* \tag{5-45}$$

由此可得，下游企业从农民合作社处采购特色农产品和普通农产品的采购价分别为 $W'_i = \frac{C_i}{1-\beta_i}, W'_j = \frac{C_j}{1-\beta_j}$ 。在收益共享契约下，农民合作社愿意将特色化程度高的农产品以优惠价格出售给下游企业，降低了下游企业的采购成本，也有助于降低市场销售价格，增强消费者的购买力从而带来更大的销售量。收益共享契约下农民合作社的最终收益为 $\pi'_f = \phi\pi_{s2}$ ，下游企业的最终收益为 $\pi'_{mn} = (1-\phi)\pi_{s2}$ 。为了使供应链上的收益协调契约能够实现，应该满足以下条件

$$\phi\pi_{s2} \geqslant \pi_f \tag{5-46}$$

$$(1-\phi)\pi_{s2} \geqslant \pi_m + \pi_n \tag{5-47}$$

当 ϕ 满足以上条件时，$\phi \in [1/4, 13/16]$ ，可使得在集中决策模式下，农产品供应链整体收益高于分散模式下的整体收益，并且农民合作社的收益分配高于分散模式下的收益分配，下游企业的收益分配均高于分散模式下的收益分配。帕累托改进是指在没有使任何人境况变坏的前提下，使得至少一个人变得更好。也就是说，集中决策的定价方式下通过实施收益共享契约，将收益分配比例设置在合理区间内，能够在没有降低任何主体收益的前提下，使得每个主体收益增加，实现了帕累托改进。

（二）模型结果分析

通过对供应链收益共享契约下的农民合作社和下游企业之间的收益协调模型分析，能够得到收益共享契约下农民合作社和下游企业的收益。从研究中可以发现在收益共享契约下，农民合作社可以接受其产品的销售价格降低，也就是减少了下游企业的采购成本，这样能够进一步激励销售企业降低最终农产品市场价格，通过刺激消费者购买进而提高销售量的方式增加供应链整体收益。此时，供应链上的收益分享比例要满足 $\phi \in [1/4, 13/16]$ ，才能保证节点组织

的收益均得到改善。收益分享比例低于最低分享比例 ϕ' 时，农民合作社收益受损。收益分享比例高于最高分享比例 ϕ^* 时，下游企业收益受损。只有满足以上条件且在一定范围内变动才能够保证节点组织具有合作意愿，维持供应链运行的稳定性。当 ϕ 在（ϕ'，ϕ^*）内逐渐变大时，在供应链整体收益一定的情况下，农民合作社的收益随之增加，下游企业的收益随之减少，但相较于分散决策下无收益共享契约的情况，供应链上节点组织各自的绝对收益均有所增加。若没有收益共享契约，下游企业一味压低农产品采购价格，农民合作社则会拒绝合作或者通过降低农产品特色化度等方式降低自身成本，从而影响农产品品质，供应链市场竞争力和运行稳定性均会下降。

从农民合作社来看，收益分享比例与农产品特色化度、下游企业的采购价格和特色农产品的市场需求量有关。农民合作社生产的农产品特色化程度越高，则收益分享比例 ϕ 越高，农民合作社会分享到更多供应链上的收益。因为这种主营特色农产品的供应链的核心竞争力来源于农产品特色化程度，农民合作社将农产品特色化程度提高，刺激消费者的消费需求和购买热情，使整个供应链收益增加，下游企业则愿意将收益分享给农民合作社。收益共享会激励农民合作社在生产端不断提高农产品的特色化程度，促进供应链上特色优质农产品的持续供给和各节点组织的增收。下游企业的采购价格越高，则收益分享比例 ϕ 越低，农民合作社获得的收益越少。这是由于采购价格提高意味着下游企业的采购成本增加，下游企业不愿意进行收益分享，甚至有可能会因为采购价格高于市场价而降低履约意愿。下游企业在面临成本上升或者产品销售量下降时，则趋于降低收益分享比例。当市场对特色农产品需求增加时，下游企业对农民合作社的产品特色化度依赖程度增加，则会有上调收益分享比例的积极性，促进与农民合作社的协同合作。若想获得更高的收益分享比例，农民合作社则可以采用提高农产品特色化程度或者降低下游企业的采购价格的方式，增强下游企业的依赖程度和消费者黏性，打开特色农产品市场。

六、本章小结

本章构建了农民合作社主导的农产品供应链上的定价模型和收益共享契约。本章引入农产品特色化度这一参数，综合考虑各个参数变化对供应链上主体定价策略的影响，以及不同定价模式对供应链整体利润的影响，进一步分析在集中决策定价模式下的收益共享契约。

在本章假设条件下可得出，农产品供应链通过分散决策模式进行农产品定价所得到的供应链整体利润低于集中决策下创造的整体利润；分散决策模式下的农产品最终销售定价高于集中决策模式下的农产品定价，由于消费者普遍要求农产品是质优价低的，因此在一定的价格需求弹性下，分散决策模式下的产品定价不利于扩大农产品市场份额；在集中决策模式下，农民合作社占据主导地位掌握定价权，有利于指导供应链合理定价，促进供应链稳定运行；在一定条件下，农产品特色化度的提升能够迎合消费者的个性化偏好，面对特色化偏好系数较高的消费者，通过提高农产品特色化度可以大幅增加特色农产品的需求量，提升农产品供应链整体利润；在集中决策模式下，供应链上节点企业可以通过收益共享契约，就收益分享比例达成一致，以保证各自的收益均高于分散决策下的收益，实现收益协调；农产品供应链上的各节点企业都应作为一个理性共同体，以追求供应链整体利润最大化为目标进行集中决策定价，并通过收益共享契约合理设置收益分享比例，避免节点企业间的利益冲突，实现供应链上的收益合理分配。

第六章　农民合作社主导的农产品供应链系统优化研究

农民合作社主导的农产品供应链系统优化是本研究的最终目标。沿着“系统认识—系统构建—系统优化”的分析主线，本章将在第三章农民合作社主导的农产品供应链系统构建的基础上，结合第四章协同合作研究和第五章收益协调研究的结论，首先，阐明农民合作社主导的农产品供应链系统优化的内涵与机理；其次，基于协同合作和收益协调的实现条件对供应链系统内的具体要素进行优化仿真；最后，提出供应链系统具体优化路径，力求为农民合作社主导的农产品供应链稳定运行提供实践指导。

一、供应链系统优化内涵与机理

（一）供应链系统优化内涵

从农民合作社主导的农产品供应链特征分析可以看出，农民合作社主导的农产品供应链以特色农产品作为供应链上的主营产品，由于农民合作社掌握着供应链上的核心资源禀赋，对供应链整体发展具有一定的主导权。但是，在供应链的发展过程中存在供应链上主体间合作关系不紧密和收益分配不合理的情况，这导致供应链系统运行稳定性下降。为了使农民合作社主导的农产品供应链更大程度上凸显其现实价值，迫切需要对现有的供应链系统进行优化。供应链系统的优化侧重于提高供应链的经济性和稳定性。因此，本章界定农民合作社主导的农产品供应链系统优化是指鼓励更多农民合作社主导的农产品供应链形成，并且促进供应链上主体间协同合作和收益协调使供应链系统稳定运行的同时实现供应链整体和各节点组织的帕累托改进。

供应链系统优化是一个将竞合关系内化于共生关系的过程，即利益共同体内部的竞争与合作逐渐均衡。利益共同体中既有合作的协同效应，又不乏适度竞争带来的相互约束，主体之间既能够共同将蛋糕做大，又可以相对公平地分配蛋糕。供应链系统能够实现以消费者需求为导向，以特色农产品为核心，以协同合作机制和收益协调机制为保障，确保系统稳定运行。系统优化过程具体体现在以下三个方面：

一是形成以共同目标为基础的利益共同体。农民合作社主导的农产品供应链主要节点组织包括农民合作社、加工企业和销售企业。各节点组织作为“理性经济人”，均是以自身利益最大化为导向进行决策和采取行动的，这就导致各节点组织的局部战略目标和供应链整体战略目标不统一。供应链管理的最终目标是通过对供应链上节点组织的有效整合，实现节点组织间的协同合作，综合供应链系统内全渠道能力，从而能够以更低的成本满足消费者需求且获得整体收益最大化。不同节点组织间的目标差异以及个体与供应链整体发展目标的违和容易产生不同的决策，进一步引发机会主义行为使供应链存在不稳定的风险。当前，市场竞争已经从企业个体间的竞争逐步转变为供应链与供应链之间的竞争。因此，从长期来看，形成以共同目标为基础的利益共同体更有利于供应链整体的发展和供应链上各节点组织的帕累托改进。系统优化的过程需要逐步促进目标分散的个体通过资源互补、合理分工联结在一起产生共同的发展目标，形成一种风险共担、收益共享的利益共同体。

二是实现以信任为基础的协同合作。农民合作社主导的农产品供应链上的协同合作是建立在节点组织之间彼此信任的基础上的，信任也是产生合作关系的前提。节点组织间的信任度来源于合作伙伴的行业口碑、历史合作情况和当前合作表现等多个方面。从结果来看，节点组织之间的信任度决定着当前的合作和未来合作的意愿。从过程来看，信任度不仅影响合作关系，还影响到供应链上节点组织间合作的程度。具体而言，信任度包括合作态度、信息共享程度、生产计划协同和库存联合管理程度。归根结底，节点组织间的信任度是协同合作的基础。从本质上说，协同合作是通过减少参与主体的个人主义和机会主义行为来实现共同目标的必要途径。当前，大多农民合作社主导的农产品供应链仍未实现全面协同合作，存在节点企业间合作周期较短、合作程度不够、合作关系松散的问题，导致特色农产品的高附加值无法体现，供应链难以获得协同合作带来的最佳收益。促进农民合作社主导的农产品供应链实现协同合作是系统优化过程的必要环节。

三是实现以公平为基础的收益协调。在供应链运行过程中会存在节点组织间对于主导地位的竞争和对于收益分配的竞争，适当的竞争能够产生相应的约束，提高供应链的运行效率，但不以公平为基础的竞争关系会影响供应链系统的稳定性。节点组织之间的竞争是指在收益分配过程中，每一方都试图瓜分到更多的产品收益，收益主要体现在农产品的价格上，包括中间收购价和最终销售价格的制定。在农民合作社主导的农产品供应链中，主要经营特色农产品，农民合作社在农产品的品质及特色度等方面的付出带来了产品增值，却未获得供应链上合理的收益分配，供应链上的溢价空间更多停留在供应链下游。长此以往，收益分配的不合理会降低农民合作社的积极性，导致供应链断裂。因此，实现以公平为基础的收益协调是要保证供应链上的参与主体的收益分配结果与其付出成比例，这样才能使供应链稳定可持续地运行下去，这也是系统优化的重要内容。

（二）供应链系统优化机理

农民合作社主导的农产品供应链系统优化机理如图 6－1 所示，即通过对共生环境、共生单元以及共生单元之间的相互作用和影响因素进行调整，使共生单元从合作松散到合作紧密，收益分配不合理到收益分配合理，通过促进供应链上协同合作与收益协调使得供应链系统从不稳定运行到稳定运行。

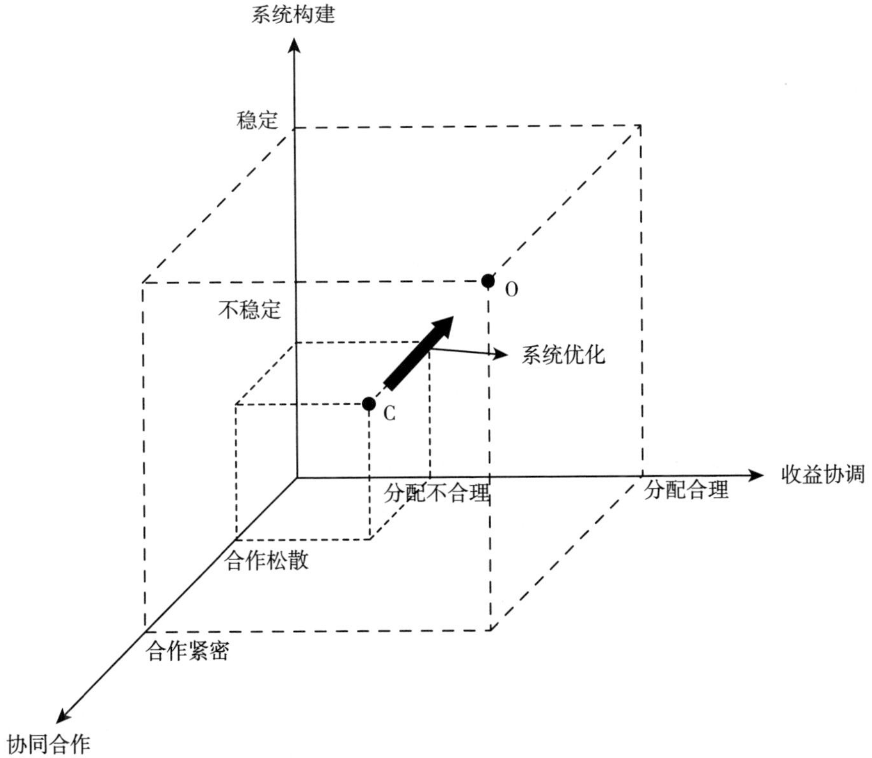

图 6－1　农民合作社主导的农产品供应链系统优化机理

供应链系统优化过程中面临多主体、多目标的挑战。农民合作社主导的农产品供应链系统内涉及农民合作社、加工企业和销售企业多个参与主体，不同主体有不同的发展目标和主体行为。一个经过优化的供应链系统应该通过要素调节使系统达到“最佳”配置和运作。系统优化主要包括三个步骤：关键因素的获取、关键流程的获取和模型优化。农民合作社主导的农产品供应链从形成到发展，再到稳定运行，实际上是供应链系统内的主体之间共生调优的过程。接下来，将依托共生理论对农民合作社主导的农产品供应链系统优化模型进行分析。共生概念出自生物学研究，原指不同物种之间稳定地联结在一起，相互依存，协同发展。共生包括不同的共生环境、共生单元和共生模式。农民合作社主导的农产品供应链系统所处的共生环境包括政策环境、产业环境和市场环境。共生单元主要包括农民合作社、加工企业和销售企业。共生模式包括“社企结合”模式、“加工外包”模式、“社社结合”模式和“产销结合”模式。

本章进一步构建农民合作社主导的农产品供应链系统优化框架如图 6－2 所示。前文得出，农民合作社主导的农产品供应链是在政策背景、产业背景和市场需求的驱动下产生的。供应链上主营特色农产品，由于农民合作社掌握供应链上的核心竞争力而占据主导地位，下游的加工企业和销售企业由于资源依赖和互补与农民合作社建立伙伴关系，在供应链组建阶段即体现了供应链系统内的匹配性。

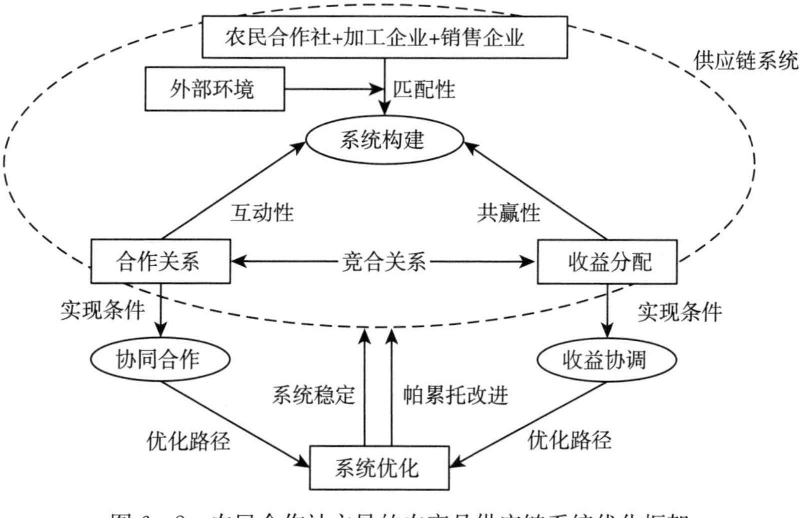

图 6－2　农民合作社主导的农产品供应链系统优化框架

基于竞合理论，前文分析了供应链系统内的主体间关系，即同时存在合作与竞争关系。一方面，节点组织间为了更好地交换资源信息产出更多的收益而产生合作行为，供应链上的合作关系即体现了供应链系统内的互动性。另一方面，节点组织均以自身利益最大化为目标，则会在供应链运作一段时间后的成果分配阶段产生竞争，不合理的收益分配会带来内部冲突，降低节点组织的公平，进而也会影响供应链的整体收益，供应链上的竞争关系体现了供应链系统内的共赢性。本书的第四章从匹配性、互动性和共赢性三个维度构建了农民合作社主导的农产品供应链系统，并找到影响供应链系统稳定运行的主要因素，具体表现在节点组织间的合作关系松散和收益分配不合理。在接下来的第四章农民合作社主导的农产品供应链协同合作研究和第五章农民合作社主导的农产品供应链收益协调研究中，进一步分析了合作行为的影响机理和收益分配的具体体现，分别得到供应链系统内协同合作和收益协调的实现条件。供应链上节点组织之间合作与竞争的动态演化关系是系统进化的过程，能够实现合作与竞争的动态平衡是供应链系统优化的方向。

本章重点是基于第四章和第五章的研究结论，并且结合农民合作社主导的农产品供应链系统构建的模型，验证并且提出农民合作社主导的农产品供应链系统优化路径，力求实现供应链系统稳定运行和各节点组织的帕累托改进。

二、农民合作社主导的农产品供应链系统优化仿真分析

（一）供应链系统互动性优化仿真

供应链系统内互动性的研究得出，农民合作社主导的农产品供应链协同合作是指在农民合作社的监督下，供应链上主体基于资源互补形成合作关系，实行联合规划、信息共享，共同提高农产品品质和相关服务质量，为供应链整体创造最佳效益。协同合作反映了供应链上各主体的合理分工，优势互补，有效降低了供应链上的牛鞭效应，是供应链优化后的最终形态。在实际运行中，由于各节点组织并非完全理性经济人，未能看到长期最佳收益，在合作过程中易出现短期“搭便车”、信用违约等道德风险问题，导致供应链上的合作关系处于相对松散状态。农民合作社主导的“农民合作社＋加工企业＋销售企业”构成的三级农产品供应链，从属企业具有协同合作、不协同合作的动机，是一个动态调整的过程。前文通过对主体策略选择及影响策略选择的具体因素的研究得出供应链实现协同合作的条件。农民合作社实施严格监管策略，增大奖惩力度有利于促进加工企业和销售企业进行协同合作，但监管成本的增加不利于农民合作社自身的收益。在实施宽松监管的情况下，从属企业获取的额外收益与付出的合作成本之差高于不采取协同合作策略得到的“搭便车”收益时，有利于其向协同合作的方向演化。此外，增加额外收益、提高协同系数、降低合作成本和“搭便车”收益会加大系统演化到帕累托最优的概率，加快实现农民合作社主导的农产品供应链全面协同合作。

本部分通过优化节点组织间合作关系来优化供应链系统的互动性。采用 Vensim 软件对第四章中供应链系统流图进一步做仿真模拟。设置 INITIAL TIME＝0，FINAL TIME＝6，TIME STEPT＝1，UNITS FOR TIME＝

YEAR，得到图 6－3。

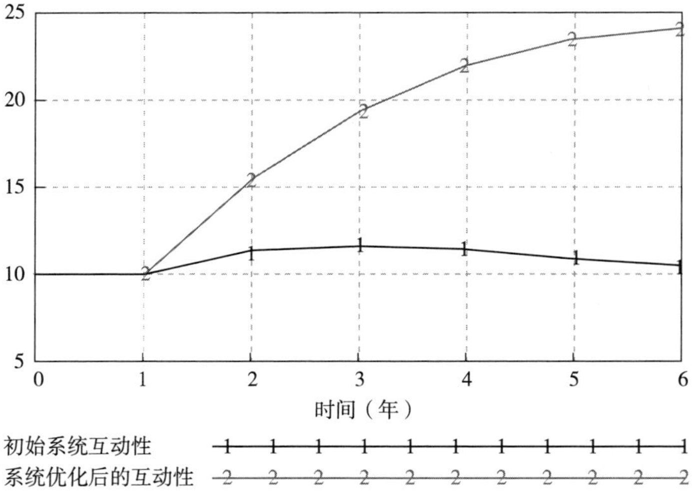

图 6－3　农民合作社主导的农产品供应链系统互动性优化

根据图 6－3 可以看出，标号为 1 的曲线为初始系统互动性，初始系统互动性呈现上升后下降的趋势，下降拐点处在第三年。通过增加额外收益、提高协同系数、降低合作成本和“搭便车”收益，供应链上节点组织间的合作关系更加紧密，最终能够体现在合作行为中。因此，在初始值设定基础上，本部分将系统内的互动性要素信息共享程度、生产计划协同、联合库存管理同时提高30％进行仿真模拟得到标号为 2 的系统优化后的互动性曲线。系统优化后的互动性呈现明显上升趋势，且整体值均高于初始系统互动性。通过对系统内节点组织间合作关系的优化，一是使得系统互动性整体提升，合作关系更加紧密；二是系统互动性随时间变动趋势发生改变，初始系统互动性下降趋势因对协同合作实现条件的调节而变为上升趋势。

（二）供应链系统共赢性优化仿真

建立合理公平的收益协调机制是供应链稳定运行的关键所在。通过对供应链系统内共赢性的研究得出，农民合作社主导的农产品供应链收益协调既通过合理的定价策略和契约设计实现供应链系统整体利益最大化，还保证各节点组织的个体收益在收益协调后不减少且相对公平。合理制定农民合作社主导的农产品供应链上的定价策略及节点组织间的契约关系具有现实意义，既能平衡供应链上各主体之间的利益，保证农产品供应链稳定运行，又能维持供应链协调可持续发展，避免供应链上出现库存积压以及价值浪费的现象。

在农民合作社主导的农产品供应链上，以特色农产品作为主营产品，农产品特色化度决定了供应链整体的核心竞争力强度。农产品特色化度主要来源于种植地区的资源禀赋、气候条件和文化背景等因素，是由农产品供应链生产端所决定的，而特色农产品的溢价空间更多停留在供应链下游企业。长此以往，农民合作社在产品的品质及特色度等方面的付出带来了产品增值却未获得供应链上合理的收益分配，会降低其生产积极性，进而影响特色农产品的特色度和品质。因此，实现供应链收益协调是供应链系统优化的重要组成部分。前文从农产品定价策略和节点组织间契约设计两方面进行研究，得到供应链收益协调的实现条件。在集中决策模式下，农产品供应链上的各节点企业都应作为一个理性共同体，以追求供应链整体利润最大化为目标进行农产品定价，并设置合理的收益共享契约，就收益分享比例达成一致，从属企业将获取的收益按照一定比例返还给农民合作社。此时，供应链的整体收益高于无契约时的整体收益，各节点组织的收益也高于无契约时的收益，能够实现农民合作社主导的农产品供应链节点组织间的收益协调。

因此，将通过优化节点组织间的收益协调机制来优化供应链系统的共赢性。采用 Vensim 软件对第四章中供应链系统流图进一步做仿真模拟。设置 INITIAL TIME = 0，FINAL TIME = 6，UNITS FOR TIME = YEAR，TIME STEPT=1，得到图 6-4。

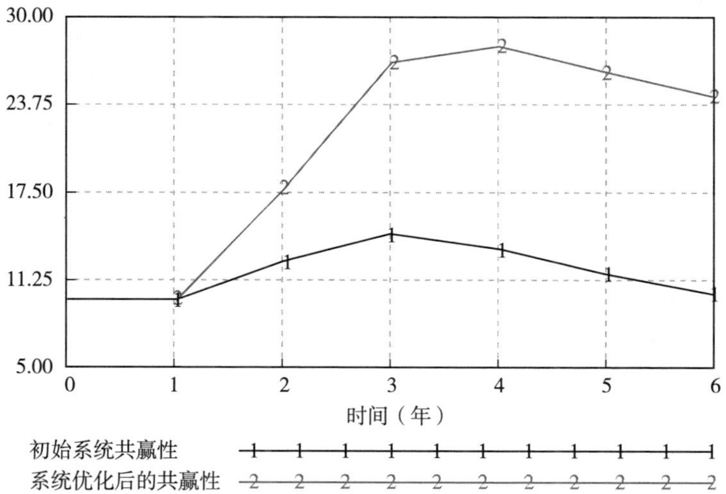

图 6-4　农民合作社主导的农产品供应链系统共赢性优化

从图 6-4 中可以看出，标号为 1 的曲线为初始系统共赢性，初始系统共赢性呈现先上升后下降的趋势，下降拐点处在第三年。为了优化供应链系统共赢性，即实现节点组织的收益协调，本部分通过采用集中决策进行定价，因此提升了供应链整体收益率，并且采用收益共享契约来实现收益合理分配，以此提升各节点组织的公平感并降低系统的内部冲突。在初始值设定基础上，对供应链系统内的供应链整体收益率、收益分配合理度、公平感同时提高 30%，内部冲突降低 30%进行仿真模拟，得到标号为 2 的系统优化后的共赢性曲线。系统优化后的共赢性依旧呈现先上升后下降的趋势。但是，值得注意的是，优化后的共赢性整体值均高于初始系统共赢性整体值，并且优化后上升速率高于初始系统共赢性的上升速率，下降速率低于初始共赢性的下降速率，而且相较于初始系统，优化后的系统共赢性的下降拐点延后一年。通过对系统内节点组织间收益分配的优化，一是使得系统共赢性整体提升，供应链上的收益分配更加合理；二是系统共赢性随时间变动趋势发生改变，供应链系统共赢性能够快增慢减，且能够延后系统共赢性下降的时间。

（三）供应链系统稳定性优化仿真

在第三章农民合作社主导的农产品供应链系统构建中，从供应链系统稳定性的概念出发，构建了农民合作社主导的农产品供应链系统流图，通过模型仿真得到初始状态下供应链系统稳定性随时间的变化趋势，供应链系统稳定性呈现先上升后下降的趋势。通过观察匹配性模块、互动性模块和共赢性模块的变化趋势发现，导致供应链系统后期稳定性下降的主要原因是互动性模块和共赢性模块的要素变化。因此，进一步对供应链系统内的互动性模块和共赢性模块进行深入研究，找到农民合作社主导的农产品供应链系统内合作关系和收益分配的变动机理，探究供应链系统内的主体实现协同合作和收益协调的条件，力求实现供应链系统优化。

采用 Vensim 软件对第三章中供应链系统流图进一步做仿真模拟。设置 INITIAL TIME = 0，FINAL TIME = 6，UNITS FOR TIME = YEAR，TIME STEPT=1。通过系统仿真能够模拟农民合作社主导的农产品供应链系统内要素之间复杂的交互关系，更有助于分析系统的变化和主体间的行为。通过对系统初始值和系统互动性、共赢性优化后的数据进行仿真模拟得到图 6-5。从图 6-5 中可以看到，农民合作社主导的农产品供应链系统稳定性随时间变化的动态趋势。标号为 1 的曲线为初始状态下的系统稳定性变化曲线，标号为 2 的曲线为同时增加互动性和共赢性之后的系统稳定性变化曲线，标号为 3 的曲线为单独增加共赢性之后的系统稳定性变化曲线，标号为 4 的曲线为单独增加互动性之后的系统稳定性变化曲线。

在初始状态下，供应链系统稳定性开始呈上升状态，到第三年系统稳定性开始逐渐下降。分别增加系统共赢性和互动性，供应链系统稳定性均有所上

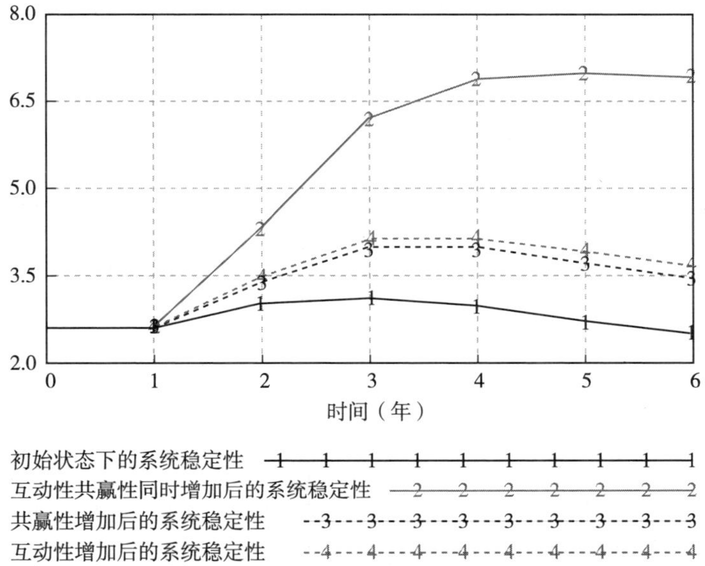

图 6－5　农民合作社主导的农产品供应链系统稳定性优化

升，高于初始状态下的系统稳定性，且在增加幅度相同的条件下，互动性增加后的系统稳定性大于共赢性增加后的系统稳定性。值得注意的是，单独增加系统共赢性和互动性后的系统稳定性依旧在第三年开始出现下降趋势，拐点并未发生变化。在同时提高相同比例的系统共赢性和互动性后，供应链系统稳定性增加幅度高于单独提高二者后的系统稳定性，并且系统稳定性呈现先上升后平稳的趋势，拐点处于第四年。

由此可见，农民合作社主导的农产品供应链系统优化是多要素共同调整的过程，组合变动对于系统整体优化效果有更为显著的影响。仿真结果也验证了前文的理论分析，供应链系统优化主要从协同合作和收益协调两方面进行，是系统内多个模块和要素的联动实现了供应链系统的稳定运行和各主体的帕累托改进。

三、农民合作社主导的农产品供应链系统优化路径

（一）依托特色农产品，强化农民合作社主导能力

农民合作社主导的农产品供应链主营特色农产品，农产品特色化度为供应链的核心竞争力，并且主要源于农产品产地所具备的独特资源禀赋、历史文化内涵等优势。因此，农民合作社由于自身具备土地资源禀赋、气候、种植（养殖）技术等难以复制的条件，生产出市场上供不应求的特色农产品，并且从生

产端持续提升农产品特色化程度，则有利于强化农民合作社在供应链上的主导能力。

首先，农民合作社应该充分挖掘本地的风土特色以及传统农耕文化，加强对区域特色品种的培育。依靠当地优势资源，建立特色农产品品种保存和繁育基地，通过繁育选育，不断提升优良品种的特色化度，保证农产品特色品种的持续供应能力。对区域资源实施保护措施，在特定的产地采取绿色、循环、可持续的生产模式，避免无节制地开发和利用资源。通过改善区域基础设施条件和科技水平，来提高特色农产品的综合生产能力。借助区域地理位置、气候条件、生态环境等资源优势和特色农产品进行地理标志申请，并且充分利用地理标志的促进作用。地理标志对特色农业发展具有重要的推动作用，是提高农产品附加值的关键要素。

其次，立足当地资源禀赋和生产条件，将农产品产地优势转变为产品优势。厘清特色农产品的特色化度与独特区域自然资源和生产技术的关系，对特色农产品的品质和特色化度进行监测和级别认定。品质和特色化度是品牌的基础和保障，农民合作社是品牌建立和长远发展的重要载体。亟须提高农民合作社对于特色农产品品牌的意识，强化品牌兴农、品牌强农的理念，注重农民合作社特色农产品品牌的开发与培育。另外，要鼓励农民合作社积极注册农产品商标，打造自主品牌。在品牌中融入区域传统文化、特色资源、乡风民俗等内涵，使其内容丰富、形态多元。突出特色农产品的差异化特征，进一步将特色农产品优势转化为品牌优势，不断塑造品牌的创新性和独特性。加强产品品牌宣传推广，通过新闻媒体、网络等多种渠道，借助国家地理标志农产品体验馆、知名农业展会等多个相关公益平台提高产品品牌知名度，扩大产品品牌影响力。将品牌价值体现在特色农产品价格中，对产品进行等级划分，实现特色农产品的优质优价。

最后，农民合作社要逐渐强化其主导农产品供应链的意识，使其发展并非局限于自身农业生产领域，而是要逐渐融入大市场，加强与下游加工企业、零售企业的联结，促进农产品供应链上利益分配合理化，为合作社成员争取更多红利，为农产品创造更多附加值，实现农产品供应链整体利润最大化。通过提高农产品供应链标准化程度、产业化程度和信息化程度来强化全链条的农产品质量安全管理。在自身组织化程度提高的前提下，制定农产品供应链运行章程，掌控整体供应链运行节奏，依章程管理各节点企业，从源头实现标准化生产。同时，加大对农产品加工、运输及销售等全供应链各环节的监督力度，完善利益分配机制，实现内外资源优化配置。协调多方主体利益，创建一个稳定和谐、互利共赢的合作平台，实现信息共享，降低由于信息不对称带来的牛鞭效应。

（二）完善供应链信任机制，提高节点组织间信任程度

节点组织之间良好的信任关系是供应链高效运行的关键。供应链系统的稳定程度与主体间的信任程度呈正相关。农产品供应链上的节点组织难免会因为一些利益冲突影响彼此的信任关系，一旦节点组织之间信任程度降低，则会产生供应链上下游信息隐藏和行动隐藏等道德风险问题，从而导致个体行为与供应链整体目标发生冲突，影响供应链稳定运行。构建节点组织间的信任机制，有利于降低供应链上的道德风险，提高供应链系统的稳定性。

完善节点组织之间的信任机制应该从以下几方面着手：

第一，要强化信任形成机制。农民合作社主导的农产品供应链在选择合作伙伴阶段，就要强化企业信誉度的维度。农民合作社需要根据历史合作情况、企业在行业内的口碑和契约履行程度来判断从属企业是否能够进行合作，从属企业也具有反向选择的权力。只有合作双方均按照合作伙伴选择标准进行正确判断，才能初步建立伙伴之间的信任。

第二，要巩固信任维持机制。契约关系和有效沟通是农产品供应链节点组织之间维持信任关系的必要手段。在形成合作关系后，节点组织之间应该建立契约关系来规定彼此的责任和义务，对主体行为起到一定的规范和约束作用，进一步巩固节点组织之间的信任关系。同时，在契约履行的过程中，也要对出现的问题及时交流和沟通，通过给合作伙伴提供有效信息等方式来加强伙伴之间的信任。

第三，要完善信任反馈机制。作为农产品供应链上的核心组织，农民合作社应该起到监管和协调的作用。农民合作社对于下游企业的违约行为或者失信行为应该给予及时的反馈，根据其行为对信任关系的破坏程度，实施相应的惩罚措施予以警示。

（三）多主体多环节协同，增强供应链系统互动性

农产品供应链上普遍存在着需求波动放大的牛鞭效应，相较于下游企业面临的需求波动程度，上游企业面临的需求波动程度更高。在传统非信息共享的供应链中，上游企业对下游企业实际库存和销售情况了解程度较低，主要通过历史订单信息进行需求预测，从而决定生产行为。由于信息不对称，供应链上各节点组织合作关系不密切，导致牛鞭效应的出现。传统农产品供应链中节点组织合作弱化，缺乏核心组织作为信息交换中心，整个供应链处于弱契约化阶段，难以在核心组织的控制和协调下形成强契约关系保障供应链中各节点组织共享收益、共担风险。

信息共享是提高现代农产品供应链运行效率的重要举措，在农产品流通和

供应链管理过程中发挥着重要作用，因此有必要建设农产品供应链信息共享平台。建设信息共享平台最主要的作用是整合农产品生产、加工、销售三个阶段的全部信息，将供应链上各环节、各主体捆绑在一起，实现对农产品供应链的协调管理。信息共享平台的基本原则是保证上下游信息的有效共享，同时能够为信息追溯和信息系统监管提供基础。构建农产品供应链信息共享平台是一个系统工程。信息资源包括内部信息和外部市场信息，内部信息要围绕参与主体行为、农产品生产、加工、流通等阶段进行信息收集，外部市场信息要围绕相关政策文件和农产品市场价格、供求等方面进行信息收集。信息平台应该建立信息采集、使用和发布规则，确保信息的真实性、及时性以及准确性。依托于互联网平台，运用大数据、人工智能等数字技术，及时共享并分析数据。

农民合作社应该从标准化种植的角度出发，将农产品的种植阶段信息统一记录，其中包括生产资料来源、种植过程、生产资料使用情况、农产品品级、品牌等信息。在农产品运输阶段，需要将存储信息、运输方式、设施设备状态等信息录入。在农产品销售环节，应该将销售价格、销售量、消费者偏好等信息录入。产地的农药残留检验、土壤水质检验等相关监测报告也需及时录入信息平台。依托于 ERP 系统、集成 VRM 等信息服务平台，运用互联网等科学技术共享实时信息。完整的信息录入及共享能够有利于构建农产品的可追溯链条，便于统计不同环节的损耗，能确保到消费者手中的农产品的安全性，推动我国农产品供应链的现代化进程。

（四）强调共赢和公平的理念，提升供应链系统共赢性

现代市场竞争不再是传统的企业与企业之间的竞争，而逐渐转变为供应链与供应链之间的竞争。供应链管理强调系统的整体性，注重供应链内的合理分工和协同合作。将合作共赢的理念注入供应链的发展中去是实现供应链整体价值增值的有效途径。农民合作社主导的农产品供应链涉及多个参与主体和农产品从生产到销售的多个环节，各节点组织能够统一战略目标，树立以“共赢”为基础的合作理念，是主体间协同合作的前提和保障。

从前文的分析中可以看出，农民合作社主导的农产品供应链上主体之间是合作与竞争共存的动态关系，主体之间没有严格的隶属关系，但各节点组织如果长期进行分散决策，完全独自经营，供应链则逐渐趋于不稳定状态，且供应链上的整体收益相较于集中决策时的收益会有所下降。将“共赢”的合作理念融入供应链上的各节点组织中，节点组织以追求供应链整体收益最大化为目标，有助于建立长期的伙伴关系，使供应链稳定有序地运行。

树立以“共赢”为基础的合作理念，需要正确处理供应链上节点组织之间

的差异和竞争关系，关键在于节点组织间的沟通。具体从以下四方面着手：

第一，充分发挥农民合作社的主导能力，使供应链上的节点组织都能认识到农产品特色化度为供应链带来的市场竞争力的增强，提高从属企业对农民合作社的依附程度。

第二，找到节点组织之间的共同之处，包括管理理念、企业文化等，通过共同的观念架起节点组织之间沟通的桥梁，提升伙伴之间的合作意愿，巩固“共赢”的合作理念。

第三，在供应链的运行过程中，加强平台的信息共享。要将相关政策、运行目标、产品状况同步到各个节点组织，使节点组织产生利益共同体的概念，强化“共赢”的合作理念。农产品供应链应该以农产品供应链信息化平台为基础，保证农户、农民合作社、加工企业、销售企业和消费者之间信息畅通，以实现农产品整体收益增加、农民收入上升和满足消费者需求三个目标。

第四，节点组织间要频繁且高效地沟通，从而消除不同组织之间的文化和信息差异，降低不同主体的认知差距。一般而言，节点组织之间有不同的价值观和独立的经营方式，对供应链的运行也有不同的理解和认知，这需要多主体的不断沟通来共同推动战略目标的实现。

供应链上各节点企业应作为一个理性共同体，本着追求供应链整体利润最大化的原则，建立战略联盟集中决策，根据市场需求预测进行动态合理定价。农民合作社的主导地位并不意味着它可以任意决定价格和订购数量。在农民合作社主导的前提下，加工企业和销售企业可能没有讨价还价的筹码，但如果农民合作社不以理性的方式确定定价和订购政策，“权力”将无法长期维持。应在宏观政策的指导下，各节点企业共同优化营商环境，通过政策鼓励涉农企业积极与农民合作社开展业务合作，对农产品进行合理定价，共同维护农产品供应链合作平台。直接对接消费者的零售企业应该依据对消费者需求预测做出合理的定价策略，供应链上游企业在农民合作社的主导下，以整体供应链利润最大化为原则，完善利益分配机制，实现内外资源优化配置。要协调多方主体利益，创建一个稳定和谐、互利共赢的合作平台，促进农产品供应链健康可持续发展。

四、本章小结

农民合作社主导的农产品供应链的出现具有理论的必然性和现实的可行性，但在其运行过程中存在着合作关系不紧密和收益分配不协调的问题，导致农产品供应链的不稳定。为了使该供应链在实际运行中发挥更大的作用和意义，本章对农民合作社主导的农产品供应链系统优化问题进行了研究。

本章首先对供应链系统优化的内涵进行界定，并且结合前文研究结论得出农民合作社主导的农产品供应链系统优化的分析框架，进一步对供应链系统互动性、共赢性、稳定性进行仿真模拟，最后提出供应链系统优化的具体路径：一是依托特色农产品，强化农民合作社主导能力；二是完善供应链信任机制，提高节点组织间信任程度；三是多主体多环节协同，增强供应链系统互动性；四是强调共赢和公平的理念，提升供应链系统共赢性。

中篇

资本禀赋对农民合作社高质量发展的影响研究

第七章 引 言

一、研究背景与问题的提出

（一）研究背景

党的二十大报告指出，高质量发展是全面建设社会主义现代化国家的首要任务。我们要坚持以推动高质量发展为主题，加快建设现代化经济体系。在“三农”工作方面，党的二十大报告总结了新时代以来的成就，分析了面临的新形势，对今后一个时期“三农”工作作出了重要部署，并首次明确提出“加快建设农业强国”的目标任务。即实施乡村振兴战略，坚持农业农村优先发展，巩固拓展脱贫攻坚成果，扎实推动乡村产业、人才、文化、生态、组织全面振兴，全方位夯实粮食安全根基，确保中国人的饭碗牢牢端在自己手中。在全面推进乡村振兴、农业强国建设和农业高质量发展过程中，农民专业合作社（简称“农民合作社”）作为推动农业现代化的新型组织形态，是促进农村经济社会发展的重要动力，是实施乡村振兴战略的重要力量及主要载体。农民合作社的高质量发展是中国高质量发展一个极其重要的方面，具有基础性地位，关乎国家粮食安全、乡村振兴和农业全面现代化目标能否成功实现。从某种意义来讲，农民合作社高质量发展是高质量发展理念在农业领域的实践与延续，是新时代中国高质量发展目标的具象化和深度化。那么，新时代背景下如何理解并准确界定农民合作社高质量发展的理论内涵呢？

自 2007 年《农民专业合作社法》颁布以来，中国农民合作社在数量上呈现出快速增长趋势。截至 2022 年底，全国农民合作社数量达到 222.9 万家，辐射带动近一半农户。农民合作社作为一种特殊的经济组织，具有带动散户、组织大户、对接企业、联结市场的作用，在推动农民持续增收、提升市场竞争力、促进现代农业发展中发挥着越来越重要的作用。2020 年，中国脱贫攻坚任务如期完成，农民合作社在其中发挥了重要作用。2020 年，全国 90%以上贫困村都组建了农民合作社，在全国 832 个贫困县累计发展农民合作社 68.2

万家，直接带动2 197.8万贫困人口脱贫增收。但是，随着中国农民合作社发展数量的快速增长，农民合作社质量的参差不齐引起了政府和科研人员的担忧。在农民合作社现实发展中，出现了“空壳社”和“精英俘获”等现象，以及合作社运作效率不高、产业效益低、对参与农户的增产增收带动作用不强等一系列问题，此外，其金融、技术、信息支持以及标准化生产等带动效应尚未充分体现，农民合作社的持续健康发展依然任重道远。在此关键节点上，探究农民合作社高质量发展，构建农民合作社高质量发展的长效机制，就显得十分必要和迫切。在实施乡村振兴背景下，中央政策也逐渐引导农民合作社以服务功能提升行动为抓手，增强农民合作社服务带动能力，推进农民合作社高质量发展，带动社员增收。2019年，农业农村部发布了《关于开展农民合作社规范提升行动的若干意见》，试图从政策方面引导农民合作社通过提升服务功能等促进合作社由数量增长向质量提升转变。2020年，农业农村部编制了《新型农业经营主体和服务主体高质量发展规划（2020—2022年）》，提出从提升农民合作社规范化水平、增强农民合作社服务带动能力、加强试点示范引领等方面，促进农民合作社服务能力提升和高质量发展。2023年，农业农村部1号文件第三十一条指出培育新型农业经营主体。实施新型农业经营主体提升行动，指导农民合作社加强规范管理。深入开展社企对接，推进示范社“四级联创”，健全农民合作社规范管理长效机制。在此背景下，有必要探讨是什么因素影响农民合作社的高质量发展。

（二）问题提出

农民合作社深陷“低质量”发展的主要原因并非完全缺乏外部支持，发达国家和地区的成功经验表明，农民合作社可持续发展受外部和内部多种因素的共同影响，其中关键取决于合作社自身的内部因素即合作社自身的资本禀赋，农民合作社发展通常因其资本禀赋匮乏而难以跨越资源使用门槛，影响其高质量发展。郭红东等和莫华基于资源基础理论，采用有序Logistic模型对农民合作社发展进行了研究，研究表明物质资本和组织资本是影响农民合作社成长的重要因素①②。孔祥智等基于“规模扩张——要素匹配——合作社演进”的分析框架，研究了合作社演进的驱动因素，结果表明服务规模扩张

① 郭红东，等．影响农民专业合作社成长的因素分析——基于浙江省部分农民专业合作社的调查［J］．中国农村经济，2009（8）：24-31.

② 莫华．农民专业合作社发展及分层的影响因素分析——基于资源基础理论和湖南省的187份调研数据［J］．湖南农业大学学报（社会科学版），2017，18（1）：31-35，48.

的需要、资本扩张的需要和政府补贴是合作社可持续发展的 3 个驱动因素①。黎莉莉研究认为，通过提升人力资本素质、完善危机预警机制和加强合作文化建设等可以推动农民合作社高质量发展②。Liang 研究认为，合作社核心社员的企业家能力是影响农民合作社可持续发展的重要因素③。李旭等研究认为，资产型资源是合作社实现成长的基础，而知识型资源是合作社成长的潜力④。黄博研究认为，促进农民合作社可持续发展必须提升合作社人力资本和组织化程度⑤。廖晓明等从社会资本理论视角对农民合作社发展进行了研究，发现农民合作社自身的社会关系网络是合作社汲取资源的重要渠道，其对合作社可持续发展具有重要影响⑥。可见，合作社自身的资本禀赋在农民合作社可持续发展过程中扮演着重要角色。那么，资本禀赋是如何影响农民合作社发展质量的？此外，如何通过优化农民合作社的资本禀赋促进农民合作社的高质量发展呢？

综上所述，本部分拟解决的基本问题是：如何理解并准确界定农民合作社高质量发展的理论内涵？合作社资本禀赋如何影响农民合作社高质量发展？如何通过资本禀赋的配置更好地推动农民合作社高质量发展进而促进农业经济高质量发展和乡村振兴？本部分将围绕以上问题展开研究。

二、相关研究的文献梳理

（一）农民合作社发展阶段相关研究

1. 西方农民合作社发展阶段相关研究

西方关于农民合作社的经济学研究大致分为两个阶段。第一阶段采用新古典经济学的分析范式；第二阶段注重对农业合作社内部制度的研究，采用科斯经济学的分析范式。

---

① 周振，孔祥智．资产专用性、谈判实力与农业产业化组织利益分配——基于农民合作社的多案例研究［J］．中国软科学，2017（7）：28-41.

② 黎莉莉．重庆市农民合作社可持续发展影响分析［J］．中国农业资源与区划，2018，39（5）：7-12.

③ Liang，Q.，G. Hendrikse. Core and Common Members in the Genesis of Farmer Cooperatives in China［J］．Managerial and Decision Economics，2013，34（3）：244-257.

④ 李旭，李雪．社会资本禀赋对农民专业合作社成长的影响——基于资源获取中介作用的研究［J］．农业经济问题，2019（1）：125-133.

⑤ 黄博．乡村振兴战略下农民专业合作社的发展路径研究［J］．经济体制改革，2020（5）：73-79.

⑥ 廖晓明，方婷，邱俊柯．农民合作社发展：社会资本与合作参与——基于多案例比较研究［J］．南京农业大学学报（社会科学版），2023，23（2）：83-93.

第一阶段，主要从19世纪到20世纪60年代。20世纪60年代以前，国外学者的研究主要围绕农民合作社性质的认识进行分析。19世纪，由于北美逐渐推进合作经济，有关合作社理论的研究受到美国学者与欧洲学者的广泛关注。美国研究者比较注重实用主义，而欧盟研究者认为农民合作社是社会变革的产物，其研究更带有哲学色彩。第一次世界大战后，Aaron Sapiro为解决农业危机，提出农场主合作社应成为合法的垄断组织，精准细化每一类农民合作社的产出，以其关键产品为标准形成合法的垄断。Aaron Sapiro认为，农民合作社在产品市场的垄断能够使得农民与农场主之间建立长期联系，提供大量就业岗位，并且能够在产品销售问题上发挥不可忽视的调节作用①。Edwin与之持相反意见，认为合作社应该按照地域而非产品类型来分类，在提高合作社自身竞争力的同时进一步提高其效率，联动企业与合作社使得合作社乃至整个经济系统具有更高的效率②。Edwin强调民主，即社员享有决策权。而且，他主要从合作社效率的角度进行了研究。

第二阶段，主要是20世纪60年代以后。国外学者更加关注合作社本身的发展：①大量学者广泛讨论合作社运营效率相关问题。Helmberger等将企业理论推广到合作社的研究范畴，描述了合作社的社员规模与社员潜在激励之间的关系③。Porter等认为，农民合作组织是低效率的。Singhavara对泰国农民合作社研究发现，农业种植过程中新技术的采用会促进大多数合作社的全要素生产效率提高④。②农民合作社内部组织结构的研究。Hendrikse等以农业营销合作社为研究对象，从不完全契约的视角探究合作社内部组织化程度与社员投资获得反馈之间的关系，定义了交易成本，讨论了合作社中的投资约束和控制约束⑤。20世纪80年代以后，交易费用理论、代理理论和博弈论开始应用于农业合作社的研究中，从博弈的角度将合作社作为社员联合行动的博弈主体，用博弈的方法分析合作社的内部组织单元。

2. 中国农民合作社发展阶段相关研究

第一阶段，从1980年到2002年为农民合作社研究的萌芽阶段。由于改

---

① Sapiro A. Cooperative Marketing [J]. Iowa L. rev，1922，8 (4)：12-16.

② Nourse E G. Competition as Method and an Goal [J]. Washington Brookling Institution，1942 (4)：31-33.

③ Helmberger P，Hoos S. Cooperative Enterprise and Organization Theory [J]. Journal of Farm Economics，1962，44 (2)：275-290.

④ Singhavara M，Leerattanakorn N，Cheamuangphan A，et al. An Analysis of Operational Efficiency and Optimal Development for Agricultural Cooperatives in Chiang Mai [J]. Empirical Econometrics & Quantitative Economics Letters，2013 (3)：19-24.

⑤ Hendrikse G，Veerman C P. Marketing Cooperatives and Financial Structure [J]. ERIM Report Series Research in Management，2000，26 (3)：205-216.

革开放等一系列的政策措施出台，中国农村合作经济也开始迅速发展，农产品也被纳入城市流通体系中。因此，20 世纪 80 年代中期，国内部分学者开始了对农村合作经济组织的初步研究。但是，农民合作社的研究较晚，始于 1999 年。其相关研究主要集中在两个方面：①农民合作社的重要性。咸春龙认为，发展农民合作社是推进农业产业化向更高层次发展的重要途径[①]。②农民合作社的制度机制。黄祖辉等研究发现，农民合作社的产品特性、内部成员以及合作社所在地的制度环境是影响农民合作社发展的重要因素[②]。

第二阶段，从 2003 年到 2006 年，是农民合作社研究的发展阶段。此时对于农民合作社研究主要侧重于组建发展农民合作社的必要性，农民合作社的性质，农民合作社的制度机制，以及农民合作社发展问题的研究。

第三阶段，2007 年至今，对农民合作社的研究内容愈发深入。2006 年 10 月，全国人大常委会审议通过了《农民专业合作社法》，中国农民合作社得到了空前的发展，并且成为学术界研究的热点。其相关研究大致可以总结为以下几个方面：①农民合作社的自身运营绩效的研究。徐旭初通过因子分析法，从组织建设、运营活动、社员收益、组织发展和社会影响五个方面评价农民合作社绩效，并以浙江省农民合作社为样本进行了检验[③]。黄胜忠、刘滨等均采用类似方法做出针对不同区域的实证研究[④⑤]。②农民合作社规模经济的研究。孙中华等认为，农村土地股份合作社可以提高农业机械化水平、规模化水平以及农业生产效率[⑥]。吴天龙等对黑龙江省克山县仁发农机专业合作社做案例分析，发现农民合作社可以提高土地经营规模和农业生产效益[⑦]。③农民合作社规模经济的形成机理研究。关于农民合作社规模经济的形成机理主要集中在两方面：一是农民合作社促进土地规模经营效应的形成机理。薛凤蕊等指出，农民合作社的组织功能将农户集结起来，共同进行规模化生产，统一规划，促进

① 咸春龙．论农业产业化经营与农民组织化问题［J］．农业经济问题，2002（2）：40－43.

② 黄祖辉，徐旭初．大力发展农民专业合作经济组织［J］．农业经济问题，2003（5）：41－45，80.

③ 徐旭初．农民专业合作社绩效评价体系及其验证［J］．农业技术经济，2009（4）：11－19.

④ 黄胜忠，金士平，金啸胜．农民专业合作社发展与现代农业建设——以台州市路桥金穗粮食全程机械化生产合作社为例［J］．农业经济，2008（1）：57－58.

⑤ 刘滨，池泽新，李道和．农民专业合作社社员资格开放度研究——以江西省为例［J］．农业技术经济，2009（6）：78－85.

⑥ 孙中华，罗汉亚，赵鲲．关于江苏省农村土地股份合作社发展情况的调研报告［J］．农业经济问题，2010，32（8）：30－35.

⑦ 吴天龙，刘同山，孔祥智．农民合作社与农业现代化——基于黑龙江仁发合作社个案研究［J］．农业现代化研究，2015，36（3）：355－361.

农业产业优化①。肖端以成都市为例分析得出，土地股份合作社将农户分散的承包地集中起来开发利用，在推进农业现代化方面取得了初步成效②。二是农民合作社助农增收效应的形成机理。相关研究主要围绕交易成本、治理机制和农户与农民合作社关系等视角进行了理论分析。要素禀赋方面。农民合作社能够优化农业生产要素资源配置，进而有效促进农户增收。楼栋等认为，合作社通过分工，免去了土地生产经营和外出打工、做生意间转换的费时费力，使农户既方便又赚钱，生产效率显著提高③。张梅等认为，合作社有利于农民从农业中解脱出来，从而获得更多的就业机会和增收途径，对提高农民收入有积极的作用④。益贫效应方面，合作社作为一种具有天然益贫性的制度安排和理想载体，有助于增强贫困农户自我脱贫的能力。此外，另有研究者分析了土地股份合作社、农机合作社的增收效应。但是，学者认为上述几类农业组织在实践中不能带动农户增收。有学者研究发现普通成员的生产能力与收入并未呈现显著提升，其原因与农民合作社服务功能不全有着重要关系。

农民合作社的运营发展是市场经济条件下弱者之间的联合自强的有效组织形式，其自有一套保证社员需求的独特制度安排。较之于其他部门或组织，农民合作社在促进农户共同富裕方面的作用具有不可替代的优势。私营部门可以做大“蛋糕”却不能分好“蛋糕”，公共部门与社会部门可以分配“蛋糕”，但本身并不做大“蛋糕”。农民合作社作为一类具有社会功能的企业形态，既可以做大“蛋糕”，又可以分配好“蛋糕”，并最终改善整个社会财富分配结构。

（二）农民合作社高质量发展内涵研究

目前，学界关于农民合作社高质量发展的内涵界定尚处于探索阶段。总体来看，学界普遍认为农民合作社高质量发展应具有多维性和丰富性，并从不同的视角出发对农民合作社高质量发展的内涵进行了界定。

廖小静等认为，当前中国农民合作社发展正处于从“数量”向“质量”发展的衔接期，需结合农民合作社经典原则、法律法规和政策导向等方面来深刻

---

① 薛凤蕊，乔光华，姜冬梅．土地合作社对农户收入影响评价［J］．农业经济问题，2012，33（5）：34-39.

② 肖端．土地流转中的双重委托—代理模式研究——基于成都市土地股份合作社的调查［J］．农业技术经济，2015（2）：33-41.

③ 楼栋，黄博，孔祥智．企业家精神与农民专业合作社发展——以北京乐平西甜瓜专业合作社为例［J］．农业部管理干部学院学报，2012（3）：1-6.

④ 张梅，杨志勇，高志杰．现代农机合作社政府管理的绩效评价——基于黑龙江省44家现代农机合作社的调查［J］．农业经济与管理，2016（3）：19-25.

理解农民合作社高质量发展的内涵[①]。廖小静认为，中国农民合作社高质量发展应包括4个维度：第一，农民合作社高质量发展要遵循规范发展，只有规范化发展才能保证合作社的发展不偏离制度设计的初衷。第二，农民合作社高质量发展要以提升合作社的服务功能水平为抓手，通过提供多项服务功能，保证合作社发挥实际作用。第三，农民合作社发展要通过服务功能水平和规范化水平的共同作用，促进其高质量发展。第四，合作社高质量发展应以提高农业经营效率、增加成员收入、加速农业现代化转型为根本目标。

王恭礼等认为，农民合作社的建立与发展经历了多年探索，目前，已由单纯、传统的经济合作向利益共同体转化，逐渐演变为新型农业经营主体和服务主体，功能也从单一化走向综合化，是促进乡村社会发展的重要因素和实现乡村振兴的主要动力[②]。董亚认为，农民合作社的高质量发展必然促进人才、技术、资金等生产要素向乡镇集中，有利于推进新兴小城镇建设，促进城乡一体化发展[③]。董亚从三个方面界定了农民合作社高质量发展：其一，坚持规范管理，是新型农民合作社高质量发展的“生命线”；其二，坚持信用合作，是新型农民合作社高质量发展的“试金石”；其三，坚持市场推动，是新型农民合作社高质量发展的“补给线”。胡瑷龄认为，高质量发展的农民合作社是指在依法成立和规范管理的基础上，具有较强经济实力和较高声誉[④]。目前，现有研究也有以合作社绩效作为高质量发展的指标，如通过合作社的农户带动数量、合作社的利润、合作社的技术溢出等作为合作社高质量发展的指标。

此外，沈秋彤等对农村集体经济高质量发展进行了界定，其认为农村集体经济高质量发展是在农村集体产权明晰、产权流转顺畅的前提下，通过市场高效配置生产要素，以农业适度规模化、农地适度规模化、服务规模化来促进农村集体经济现代化，并最终实现农村集体成员共享发展成果、共同富裕的发展方式[⑤]。张庆海对于新型农业经营主体的高质量发展定义如下：新型农业经营主体发展要坚持质量和效益优先，在保障规模和数量的基础上，加大教育力度，调整生产要素供给的数量与结构，推动绿色农业、数字农业与高质量农业的建设，发展农村三产融合，带动农业劳动生产率不断提升，不断推进新型农

① 廖小静，邓衡山，沈贵银．农民合作社高质量发展机制研究［J］．南京农业大学学报（社会科学版），2021，21（2）：148-158.

② 汪恭礼，崔宝玉．乡村振兴视角下农民合作社高质量发展路径探析［J］．经济纵横，2022（3）：96-102.

③ 董亚．基于管理学的新型农民合作社高质量发展探索［J］．中国农业资源与区划，2021，42（10）：215-222.

④ 胡瑷龄．农民专业合作社高质量发展影响因素研究［D］．海口：海南大学，2022.

⑤ 沈秋彤，赵德起．中国农村集体经济高质量发展区域差异研究［J］．数量经济技术经济研究，2022，39（2）：43-63.

业经营主体和服务主体规模化、集约化、组织化①。

（三）农民合作社发展水平的测度研究

国外文献主要从合作社绩效和组织结构方面研究合作社能够在长期发展中获得成功的原因。由于农民合作社同时兼顾营利与公益两方面，因此农民合作社是一种兼具了企业属性与社会共同体属性的特殊经济组织。由于其在经济发展过程中的独特性，对其绩效的相关研究十分丰富。新古典学派对这一问题关注更多，有大量研究和成果在讨论合作社的收益分配效率，通过这一指标来反映农民合作社的发展水平。但是也有不同的观点，新制度经济学派认为合作社的内生问题导致了资源的错配，在一定程度上引致了市场失灵。Hai 和 Galdeano 等从企业效率的研究中汲取经验，探究合作社效率，来分析农民合作社发展质量②③。Soboh 同样通过讨论农民合作社经营效率的差异来分析农民合作社发展效果④。Porter 等研究得出，农民合作社能够显著提高农业生产者的经营效率，并可以获得较高的交易效率，但从长时间跨度来看，农民合作社会导致利润下降⑤。在效率测算方法方面，学者们大多采用了静态 DEA 和动态 Malmquist 方法与三阶段 DEA 方法。有学者在其研究中通过农民合作社的"复衡性"来判断农民合作社发展质量。但是，总体而言，西方经济学者对农民合作社发展方面的研究主要侧重于合作社组织的经营效率。

国内学者主要通过构建评价指标体系的方法对农民合作社发展水平展开研究。黄祖辉等建立 Bootstrap－DEA 模型测算农民合作社的技术效率⑥。莫华等注重合作社的发展水平，通过社会、经济、内部管理和可持续发展四个方面进行测度⑦。黄金秋等通过合作社自身实力、可持续发展能力、市场竞争能力、制度建设、服务带动能力和规模经营能力等六个方面建立指标，运用主成分分

① 张庆海．金融支持新型农业经营主体高质量发展问题研究［D］．长春：吉林财经大学，2022.

② Hailu，Getu. Efficiency，Economic Performance and Financial Leverage of Agribusiness Marketing Co－operatives in Canada［J］. Advances in the Economic Analysis of Participatory and Labor－Managed Firms，2007（3）：47－77.

③ Galdeano－Gomez E. Productivity Effects of Environmental Performance：Evidence From TFP Analysis on Marketing Cooperatives［J］. Applied Economics，2008，40（14）：1873－1888.

④ Soboh R，Lansink A O，Dijk G V. Efficiency of Cooperatives and Investor Owned Firms Revisited［C］. Blackwell Publishing Ltd. Blackwell Publishing Ltd，2012：142－157.

⑤ Porter，P. K. and Scully，G. W：Economic Efficiency in Cooperatives［J］，Journal of Law and Economics，1987，30（2）：489－512.

⑥ 黄祖辉，扶玉枝，徐旭初．农民专业合作社的效率及其影响因素分析［J］．中国农村经济，2011（7）：4－13，62.

⑦ 莫华，曾福生．现代农业视角下农民专业合作社发展水平评估研究——基于湖南数据的实证［J］．农业现代化研究，2017，38（3）：421－428.

析方法对农民合作社的发展进行了测度[①]。郭红东等提出，示范社级别的概念用以界定合作社发展水平[②]。黎莉莉通过农民合作社可持续发展单项指标进行了实证分析[③]。韩旭东和万俊毅等用合作社经营绩效来测度合作社发展状况，其中合作社绩效的测度主要用合作社的总产出[④⑤]。季晨等运用案例分析法，基于复衡性和绩效两个维度对合作社的成长性进行了探讨[⑥]。李旭用合作社成长指数来判断农民合作社成长的好坏，即由合作社效益性、市场性、扩展性和可持续性四方面的成长性指标进行测度[⑦]。崔宝玉、刘嶺等通过合作社经济性、交易性和社会性三个方面对合作社可持续发展进行了测度，其主题为农民合作社发展不仅要提高合作社的生产经营效率，还需要加强合作社内部社员收入的提升[⑧⑨]。赵佳荣综合考虑升级、社会、生态多个维度评价绩效，讨论了湖南省农民合作社的发展情况[⑩]。杨大蓉综合考虑内部与外部，从财务、市场、管理与可持续发展四个维度评价农民合作社发展状况[⑪]。程克群等讨论影响农民合作社绩效的影响因素，包括组织运营、经营活动、社员收益、企业规模、社会效益 5 个方面[⑫]。刘文丽等运用层次分析法，将农民合作社绩效评价效果作为第一层因素；第二层因素设置为绩效评价体系的科学性、绩效评价实施者的专业素质、绩效评价反馈结果的运用等；将各影响因素的子因素作为第三层，

① 黄金秋，史顺超．地方政府作用对农民专业合作社成长影响的实证分析［J］．统计与决策，2018，34（19）：121－124.

② 郭红东，等．影响农民专业合作社成长的因素分析——基于浙江省部分农民专业合作社的调查［J］．中国农村经济，2009（8）：24－31.

③ 黎莉莉．重庆市农民合作社可持续发展影响分析［J］．中国农业资源与区划，2018，39（5）：7－12.

④ 韩旭东，等．盈余分配制度对合作社经营绩效影响的实证分析：基于新制度经济学视角［J］．中国农村经济，2020（4）：56－77.

⑤ 万俊毅，曾丽军．合作社类型、治理机制与经营绩效［J］．中国农村经济，2020（2）：30－45.

⑥ 季晨，贾甫，徐旭初．基于复衡性和绩效视角的农民合作社成长性探析——对生猪养殖合作社的多案例分析［J］．中国农村观察，2017（3）：72－86.

⑦ 李旭．农民专业合作社成长性的评价与决定机制——基于利益相关者理论［J］．农业技术经济，2015（5）：76－84.

⑧ 崔宝玉，徐英婷，简鹏．农民专业合作社效率测度与改进“悖论”［J］．中国农村经济，2016（1）：69－82.

⑨ 刘嶺，欧璟华，洪涛，姚树洁．理事长利他精神与农民专业合作社发展——基于重庆市开州区田野调查案例的分析［J］．中国农村经济，2022（1）：76－92.

⑩ 赵佳荣，农民专业合作社“三重绩效”评价模式研究［J］．农业技术经济，2010（2）：119－127.

⑪ 杨大蓉．农民专业合作社绩效评价模型构建与应用［J］．统计与决策，2015（18）：60－62.

⑫ 程克群，孟令杰．农民专业合作社绩效评价指标体系的构建［J］．经济问题探索，2011（3）：70－75.

由此来建立层次分析模型①。还有学者从关系治理和组织结构的角度分析了合作社成长性的形成机理，或使用 AHP 分析法对合作社的成长性进行了综合评价。

（四）农民合作社发展的影响因素研究

1. 人力资本禀赋影响因素研究

李后建等认为，合作社理事长的个人能力和利他精神是发展“理想合作社”的必要条件，特别是在个人能力特定的前提下，理事长的利他精神将成为影响合作社发展的重要因素②。Pulfer 等运用线性回归方法探讨了农民合作社可持续发展的影响因素，指出农民合作社人力资本禀赋情况和成员组成结构对合作社发展的重要性③。徐旭初等通过对 526 家浙江省农民合作社分析发现，合作社的组织架构尤其是合作社牵头人的情况会显著影响农民合作社绩效④。李旭运用层次分析法从利益相关者的视角对辽宁省 163 家农民合作社成长进行了分析，研究发现合作社的领办人员、核心成员、政府以及合作社的供应商等利益相关主体都对农民合作社的可持续成长具有重要影响，且不同利益相关者对合作社的成长发展存在不同的影响⑤。黎莉莉针对重庆市 323 家农民合作社可持续发展的研究中，将人力资源、经营效果、合作社的运营机制以及合作社所在的外部环境等四个方面作为影响农民合作社可持续发展的关键因素，并通过二元 Logistic 模型对其进行了验证分析，研究结果表明普通成员的文化程度、理事长的能力、合作社的组织结构完善性、成员对合作社的信任度、合作社的盈利能力、合作社的带动能力、政府的支持作用等对农民合作社的可持续发展具有显著正向影响，其中管理者能力的影响远远高于其他因素⑥。Cuervo 等认为，企业无论规模大小，公有还是私有，企业家能力都会影响其绩效⑦。在中国，农民合作社的企业家能力主要反映在其核心社员或社长身上，社长的

① 刘文丽，等．农民专业合作社绩效评价影响因素探析［J］．中南林业科技大学学报，2015（12）：133－140.

② 李后建，扈益，张玲玲．理事长社会关系网络对农民合作社创新行为的影响研究［J］．科研管理，2022，43（8）：157－164.

③ Allais O，Bertail P，Nichele V. The Effects of a “Fat Tax” on the Nutrient Intake of French Households［C］．International Congress. European Association of Agricultural Economists，2008.

④ 徐旭初，吴彬．治理机制对农民合作社绩效的影响——基于浙江省 526 家农民合作社的实证分析［J］．中国农村经济，2010（5）：43－55.

⑤ 莫华，曾福生．现代农业视角下农民专业合作社发展水平评估研究——基于湖南数据的实证［J］．农业现代化研究，2017，38（3）：421－428.

⑥ 黎莉莉．重庆市农民合作社可持续发展影响分析［J］．中国农业资源与区划，2018，39（5）：7－12.

⑦ Cuervo L，Ribeiro D，Roig S. Entrepreneurship：Concepts，Theory and Perspective［M］．Springer Berlin Heidelberg，2007.

企业家能力可能对提升合作社的经济绩效有积极作用。刘同山等通过对仁发农机专业合作社的研究发现，在“乡村精英”的带领下，合作社通过创新制度安排，能实现资源的有效配置，从而获得合作效益、规模效益等①。胡平波提出，农民合作社理事长的企业家能力主要体现在企业家的管理能力、关系能力、战略能力及团队能力四个方面②。对于合作社绩效的影响因素，已有文献进行了一定的分析，其中较多被提及的因素有：核心社员的企业家能力、合作社的治理结构、制度和治理因素。

此外，一些文献对合作社理事长的企业家能力进行了探讨。Cook 等认为，农民合作社理事长的企业家能力体现为理事长是否能洞察外部不确定性并做出应对③。Diaz - Foncea 等认为，农民合作社具有集体行动的特征，合作社理事长的企业家能力包含其对社员共同利益的追求④。Liang 等则认为，合作社社长在中国属于“精英”农户，他们的企业家能力突出体现为对各类资源的整合和利用⑤。黄胜忠等认为，中国农民合作社社长的胜任特征包括社长领导力、企业家精神等在内的 12 个方面⑥。刘同山等认为，合作社理事长扮演的是一种精英的角色，他们既是经济活动的组织者，又是制度创新的推动者⑦。胡平波用管理能力、关系能力、战略能力和团队能力来衡量合作社理事长的企业家能力，强调在中国“合作社理事长与政府间关系的管理”构成企业家能力的一部分，并证明了合作社理事长的企业家能力对合作社的绩效有正向影响⑧。张晓山等指出，专业大户、农民企业家等在合作社经营中作用突出，他们对合作

① 刘同山，孔祥智．精英行为、制度创新与农民合作社成长——黑龙江省克山县仁发农机合作社个案 [J]. 商业研究，2014 (5)：73 - 79，192.

② 胡平波．合作社企业家能力与合作社绩效关系的实证分析——基于江西省的调查 [J]. 华东经济管理，2013，27 (9)：38 - 43.

③ Cook M L，Brad P. Collective Entrepreneurship：An Emerging Phenomenon in Producer - Owned Organizations [J]. Journal of Agricultural and Applied Economics，2016，38 (2)：421 - 428.

④ Diaz - Foncea M，Marcuello C. Entrepreneurs and the Context of Cooperative Organizations：A Definition of Cooperative Entrepreneur [J]. Canadian Journal of Administrative Sciences，2013，30 (4)：238 - 251.

⑤ Liang，Q.，and G. Hendrikse，Core and Common Members in the Genesis of Farmer Cooperatives in China [J]. Managerial and Decision Economics，2013，34 (3)：244 - 257.

⑥ 黄胜忠．利益相关者集体选择视角的农民合作社形成逻辑、边界与本质分析 [J]. 中国农村观察，2014 (2)：18 - 25，93.

⑦ 刘同山，孔祥智．精英行为、制度创新与农民合作社成长——黑龙江省克山县仁发农机合作社个案 [J]. 商业研究，2014 (5)：73 - 79，192.

⑧ 胡平波．合作社企业家能力与合作社绩效关系的实证分析——基于江西省的调查 [J]. 华东经济管理，2013，27 (9)：38 - 43.

社的成功起到了重要作用[①]。韩俊等认为，技术与人才等要素投入会影响合作社发展，稀缺资源不能有效配置对中国农民合作社正常发展造成巨大限制[②]。张开华认为，由专业人士带领的民主管理与健康完善的利益分配机制是合作社发展的重点[③]。黎莉莉研究提出，通过规范内部治理机制、提升人力资源素质、完善危机预警机制、优化外部发展环境和加强合作文化建设等政策，可推动农民合作社可持续发展[④]。

2. 物质资本禀赋影响因素研究

郭红东等基于资源基础理论，采用 Logistic 模型对农民合作社研究发现，物质基础对农民合作社高质量发展十分重要[⑤]。国外也有部分相关研究成果，从不同的研究视角得出结论。Chris 等以美国 52 家农产品供销合作社为研究对象，发现合作社成立时的资本状况并不只对当期产生影响，更有一定的滞后效应[⑥]。张晓山提出了合作社规模效应的观点，认为专业大户是合作社发展的优势之一，可以说资产型资源是合作社成长的基础[⑦]。张方华实证表明，资产型资源是企业绩效提升的前提，所以，通过提高合作社资产性资源，扩大合作社经营范围进而提升合作社的竞争优势，有助于农民合作社可持续发展[⑧]。

3. 社会资本禀赋影响因素研究

刘芳等研究发现，经济主体获得关键资源的能力对其经营绩效有显著影响，且这种影响随时间推移还会逐渐扩大[⑨]。李旭等通过对辽宁省 215 家农民合作社的实证研究发现，合作社社会资本禀赋和资源获取能力是农民合作社发展质量的两个关键因素[⑩]。其中结构性社会资本禀赋和认知性社会资本禀赋直

① 张晓山，苑鹏．合作经济理论与中国农民合作社的实践［M］．北京：首都经济贸易大学出版社，2009.

② 韩俊，等．中国农民合作经济组织发展的影响因素分析［J］．红旗文稿，2006（15）：14－16.

③ 张开华，张清林．农民专业合作社成长的困惑与思考［J］．农业经济问题，2007（5）：62－66.

④ 黎莉莉．重庆市农民合作社可持续发展影响分析［J］．中国农业资源与区划，2018，39（5）：7－12.

⑤ 郭红东，等．影响农民专业合作社成长的因素分析——基于浙江省部分农民专业合作社的调查［J］．中国农村经济，2009（8）：24－31.

⑥ Chris L B，Peter G，David EH，William JT. Key Success Factors for Emerging Agricultural Marketing Cooperatives［J］．Journal of Cooperation，2001（16）：14－24.

⑦ 张晓山．促进以农产品生产专业户为主体的合作社的发展——以浙江省农民专业合作社的发展为例［J］．中国农村经济，2004（11）：4－10，23.

⑧ 张方华．资源获取与技术创新绩效关系的实证研究［J］．科学学研究，2006（4）：635－640.

⑨ 刘芳，梁耀明，王浩．企业家能力、关键资源获取与新创企业成长关系研究［J］．科技进步与对策，2014，31（8）：85－90.

⑩ 李旭，李雪．社会资本禀赋对农民专业合作社成长的影响——基于资源获取中介作用的研究［J］．农业经济问题，2019（1）：125－133.

接对合作社成长性产生正向影响，知识型资源获取与资产型资源获取在社会资本禀赋与合作社成长性之间起部分中介作用。知识型资源获取在结构性社会资本禀赋、认知性社会资本禀赋与合作社创新性中起完全中介作用。合作社与其他主体之间的资源与信息交互依赖于社会资本禀赋。目前，已有研究表明社会资本禀赋会影响农民合作社和中小企业外部资源的获取，从而促进农民合作社以及中小企业的成长。合作社在基础资本禀赋方面处于弱势地位，因此，农民合作社需要在社会关系网络中利用社会资本禀赋获取足够的资源。此外，社会资本禀赋可以在一定程度上视为合作社对资源的获取能力，合作社联合是其获取资源的主要手段，联合社是合作社提升社会资本禀赋的外在表现形式。成立联合社，可以使得单个合作社的服务范围与能力同步得到增加。合作社联合成为合作社发展的必然趋势，也是其自我完善的重要机制。联合社成为合作社新的发展趋势，也成为获取和整合资源的有效途径。除了上述因素，社员与社员间相互信任程度、价值观念、农户的入社条件和合作社最佳规模、合作社服务质量、社会环境等也会影响合作社的发展。

4. 外部支持及其他影响因素研究

黄金秋等研究结果表明，政府支持对促进农民合作社高质量发展具有重要的作用①。孔祥智等提出，外部因素能显著影响合作社发展②。孔祥智等讨论了合作社的演进动力机制，在传统要素的基础上加入了政府补贴，并发现政府补贴可以显著提升农民合作社发展水平③。黄祖辉等通过浙江省的微观调研数据，在理论层面提出农民合作社产品特性和制度环境是合作社发展的重要影响因素④。朱兴涛研究发现，政府的资金支持、政策指导和培训支持与合作社自身“摸着石头过河”的精神相结合，是促进农民合作社健康发展的关键⑤。

Egerstorm 运用波特竞争优势理论全面分析了合作社发展外部因素，认为除传统微观因素外，如政治文化等宏观条件也会影响合作社的发展⑥。万俊毅

---

① 黄金秋，史顺超．地方政府作用对农民专业合作社成长影响的实证分析［J］．统计与决策，2018，34（19）：121－124．

② 孔祥智，等．陕、宁、川农民合作经济组织的作用及制约因素调查［J］．经济理论与经济管理，2005（6）：52－57．

③ 周振，孔祥智．资产专用性、谈判实力与农业产业化组织利益分配——基于农民合作社的多案例研究［J］．中国软科学，2017（7）：28－41．

④ 黄祖辉，徐旭初，冯冠胜．农民专业合作组织发展的影响因素分析——对浙江省农民专业合作组织发展现状的探讨［J］．中国农村经济，2002（3）：13－21．

⑤ 朱兴涛．基于生命周期的合作社成长资源获取及其战略选择［J］．税务与经济，2019（6）：62－67．

⑥ Egerstorm，L. Obstacles to Cooperation，in Christopher D. Merrett & Norman Walzer（ets）：Cooperatives and Local Development［J］．Journal of the Community Development Society，2004（3）：70－91．

等把治理机制考虑进来，发现其对合作社运营具有关键作用①。学界已有研究探讨了不同合作社类型与其绩效的关系，探讨了公司领办型合作社的治理特征，关注治理机制在其中的作用。张晓山认为，合作社发展是一个长期过程，有着明显的时代特征②。孔祥智等的观点类似，认为农民合作社的发展与法律制度和社会环境息息相关③。邵科等依据不同社员的外在表现对其分类，不同类型的社员对农民合作社发展有着差异化影响④。影响合作社发展的社员因素主要包括社员资本禀赋，细分为资本、人力与社会因素。另外，社员的利益偏好和角色作用等个体基本属性也影响到合作社的发展水平。苑鹏认为，公司领办型的农民合作社中公司的强大和农户的弱小会阻碍农民合作社的发展⑤。徐旭初等指出，农民合作社治理结构的优化是合作社内部机制与外部机制的有机结合，但合作社发展主要依赖于内部机制⑥。李旭研究发现，利益相关者确实是影响农民合作社成长的关键因素⑦。

通过已有文献我们可以发现，学界试图从合作社成长的外部环境和内在动因两大视角，探究中国农民合作社的发展问题。从外部环境看，相关研究可分为三类。第一类强调合作社产生的产业基础与自然条件。合作社需要以周围的自然资源作为产业基础，才能形成自身的竞争优势。第二类强调合作社孕育的社区环境。在“熟人社会”里，相互的信任和理解是组建合作社的基础。第三类注重合作社成长的政策环境。法律的权威与公信力是合作社合法性的基础，为合作社争取更大的生存空间。出于农业的弱质性，政府应当支持和保障合作社作为弱势小农的联合体在农业市场中的主体地位。从内在动因讲，有关论述亦分为三类。第一类强调合作社的人力资本禀赋与内部治理的作用，认为发展农民合作社迫切需要懂技术、善经营、会销售的能人。第二类关注农民合作社发展的物质资本禀赋、市场动力与合作成本。合作社基于自身组织的物质资本通过集体交易提高了农户的交易地位和交易效率，有效地降低了交易成本，通

---

① 万俊毅，曾丽军．合作社类型、治理机制与经营绩效［J］．中国农村经济，2020（2）：30－45.

② 张晓山．有关中国农民专业合作组织发展的几个问题［J］．农村经济，2005（1）：4－7.

③ 孔祥智，等．陕、宁、川农民合作经济组织的作用及制约因素调查［J］．经济理论与经济管理，2005（6）：52－57.

④ 邵科，郭红东，黄祖辉．农民专业合作社组织结构对合作社绩效的影响——基于组织绩效的感知测量方法［J］．农林经济管理学报，2014，13（1）：41－48.

⑤ 苑鹏．对公司领办的农民专业合作社的探讨——以北京圣泽林梨专业合作社为例［J］．管理世界，2008（7）：62－69.

⑥ 徐旭初，吴彬．治理机制对农民专业合作社绩效的影响——基于浙江省526家农民专业合作社的实证分析［J］．中国农村经济，2010（5）：43－55.

⑦ 李旭．农民专业合作社成长性的评价与决定机制——基于利益相关者理论［J］．农业技术经济，2015（5）：76－84.

过风险共担，提高个体农户抵御市场风险的能力；同时，为了合作的达成，农户自身也承担一定的合作成本，包括组织运行成本和机会成本。第三类突出的是社会资本禀赋，强调合作社利用社会资本禀赋从其网络成员获取生产、竞争所需的资源，进而促进合作社健康发展。

（五）资本禀赋相关研究

目前，国内外学者对资本禀赋的研究主要包括三个方面：分别为资本禀赋的划分、资本禀赋对农户行为的影响和资本禀赋与社会治理方面的研究。

1. 资本禀赋的划分研究

资本禀赋的内容具有多样性，受研究问题与研究领域限制，资本禀赋的划分依据很难统一。Bourdieu 认为，各类资本禀赋之间的界限是模糊的，不同类型的资本禀赋可以互相转化，主要的资本禀赋有经济、社会、文化等种类①。Hoffman 等在其研究中将农户的资本禀赋划分为劳动、健康、收入和技能②。Coleman 在 Bourdieu 的基础上对资本禀赋的内涵和外延进行了扩展③。其中，人力资本禀赋方面扩展为这一代和上一代家庭成员的平均受教育程度。Perk 则区分了环境资本和自然资本，Bank 提出了人力资本和自然资本的概念，重视资本的再生产特性，对资本禀赋的内涵进行了一定的扩充④⑤。另外，Hartmann 基于自己的研究，在已有研究的基础上添加了“金融资本禀赋”的概念⑥。武翠等在对农户闲置宅基地退出决策行为研究时，将农户资本禀赋划分为人力资本禀赋、经济资本禀赋、社会资本禀赋和政策资本禀赋等四类⑦。晋荣荣等在研究农户清洁采暖行为时保留了其他学者的研究经验，将资本禀赋

① Bourdieu P. The Forms of Capital（English version）[J]. Handbook of Theory and Research for the Sociology of Education，1986，33（2）：17－25.

② Huffman W E，Orazem P. The Role of Agriculture and Human Capital in Economic Growth：Farmers，Schooling，and Health [J]. Staff General Research Papers Archive，2007，40（5）：1222－1229.

③ Coleman J S. Social Capital in the Creation of Human Capital [J]. Knowledge and Social Capital，2000（1）：17－41.

④ Perk J，Chiesura A，Groot R. Towards a Conceptual Framework to Identify and Operationalize Critical Natural Capital [J]. International Journal of Organizational Analysis，1999. 21（4）：4－30.

⑤ Bank T W. Loan Agreement（Pusan Urban Transport Management Project）Between Republic of Korea and International Bank for Reconstruction and Development [J]. Discussion Papers，1995（3）：11－21.

⑥ Hartmann E，Herb S. Opportunism Risk in Service Triads a Social Capital Perspective [J]. International Journal of Physical Distribution & Logistics Management，2014，44（3）：10－13.

⑦ 武翠，王桂霞，郎宇．资本禀赋、功能认知与农户闲置宅基地退出决策行为——基于山东省典型试点区调查数据的实证 [J]. 干旱区资源与环境，2023，37（4）：63－71.

划分为经济、文化和社会三种资本禀赋类型①。李芬妮等认为，农户在参与村庄治理，尤其是环境治理时把农户资本禀赋划分为人力、物质、经济、自然和社会等几种资本禀赋类型②。李福夺等在研究农户绿肥养地采用行为时将资本禀赋划分为个体资本禀赋、家庭资本禀赋、经营资本禀赋、自然资本禀赋和信任资本禀赋等五个方面③。李辉婕等在研究农民有序参与政治行为时将资本禀赋划分为经济、文化、社会三类资本禀赋类型④。

2. 资本禀赋与农户行为方面的研究

国外学者对资本禀赋与农户行为之间的影响关系展开了大量讨论。Stern等研究认为，通过增强农民合作社组织的资本禀赋可以提升农民合作社成员的集体观念与集体意识⑤。Stark认为，农民资本禀赋差异会显著影响劳动力流动方向⑥。Tobin也认为，农户资本禀赋会对农业生产产生影响⑦。Mojid等指出，除了外部因素外，农户的个人素质，如农户的种植管理能力也会影响其经营行为，如果农户个人能力较强，他在农业生产过程中就具备更强的优势获得更好的成果⑧。

国内学者在资本禀赋影响农户意愿与行为方面也进行了大量研究，狄金华等提出，农户行为在一定程度上受自身资本禀赋的影响⑨。蔡键等探究了资本禀赋对农户技术采纳的影响⑩。肖慧婷等发现，除劳动力流转外，农户资本禀

---

① 晋荣荣，李世平，南灵．资本禀赋、感知价值、政府补贴对农户清洁取暖采纳行为的影响［J］．资源科学，2022，44（4）：809－819.

② 李芬妮，张俊飚，何可．资本禀赋、归属感对农户参与村域环境治理的影响［J］．华中农业大学学报（社会科学版），2021（4）：100－107，182－183.

③ 李福夺，任静，尹昌斌．资本禀赋、价值认知与农户绿肥养地采纳行为——基于南方稻区农户调查数据及生态补偿政策的调节效应［J］．农林经济管理学报，2020，19（4）：464－475.

④ 李辉婕，胡侦，陈洋庚．资本禀赋、获得感与农民有序政治参与行为——基于CGSS2015数据的实证研究［J］．农业技术经济，2019（10）：13－26.

⑤ Stern F，Putnam R. Making Democracy Work：Civic Traditions in Modern Italy［J］．Foreign Affairs（Council on Foreign Relations），1993，72（3）：202－205.

⑥ Stark O，Zakharenko R. Differential Migration Prospects，Skill Formation，and Welfare［J］．Discussion Papers，2011（57）：360－365.

⑦ Tobin D，Thomson J，Laborde L，et al. Factors Affecting Growers' on－Farm Food Safety Practices：Evaluation findings from Penn State Extension programming［J］．Food Control，2013，33（1）：73－80.

⑧ Mojid M A，Wyseure G，Biswas S K，et al. Farmers' Perceptions and Knowledge In Using Wastewater for Irrigation at Twelve Peri－Urban Areas and Two Sugar Mill Areas in Bangladesh［J］．Agricultural Water Management，2010，98（1）：79－86.

⑨ 狄金华，韦宏耀，钟涨宝．农村子女的家庭禀赋与赡养行为研究——基于CGSS 2006数据资料的分析［J］．南京农业大学学报（社会科学版），2014，14（2）：35－43.

⑩ 蔡键，唐忠．要素流动、农户资源禀赋与农业技术采纳：文献回顾与理论解释［J］．江西财经大学学报，2013（4）：68－77.

赋还对土地流转有显著影响①。汪熙琮等将研究范围聚焦到一种农业生产技术上，发现不同种类的资本禀赋均会对该农业生产技术产生显著的正向影响②。廖文梅等在江西展开广泛调研，发现土地和劳动力的资源禀赋对土地外包行为具有负向影响③。朱庆莹等提出，资本禀赋能够影响农户采纳耕地支付保护的意愿④。黄玛兰等采用组合研究方法，认为资本禀赋可以影响水稻作物的生态效率⑤。张童朝等分析认为资本禀赋会影响农户秸秆还田的行为⑥。黄晓慧等探讨了农户数字资本提升对驱动农业绿色低碳转型的内在机理，认为数字化通过传播教育功能，提高了农户的人力资本禀赋水平，为农户农业绿色低碳转型提供知识效应和学习效应；数字化通过关系纽带功能，提高了农户的社会资本禀赋水平，为农户农业绿色低碳转型提供扩散效应和示范效应；数字化通过信息匹配功能，提高了农户的自然资本水平，为农户农业绿色低碳转型提供规模效应和范围效应；数字化通过金融杠杆功能，提高了农户的金融资本水平，为农户农业绿色低碳转型提供金融集聚效应和创新效应⑦。

3. 资本禀赋与社会治理方面的研究

张雯等通过构建内生创新模型，分析不同知识资本禀赋下科技资助对区域创新绩效的影响效果发现，当区域知识资本存量超过对应门槛值后，财政科技资助对本地创新绩效的促进效用有所降低⑧。殷江滨等通过关注个体资本禀赋和城市环境 2 个层面因素，对比跨省、省内跨市和市内跨县 3 类不同范围的流动群体，剖析了中国城市流动人口机会型创业的影响机制，结果表明：中国城市流动人口的总体机会型创业率较低，但跨省流动人口的创业率高于省内跨市和市内跨县流动人口的创业率⑨。陈思等在探讨大学生村官政策对农村收入差

① 肖慧婷，等．农户资源禀赋差异性对林地流转行为影响实证研究——基于江西集体林区 10 县 503 农户的调查［J］．林业经济，2018，40（11）：44－51.

② 汪熙琮，等．资本禀赋对农户稻虾共养技术采纳规模的影响研究——基于技术感知的中介作用［J］．四川农业大学学报，2022，40（1）：130－136.

③ 廖文梅，等．交易成本、资源禀赋差异对农户生产环节外包行为的影响［J］．中国农业资源与区划，2021，42（9）：198－206.

④ 朱庆莹，等．资本禀赋与农户耕地保护支付意愿关系——基于城镇近郊区与城镇远郊区的对比分析［J］．长江流域资源与环境，2020，29（8）：1885－1895.

⑤ 黄玛兰，李晓云，曾琳琳．农户资本禀赋对水稻生产生态效率的影响——以湖北省为例［J］．中国农业资源与区划，2022，43（10）：75－84.

⑥ 张童朝，等．资本禀赋对农户绿色生产投资意愿的影响——以秸秆还田为例［J］．中国人口·资源与环境，2017，27（8）：78－89.

⑦ 黄晓慧，聂凤英．数字化驱动农户农业绿色低碳转型的机制研究［J］．西北农林科技大学学报（社会科学版），2023，23（1）：30－37.

⑧ 张雯，吴福象．财政科技资助、知识资本禀赋与区域创新绩效［J］．经济问题探索，2021（4）：27－36.

⑨ 殷江滨，等．资本禀赋、城市环境对流动人口机会型创业的影响研究［J］．地理科学进展，2022，41（10）：1833－1845.

距的影响中，分析了大学生村官政策效果存在的异质性，其对资本禀赋较强地区的收入差距缩小作用更加明显①。王鹤霖等探讨了帮扶措施对山区脱贫农户生计策略的选择影响发现，社会资本禀赋、人力资本禀赋、金融资本禀赋和区位条件对农户的生计策略选择有显著影响②。

（六）文献述评

现有文献对农民合作社发展的探析多集中在合作社治理、利益相关者和经营绩效等方面，并试图从合作社成长的外部环境和内在动因两大视角，探究中国农民合作社的发展问题。上述结论为本研究提供了坚实的理论基础和丰富的经验证据，但仍然存在一些不足之处。

第一，以往对农民合作社高质量发展的内涵界定尚不清晰。虽有部分文献探讨了农民合作社的高质量发展，但其内涵研究多基于经济高质量发展的相关理论与农民合作社发展的原则展开，其对农民合作社发展的社会效应及外部性关注不足，难以真正表征农民合作社高质量发展。科学合理地界定农民合作社高质量发展有助于更好地把握农民合作社高质量发展的内容与标准，为开展农民合作社高质量发展的相关研究提供理论基础。因此，必须对农民合作社高质量发展的内涵有准确的思考和清晰的认识。

第二，农民合作社高质量发展水平的测度缺乏多维性和系统性。科学评价农民合作社高质量发展水平是连接理论内涵与实践的重要纽带。已有文献多是基于农民合作社发展的绩效和经营效率两个方面对农民合作社发展水平进行讨论。但是，高质量发展具有更大的深度和广度，因此，其评价也必须具有多维性和系统性。

第三，资本禀赋对农民合作社高质量发展的影响机制有待进一步深化。虽有部分文献探讨了农民合作社发展水平的影响因素，但有关农民合作社资本禀赋对其高质量发展的研究大多只涉及人力资本禀赋、物质资本禀赋和社会资本禀赋的一方面或者两个方面的考察，对其内在的机理尚未形成系统性的理论分析框架，全面考察资本禀赋对农民合作社高质量发展的影响较少。

基于上述考虑，本篇将对新时代农民合作社高质量发展的理论内涵及其影响因素展开深入探讨，重点从资本禀赋以及人力资本禀赋、物质资本禀赋和社会资本禀赋三方面对农民合作社高质量发展驱动机制与路径进行解构，为深刻

---

① 陈思，罗尔呷．大学生村官政策对农村收入差距的影响研究——基于 2015 年和 2017 年中国家庭大数据 1 324 个村社的实证分析［J］．南方经济，2022（12）：82－98.

② 王鹤霖，赵雪雁．帮扶措施对山区脱贫农户生计策略选择的影响——以陇南山区为例［J］．地理科学进展，2022，41（11）：2004－2017.

把握资本禀赋影响农民合作社高质量发展的实现路径提供一个整体的分析框架。

三、相关概念界定

（一）资本禀赋的概念

"资本"在西方经济学理论中被认为是在生产过程中投入的人力、物质、技术等生产资料。Bourdieu 提出资本是一组可被使用的资源和权利①。Ostrom 认为，资本是自然存在着或被生产出来的所有生产要素储备，包括物质资本、人力资本、社会资本和自然资本等方面②。禀赋是指一个企业单位或者一个经济组织所拥有的生产要素及由不同要素所构成的比较优势。资本禀赋也称之为要素禀赋，要素禀赋理论的代表人物是经济学家 Eli Heckscher 和 Bertil Ohlim，故要素禀赋说也被称为赫—俄模式即 H－O 模型。

资本禀赋的内涵比较丰富，学者们对资本禀赋有着不同的定义。目前，学界对资本禀赋概念较为一致的界定是一个国家、组织或个体拥有的各种生产要素，包括劳动力、资本、土地、技术、管理等方面的总和。简单来说，资本禀赋是一个国家或经济组织所拥有的可利用的资源的总供给，就是指有多少资源可以使用。

结合上述分析及研究对象"农民合作社"自身特征，本篇将农民合作社资本禀赋定义为合作社生存、成长和可持续发展中所拥有的各种生产要素的总和，包括劳动力、技术、管理、资金和社会关系等方面。

（二）资本禀赋的分类

目前，国内外学者对资本禀赋主要划分为以下几类。其中，三大类的划分标准主要依据 Bourdieu 的实践理论，具体包括经济资本禀赋、文化资本禀赋和社会资本禀赋。四大类的划分类型主要为自然资本禀赋、经济资本禀赋、人力资本禀赋和社会资本禀赋，也有少数学者根据具体研究内容进行调整。Scoones 认为，家庭资本禀赋包括自然资本禀赋、人力资本禀赋、金融资本禀赋和社会资本禀赋 4 大类③。黄晓慧等将农户资本禀赋分为人力资本禀赋、社

① Bourdieu P. The Forms of Capital（English version）[J]. Handbook of Theory and Research for the Sociology of Education，1986，33（2）：17－25.

② Ostrom E. Social Capital：the Epidemic of Fever or Basic Concepts [J]. Comparative Economic&Social Systems，2003（2）：26－34.

③ Scoones I. Sustainable Rural Livelihoods：A Framework for Analysis [J]. Subsidy or Self，1998，3（3）：23－29.

会资本禀赋、自然资本禀赋和金融资本禀赋四大类①。吴乐将资本禀赋划分为自然资本禀赋、人力资本禀赋、社会资本禀赋和环境资本禀赋，并研究分析不同资本禀赋类型对农户市民化意愿的影响②。五大类的划分标准主要依据英国国际发展署（DFID）提出的可持续生计分析框架，其主要将生计资本划分为物质资本禀赋、自然资本禀赋、人力资本禀赋、社会资本禀赋和金融资本禀赋等5类。六大类的划分方式相对比较少，主要是由学者结合研究的具体问题提出，如黄晓慧等研究资本禀赋对农户水土保持技术价值认知的影响时在以往研究基础之上引入信息资本禀赋③。

在相关研究的基础之上，本篇将农民合作社资本禀赋划分为人力资本禀赋、物质资本禀赋、社会资本禀赋三大类。

四、研究思路与方法

（一）研究思路

为推进中国农民合作社高质量发展，本研究在界定新时代背景下农民合作社高质量发展的内涵基础之上，以农民合作社资本禀赋为切入点，分析资本禀赋对农民合作社高质量发展的影响。在总体思路上，围绕"新时代背景下如何理解并准确界定农民合作社高质量发展的理论内涵？合作社资本禀赋如何影响农民合作社高质量发展？如何通过资本禀赋的配置更好地推动农民合作社高质量发展进而促进农业经济高质量发展和乡村振兴?"等核心问题，按照"概念界定——理论基础——现实分析——机理分析——实证检验——对策建议"的逻辑主线展开研究，主要研究内容包括以下七个部分，具体如下：

（1）界定农民合作社高质量发展的理论内涵。基于农民合作社发展原则、《农民专业合作社法》、政府针对合作社高质量发展的指导文件和农民合作社发展现状，结合新发展理念和高质量发展的理论内涵，指出新时代背景下农民合作社高质量发展是以提升合作社规范化水平为基础，以提高合作社经营效率为首要目标，以示范带动当地"三农"发展，推动共同富裕为最终目的的可持续发展。

（2）首先，从宏观角度分析了中国农民合作社发展现状；其次，分析了研

---

① 黄晓慧，聂凤英．数字化驱动农户农业绿色低碳转型的机制研究［J］．西北农林科技大学学报（社会科学版），2023，23（1）：30－37.

② 吴乐．粮食主产区农业兼业经营、农户分化与农民市民化——基于农户家庭资本禀赋的实证研究［J］．海南大学学报（人文社会科学版），2016，34（5）：34－39.

③ 黄晓慧，王礼力，陆迁．资本禀赋对农户水土保持技术价值认知的影响——以黄土高原区为例［J］．长江流域资源与环境，2019，28（1）：222－230.

究区域农民合作社发展现状；然后，介绍数据来源，问卷设计，抽样过程，利用黑龙江省获取的 371 家粮食种植类农民合作社数据，描述统计样本合作社的基本情况；最后，进行样本农民合作社资本禀赋的测度与解析。基于科学性和系统性的原则，构建农民合作社资本禀赋的指标体系，并用熵值法对样本农民合作社的资本禀赋及其构成维度进行测度，分析样本农民合作社资本禀赋的基本特征。

（3）资本禀赋影响农民合作社高质量发展的机理分析。从理论上分析资本禀赋对农民合作社高质量发展的影响机理是厘清两者关系的关键。首先，分析了资本禀赋影响农民合作社高质量发展的分析框架；然后，重点分析资本禀赋对农民合作社规范化水平、农民合作社经营效率和农民合作社示范带动效应的影响机理，并根据影响机理分析提出具体的研究假设。

（4）实证分析资本禀赋对农民合作社规范化水平的影响。本部分基于研究内容的理论分析及研究假设 1 和假设 2，以黑龙江省 371 家粮食种植类农民合作社为例，实证检验资本禀赋对农民合作社规范化发展的影响。具体内容包括：①构建农民合作社规范化水平的测度指标，并测度样本农民合作社规范化发展水平。②界定涉及的被解释变量、解释变量、控制变量和调节变量，说明各变量的数据来源和计算方法。③基于研究假设，分别构建出资本禀赋影响农民合作社规范化水平的有序 Probit 模型和调节效应模型。④对回归结果进行展示和分析，验证研究假设 1 和假设 2。

（5）实证分析资本禀赋对农民合作社经营效率的影响。本部分基于研究内容的理论分析及研究假设 3 至假设 6，以黑龙江省 371 家粮食种植类农民合作社为例，实证检验资本禀赋对农民合作社经营效率的影响。具体内容包括：①运用 DEA 模型测算样本农民合作社的经营效率。②界定涉及的被解释变量、解释变量、控制变量、中介变量和调节变量，说明各变量的数据来源和计算方法。③基于研究假设，分别构建出资本禀赋影响农民合作社经营效率的 Tobit 模型、中介效应模型和调节效应模型。④对回归结果进行展示和分析，验证研究假设 3 至假设 6。

（6）实证分析资本禀赋对农民合作社示范带动效应的影响。本部分基于研究内容的理论分析及研究假设 7 至假设 10，以黑龙江省 371 家粮食种植类农民合作社为例，实证检验资本禀赋对农民合作社示范带动效应的影响。具体内容包括：①构建农民合作社示范带动效应的评价指标体系，并运用熵值法测算样本农民合作社示范带动效应。②界定涉及的被解释变量、解释变量、控制变量、中介变量和调节变量，说明各变量的数据来源和计算方法。③基于研究假设，分别构建出资本禀赋影响农民合作社示范带动效应的 Tobit 模型、中介效应模型和调节效应模型。④对回归结果进行展示和分析，验证研究假设 7 至假设 10。

（7）基于资本禀赋视角提出影响农民合作社高质量发展的对策建议。依据上述理论分析与实证检验结果，从不同角度提出促进农民合作社高质量发展的对策建议，以期为中国农民合作社高质量发展提供决策参考。

（二）研究方法

1. 文献研究法

通过回顾和梳理国内外农民合作社相关研究进展和成果，明晰本研究与现有研究之间的理论继承、补充与拓展关系，结合中国农民合作社发展实践，提炼符合中国国情的研究问题，初步搭建理论框架。在此基础上，广泛搜索农民合作社资本禀赋，规范化发展、经营效率和示范带动效应等高质量发展方面的相关文献，围绕研究问题提出对应的研究假设，确定本研究在实施乡村振兴战略和高质量发展背景下的研究意义。

2. 问卷调查法与深度访谈法

通过问卷和访谈方式进行实地调查，获取黑龙江省粮食种植类农民合作社运行状况的第一手基础数据。首先，编制试用调查问卷，进行预调研，收集数据，检测适用性后再编制正式调查问卷。具体调查则由课题组成员对农民合作社理事长、农民合作社社员、非社员和相关政府部门等采取座谈、电话访谈和线上问卷等方式进行。

3. 计量分析方法

本篇的核心研究内容是探索资本禀赋对农民合作社的规范化水平、经营效率和示范带动效应的影响程度和作用机理。主要采用熵值法、Order Probit 模型、DEA 模型、Tobit 模型、调节效应模型、中介效应模型等多种实证分析方法对上述主要研究内容进行分析。其中，熵值法用于分析农民合作社的资本禀赋以及农民合作社示范带动效应的测度。Order Probit 模型用于分析资本禀赋对农民合作社规范化水平的影响。DEA 模型用于测算农民合作社的生产经营效率。Tobit 模型用于分析合作社资本禀赋对农民合作社生产经营效率的影响和合作社资本禀赋对农民合作社示范带动效应的影响。调节效应模型用于分析政府培训支持在资本禀赋对农民合作社规范化水平、生产经营效率和示范带动效应的调节效应。中介效应模型主要用于分析政府资金支持、商业贷款支持在资本禀赋对农民合作社生产经营效率和示范带动效应中的中介作用。

（三）技术路线

研究的技术路线见图 7-1。

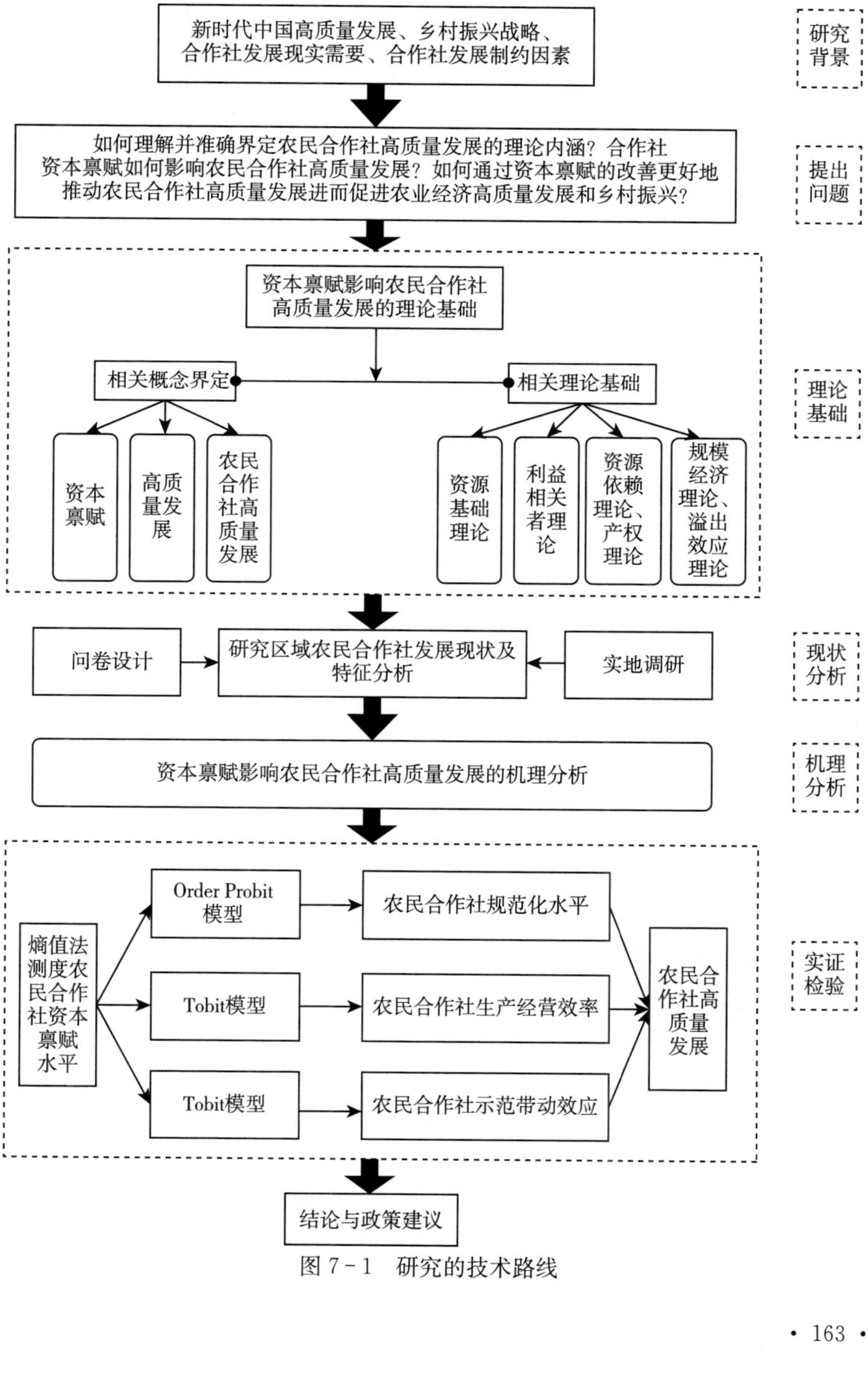

图 7-1 研究的技术路线

第八章　农民合作社资本禀赋测度

改革开放后，由于资本禀赋的约束，农民在家庭承包经营的基础上，开展农业生产合作的意愿逐渐增强，其合作实践不断丰富。为满足农民之间的合作需求，全国人大常委会于 2007 年 7 月 1 日正式颁布了《农民专业合作社法》。自此，中国农民合作社走上了依法发展的快车道。截至 2022 年底，全国依法登记注册的合作社数量为 222.9 万家，是 2007 年 2.6 万家的 85.35 倍。其中，种粮合作社达 51.7 万家，占总数的 23.30%；2007—2022 年 16 年间，农民合作社的数量年均增长 13.44 万家，年均增长率为 5.30%。目前，中国农民合作社无论是在推动农村地区产业融合，还是拓展产品销售渠道，其作用都愈发不容忽视。随着农民合作社规模的不断扩大与业务领域的不断拓展，农民合作社在带动农民共同富裕与实施乡村振兴等方面发挥着巨大的作用。

一、黑龙江省农民合作社总体发展现状

粮食安全是“国之大者”。悠悠万事，吃饭为大。党的二十大报告做出“全方位夯实粮食安全根基”与“确保中国人的饭碗牢牢端在自己手中”的工作部署。黑龙江省是中国的农业大省、重要的粮食主产区。2022 年 12 月 12 日，国家统计局公布 2022 年粮食产量数据显示，黑龙江省粮食生产实现“十九连丰”，粮食作物播种面积 14 683.2 千公顷，占全国总播种面积 118 332.1 千公顷的 12.4%，比 2021 年增加 131.93 千公顷，粮食总产量 7 763.1 万吨（历史第二高），占全国总产量 68 652.8 万吨的 11.3%，连续 13 年位居全国第一。农民合作社作为粮食生产的重要载体，其在发展适度规模经营，推动农业现代化建设、农业高质量发展以及乡村振兴方面都起着重要的作用。黑龙江省依靠得天独厚的优势，大力培育壮大家庭农场、农民合作社等新型经营主体，发展土地适度规模经营，极大地推动了当地“三农”的发展。

据《中国农村合作经济统计年报》统计，截至 2021 年底，全国农民合作社数量为 203.13 万家；其中，粮食类农民合作社 51.66 万家，占合作社总数

量的25.43%。黑龙江省农民合作社数量为8.38万家，占全国农民合作社的3.78%；其中，粮食类农民合作社5.29万家，占全国粮食合作社的10.24%，占黑龙江省合作社总量的63.13%。黑龙江省粮食种植类农民合作社的发展为保障国家粮食安全作出了突出的贡献。

如表8-1所示，2017—2021年的5年间，全国农民合作社数量呈现逐年上升的趋势，从173.56万家增长到203.13万家，年均增长5.91万家，但增长速度呈现下降趋势，农民合作社正经历着由“数量”增长向“质量”提升方向转变。全国粮食类农民合作社数量从37.90万家增长到51.66万家，年均增长2.75万家；全国粮食类农民合作社占总合作社比例由21.84%增长到25.43%，这表明粮食类农民合作社在全部总合作社中的数量逐渐增多，为保障国家粮食安全作出突出贡献。黑龙江省农民合作社数量在2017—2021年5年间，由5.82万家增长到8.38万家，年均增长0.51万家，其占全国农民合作社总数的比例由3.35%增长到4.13%；黑龙江省粮食类农民合作社数量由3.66万家增长到5.29万家，年均增长0.33万家，其占全国粮食类农民合作社比例由9.66%增长到10.24%，其占黑龙江省总合作社数量比例由62.89%增长到63.13%，这表明黑龙江省粮食类农民合作社数量已占全省农民合作社数量的一半以上，为黑龙江省粮食生产打下坚实基础，进而保障国家粮食安全。

表8-1　2017—2021年全国及黑龙江省农民合作社情况

年份	全国合作社数量（万家）	全国粮食类合作社数量（万个）	全国粮食类合作社占总合作社比例（%）	黑龙江省合作社数量（万家）	黑龙江省合作社数量占全国合作社比例（%）	黑龙江省粮食类合作社数量（万家）	黑龙江省粮食类合作社数量占全国粮食类合作社比例（%）	黑龙江省粮食类合作社数量占黑龙江省合作社比例（%）
2017	173.56	37.90	21.84	5.82	3.35	3.66	9.66	62.89
2018	189.19	40.83	21.58	5.88	3.11	3.73	9.14	63.44
2019	193.53	46.10	23.82	8.39	4.34	5.41	11.74	64.48
2020	201.16	48.27	24.00	8.34	4.15	5.25	10.88	62.95
2021	203.13	51.66	25.43	8.38	4.13	5.29	10.24	63.13

数据来源：根据农业农村部的农业经济管理统计年报汇总。

二、数据获取与样本特征分析

（一）调研方案与样本选择

1. 样本抽样与数据收集

截至2021年底，黑龙江省共有农民合作社8.38万家，粮食类农民合作社

5.29 万家，根据各地市现有农民合作社数量，结合各地经济发展水平进行分层抽样，在每个地市选取相应的县区，然后在每个县区选取 2～3 个乡镇，每个乡镇选取 4～5 个粮食种植类农民合作社。为了保证数据收集的完整性、全面性和准确性，调查研究共分为如下几个步骤：首先，课题组与黑龙江省农业农村厅合作经济指导处联系，并与相关负责人员进行线上座谈，掌握黑龙江省农民合作社整体发展情况与相关数据；然后，赴黑龙江省哈尔滨市双城区、巴彦县等地区进行预调研，与县里相关部门负责人、合作社理事长进行座谈，了解农民合作社的实际运行模式与经营状况，并对问卷进行一定修改；最后，2022 年 6—8 月，在全省选取调研区域进行正式的实地问卷抽样调查、电话访谈和线上问卷收集，之后对调研问卷进行整理和录入，并针对问卷中不清楚和不准确的地方通过电话进行了补录。最终，收到黑龙江全省 13 个地（市）26 个县（区）371 份有效问卷。具体问卷数量及地域分布见表 8－2。

表 8－2　调研样本分布情况

地区	编号	县（市）	有效问卷数量
哈尔滨	1	巴彦县	13
	2	双城区	15
	3	通河县	10
	4	五常市	12
齐齐哈尔	5	富裕县	24
	6	克山县	11
	7	依安县	13
牡丹江	8	林口县	20
	9	宁安市	8
佳木斯	10	桦南县	16
	11	汤原县	18
大庆	12	林甸县	11
鸡西	13	虎林市	15
	14	密山市	8
双鸭山	15	宝清县	21
	16	集贤县	19
伊春	17	铁力市	16
七台河	18	勃利县	15
鹤岗	19	绥滨县	15

（续）

地区	编号	县（市）	有效问卷数量
黑河	20	孙吴县	18
	21	北安市	15
绥化	22	青冈县	7
	23	北林区	12
	24	绥棱县	15
	25	庆安县	13
大兴安岭	26	呼玛县	11
问卷数量总计			371

数据来源：根据调研数据整理获得。

2. 调研内容

调研内容共包括五个大的方面，具体内容如下：①农民合作社基本信息。包括合作社成立时间、注册资金、合作社领办类型、合作社示范等级、社员数量等。②农民合作社理事长特征。包括年龄、性别、文化程度、理事长政治身份、商业从业经历等。③农民合作社运营特征。包括理事会成员数量、监事会成员数量、核心技术人员数量、是否有职业经理人、合作社是否加入联合社、合作社利益分配方式、合作社决策方式、财务管理制度、社员参与程度、社员退出机制、合作社内部社员信任程度等。④合作社生产经营特征。包括合作社拥有机械及配套农机具资产总额、合作社是否成立加工企业、合作社 2021 年服务经营土地面积、合作社 2021 年投入生产总成本、2021 年合作社总收入、2021 年合作社总盈余、合作社实际参与运营人数、合作社是否有职业经理人、合作社较成立时社员数量变化、2021 年合作社社员数量、社员覆盖范围、合作社农产品品牌级别等。⑤合作社外部特征。包括合作社与乡镇距离、合作社所在村庄是否还有其他合作社、合作社所在村非本合作社农户年人均收入水平、合作社是否得到过国家资金支持、合作社是否获得过无息或低息贷款、2021 年政府对合作社理事长管理培训次数、2021 年政府在本合作社开展社员培训次数、合作社是否帮助贫困弱势群体、合作社参与村庄治理情况、合作社组织文化娱乐活动次数、合作社带动非社员人数等方面。

（二）样本描述性统计分析

为了把握农民合作社以及合作社理事长的基本特征，本部分从农民合作社领办类型、示范等级、技术人员数量、是否有职业经理人、是否加入联合社、是否成立加工企业、理事长性别、年龄、文化程度、政治身份、商业从业经历等方面对农民合作社及合作社理事长特征进行描述性统计分析（表 8-3）。

表 8-3 样本农民合作社及理事长的基本情况

特征类型	分组变量	选项	样本量	比例%
合作社基本特征	领办类型	农户自发组建型	183	49.33
		种植大户或能人领办型	103	27.76
		村干部或村集体（党支部）领办	85	22.91
	示范等级	不是示范社	161	43.4
		县级示范社	76	20.49
		市级示范社	42	11.32
		省级示范社	81	21.83
		国家级示范社	11	2.96
	技术人员数量	无技术人员	96	25.88
		1～5 位	200	53.91
		6～10 位	50	13.48
		11 位以上	25	6.74
	是否加入联合社	是	74	19.95
		否	297	80.05
	是否成立加工企业	是	91	24.53
		否	280	75.47
理事长基本特征	性别	男	338	91.11
		女	33	8.89
	年龄	20～30 岁	6	1.62
		31～40 岁	69	18.6
		41～50 岁	192	51.75
		51～60 岁	92	24.8
		60 岁以上	12	3.23
	文化程度	小学及以下	8	2.16
		初中	148	39.89
		高中或中专	130	35.04
		大专及以上	85	22.91
	政治身份	群众	221	59.57
		村干部或人大代表或政协委员	109	29.38
		村干部并兼任人大代表或政协委员	41	11.05
	从商经历	是	155	41.78
		否	216	58.22

数据来源：根据调研数据整理获得。

合作社领办类型方面，农户自发组建型居多，占比为49.33%，种植大户或能人领办类型有103家，占比为27.76%，村干部或村集体（党支部）领办类型最少，有85家，占总样本的22.91%。合作社示范等级方面，不是示范社的居多，有161家，占比为43.4%；省级示范社有81家，占比为21.83%；县级示范社有76家，占比为20.49%；市级示范社有42家，占比为11.32%；国家级示范社占比最少，有11家，占比为2.96%。样本合作社涉及示范等级较为合理，具有一定的代表性。合作社中技术人员方面，有1～5位技术人员的合作社数量最多，有200家，占比为53.91%；无技术人员的合作社有96家，占比为25.88%；拥有6～10位技术人员的合作社有50家，占比为13.48%；拥有11位以上技术人员的合作社有25家，占比为6.74%。这表明目前大多数合作社内部都有专职的技术人员。合作社是否加入联合社方面，样本合作社中加入联合社的有74家，占比为19.95%；没有加入合作社有297家，占比为80.05%。这与现实情况中加入联合社的农民合作社数量较少相符。

合作社是否成立加工企业方面，没有成立加工企业的合作社占多数，有280家，占比为75.47%；成立加工企业的合作社数量为91家，占比为24.53%。理事长性别方面，男性占多数，有338家合作社理事长为男性，占比为91.11%；女性理事长合作社有33家，占比为8.89%。理事长年龄方面，41～50岁的占多数，有192位，占比为51.75%。这表明超一半的合作社理事长年龄在41～50岁之间；51～60岁的理事长有92位，占比为24.8%；31～40岁的理事长有69位，占比为18.6%；60岁以上的理事长有12位，占比为3.23%；20～30岁的理事长最少，有6位，占比为1.62%。农民合作社理事长的文化水平方面，有148位为初中学历，占比为39.89%，占比最大；拥有高中或中专学历的有130位，占比为35.04%；拥有大专及以上学历的有85位，占比22.91%；小学及以下学历的理事长最少，有8位，占比为2.16%。理事长政治身份方面，身份为普通群众的理事长最多，有221位，占比为59.57%；为村干部或人大代表或政协委员的理事长有109位，占比为29.38%；为村干部并兼任人大代表或政协委员的理事长有41位，占比11.05%。理事长从商经历方面，有过经商经历的理事长有155位，占比为41.78%；没有从商经历的理事长有216位，占比为58.22%。以上样本特征，较为符合黑龙江省农民合作社的生产运营状况，具有一定的代表性。

三、农民合作社资本禀赋指标体系的构建

（一）资本禀赋指标构建原则

农民合作社资本禀赋指标体系是研究资本禀赋对农民合作社高质量发展影

响的基础，为保证本研究的科学性以及合理性，在构建农民合作社资本禀赋指标体系时，遵循以下基本原则：

(1) 现实性与广泛性原则。农民合作社资本禀赋表现多样化，既有人力方面，也有物质方面与社会方面。因此在设计农民合作社资本禀赋指标体系时，应结合农民合作社现实发展情况，对其进行广泛和全面的考量。

(2) 层次性原则。在保证指标体系能够体现不同角度、不同方面，还要注意农民合作社资本禀赋指标的层次性。目的是可以从不同层次反映农民合作社资本禀赋的实际情况，同时保证指标具有可直接测量性和可观测性。

(3) 可获得性原则。在进行农民合作社调查中，可能会面临农民合作社理事长或合作社社员对问卷内容理解的偏差以及由于问卷调查人员自身限制，一些数据获取难度较大。因此在设计农民合作社资本禀赋具体指标体系过程中，要充分考虑数据的可获得性。

(4) 一致性原则。由于调查的区域范围为黑龙江省全省，不同地市农民合作社可能具有差异。因此，在设计农民合作社资本禀赋具体指标体系时，应保证统计指标的一致性，为后期数据处理打好基础。

(5) 独立性原则。在农民合作社资本禀赋不同维度下的指标要从不同角度反映该维度的农民合作社资本禀赋，并且尽量有代表性，避免出现指标之间的重叠，为保证后期实证内容可靠做好铺垫。

(二) 农民合作社资本禀赋指标体系的内容

基于上述构建原则，参考已有的相关研究，结合农民合作社运营发展的实际特点，构建适用于农民合作社的资本禀赋测量指标体系（表 8-4）。

表 8-4 农民合作社资本禀赋测度指标体系

一级指标	二级指标	测量指标	变量定义与赋值
农民合作社资本禀赋	人力资本禀赋	理事长文化程度	小学及以下＝1，初中＝2，高中或中专＝3，大专及以上＝4
		担任理事长年限	5 年及以下＝1，6～10 年＝2，11～15 年＝3，15 年及以上＝4
		合作社中技术人员	无技术人员＝1，1～5 位＝2，6～10 位＝3，11 位及以上＝4
		合作社是否有职业经理人	否＝0，是＝1

（续）

一级指标	二级指标	测量指标	变量定义与赋值
农民合作社资本禀赋	物质资本禀赋	注册资金	万元
		农业机械及配套农机具固定资产原值总额	万元
		合作社是否有成立自己的加工企业	否＝0，是＝1
	社会资本禀赋	理事长政治性社会资本禀赋	1＝没有行政职务，2＝村干部或人大代表或政协委员，3＝村干部并兼任人大代表或政协委员
		理事长是否有经商经历	否＝0，是＝1
		合作社成员信任程度	非常不信任＝1，不太信任＝2，一般＝3，比较信任＝4，非常信任＝5
		是否加入联合社	否＝0，是＝1
		合作社示范等级	不是示范社＝1，县级示范社＝2，市级示范社＝3，省级示范社＝4，国家级示范社＝5

1. 人力资本禀赋指标及测量

自 Schultz 和 Becker 创立了人力资本禀赋理论以来，学者们在人力资本禀赋对经济增长贡献方面进行了大量研究。人力资本禀赋成为推动经济增长的重要因素已经成为共识。

“人才兴，则社兴”，人才是农民合作社健康快速发展的第一资源。农民合作社是具有经济属性和社会属性双重性质的组织，不仅要带动农民增收，促进农业发展，还要服务成员，服务社区。这样特殊的使命，决定了有奉献精神与公益情怀的复合型人才是农民合作社发展所需要的主要人才。一方面，人才是合作社兴办的源头。能人领办农民合作社在合作社组建形式中占比最大。正是因为“能人效应”，农民合作社才能吸引更多的农户加入合作社、发展合作社，使合作社成为一个利益共同体。另一方面，人才是农民合作社规范化建设和可持续发展的保障。目前，农民合作社发展还处于初级阶段，组织规模小、内部机制不规范、市场竞争力弱以及发展活力不足，面对瞬息万变的市场经济和农业农村发展新情况，如果合作社不能及时有效应对，可能导致决策不科学、管理失当。如果农民合作社带头人或者核心骨干不具备经营管理的综合素质，合作社的发展可能困难重重。农民合作社带头人和社员缺乏生产经营、市场营销和对外协调沟通等能力，合作社的发展也必然走不长远。同时，人才也是合作社与社会进行资源对接的便捷通道。在实施乡村振兴战略的背景下，合作社的发展需要资金、技术和先进设备等支持，而这些资源进入合作社最便捷的方式便是掌握资金、先进技术的人才进入合作社，换言之，资金、技术和社会网络是人力资本禀赋红利的“附加福利”。因此，合作社发展要积极培养人才、引进人才，为自身发展储备人才。

人力资本禀赋是由劳动者的知识、经验、体力和技术熟练程度等方面综合构成的资本。目前，中国农民合作社主要是以合作社理事长主导的经营模式。鉴于合作社主要由少数核心成员控制，学者普遍以合作社主导人员的特征作为合作社的人力资本禀赋情况。现实情况中，合作社运营管理主要是以合作社理事长为主，以及技术人员和职业管理人员为辅。能人领办型合作社利用乡村能人的资源优势和关系优势，通过自身示范带动作用把分散的农户整合到有体系的组织中，为乡村发展奉献智力与经济能量。聘用职业经理人，可以提升农民合作社的管理创新与营销创新水平。参考相关学者的做法，选择合作社理事长受教育水平和担任理事长年限衡量理事长的人力资本禀赋。因此，本研究在分析农民合作社人力资本禀赋时主要选择合作社理事长以及合作社职业经理人、专业技术人员特征因素。合作社在发展过程中要采用先进技术需要聘请专业技术人员进行日常指导，合作社多元化发展需要聘请职业经理人对合作社进行精细化管理，从而提高合作社的人力资本禀赋水平。

综上所述，本研究选取合作社理事长的文化程度、担任理事长年限、合作社中技术人员数量和合作社是否有职业经理人作为合作社的人力资本禀赋测度指标。

2. 物质资本禀赋指标及测量

物质资本禀赋能够保障农民合作社从事更加高效的农业生产。冯晓龙选择通信设备、交通工具及生产性资产衡量农民物质资本禀赋①。黄晓慧等选取家庭农用机械数量来表征农户物质资本禀赋②。田慧娴等用农户固定资产投资原值的折旧量来表征农户的物质资本禀赋存量③。另外，2022年，农业农村部印发的《关于实施新型农业经营主体提升行动的通知》中第十条指出，推动农民合作社办公司。鼓励农民合作社根据发展需要，采取出资新设、收购或入股等形式办公司，以所办公司为平台整合资源要素、延长产业链条、提升经营效

---

① 冯晓龙，霍学喜，陈宗兴．气候变化与农户适应性行为决策［J］．西北农林科技大学学报（社会科学版），2017，17（5）：73-81.

② 黄晓慧，陆迁，王礼力．资本禀赋、生态认知与农户水土保持技术采用行为研究——基于生态补偿政策的调节效应［J］．农业技术经济，2020（1）：33-44.

③ 田慧娴，等．人力和物质资本禀赋对农业经济增长的空间差异［J］．资源开发与市场，2022，38（2）：169-177.

益。引导农民合作社与所办公司独立核算，明晰产权关系，合理分配利益，确保可持续发展。

本研究选择农民合作社成立时的注册资金、农民合作社拥有的农业机械及配套农机具固定资产原值总额和农民合作社是否成立自己的加工企业三个指标作为农民合作社物质资本禀赋的具体观测指标。农民合作社成立时的注册资金代表该合作社成立时合作社所拥有的资产状态，资金注入是合作社健康、有序、高质量发展的关键因素，一般合作社注册资金额越大，则其物质基础越雄厚，便于合作社开展农业生产的产前、产中、产后相关业务工作；合作社所拥有的农业机械数量和配套农机具是农民合作社的重要物质资产，是开展农业生产的基础，其对农民合作社规范化运营、农民合作社生产效率和农民合作社对当地发展示范引领具有重要的推动作用。合作社建立自己的加工企业有利于提高合作社成员素质、农民合作社的经济效益以及带动当地“三农”的发展。此外，随着供给侧结构性改革，特别是田园综合体、一二三产业融合发展机遇，一些农民合作社通过产业链的延伸，已经开始由最初的空壳合作社、“大农吃小农”式的不辨真假的数量型合作社，向逐渐能够与大农户良性合作、双赢合作的、越来越多的质量型合作社转变。这个经济主体的全产业链发展，成为以“扶正驱邪”方式解决合作社异化问题的内生动力，使合作社发展成为市场竞争中重要的新型农业经营主体。

3. 社会资本禀赋指标及测量

社会资本禀赋概念最初源于社会学。社会资本禀赋是一种“社会结构资源”，它能够促进某些行动目标的实现。学术界对于一个企业组织的社会资本禀赋的衡量莫衷一是，具有代表性的做法是从企业组织自身和企业核心人员两个方面考虑。余明桂等用一家企业的董事长是否担任过政府官员、人大代表或者政协委员作为企业政治关系的表征①。

参考已有文献并结合农民合作社的特殊性，社会资本禀赋变量选取如下：一是带头人的政治型社会资本禀赋和商业型社会资本禀赋。用农民合作社理事长政治身份经历和经商经历来表示。一般来说村干部的社会网络较普通农民理事长丰富，拥有较强的收集和理解信息的能力，影响农民合作社发展。此外，理事长是否有经商经历，其对于合作社的管理具有重要的影响，具有经商经历的理事长，一般具备市场经济思维理念，更有可能推动合作社产业发展，从而带动农户增收致富。二是组织型社会资本禀赋。用“合作社是否加入联合社”和“合作社内部社员之间的信任程度”来表示。农民合作社其本身就是一种基

① 余明桂，潘红波．政治关系、制度环境与民营企业银行贷款［J］．管理世界，2008（8）：9-21，39，187.

于农村地区社会资本禀赋的组织，是在以人际关系为核心的传统文化中成长的。因此，加入联合社有利于资源的优化配置，促进农民合作社高质量发展。另外，一个组织内部成员之间的信任程度越高对其组织健康可持续发展越有重要作用。三是声誉型社会资本禀赋。用“合作社示范等级”来度量。“资本积累”是农民合作社获取政策资源的重要策略，示范性农民合作社资格的获取会使其成为各级政府重点帮扶的对象，而这也会激励合作社提高自身的经营管理水平、生产效率和示范带动效应。

四、资本禀赋指标测度过程

（一）资本禀赋测度方法

为避免主观因素所带来的偏误影响，本研究通过熵值法对农民合作社资本禀赋具体指标进行赋权并进行测度。目前，熵值法已经在社会经济和产业发展评价等研究领域得到广泛运用。用这种客观赋权方法对指标进行赋权，能够消除人为因素的干扰，使评价结果和研究结论更加科学。其具体测度步骤为：

（1）构建标准化矩阵。进行熵值法之前，通常需要对所用数据进行正向或逆向化界定，可使用生成变量功能。

$$\boldsymbol{X} = (x_{ij}) \tag{8-1}$$

式中，x_{ij} 为第 i 个农民合作社资本禀赋的第 j 个指标的观测值标准化形式。

（2）生成新矩阵。利用标准化矩阵生成新矩阵 $\boldsymbol{B}=(b_{ij})$，新矩阵与原来矩阵的关系为：

$$B = \frac{x_{ij}}{\sum_{i=1}^{m} x_{ij}} \tag{8-2}$$

（3）计算信息熵和信息效应评价值

求出第 j 个指标的信息熵 e_j 和信息效应评价值 d_j，公式如下：

$$e_j = -\left(\frac{1}{\ln n}\right)\sum_{i=1}^{m} b_{ij}\ln(b_{ij}) \tag{8-3}$$

$$d_j = 1 - e_j \tag{8-4}$$

（4）计算指标权重

$$w_j = d_j / \sum_{j=1}^{n} d_j \tag{8-5}$$

（5）计算各维度资本禀赋得分

$$v_j = \sum_{j=1}^{n} w_j x_{ij} \tag{8-6}$$

（二）样本农民合作社资本禀赋权重分析结果

利用熵值法对资本禀赋构成的各个指标的权重进行计算（表 8－5）。通过表 8－5 中农民合作社资本禀赋各个指标的权重可以发现，权重较高的是社会资本禀赋中的“合作社是否加入联合社”（0.1721289）和“理事长是否有经商经历”（0.1624786），这说明不同农民合作社之间的“是否加入联合社”和“合作社是否有职业经理人”差异较大。权重最低的是社会资本禀赋中的“合作社成员信任程度”（0.0086907），这说明不同农民合作社内部成员之间的信任程度差异较小。

表 8－5　农民合作社资本禀赋评价指标权重

资本类型	测量指标	归一化权重
人力资本禀赋	理事长文化程度	0.011 793
	担任理事长年限	0.052 554 7
	合作社中技术人员	0.042 050 3
	合作社是否有职业经理人	0.162 478 6
物质资本禀赋	注册资金	0.055 379 4
	农业机械及配套农机具固定资产原值总额	0.070 291 5
	合作社是否有自己的加工企业	0.150 049 4
社会资本禀赋	理事长政治身份经历	0.109 736 2
	理事长是否有经商经历	0.092 500 3
	合作社成员信任程度	0.008 690 7
	是否加入联合社	0.172 128 9
	合作社示范等级	0.072 346 7

五、样本农民合作社资本禀赋特征分析

（一）农民合作社综合资本禀赋指标特征分析

通过表 8－6，我们可以看出合作社理事长的文化程度均值为 2.789 8，表明样本农民合作社理事长的文化程度为初中以上水平。从合作社理事长担任理事长年限来看，其均值为 1.773 5，表明合作社理事长平均担任年限不到 6 年。从合作社中技术人员数量来看，其均值为 2.010 8，表明平均每个合作社拥有农业技术人员在 1～5 位。从合作社是否有职业经理人指标来看，其均值为 0.218 3，这表明大部分农民合作社没有设立职业经理人这个职位。从合作社

的注册资金指标来看，其均值为 439.078 3，最大值为 5 150，最小值为 4.9，标准误为 583.526 8，这表明合作社之间的注册资金差异较大。从合作社拥有农业机械及配套农机具的资金总额来看，其均值为 213.694 1 万元。从农民合作社是否有自己的加工企业来看，其均值为 0.245 3，这表明目前大部分合作社并没有成立加工企业，这与目前中国合作社发展仍处于起步阶段相符。从合作社理事长的政治身份经历来看，其均值为 1.692 8，表明大部分合作社理事长没有担任过村干部等行政职务。从合作社理事长的经商经历来看，其均值为 0.420 5，这表明一半以上农民合作社理事长没有经商经历。从合作社内部社员之间的信任程度来看，社员之间信任程度平均得分为 3.884 1，这表明合作社内部社员之间的信任程度较好。从农民合作社是否加入联合社指标来看，其均值为 0.199 5，这表明多数合作社没有加入联合社。从农民合作社示范等级来看，均值为 2.204 9，表明样本合作社平均为县级示范社，具有一定的规范性。

表 8-6　农民合作社资本禀赋观测指标的描述性统计

测度指标	变量定义与赋值	最小值	最大值	均值	标准差
理事长文化程度	小学及以下＝1，初中＝2，高中或中专＝3，大专及以上＝4	1	4	2.789 8	0.811 4
担任理事长年限	5 年及以下＝1，6～10 年＝2，11～15 年＝3，15 年及以上＝4	1	4	1.773 5	0.667 8
合作社中技术人员数	无技术人员＝1，1～5 位＝2，6～10 位＝3，11 位及以上＝4	1	4	2.010 8	0.815 3
合作社是否有职业经理人	否＝0，是＝1	0	1	0.218 3	0.413 7
注册资金	万元	4.9	5 150	439.078 3	583.526 8
农业机械及配套农机具固定资产原值	万元	13	5 100	213.694 1	346.354 7
合作社是否有自己的加工企业	否＝0，是＝1	0	1	0.245 3	0.430 8
理事长政治身份经历	1＝没有行政职务，2＝村干部或人大代表或政协委员，3＝村干部并兼任人大代表或政协委员	0	1	1.692 8	1.006 7
理事长是否有经商经历	否＝0，是＝1	0	1	0.420 5	0.494 3

（续）

测度指标	变量定义与赋值	最小值	最大值	均值	标准差
合作社成员之间的信任程度	非常不信任＝1，不太信任＝2，一般＝3，比较信任＝4，非常信任＝5	2	5	3.884 1	0.735 2
是否加入联合社	否＝0，是＝1	0	1	0.199 5	0.400 1
合作社示范等级	不是示范社＝1，县级示范社＝2，市级示范社＝3，省级示范社＝4，国家级示范社＝5	1	5	2.204 9	1.284 5

（二）农民合作社资本禀赋及其构成特征分析

利用各个指标标准化数值和权重加权计算每个农民合作社的资本禀赋，农民合作社资本禀赋及其各个维度评价结果见表 8－7。对于农民合作社资本禀赋来说，最小值为 0.035 2，最大值为 0.888 5，极差比较大，说明农民合作社之间的资本禀赋差异比较大。具体农民合作社三个维度资本禀赋均值的大小顺序为：社会资本禀赋（0.125 8）＞人力资本禀赋（0.070 2）＞物质资本禀赋（0.044 3）。极差方面，样本农民合作社的人力资本禀赋的极差最小，为 0.247 5，社会资本禀赋的极差最大，为 0.434 4。为了分析农民合作社资本禀赋的强弱情况，将农民合作社划分为强资本禀赋型和弱资本禀赋型两种类型，具体划分方法是农民合作社的资本禀赋大于资本禀赋均值的为强资本禀赋型，小于均值的为弱资本禀赋型。从表 8－7 中可以看出，农民合作社的三个维度资本禀赋以及综合资本禀赋中，弱资本禀赋型农民合作社都超过了一半，这表明一半以上农民合作社的资本禀赋水平低于平均水平。关于综合资本禀赋，58.49％农民合作社属于弱资本禀赋型，41.51％农民合作社属于强资本禀赋型，弱资本禀赋型农民合作社多于强资本禀赋型农民合作社。对于资本禀赋三个维度来说，农民合作社之间的人力资本禀赋差异最为明显，弱人力资本禀赋类型农民合作社比例（76.55％）显著高于强人力资本禀赋类型的农民合作社占比（23.45％）。

表 8－7　农民合作社资本禀赋评价结果

项目	均值	标准误	最小值	最大值	弱		强	
					数量	比例％	数量	比例％
人力资本禀赋	0.070 2	0.074 6	0.003 9	0.251 4	284	76.549 9	87	23.450 1
物质资本禀赋	0.044 3	0.067 0	0.000 3	0.272 5	279	75.202 2	92	24.797 8

（续）

项目	均值	标准误	最小值	最大值	弱		强	
					数量	比例%	数量	比例%
社会资本禀赋	0.125 8	0.080 0	0.018 1	0.452 5	237	63.881 4	134	36.118 6
综合资本禀赋	0.240 3	0.157 3	0.035 2	0.888 5	217	58.490 6	154	41.509 4

六、本章小结

首先，本章分析了中国农民合作社发展的基本情况以及调研省份黑龙江省农民合作社的发展现状，并针对调研省份黑龙江省进行了数据收集。其次，本章重点在以往研究基础上从人力资本禀赋、物质资本禀赋和社会资本禀赋三方面构建了农民合作社资本禀赋的测度指标体系。此外，利用黑龙江省粮食种植类农民合作社的调查数据，运用熵权法测算了农民合作社的资本禀赋及其各维度的资本禀赋，并对样本农民合作社资本禀赋的基本情况进行描述性统计分析。研究发现，对于资本禀赋总指数来说，最小值为 0.035 2，最大值为 0.888 5，极差比较大，说明农民合作社之间差异比较大。三大资本禀赋均值的大小顺序为：社会资本禀赋（0.125 8）＞人力资本禀赋（0.070 2）＞物质资本禀赋（0.044 3）。极差方面，人力资本禀赋的极差最小，为 0.247 5，社会资本禀赋的极差最大，为 0.434 4，这表明样本农民合作社人力资本禀赋差异最小，社会资本禀赋差异较大。不管是三个维度资本禀赋还是综合资本禀赋，弱资本禀赋类型的农民合作社都超过了一半，说明一半以上农民合作社的资本禀赋水平低于平均水平。

第九章　资本禀赋对农民合作社高质量发展的影响机制

在分析了黑龙江省农民合作社发展情况以及样本农民合作社资本禀赋特征的基础之上，本章拟对资本禀赋影响农民合作社高质量发展的机理进行分析。首先，本章构建了资本禀赋影响农民合作社高质量发展的整体框架。其次，分别从资本禀赋影响农民合作社规范化水平、经营效率和示范带动效应三个方面开展内部机理分析，并提出相应的研究假设，为本书的第十章、第十一章和第十二章的实证分析做好铺垫。

一、资本禀赋影响农民合作社高质量发展的分析框架

本书导论和第七章界定了资本禀赋和农民合作社高质量发展的核心概念。其中，农民合作社资本禀赋是指合作社生存、成长和可持续发展中所拥有的各种生产要素的总和，主要包括劳动力、技术、管理、资金、社会关系等方面，具体分为人力资本禀赋、物质资本禀赋和社会资本禀赋三个方面。新时代背景下农民合作社高质量发展是以提升合作社规范化水平为基础，以提高合作社经营效率为首要目标，以示范带动当地“三农”发展、推动共同富裕为最终目的的可持续发展。结合本篇的主要研究内容，从农民合作社资本禀赋视角，探讨农民合作社资本禀赋对农民合作社高质量发展的影响，进而构建“人力资本禀赋—物质资本禀赋—社会资本禀赋”与“农民合作社规范化水平—农民合作社经营效率—农民合作社示范带动效应”双重三位一体的农民合作社高质量发展驱动机制分析框架，为本篇理论分析与实证分析提供整体思路。

（一）资本禀赋与农民合作社的规范化水平

从理论逻辑来看，农民合作社相较于普通农户有着较高的人力资本禀赋、物质资本禀赋和社会资本禀赋。资本禀赋对农民合作社规范化水平的提升具有重要影响。其中，高素质管理者是农民合作社规范化运营的基础，其

能够有效协调合作社内部资源、制定合作社利益分配方案、优化股权结构、完善合作社规范化运营制度。农民合作社雄厚的物质资本禀赋将促进合作社理事长和社员学习先进的运营方式，促进合作社规范化运营。农民合作社的社会资本禀赋不仅对合作社社员的合作行为有直接的影响作用，还能通过对其合作意愿的影响间接激励和约束农民社员的合作行为，进而促进合作社规范化发展。

从现实逻辑来看，规范化是农民合作社发展的前提，发展是规范化的保障，规范和发展要同步推进，要牢牢守住规范化发展这条底线。随着时间的变化，由于合作社资本禀赋的差异，中国农民合作社发展出现异化，其严重影响农民合作社的健康发展。从产权理论来看，农民合作社作为一种产权融合的经济共同体，其发展中存在机会主义行为和道德风险，从而引发社员搭便车、决策失灵等现实问题。而改善农民合作社的内部产权安排是其可持续发展的有效途径。规范性要素是对组织行为的约束。其关注的重点在于对组织行为的适当性作出判断，以确保组织的行为和社会的规范相一致。

（二）资本禀赋与农民合作社的经营效率

从现实逻辑来看，资本禀赋对农民合作社经营效率的提高有着重要影响。改革开放以来，我国农业生产技术与农户生产经营方式发生了重大变化。但是，受资源和环境约束，大部分农户所拥有的资本禀赋仍未发生根本性变化，农户扩大再生产面临着资本禀赋约束的难题。在短期不能改变自身资本禀赋的情况下，农户必然通过调整自身生产经营组织方式来获取最大发展。农民合作社正是在此背景下兴起的农户自愿联合、民主管理、平等互助的经济组织，其在提高农户的市场竞争地位、降低交易成本、实现规模经济等方面发挥了重要作用。

从理论逻辑来看，作为互助性的乡村经济共同体，农民合作社是帮助农民个体有效参与市场博弈的现实途径，其依靠自身的资本禀赋可以有效地解决农户难买、难卖、难增收等现实问题。独立经营的普通农户存在的“小、散、乱、弱”问题成为农民与现代农业发展有机衔接所面临的最大瓶颈。其中，“散”主要表现在农户没有参与社会化的分工体系，生产经营相对封闭，劳动分工停留于家庭内部的自然分工，缺少外部先进技术与现代经营管理要素的注入与支持。当分散的农户在参与市场交易的过程中面临组织化程度更高的主体时，存在天然的竞争劣势。合作社的重要功能是将小农户的分散生产和经营活动组织起来，提高其生产效率。小农户以合作社的组织形式实现联合，能够有效降低交易成本，将分散的资源集中使用以形成规模经济优势。

大国小农是中国的基本国情农情，实现小农户与现代农业的有机衔接将是中国建设农业强国的关键所在。实践证明，在诸多交易中介主体中，农民合作社是一种有效的中介组织载体。农民合作社依靠自身的资本禀赋快速发展，解决了很多小农户一家一户办不了、办起来不合算的难题，提高了农业经营效率，进而提升了农民合作社自身组织的经营效率，其有效地解决了中国“谁来种地、怎么种地”的难题，为夯实中国粮食安全根基打下坚实的基础。

（三）资本禀赋与农民合作社的示范带动效应

从现实逻辑来看，雄厚的资本禀赋有利于增强合作社对内部社员和外部非社员示范带动的效果。目前，农民合作社基于自身的资本禀赋优势已经为建设农村小康社会作出巨大贡献。调研发现，农民合作社办得好的地方，往往也是经济发展较好、邻里和谐的地方，这从侧面说明了农民合作社在促进乡村整体发展方面发挥了重要的示范带动作用。党的十九大提出实施乡村振兴战略，推进农业农村现代化。实现农业农村现代化必须立足并长期面对“大国小农”的基本国情农情。农民合作社具有长期扎根农村、服务农民、点多面广、与农民联系紧密等特点，在为农服务方面具有其他工商企业无法比拟的优势。在未来相当长的一段时间内农民合作社还将继续发展，并成为推进乡村全面振兴的重要支撑力量。

从理论逻辑来看，农民合作社作为降低交易成本、提高交易效率的交易中介组织，其能够依靠自身禀赋带动农民增收和地方经济发展。诸多研究表明，作为农民自我服务的互助组织，农民合作社依靠自身资本禀赋能够为广大小规模家庭经营者提供农业生产经营服务，克服小农户分散经营的不足，实现小农户和现代农业有机衔接，促进农民增收致富。另外，农民合作社兼具企业和社员共同体的双重属性，既要关注合作社组织层面的绩效，又要考虑合作社内部社员层面和合作社所在地区社会层面的绩效。农民合作社的社会功能是合作社区别于其他经济组织的关键要素。从农民合作社成立的基本原则来看，合作社成员是其服务功能的最终受益者，此外，合作社组织根植于地方，通常与所在社区保持密切的联系，农民合作社发展原则中的“关心社区”原则明确指出农民合作社发展不是仅仅关注内部成员的利益，还应关心合作社所在社区的事业，为社区的可持续发展提供服务。

改革开放以来，中国农民合作社依靠自身组织资本禀赋的优势蓬勃发展，成为各类新型农业经营主体中发展最快、数量最多、覆盖农户最广的组织形式。它所覆盖的产业领域较为广泛，有利于农村地区一二三产业的融合发展，创新产业新业态，推动乡村振兴。农民合作社与广大农民的生产、流通、服务、收入、生活联系最直接，影响最大。实践证明，农民合作社是提高农民市场主体地位、保护农民利益的重要载体，是促进农民增收和农村现代化建设的重要手段，具有旺盛生命力和广阔的发展前景。新时代背景下，走共同富裕道路的重点在农村，最难也在农村。而农民合作社基于自身的资本禀赋优势已经为建设农村小康社会作出巨大成绩。另外，政府对农民合作社有了更高的期待，即通过合作社为载体带动乡村振兴，推动共同富裕，促进社会公平正义，实现人的全面发展。

基于上述分析，本篇通过农民合作社资本禀赋视角，从理论逻辑和现实逻辑两个方面探讨了资本禀赋与农民合作社规范化发展的关系、资本禀赋与农民合作社经营效率的关系、资本禀赋与农民合作社示范带动效应的关系。在此基础上，构建整体分析框架，并以该分析框架作为研究的逻辑起点，运用数理模型和计量方法，分别从理论和实证两个层面论证合作社资本禀赋、人力资本禀赋、物质资本禀赋和社会资本禀赋对农民合作社规范化水平、经营效率和示范带动效应的影响。本篇研究的逻辑框架见图 9-1。

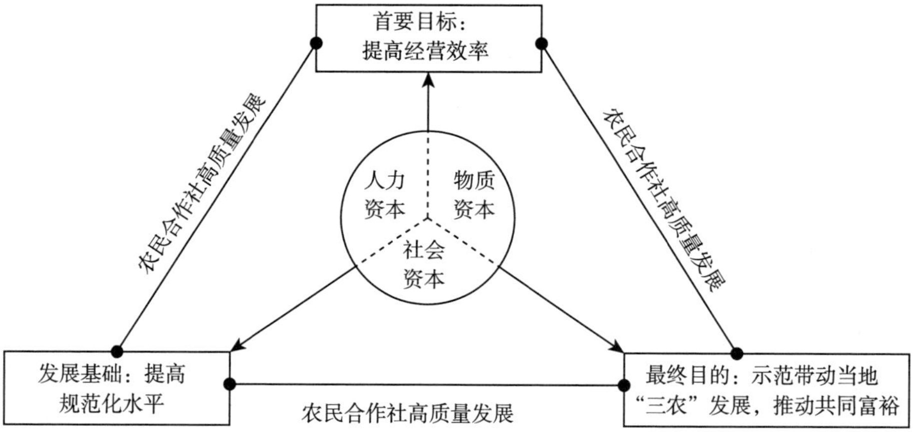

图 9-1 本篇研究的逻辑框架

二、资本禀赋影响农民合作社规范化水平的机理分析

农民合作社运营的规范化水平严重影响合作社成长的可持续性。而农民合作社自身资本禀赋与其运营的规范化水平有着重要关系。因此，有必要探讨资本禀赋影响农民合作社规范化发展的决定机制。

（一）资本禀赋影响农民合作社的规范化水平的直接效应分析

1. 人力资本禀赋对农民合作社规范化水平的影响

在农民合作社实际发展过程中，理事长和合作社中的专职人员是其人力资本禀赋的重要组成部分。人力资本禀赋对于农民合作社规范化水平的影响表现在以下几个方面：其一，合作社理事长作为具有合作意识和合作知识的“农村精英”，拥有一定的个人资本积累或者能够比较容易地获得要素资源，其能力水平直接影响着合作社的创建、运行与发展。一般理事长文化程度越高，越善于经营管理，越有利于合作社规范化运营。此外，一般合作社理事长任职年限越长，对于合作社规范化运营的相关内容和政策文件把握较好，越有利于合理协调合作社内部分配机制，促进合作社规范化健康运营。其二，合作社中技术人员及职业经理人对合作社规范化发展具有重要影响。郭红东等在其研究中发现拥有专职工作人员以及拥有文化程度高、年纪轻、非农民身份社长的农民合作社，能够实现规范化和高水平成长①。李后建等研究发现，相较于普通农民，职业经理人和技术人员的农业专业知识和技能水平较高，在管理和营销活动上，通常有独到见解和丰富经验，这对合作社管理和规范化发展具有重要的促进作用②。杨大荣研究表明，合作社的整体人力资本禀赋水平越高，越能分工合作解决合作社可能面临的问题，提高合作社的整体管理与协调能力，提高合作社的经营管理水平③。因此，农民合作社的人力资本禀赋水平越高时，越有利于合作社的规范化发展。

2. 物质资本禀赋对农民合作社规范化水平的影响

产权共有是形成合作社联系的起点，也是实现合作社有效治理的基础。当合作社共有资产规模越高，越会激励社员积极主动地参与民主选举、合作社事务管理等活动进而维护共有产权，促进合作社的规范化运营。因此，农民合作社的物质资本禀赋越雄厚，其普通成员将会出于对个人利益的合理分配要求，监督合作社的规范化管理运营。

根据《农民专业合作社法》，政府扶持形成的财产应平均量化到所有成员。社员基于维护自身合法权益的激励，可能会积极表达利益诉求。依据“任何民主都是跟着利益走”的民主政治逻辑，集体利益的增加将会催生出社员的利益驱动型的政治表达，进而激发社员的主体性，促进合作社的规范化运营。在这一过程中，社员民主参与意识不断强化，进而提升合作社的规范性。因此，当合作社的物质资本禀赋越高时，合作社社员基于“经济理性人”假设则会加强对合作社内部管理的监督，争取个人利益，从而促进合作社的规范化发展。即当农民合作社的物质资本禀赋越雄厚时，对于合作社的规范化水平的正向影响越大。

---

① 郭红东，等．影响农民专业合作社成长的因素分析——基于浙江省部分农民专业合作社的调查［J］．中国农村经济，2009（8）：24－31.

② 李后建，郭安达．聘用职业经理人有助于农民合作社创新吗？［J］．科研管理，2022，43（11）：182－190.

③ 杨大蓉．农民专业合作社经营效率的测度［J］．统计与决策，2016（16）：90－92.

3. 社会资本禀赋对农民合作社规范化水平的影响

理事长的从业经历、合作社内部社员的信任程度、合作社是否加入联合社、合作社的示范等级等共同构成了农民合作社社会资本禀赋的核心内容。其一，合作社理事长兼具人力资本禀赋和社会资本禀赋的双重属性，其社会资本禀赋体现在理事长的政治性职业经历和经商职业经历。其中，农民合作社理事长的政治性职业经历，有利于理事长深刻理解合作社发展原则和了解合作社发展的政策文件，引导农民合作社规范化发展；合作社理事长的商业性经历，有利于理事长掌握现代化的企业管理方法，规范合作社发展模式，促进农民合作社规范化发展。其二，农民合作社内部社员之间的信任程度有利于合作社成员内部沟通，促进合作社成员积极参与合作社内部治理，促进合作社的规范化发展。其三，加入联合社，可以促进合作社理事长互相学习合作社的管理方法，优化合作社管理水平，从而提高合作社规范化水平。其四，合作社示范等级越高，政府对于合作社的规范化水平要求越高。因此，农民合作社的社会资本禀赋对农民合作社规范化水平具有正向促进作用。

（二）政府培训的调节效应分析

政府培训在资本禀赋影响合作社规范化水平过程中具有调节作用。理事长对合作社内外部资源的纵向组织能力，将成为合作社规范化管理的基础。对合作社理事长而言，参与管理培训是其提升组织能力的最好方式。在中国，农民合作社理事长和社员的成长机会更多的还是来自政府部门组织的培训。为了促进合作社规范化发展，中国政府为合作社理事长的成长提供了各种管理培训，这都促使理事长更好地管理合作社内部资源服务于合作社的规范化运营。政府对合作社理事长的管理培训将有助于理事长经营管理能力的提升，因此，参加政府管理培训可以提高合作社理事长在组织管理方面的能力，从而作用于合作社内部的组织结构设计，建立规范的组织结构，健全民主管理制度、财务管理制度和监督机制，保障大多数成员的利益，提高合作社的规范化水平。

合作社社员参加政府组织的培训，可以获取有效的合作社经营理念，提高合作意识，从而有利于社员积极参与合作社的规范化运营。在政府培训的影响下，社员的认知能力得到进一步的提升，通过对培训信息的进一步学习，形成合作社内部的文化理念，促进合作社成员积极参与合作社运营管理。而当社员缺乏相关的合作社经营理念时，往往不能正确认识合作社运营的规范性，可能导致运营不规范。政府组织的培训活动可以有效地向社员传递合作社规范化运营的相关信息，从而深化社员对合作社规范化运行的认识，增强对合作社运营的监督，促进合作社规范化运营。因此，政府培训在资本禀赋对农民合作社规范化水平影响过程中具有正向的调节作用。

资本禀赋对农民合作社规范化水平的影响机理见图 9-2。

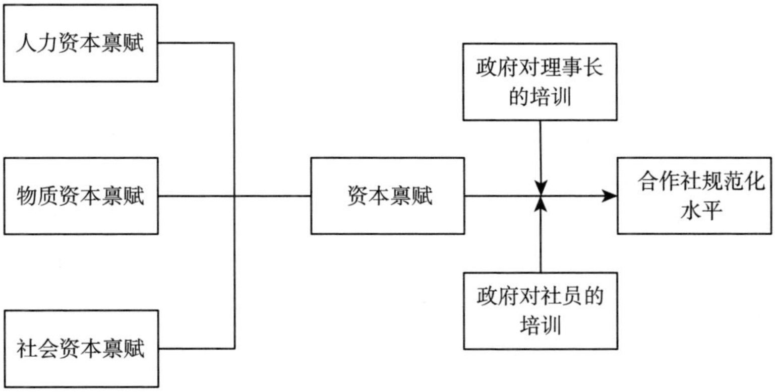

图 9-2　资本禀赋对农民合作社规范化水平的影响机理

基于上述理论分析，提出合作社资本禀赋影响其规范化水平的假设 1 和政府培训的调节效应假设 2：

H1：资本禀赋对农民合作社规范化水平具有正向影响。

H1-1：人力资本禀赋对农民合作社规范化水平存在正向影响。

H1-2：物质资本禀赋对农民合作社规范化水平存在正向影响。

H1-3：社会资本禀赋对农民合作社规范化水平存在正向影响。

H2：政府培训在资本禀赋对农民合作社规范化水平影响中起到了正向调节作用。

三、资本禀赋影响农民合作社经营效率的机理分析

资本禀赋对农民合作社经营效率具有重要影响。农民合作社不仅可以通过规模化生产降低组织成本和交易成本，提高农户抵御市场风险的能力，还可以通过横向和纵向整合或建立多产品线的方法降低市场或政策不确定性的影响。此外，资本禀赋较强的农民合作社具有对内优化资源配置和对外拓展要素合作的制度优势，从而提升合作社的经营效率。

（一）资本禀赋影响农民合作社经营效率的直接效应分析

1. 人力资本禀赋对农民合作社经营效率的影响

与人力资本禀赋对农民合作社规范化发展的影响类似，其对于农民合作社经营效率的影响也体现在以下几个方面。其一，合作社理事长文化水平越高和

任职年限越长越有利于合作社经营效率的提升，其作用方式主要是借助自身积累的能力和经验帮助合作社拓展业务范围、优化组织资源配置效率，独具特色的组织能力，以及实施恰当的、可操作的战略决策，进而增加农民合作社的经营收入和利润，提高合作社经营效率。其二，合作社技术人员和职业经理人分别作为农业科技的运营者和市场机会的发现者，可以通过对市场、技术及政策环境的洞察与分析来识别机会，界定合作社的经营范围和竞争范围，提高合作社资源的有效利用率，从而促进合作社经营效率的提升。

关于人力资本禀赋和生产效率关系的理论，亚当·斯密曾明确指出劳动力对技巧的掌握程度以及对事情的判断能力的强弱严重制约着其劳动能力。马克思的劳动价值论在亚当·斯密理论的基础上关注到人力资本禀赋的来源，即科学技术和教育两者通过影响人力资本禀赋影响生产力水平①。舒尔茨不仅从理论上论证了人力资本禀赋影响生产效率的途径是影响生产者的要素配置能力，而且从实证上将人力资本禀赋纳入农业生产函数中，研究人力资本禀赋在农业经济增长中的作用②。杨大荣研究表明，农民合作社整体的人力资本禀赋水平对农民合作社经营效率具有决定性的作用③。因此，人力资本禀赋对农民合作社经营效率的提升具有正向促进作用。

2. 物质资本禀赋对农民合作社经营效率的影响

农民合作社的物质资本禀赋主要包括了合作社注册资金、合作社拥有的农业机械及配套农机具固定资产原值总额和合作社是否有自己的加工企业。农民合作社的物质资本禀赋对其经营效率的影响主要体现在以下几个方面：其一，合作社注册资金越丰厚，越有利于合作社前期扩展业务范围，引进新产品或新技术来提升生产效率，进而提高合作社的经营效率。其二，当农民合作社的农业机械及配套农机具固定资产原值总额越高时，其拥有农业机械数量或先进农业机械装备越多，而农业机械的投入使用能够提高农业生产效率，从而促进农民合作社经营效率的提升。其三，农民合作社通过兴办企业延长产业链，把那些与自身能力相匹配的中间产品纳入自身的生产链条，合作社可以获得更多产业链上的利益，从而提高合作社经营效率。即通过生产链条数量的增加或长度的延伸来提高生产效率，最终实现经济收益的增加，将更多价值分配留在农村、留给农民。因此，物质资本禀赋对农民合作社经营效率的提升具有重要影响。

---

① 亚当·斯密．国民财富的性质和原因的研究［M］．郭大力，王亚南，译．北京：商务印书馆，1972：8－10.

② 西奥多·W. 舒尔茨．改造传统农业［M］．梁小民，译．北京：商务印书馆，2006：55－67.

③ 杨大蓉．农民专业合作社经营效率的测度［J］．统计与决策，2016（16）：90－92.

3. 社会资本禀赋对农民合作社经营效率的影响

农民合作社的社会资本禀赋能够促进合作社经营效率的提升。其具体影响体现在以下几个方面：第一，在农民合作社外部，合作社理事长可以利用自己的关系网络为合作社发展收集充分的市场信息，获得更多的稀缺资源，帮助合作社将产品推向市场，促进合作社效率的提升。刘嶺研究发现，理事长的政治身份和经商经历有利于合作社获取政府和社会资源的支持，从而提高农民合作社的经营效率①。第二，农民合作社内部社员与社员之间的信任程度越高越有利于合作社组织开展活动，对合作社整体生产经营活动具有较高的促进作用，有利于合作社经营绩效的提高，从而促进农民合作社经营效率的提高。第三，加入联合社可通过规模效应促进合作社农业生产效率提升。联合社可以将合作社各自分散的生产资源和劳动力集中起来，进行生产要素的合理配置，推动生产各环节开展分工协作，有组织地开展规模化、集约化、社会化生产，提高内部资源的利用效率，形成农业生产的规模经济，降低生产成本，从而提高合作社的农业生产经营效率。农民合作社加入联合社提高其经营效率主要通过以下两方面实现：①加入联合社有利于实现土地的规模化经营，降低亩均生产资料价格，提高农业机械化水平，调动农民精耕细作的积极性。②加入联合社有利于资源共享，资源共享效应可以降低农业生产中的交易成本，通过分工合作提高生产效率。此外，一般示范等级越高的农民合作社其经营效果越好。因此，社会资本禀赋对农民合作社经营效率具有正向促进作用。

（二）外部资金支持的中介效应分析

目前，资金缺乏、融资困难已经成为制约农民合作社可持续发展的重要因素。但是，当一个农民合作社资本禀赋水平较高时，有利于合作社获取政府和社会资源的支持，从而提高农民合作社的经营效率，推动农民合作社可持续发展。

已有研究表明，资源获取在促进中小企业成长过程中起到重要作用。与中小企业情况类似，农民合作社需要利用自身资本禀赋获取生产、竞争所需的资金和资源的支持，提高合作社的经营效率。另外，政府为了推进部分农业项目的开展，将资金额度较大的农业项目交由较强资本禀赋的农民合作社承担完成。2015 年，国务院下发《国务院办公厅关于推进农村一二三产业融合发展的指导意见》中提出，强化农民合作社和家庭农场的基础作用，支持符合条件的农民合作社承担涉农项目，落实项目资金直接投向农民合作社，鼓励农民合

① 刘嶺，等．理事长利他精神与农民专业合作社发展——基于重庆市开州区田野调查案例的分析［J］．中国农村经济，2022（1）：76－92.

作社开展农产品加工、销售，拓展合作社的经营范围，提高合作社的经营效率，推进合作社可持续发展。国内外历史经验表明，在市场起到资源配置决定性作用的制度下，任何合作社的竞争力都源于节省了市场交易费用，形成了规模经济、市场谈判力，推进了初级农产品生产者实现纵向一体化，从而提升农民合作社的竞争优势，进而获取更多的政府支持。由此可见，外部资金支持提升农民合作社的经营效率，可以通过帮助合作社拓展和管理自身的资本禀赋，增强其资源的获取能力。

信贷支持是农民合作社开展生产经营活动的必要保障之一。实施乡村振兴战略以来，诸如小额信贷、生产补贴等大量惠农助农资源被注入农村。但是，当地其他农户因认知局限性而难以利用相关政策，而合作社凭借自身的人力资本禀赋、物质资本禀赋和社会资本禀赋优势获取商业贷款的支持，政府也一再强调加大对农民合作社的信贷支持力度，从而缓解了合作社融资贷款的难度，促进合作社高效率运营。当前，农民合作社实际运行过程中普遍被定位为一种类同企业制度的经济组织，其信贷约束主要受农民合作社自身因素的影响。另外，国外经验表明，无论是政府资金支持还是商业贷款支持，都能够显著提高企业经济组织的经营效率。因此，外部资金支持在资本禀赋影响农民合作社经营效率过程中具有正向中介作用。

（三）政府培训的调节效应分析

农民合作社理事长通过参加政府组织的管理培训提高其自身组织能力，合作社理事长组织能力的提升有助于改善合作社内外部资源的协调配置，进而提高合作社内部的运行效率。对合作社理事长而言，成长机会是指把资源创造性地结合起来，以满足市场需求并创造价值的可能性，它可以给合作社带来超出市场平均水平收益的商业机会。例如，在合作社内部，合作社理事长可以通过对资源价值的判断，实现对土地资源、人力资源、财务资源的有效配置，进而提高合作社的经营效率。

政府对合作社社员的培训不仅提高社员的合作社运营管理理念，重点是对农业种植技术的培训。相关研究表明，培训可以使社员获取更多的生产信息，可有效提高其生产技能，从而提高生产经营效率。农业技术培训是先进农技推广和技术扩散的重要渠道，在农户自身素质基本条件既定的情况下，农业技术培训是对农民进行人力资本禀赋投资更具操作性的措施。合作社社员参与政府组织的农业技术培训有利于合作社成员学习新的种植技术，掌握科学种植方式，有效利用合作社的内部资源提高农业生产效率，进而提高农民合作社的经营效率。因此，政府对合作社理事长和社员的培训在资本禀赋影响农民合作社经营效率过程中具有积极的调节效应。

资本禀赋对农民合作社经营效率的影响机理见图 9-3。

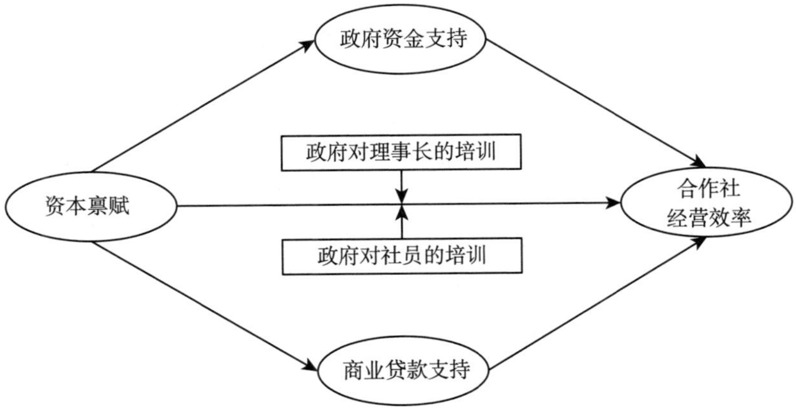

图 9-3 资本禀赋对农民合作社经营效率的影响机理

基于上述理论分析，提出本部分资本禀赋对合作社经营效率的研究假设 3 至假设 6，具体如下：

H3：资本禀赋对农民合作社的生产经营效率具有显著的正向影响。

H3-1：人力资本禀赋对农民合作社生产经营效率存在正向影响。

H3-2：物质资本禀赋对农民合作社生产经营效率存在正向影响。

H3-3：社会资本禀赋对农民合作社生产经营效率存在正向影响。

H4：政府资金支持在资本禀赋对农民合作生产经营效率影响中具有正向中介作用。

H5：商业贷款支持在资本禀赋对农民合作生产经营效率影响中具有正向中介作用。

H6：政府培训在资本禀赋对农民合作社生产经营效率影响中起到正向调节作用。

四、资本禀赋影响农民合作社示范带动效应的机理分析

全面推进乡村振兴既要考虑现阶段个人利益问题，也要在相关党政部门的支持引导下，鼓励先富带动后富，激发农村“能人”的利他精神，发展壮大合作社经济，提高生产规模效益，完善利益分配制度，实现共同富裕目标。农民合作社以农村社区为基本发展区域，为当地农户提供多元化服务，能够促进就业和提升社区公共福利，是实现农村社区社会公平的重要方式。就本质而言，合作社是集经济性与社会性于一身的经济社会组织，而非单纯的经济组织。社员共同体与企业的双重属性决定了合作社具有准公共品特征。由于中国农民合

作社的发展历史还比较短，普遍是在《农民专业合作社法》颁布实施之后才建立的。近年来，包括黑龙江省在内的多数省份农民合作社的发展还只停留在数量快速扩张层面，很多合作社对于如何示范带动当地“三农”发展的办法并不多。因此，进行农民合作社示范带动效应研究，可以使真正示范带动效应强的农民合作社脱颖而出，在地方起到标杆作用，让其他农民合作社理事长们看到运作高质量的合作社标准执行具体情况。

（一）资本禀赋影响农民合作社示范带动效应的直接效应分析

1. 人力资本禀赋对农民合作社示范带动效应的影响

农民合作社理事长和专职人员作为合作社的重要人力资本对合作社的示范带动效应具有重要影响。第一，合作社理事长一般具有动员村民的感召力，主要表现为乡村社会中家族集体主义的行为逻辑。一般合作社理事长文化程度越高，越重视农民合作社对社员、农户的带动作用和合作社的长远发展，能够更好促进合作社带动当地“三农”的发展。此外，担任理事长年限越长，其对合作社经营管理越有经验，能够合理配置合作社资源，促进合作社增收，提高农户收入，对当地有一个好的示范引领效果，吸引更多当地农户加入合作社。第二，一般一个合作社中的核心技术人员越多，其能够合理配置合作社农业生产资源，例如，减少化肥农药的使用，从而达到节本增效，并减少对当地的面源污染，改善当地生态环境。此外，通过交流学习，合作社技术人员能够为当地非社员提供一些种植技术指导，提升当地农户整体种植管理水平，提高当地农户的农业收入。第三，合作社中的职业经理人，可以加强合作社品牌化建设，提高农产品价值，提高农户收入。此外，合作社职业经理人还重视合作社的企业文化，组织合作社开展文化娱乐活动，提高合作社社员的精神状态，提高其幸福感，并通过组织文化活动，带动当地其他农户的精神文明建设。因此，人力资本禀赋对农民合作社示范带动效应具有正向的促进作用。

2. 物质资本禀赋对农民合作社示范带动效应的影响

合作社注册资金、拥有的农业机械及配套农机具固定资产原值总额和是否有自己的加工企业作为农民合作社物质资本禀赋的具体表现，对合作社示范带动效应具有重要影响。首先，农民合作社开始的注册资金较大，则该合作社的物质基础越雄厚，越有利于合作社拓展业务范围，为当地社员提供更多的服务，吸引当地更多村民加入合作社，从而提高合作社的示范带动性。其次，农民合作社所拥有的农业机械设备一般可以在当地起到标杆作用，能够提高农业生产经营效率以及当地农业现代化生产水平，从而对社员和非社员能够起到示范带动效果。此外，农民合作社成立自己的加工企业，按照公司的架构设立职能部门，然后以公司的形态直接面对市场，能够更加有效率地开展运营，更好地引入人才、资本等外部资源，帮助合作社做大做强，促进农户增收。农民合作社还会雇佣当地非社员农户在合作社内工作，增加当地非社员农户的收入水平。最后，一般随着合作社物质资本禀赋的增强，合作社可能更关注当地农民的精神生活，加强精神文明建设，提高当地农户精神文明水平。因此，一般物质资本禀赋水平较高的合作社能够对当地“三农”发展起到较好的示范带动作用。

3. 社会资本禀赋对农民合作社示范带动效应的影响

中国农民合作社深嵌于当地的农村场域，生产经营活动受其所嵌入的社会网络的影响，其发展既要与政治环境与市场环境进行有效的沟通互动以获取更多的外部资源，又要充分调动广大农民社员的行动力，促使其参与合作社的生产经营活动。农民合作社的社会资本禀赋是其获得有利于组织生存和发展的关键信息和资源。

首先，农民合作社理事长具有政治身份和经商经历，则具有较好的社会资源，有利于合作社获取政府与社会支持，扩大合作社的经营范围和提高合作社的经营效率，进而提高合作社社员的收入水平以及扩大合作社影响范围，带动当地“三农”的发展。其次，合作社内部社员信任程度对于合作社发展具有重要作用，信任是合作行为产生的前提，也是合作关系得以维持的基础，合作社内部除了契约交易关系，还存在以血缘、亲缘和地缘为纽带的情感关系，长期生活在同一农村场域的农民，彼此之间较为熟悉，高频率的互动使得农户之间更容易产生信任和互惠，有利于信息的交流和传递，从而促进合作社发挥示范带动效应。另外，通过国家法律法规及合作社规章制度等的认识和了解产生的信任，对农民的行为产生了一定约束，促进其更加积极地响应国家政策，提高合作的参与度。因此，信任因素通过农民之间的人际信任和对合作社的制度信任影响农民的合作行为，进而发挥示范带动效应。此外，合作社加入联合社，则有利于扩大合作社规模，提高经营效率，促使合作社带动更多农户；加入联合社有利于技术溢出，通过在农户与农户间、农户与企业间提供沟通交流的便利机会，促进粮食生产新技术和新方法传播，加速知识与技术在集聚区的外溢和扩散，从而提升生产效率。一般合作社的示范等级越高，其对周围农户或合作社越有较好的示范引领作用。因此，合作社的社会资本禀赋，一是能够影响社员的合作参与行为，二是能够培养合作社的发展能力和带动能力，提高合作社发展绩效和外部溢出效应，增强示范带动效应，促进共同富裕。

（二）外部资金支持的中介效应分析

农民合作社面临“融资难”的问题，严重制约合作社的成长与发展，从而影响其示范带动效应的发挥。但是，农民合作社作为实现农业生产产业化的有效组织载体，能够基于自身资本禀赋通过产业发展效应和产业集聚效应吸引政府资源投放，促进合作社承担政府项目，获取商业贷款支持，扩大经营范围和影响力，进而发挥合作社示范带动效应，增加村民整体利益。

通常来讲，政府会出于战略发展的需要对农民合作的发展进行引导。如政府为扶持某些合作社发展，一方面，会为其提供帮扶资金，实现资源的直接供给；另一方面，会采取税收减免等政策，实现资源的间接供给。而合作社所要反馈给政府的就是按照规范的要求发展，充分合理地利用所获得的政府资源，让合作社推动当地“三农”的发展。2007 年，《农民专业合作社法》实施以来，财政部国家农业综合开发办公室将农民合作社列为产业化经营财政补助项目的重点扶持对象，并对农民合作社承担农业综合开发项目的地位给予明确。2019 年，农业农村部发布的《关于开展农民合作社规范提升行动的若干意见》把农民合作社带动服务农户能力作为政策支持的主要依据。政府在全国以“树典型”的方式对资本禀赋较强的合作社进行扶持。当合作社资本禀赋越强时，其越容易获得政府的资金支持。此外，在承接政府项目、提供社会化服务以及参与“三权分置”改革日益成为多数合作社经营发展的背景下，村集体将集体土地、集体资金等资产入股农民合作社，或者将集体资产承包给合作社，会形成集体股份收益和集体土地租金等，由此提高村庄共有资产规模。另外，公共服务供给、公共设施建设和运营等属于村庄公共事务，合作社作为经济组织，基于拓宽业务范围、增进经营绩效的目标，具有承担设施建设、提供公共服务的能力和动力，从而带动当地“三农”全面发展。蒋宁等发现，合作社在产业扶贫行动中，领办人文化程度越高、物质条件越好、社会资本禀赋越丰厚，越能够获得信贷支持和扶贫项目，而且该农民合作社吸引社员参与的能力也越强①。

影响农民合作社“商业融资难”的因素主要与农民合作社自身资本禀赋有着重要关系。陈炎伟等研究发现，农民合作社的固定资产情况、示范等级、合作社理事长的社会关系和受教育水平等因素对农民合作社获得商业贷款具有重要的促进作用②。因此，农民合作社是否获得政府的资金支持和商业贷款支持与其资本禀赋情况的差异紧密相关，资本禀赋更丰富的农民合作社更易获得政府提供的资金支持以及商业贷款的支持，进而提升农民合作社的示范带动效应。即政府资金支持和商业贷款支持在资本禀赋影响农民合作社示范带动效用

① 蒋宁，陈宏伟．产业扶贫视角下合作社参与行为及其益贫效果——来自江西省罗霄山片区的实证调查［J］．财贸研究，2019，30（7）：42-52，110.

② 陈炎伟，黄和亮．农民专业合作社贷款可得性影响因素研究及其政策建议——以福建省农民专业合作社为例［J］．福建论坛（人文社会科学版），2018（6）：178-183.

中具有正向中介效应。

（三）政府培训的调节效应分析

政府对农民合作社理事长和社员的培训在资本禀赋对合作社示范带动效应中具有调节效应。理事长通过参加政府组织的合作社管理培训班，增加了其对合作社组织管理以及内部物质资本禀赋和外部社会资本禀赋的协调能力，提高合作社内部的运行效率，进而提高合作社成员的收入水平。此外，政府对合作社理事长的培训，能够提升理事长的责任感，在经营合作社过程中关心社区发展，积极参与乡村治理工作，组织合作社开展村庄文化活动，从而提升合作社的社会影响力，带动当地“三农”的发展。政府对农民合作社成员的培训，在其中也起到调节效应，使得合作社成员能够充分了解合作社运营状况以及合作社引进新技术的运用技能，增强对合作社的认识，有效利用合作社的内部资源提高农业生产效率，进而发挥农民合作社的示范效应。此外，政府依托于农民合作社进行的社员技术培训，能够吸引当地非社员农户积极参与学习，促进非社员与社员之间的技术交流，对当地非社员产生知识溢出和技术溢出，进而提高当地非社员的种植技术水平。因此，政府对合作社理事长的培训和社员的培训在资本禀赋影响农民合作社示范带动效应中具有正向调节效应。

资本禀赋对农民合作社示范带动效应的影响机理见图 9－4。

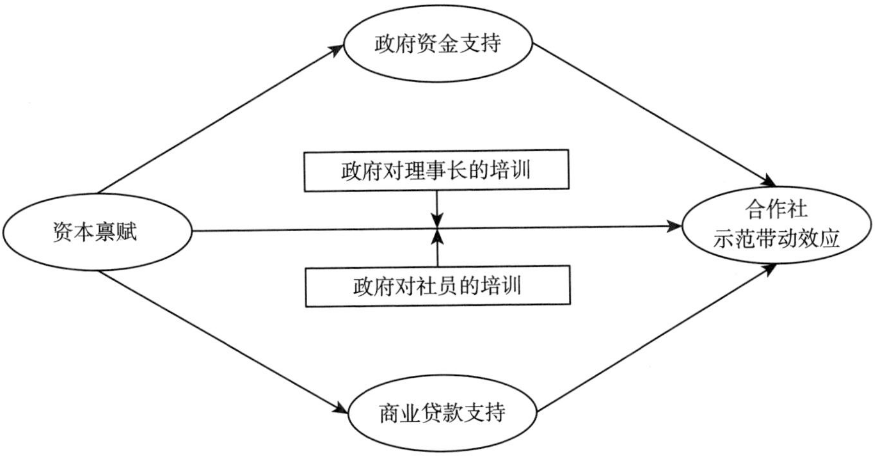

图 9－4　资本禀赋对农民合作社示范带动效应的影响机理

基于上述理论分析，提出本部分资本禀赋对合作社示范带动效应的研究假设 7 至假设 10，具体如下：

H7：资本禀赋对农民合作社示范带动效应具有显著的正向影响。

H7－1：人力资本禀赋对农民合作社示范带动效应存在正向影响。

H7－2：物质资本禀赋对农民合作社示范带动效应存在正向影响。

H7－3：社会资本禀赋对农民合作社示范带动效应存在正向影响。

H8：政府资金支持在资本禀赋对农民合作示范带动效应影响中具有正向中介作用。

H9：商业贷款支持在资本禀赋对农民合作示范带动效应影响中具有正向中介作用。

H10：政府培训支持在资本禀赋对农民合作示范带动效应影响中起到正向调节作用。

五、本章小结

本章主要从四个方面展开了资本禀赋影响农民合作社高质量发展的机理分析：第一，本章构建了资本禀赋影响农民合作社高质量发展的整体逻辑框架；第二，探讨了资本禀赋影响农民合作社规范化水平的直接效应和政府培训的调节效应两个方面的一般机理，并提出研究假设 1 和假设 2；第三，分析了资本禀赋影响农民合作社经营效率的直接效应、外部资金支持的中介效应和政府培训的调节效应三个方面的内在机理，并提出研究假设 3 至假设 6；第四，阐述了资本禀赋影响农民合作社示范带动效应的直接效应、外部资金支持的中介效应和政府培训的调节效应三个方面内容，并提出研究假设 7 至假设 10。

第十章　资本禀赋对农民合作社规范化水平的影响

本章从农民合作社规范化发展的视角来探讨资本禀赋对农民合作社高质量发展的影响问题。在第九章机理分析基础上，本章以黑龙江省粮食种植类农民合作社为例，实证分析资本禀赋对农民合作社规范化发展的影响。本章具体安排如下：首先，构建农民合作社规范化发展水平测度指标，并测算其结果；然后，基于理论分析构建有序 Probit 模型和调节效应模型；最后，基于理论分析开展资本禀赋对农民合作社规范化水平的实证检验。

一、农民合作社的规范化水平测度

（一）农民合作社规范化水平测度指标构建

提升农民合作社规范发展水平，是维护农民成员合法权益的客观要求。农民合作社社员在社内的民主权与交易权相统一，是合作社内部治理最具计划性的重大特点。《农民专业合作社法》规定：大会选举和表决，实行一人一票制的基本表决权；然而，社员在享有基本表决权的同时，必须按照章程规定向本社出资，与本社进行统购统销等流通交易、资金互助、土地托管或流转等经济交易；技术服务、加工服务等多元业务交易；承担亏损责任。

结合《农民专业合作社法》和《关于开展农民合作社规范提升行动的若干意见》等文件要求，在已有文献研究的基础之上，借鉴廖小静等对农民合作社规范化水平测度指标与方法，通过合作社的利益分配制度、决策机制、财务管理制度、社员参与程度和成员退出机制等 5 个方面对农民合作社规范化发展进行赋值测度，并通过等权重求和方法得出农民合作社规范化水平①。具体指标见表 10－1。

---

① 廖小静，邓衡山，沈贵银．农民合作社高质量发展机制研究［J］．南京农业大学学报（社会科学版），2021，21（2）：148－158.

表 10－1 被解释变量说明及赋值

目标层	指标类别	赋值
合作社规范化水平	利益分配制度	0＝无交易量返还和股份分红；1＝以按股分红为主；2＝以交易量返还为主
	决策机制	0＝重大决策由理事长决定；1＝重大决策由股东决定；2＝重大决策由社员（代表）大会决定
	财务管理制度	0＝不公开财务状况且不设置成员账户；1＝公开财务状况或者设置成员账户；2＝公开财务状况且设置成员账户
	社员参与程度	0＝不召开社员代表大会；1＝召开社员大会但出席率低于50％；2＝召开社员大会出席率高于50％
	成员退出机制	0＝股份不能退出；1＝股份可以转让或退出；2＝成员权益在退出时能拿回

（二）农民合作社规范化水平测算结果

表 10－2 为样本农民合作社规范化发展得分的描述性统计分析。其中，在利益分配制度方面平均得分为 0.835 6，平均得分最低，决策机制方面平均得分为 0.873 3，财务管理制度方面平均得分为 1.140 2，社员参与程度方面平均得分为 1.083 6，成员退出机制平均得分为 1.431 3，平均得分最高，这表明样本农民合作社在成员自由退出方面相较于其他几个方面做得比较好，这也与中国农民合作社实际发展情况相符合，样本农民合作社整体规范化水平方面的平均得分为 5.363 9。

表 10－2 农民合作社规范化发展水平得分描述性统计

指标类别	样本量	均值	标准差	最小值	最大值
利益分配制度	371	0.835 6	0.747 9	0	2
决策机制	371	0.873 3	0.647 3	0	2
财务管理制度	371	1.140 2	0.461 2	0	2
社员参与程度	371	1.083 6	0.488 8	0	2
成员退出机制	371	1.431 3	0.638 8	0	2
合作社规范化水平合计	371	5.363 9	1.513 7	1	8

表 10－3 为样本农民合作社规范化水平大致分布状态。从中可以看出，样本农民合作社规范化水平得分大多在 6 分左右，其中得 6 分的有 138 家，占比 37.20％，其次为得分为 5 的合作社有 72 家，占比为 19.41％，接下来依次为

得 7 分的合作社，有 42 家，占比为 11.32%，得 4 分的合作社有 41 家，占比为 11.05%，得 3 分的合作社有 36 家，占比为 9.70%，得 8 分的合作社有 26 家，占比为 7.01%，得 2 分的合作社有 12 家，占比为 3.23%，得 1 分的合作社有 4 家，占比为 1.08%。

表 10-3　农民合作社规范化水平得分分布

指标	得分	频数	百分比（%）
合作社规范化水平	1	4	1.08
	2	12	3.23
	3	36	9.70
	4	41	11.05
	5	72	19.41
	6	138	37.20
	7	42	11.32
	8	26	7.01

二、模型构建与变量说明

（一）模型构建

1. Ordered Probit 模型

根据第九章的理论分析和研究假设，结合本章第一节农民合作社规范化发展水平的测度结果，本研究选择有序 Probit 模型（Ordered Probit Model, Oprobit），检验农民合作社资本禀赋对规范化水平的影响，具体模型形式如下：

$$Probit(LN_i) = \beta_0 + \beta_1 EOC_i + X_i\gamma + \varepsilon_i \qquad (10-1)$$

式中，被解释变量 LN_i 表示粮食种植类农民合作社规范化水平，EOC_i 是反映粮食种植类农民合作社资本禀赋的核心解释变量，控制变量 X_i 是一组农民合作社理事长个人层面、农民合作社层面和合作社所在村庄地区的控制变量；β_0 是常数项，β_1 与 γ 为回归系数的列向量，ε_i 为随机扰动项。

2. 调节效应模型

为验证政府对农民合作社理事长和社员的培训在资本禀赋影响合作社规范化水平过程中的调节效应，在上述基准回归模型的基础上引入调节效应模型，考察自变量 EOC_i 对因变量农民合作社规范化水平的影响，具体模型如下：

$$Probit(LN_i) = \alpha_1 + a_1 EOC_i + a_2 T_i + a_3 X_i + \mu_1 \quad (10-2)$$

$$Probit(LN_i) = \alpha_2 + b_1 EOC_i + b_2 T_i + b_3 TEOC_i + b_4 X_i + \mu_2 \quad (10-3)$$

式中，LN_i 为被解释变量，表示农民合作社的规范化水平；EOC_i 为核心解释变量，表示农民合作社的资本禀赋；T_i 为调节变量，表示政府培训支持；X_i 表示一系列影响农民合作社规范化水平的控制变量；α_1、α_2 为常数项；a_1、a_2、a_3、b_1、b_2、b_3、b_4 为待估计参数；μ_1、μ_2 为误差项。

（二）主要变量选取与说明

基于第九章资本禀赋影响农民合作社规范化水平的机理分析，选取相关解释变量，具体指标如下：

（1）被解释变量。农民合作社的规范化水平，由本章第一节测算得出。

（2）核心解释变量。探究资本禀赋对农民合作社规范化水平的影响，其核心解释变量为农民合作社的资本禀赋。此外，为具体分析不同维度资本禀赋对合作社规范化发展的影响，选取合作社人力资本禀赋、物质资本禀赋和社会资本禀赋为核心解释变量，具体结果由第八章测算得出。

（3）调节变量。政府培训支持为调节变量。具体为问卷中的“合作社理事长参与政府组织的合作社管理培训次数和社员参与政府组织的培训次数”。

（4）控制变量。为尽可能减少不可观测因素的影响，借鉴已有研究，本研究从理事长特征、合作社运营特征和外部环境特征 3 个方面共选取 6 个控制变量。具体而言，理事长特征中包括理事长性别、年龄，合作社特征方面包括合作社成立年限和合作社提供的服务种类两个控制变量。外部环境特征选取合作社所在村庄的特征，包括合作社与最近乡镇的距离和合作社所在村庄是否还有其他合作社。具体变量定义与描述性统计分析见表 10－4。

表 10－4　变量名称、变量定义与描述性统计分析

变量名称	变量定义	均值	标准差
结果变量（被解释变量）			
农民合作社规范化水平	指标赋值测度	5.363 9	1.513 7
处理变量（解释变量）			
合作社资本禀赋	根据熵值法测度	0.240 3	0.157 3
人力资本禀赋	根据熵值法测度	0.070 2	0.074 6
理事长文化程度	小学及以下＝1，初中＝2，高中或中专＝3，大专及以上＝4	2.789 8	0.811 4
担任理事长年限	5 年及以下＝1，6～10 年＝2，11～15 年＝3，15 年及以上＝4	1.773 5	0.667 8

（续）

变量名称	变量定义	均值	标准差
核心技术人员	无技术人员＝1，1～5 位＝2，6～10 位＝3，11 位及以上＝4	2.010 8	0.815 3
是否有职业经理人	否＝0，是＝1	0.218 3	0.413 7
物质资本禀赋	根据熵值法测度	0.044 3	0.067
注册资金	万元	439.078 3	583.526 8
农业机械及配套农机具固定资产原值	万元	213.694 1	346.354 7
是否有自己的加工企业	否＝0，是＝1	0.245 3	0.430 8
社会资本禀赋	根据熵值法测度	0.125 8	0.08
理事长政治身份经历	1＝没有行政职务，2＝村干部或人大代表或政协委员，3＝村干部并兼任人大代表或政协委员	1.692 8	1.006 7
理事长是否有经商经历	否＝0，是＝1	0.420 5	0.494 3
合作社成员信任程度	非常不信任＝1，不太信任＝2，一般＝3，比较信任＝4，非常信任＝5	3.884 1	0.735 2
是否加入联合社	否＝0，是＝1	0.199 5	0.400 1
合作社示范等级	不是示范社＝1，县级示范社＝2，市级示范社＝3，省级示范社＝4，国家级示范社＝5	2.204 9	1.284 5
调节变量			
理事长参加政府管理培训次数	次	1.633 4	1.155 7
社员参加政府培训次数	次	1.876 0	1.517 7
协变量/控制变量			
合作社理事长特征			
理事长性别	女＝0，男＝1	0.911 1	0.285 1
理事长年龄	18～30 岁＝1，31～40 岁＝2，41～50 岁＝3，51～60 岁＝4，60 岁以上＝5	3.094 3	0.787 9
合作社特征			
合作社成立年限	到 2021 年合作社成立时间（年）	6.609 2	2.730 4

（续）

变量名称	变量定义	均值	标准差
合作社提供服务种类	购买物资服务，技术指导服务，金融信贷担保服务，仓储服务，统一销售服务	2.946 1	1.222 5
村庄特征			
与乡镇距离	合作社所在村庄与乡镇距离，5 千米以下＝1，5～10 千米＝2，10～15 千米＝3，15～20 千米＝4，20 千米以上＝5	1.962 3	0.745 2
本村是否还有其他合作社	否＝0，是＝1	0.725 1	0.447 1

三、实证检验与结果分析

（一）基准回归结果

本章运用统计软件 Stata17.0，利用 Ordered Probit 计量模型，实证分析了农民合作社综合资本禀赋、人力资本禀赋、物质资本禀赋、社会资本禀赋和资本禀赋具体的 12 个指标对农民合作社规范化发展的影响。在进行回归分析之前，首先对模型中具体的 12 个自变量进行多重共线性检验，结果显示方差膨胀因子（VIF）最大值为 1.66，平均值为 1.25，远低于合理值 10，因此不存在严重的多重共线性问题，可进行回归分析。

表 10－5　资本禀赋影响农民合作社规范化水平的估计结果

变量	模型 10－1	模型 10－2	模型 10－3
	合作社规范化水平	合作社规范化水平	合作社规范化水平
资本禀赋	3.288 9***		
	(0.400 7)		
人力资本禀赋		1.963 1**	
		(0.796 7)	
理事长文化程度			0.144 5*
			(0.076 2)
担任理事长年限			0.068 9
			(0.095 7)
核心技术人员			0.006 4
			(0.078 1)

（续）

变量	模型 10-1 合作社规范化水平	模型 10-2 合作社规范化水平	模型 10-3 合作社规范化水平
是否有职业经理人			0.266 5* (0.149 0)
物质资本禀赋		4.228 5*** (0.925 2)	
注册资金			0.000 3** (0.000 1)
农业机械及配套农机具固定资产原值			−0.000 4* (0.000 2)
是否有自己的加工企业			0.580 1*** (0.146 4)
社会资本禀赋		3.843 3*** (0.738 4)	
理事长政治身份经历			0.528 8*** (0.125 5)
理事长是否有经商经历			0.043 7 (0.075 6)
合作社成员信任程度			0.588 3*** (0.146 9)
是否加入联合社			0.316 0*** (0.052 4)
合作社示范等级			0.528 8*** (0.125 5)
理事长性别	−0.321 3* (0.192 1)	−0.351 0* (0.192 9)	−0.442** (0.196)
理事长年龄	0.060 4 (0.069 5)	0.058 8 (0.069 6)	0.082 (0.072)
合作社成立年限	0.004 6 (0.020 8)	0.002 4 (0.020 9)	−0.013 (0.023)
合作社提供服务种类	0.110 6** (0.047 0)	0.111 2** (0.047 2)	0.089* (0.050)

（续）

变量	模型 10－1	模型 10－2	模型 10－3
	合作社规范化水平	合作社规范化水平	合作社规范化水平
合作社与乡镇距离	－0.148 6**	－0.143 2*	0.003
	(0.073 9)	(0.074 0)	(0.057)
本村是否还有其他合作社	0.339 7***	0.357 8***	0.191
	(0.122 3)	(0.122 9)	(0.121)
N	371	371	371
LRchi2	116.54	120.24	155.83
Prob>*chi2*	0.000 0	0.000 0	0.000 0

注：***、**、*分别表示在1%、5%和10%的统计水平下显著，括号内为标准误。

通过表 10－5 的模型 10－1 回归结果可以看出，农民合作社资本禀赋对其规范化水平的回归系数为 3.288 9，且在 1%统计水平下显著，这表明合作社资本禀赋对农民合作社规范化发展具有显著的正向影响。因此，H1 得到验证。在模型 10－2 中，人力资本禀赋、物质资本禀赋和社会资本禀赋对农民合作社的规范化水平的回归系数分别为 1.963 1、4.228 5 和 3.843 3，且三者都通过了 1%水平下的显著性检验。这表明农民合作社的人力资本禀赋、物质资本禀赋和社会资本禀赋都对合作社规范化水平的提高具有正向影响。因此，H1－1、H1－2 和 H1－3 得到验证。

具体而言，人力资本禀赋中合作社理事长受教育程度和合作社是否有职业经理人对农民合作社规范化水平的提升具有正向促进作用，且在 10%统计水平下显著，这表明合作社的理事长和职业经理人在对合作社规范化发展方面具有重要的作用。而农民合作社理事长担任年限和合作社技术人员数量与农民合作社规范化水平没有显著影响，这表明农民合作社理事长任职年限以及合作社技术人员数量并不必然促进合作社规范化水平的提高。这可能的原因是农民合作社理事长担任年限越长，其受传统管理思维的影响，导致其与合作社规范化水平没有直接影响；合作社技术人员更加侧重农业生产技术方面的管理，对合作社运营方面的管理关注较少。

物质资本禀赋中，合作社的注册资金对农民合作社的规范化水平具有显著正向影响，且在 5%统计水平下显著。这可能的原因是，当社员在合作社中投入较大时，将较为关注合作社运营状态，监督合作社的运营，促进合作社的规范化运营，因此，当合作社注册资金越大时，合作社运营制度建设越规范。合作社农业机械及配套农机具固定资产原值对农民合作社的规范化水平在 10%统计水平下具有显著影响，但为负向影响。这可能的原因是，当合作社所拥有的农业机械越多时，其中有部分为国家补助资金购置，这导致一些机械资金的分配不合理，不能具体落实到每位成员的身上，导致合作社规范化水平有所降低。合作社是否有加工企业对合作社的规范化水平具有显著的正向影响，这是因为当农民合作社成立自己的加工企业时，将会有一套完善的企业管理制度，注重合作社运营管理，促进合作社提高规范化水平。

社会资本禀赋中，理事长的政治身份经历对合作社规范化水平具有显著正向影响，且在1%水平下显著，这表明合作社理事长有过政治身份经历，则会注重合作社的整体运营状态，较为注重合作社的整体运行机制情况。合作社理事长的经商经历对合作社规范化水平没有显著影响，这表明理事长的经商性并没有使其认识到合作社运营规范化的重要性。合作社成员之间的信任程度对农民合作社规范化水平具有显著正向影响，这表明当合作社内部成员信任程度越高时越有利于合作社的规范化发展。这可能的原因是，当合作社内部成员信任程度越高，其内部交流学习越充分，越有利于成员对合作社内部知识的认识，能够促进合作社规范化发展。合作社加入联合社对其规范化发展具有显著正向影响，这可能的原因是，当加入联合社后，有利于合作社互相学习先进的管理经验，促进合作社规范化发展。合作社的示范等级显著正向影响合作社的规范化水平发展，这表明合作社等级越高，越有利于合作社规范化发展，这是因为随着合作社示范等级水平的提升，政府部门对合作社的要求越高，越有利于合作社规范化发展。

从控制变量来看，农民合作社理事长的性别对农民合作社规范化发展具有显著负向影响，且在10%统计水平下显著，这表明女理事长对合作社规范化发展更为注重，这可能与女理事长比较细心，较为关注合作社的规范化运行有关系。另外，合作社提供的服务种类显著正向影响农民合作社的规范化水平，这可能的原因是当合作社提供的服务种类越多时，其与合作社成员交流沟通的机会越多，越有利于合作社成员之间的信息交流以及合作社运营状况的透明，促进合作社规范化发展。合作社与乡镇的距离显著负向影响合作社的规范化发展，这可能的原因是与合作社接受信息的时效性有关系，当合作社距离乡镇越远时，其受到地方政府的规制越少，对其合作社规范化发展运营的监督越少，不利于合作社的规范化发展。本村是否有合作社对合作社的规范化水平具有显著正向影响，这表明当本村有其他合作社时，促进了自身合作社的规范化发展，这可能的原因是，当本村有合作社时，合作社之间可以通过交流学习管理经验，促进合作社的规范化运营。此外，农民合作社之间在一定程度上可能存在竞争关系，合作社为了吸引当地农户加入自家合作社则严格要求自身组织的规范化发展，从而提高合作社运营的规范化水平。

（二）稳健性分析

1. 稳健性检验

本章采用替换模型的方法进行稳健性检验，验证基准回归结果的可靠性。通过 Ordered Logistic 模型检验了资本禀赋对农民合作社规范化发展的影响效果。回归结果如表 10-6 所示，农民合作社综合资本禀赋、人力资本禀赋、物质资本禀赋、社会资本禀赋和各维度具体指标的显著性水平和影响方向与基准回归模型 10-1、模型 10-2 和模型 10-3 的结果基本一致。综上，稳健性检验方法均验证了上述基准回归结果的可靠性。

表 10-6　资本禀赋影响农民合作社规范化水平的稳健性检验估计结果

变量	模型 10-4	模型 10-5	模型 10-6
	合作社规范化水平	合作社规范化水平	合作社规范化水平
资本禀赋	5.478 1***		
	(0.722 7)		
人力资本禀赋		2.861 1**	
		(1.416 2)	
理事长文化程度			0.287 2**
			(0.135 6)
担任理事长年限			0.077 0
			(0.167 2)
核心技术人员			0.034 1
			(0.134 1)
是否有职业经理人			0.385 0
			(0.261 4)
物质资本禀赋		7.042 3***	
		(1.620 1)	
注册资金			0.000 6***
			(0.000 2)
农业机械及配套农机具固定资产原值			−0.000 7**
			(0.000 3)
是否有自己的加工企业			1.024 8***
			(0.257 1)

（续）

变量	模型 10－4 合作社规范化水平	模型 10－5 合作社规范化水平	模型 10－6 合作社规范化水平
社会资本禀赋		6.755 3*** (1.337 7)	
理事长政治身份经历			0.049 0 (0.107 4)
理事长是否有经商经历			0.939 3*** (0.222 5)
合作社成员信任程度			0.051 9 (0.132 2)
是否加入联合社			1.079 8*** (0.261 4)
合作社示范等级			0.521 3*** (0.092 9)
控制变量	已控制	已控制	已控制
N	371	371	371
LRchi2	111.90	116.52	149.68
Prob>chi2	0.000 0	0.000 0	0.000 0

注：***、**、*分别表示在1%、5%和10%的统计水平下显著，括号内为标准误。

2. 内生性检验

尽管本研究尽可能地控制了相关变量，但由于部分不可控因素导致资本禀赋与农民合作社规范化发展之间仍有可能存在内生性问题。参考已有研究，本研究选取合适的工具变量来解决内生性问题。其工具变量的选取原则是，工具变量必须与内生变量高度相关，而与残差项不相关。

参考相关文献，依据工具变量选取规律——集聚数据，选取合作社所在村非本合作社农户人均收入水平作为工具变量。本村非本合作社农民的收入水平可能会影响合作社的资本禀赋，而其与合作社的规范化发展水平并无直接联系，符合工具变量的选取原则。为了规避选取的工具变量为弱工具变量风险，进一步对其进行了检验，如表 10－7 所示，Kleibergen－Paap rk Wald *F* 值和 Cragg－Donald Wald *F* 值均大于其检验临界值，表明不存在弱工具变量问题。另外，如模型 10－7 所示，使用工具变量的结论与上文基准回归结论保持一致，因此，资本禀赋正向影响农民合作社规范化水平的结论可靠。

表 10－7　资本禀赋影响农民合作社规范化水平的内生性检验估计结果

变量	模型 10－7 合作社规范化水平	
	系数	标准误
资本禀赋	3.257 3***	(0.523 0)
控制变量	已控制	
Cragg－Donald Wald *F* 值	16.95	
Kleibergen－Paap rk Wald *F* 值	15.69	
Stock－Yogo 弱工具变量临界值（10%）	14.36	
N	371	
LRchi2	116.22	
Prob>chi2	0.000 0	

注：***、**、*分别表示在 1%、5%和 10%的统计水平下显著，括号内为标准误。

（三）调节效应分析

通过表 10－8 可以看出，理事长参加的培训次数与合作社的资本禀赋的交互项系数为正，且通过 5%统计性检验，这表明政府对理事长的培训在资本禀赋影响合作社规范化水平过程中具有正向调节作用，即政府培训支持促进了资本禀赋对农民合作社规范化水平的提升。政府对合作社理事长的培训，能够让理事长学习到一些先进的管理理念，使理事长了解到合作社运营的实际意义，促进合作社理事长注重合作社的规范化发展。合作社成员参加的培训次数与合作社资本禀赋的交互项系数也显著为正，这表明政府对农民合作社成员的培训在资本禀赋影响农民合作社规范化发展水平中也具有显著的正向调节作用，即政府对合作社成员的培训促进了资本禀赋对农民合作社规范化水平的提升。政府对合作社成员的培训，能够促进合作社成员整体素质的提升，使得合作社成员学习了解到更多的合作社经营理念，积极参与合作社运营管理，进而提高农民合作社的规范化水平。因此，政府对农民合作社理事长和社员的培训在资本禀赋影响农民合作社规范化水平过程中具有正向调节作用，验证了 H2。

表 10－8　政府培训在资本禀赋影响农民合作社规范化水平中的调节效应估计结果

变量	模型 10－8 合作社规范化水平		模型 10－9 合作社规范化水平	
	系数	标准误	系数	标准误
资本禀赋	4.442 7***	(0.805 3)	3.859 9***	(0.715 8)
合作社理事长培训次数	0.430 5***	(0.095 1)		
资本禀赋×理事长培训次数	0.713 0**	(0.323 4)		

（续）

变量	模型 10－8 合作社规范化水平		模型 10－9 合作社规范化水平	
	系数	标准误	系数	标准误
合作社社员培训次数			0.298 3**	(0.070 8)
资本禀赋×社员培训次数			0.363 9*	(0.220 0)
控制变量	已控制		已控制	
N	371		371	
LRchi2	144.50		143.30	
Prob>*chi2*	0.000 0		0.000 0	

注：***、**、*分别表示在1%、5%和10%的统计水平下显著，括号内为标准误。

四、本章小结

本章以黑龙江省371家粮食种植类农民合作社为例，运用Ordered Probit模型定量分析了资本禀赋对农民合作社规范化发展的影响，并通过调节效应模型检验了政府对合作社理事长和社员的培训支持在资本禀赋对农民合作社规范化发展中的影响机制。主要结论如下：

资本禀赋对农民合作社规范化发展具有显著的正向影响。人力资本禀赋、物质资本禀赋、社会资本禀赋对农民合作社的规范化发展都具有显著正向作用。具体而言，人力资本禀赋中合作社理事长受教育程度和合作社是否有职业经理人对农民合作社规范化水平的提升具有正向促进作用，且在10%统计水平下显著。物质资本禀赋中，合作社的注册资金对农民合作社的规范化水平具有显著正向影响；农民合作社农业机械及配套农机具固定资产原值对农民合作社的规范化水平在10%统计水平下具有显著影响，但其为负向影响，这可能的原因是，当合作社所拥有的农业机械越多时，其中有部分为国家补助资金购置，这导致一些补助资金的分配不合理，不能具体细落实到每位成员的身上，导致合作社规范化水平有所降低；合作社是否有加工企业对合作社的规范化发展具有显著的正向影响。社会资本禀赋中，理事长的政治身份经历对合作社规范化水平具有显著正向影响，且通过1%水平下的统计性检验；合作社理事长的经商经历对合作社规范化水平没有显著影响；合作社成员之间的信任程度对农民合作社规范化水平具有显著正向影响；合作社加入联合社对其规范化发展具有显著正向影响；合作社的示范等级显著正向影响合作社的规范化水平。此外，政府对农民合作社理事长和社员的培训支持在资本禀赋对农民合作社规范化水平影响中具有显著的正向调节作用。

第十一章　资本禀赋对农民合作社经营效率的影响

本章从农民合作社经营效率的视角来探讨资本禀赋对农民合作社高质量发展的影响问题。在第九章的机理分析基础上，本章实证分析资本禀赋对农民合作社经营效率的影响。首先，利用 DEA 模型对粮食种植类农民合作社经营效率进行测算。其次，构建 Tobit 模型、中介效应模型和调节效应模型。最后，基于理论分析开展资本禀赋对农民合作社经营效率的实证检验。

一、农民合作社的经营效率测度与特征分析

（一）农民合作社的经营效率测度

从创新、协调、绿色、开放、共享的新发展理念来看，高质量发展是以效率和质量为导向，体现质量第一、效率优先，更加公平和更可持续的发展。因此，生产效率与高质量发展具有高度的耦合性和内在的统一性。鉴于此，深入探究近年来中国农民合作社的经营效率，对提升农业现代化发展、保障国家粮食安全、实现创新驱动的内涵式发展具有重要理论意义和现实意义。

1. 测算方法选取

数据包络分析（DEA）是一种基于被评价对象间相对比较的非参数技术效率分析方法，具有适用范围广、原理相对简单的特点。它无需对假定前沿面设置具体的函数形式，且不需对输入、输出数据进行无量纲化处理，在分析多投入的情况时具有特殊的优势。农民合作社生产经营的综合效率是基于某个时间点观测值的截面数据，因此，本章采用 DEA 方法。1978 年，Charnes 等创建了第一个 DEA 模型，并采用三位学者的首字母缩写将其命名为 CCR 模型①。之后，Banker 等于 1984 年提出了一个新的 DEA 模型，被命名为 BCC

① Charnes A，Cooper W W，Rhodes E. Measuring the Efficiency of Decision - Making Units [J]. European Journal of Operational Research，1978，2（6）：429 - 444.

模型。BCC 模型与 CCR 模型的区别在于假设条件①。CCR 模型假设规模报酬不变，BCC 模型则假设规模报酬可变。CCR 模型和 BCC 模型是 DEA 方法的两个基础模型，也是现有研究中测算各类农民合作社综合效率的主要模型。而且，两种模型测度的效率值均介于 0～1 之间。此外，由于农民合作社经营效率是随着其规模发展变化的，故本章选取 DEA - BCC 模型。

假设评价一组共 n 个决策单元（DMU）的农民合作社生产经营综合效率，记为 $DMU_j=(j=1, 2, \cdots, k)$；每个 DMU 有 m 种投入，记为 $x_i=(i=1, 2, \cdots, m)$；q 种产出，记为 $y_r=(r=1, 2, \cdots, q)$，则以下为产出导向的 BCC 效率模型：

$$\max\phi$$
$$\text{s. t.}\begin{cases}\sum_{j=1,j\neq k}^{n}\lambda_j x_{ij}\leqslant x_{ik}\\ \sum_{j=1,j\neq k}^{n}\lambda_j y_{rj}\leqslant \phi y_{ik}\\ \sum_{j=1,j\neq k}^{n}\lambda_j=1\\ \lambda\geqslant 0\end{cases}\tag{11-1}$$

其中，$i=1, 2, \cdots, m$，$r=1, 2, \cdots, q$；$j=1, 2, \cdots, n\ (j\neq k)$

2. 数据来源及说明

结合农民合作社现实运营情况，参考相关研究，将产出指标设定为农民合作社农业生产总值，投入指标包括合作社服务土地面积、合作社农业生产总资本（种子、化肥、机械、雇工等资本投入）、合作社实际运营人数，具体投入产出指标的描述性统计如表 11 - 1 所示。

表 11 - 1 农民合作社生产投入产出指标

变量类型	变量名称	变量定义与赋值	均值	标准差	最小值	最大值
产出变量	合作社生产经营总收入	合作社农业生产总值（万元）	585.35	916.26	8.1	9 135
投入变量	土地投入	合作社服务社员土地面积（公顷）	325.57	664.43	5	7 133
	资本投入	生产总资本（万元）	185.50	409.74	2.53	5 500
	劳动力投入	合作社实际运营人数（人）	10.06	11.01	5	97

① Banker R D, Charnes A, Cooper W W. Some Models for Estimating Technical and Scale Inefficiencies in Data Envelopment Analysis [J]. Management Science, 1984, 30 (9): 1078 - 1092.

通过表 11－1 可以看出，样本合作社农业生产总值最大值为 9 135 万元，最小值为 8.1 万元，其均值为 585.35 万元，标准差为 916.26，这表明样本合作社农业生产总值差异较大；样本合作社服务社员土地面积最大值为 7 133 公顷，最小值为 5 公顷，其均值为 325.57 公顷，标准差为 664.43；样本合作社生产资本最大值为 5 500 万元，最小值为 2.53 万元，均值为 185.50 万元，标准差为 409.74；样本合作社实际运营人数最大值为 97 人，最小值为 5 人，均值为 10.06 人，标准差为 11.01，该项指标标准差最小，这表明样本合作社实际运营人数差异相对于其他指标差异最小。

（二）农民合作社经营效率特征

本章利用原始投入和产出数据，运用 DEAP2.1 软件，对黑龙江省 371 家粮食种植类农民合作社的经营效率进行测度，结果如表 11－2 所示。

表 11－2　农民合作社综合经营效率值分布表

效率范围	数量（个）	占比（%）
0.00～0.20	156	42.05
0.20～0.40	135	36.39
0.40～0.60	51	13.75
0.60～0.80	22	5.93
0.80～1.00	3	0.81
1	2	0.54
平均值	0.299 4	

通过表 11－2 可以看出，黑龙江省粮食种植类农民合作社的综合经营效率偏低，其中，综合经营效率范围在 0.00～0.20 的合作社有 156 家，占样本合作社比例为 42.05%；在 0.20～0.40 的合作社有 135 家，占比为 36.39%；在 0.40～0.60 的合作社有 51 家，占比为 13.75%；在 060～0.80 的合作社有 22 家，占比为 5.93%；在 0.80～1 的合作社有 3 家，占比为 0.81%；合作社综合经营效率为 1 的有 2 家，占比为 0.54%。样本农民合作社的平均经营效应为 0.299 4，表明目前农民合作社经营效率还普遍偏低。

二、模型构建与变量说明

（一）模型构建

1. Tobit 模型

在分析资本禀赋对农民合作社经营效率的影响效果时，由于农民合作社的经营效率评价中计算所得的值大多介于 0～1，具有非负截断特征，属于受限的被解释变量，因此，采用 Tobit 模型进行检验。具体估计模型如下：

$$OE_i = \alpha + \beta OECH_i + \gamma X_i + \mu_i \tag{11-2}$$

式中，OE_i 为农民合作社的经营效率，$OECH_i$ 为农民合作社的资本禀赋，X_i 为控制变量，α、β、γ 为待估计系数的列向量，μ_i 为随机干扰项。

2. 中介效应模型

为验证外部资金支持的中介效应，在基准回归模型的基础上引入中介效应模型，考察自变量 $OECH_i$ 对因变量的影响。如果自变量 $OECH_i$ 通过变量 Z_i 来影响因变量 OE_i，则称变量 Z_i 为中介变量。根据理论分析，农民合作社资本禀赋可以通过政府资金支持和商业贷款支持对农民合作社经营效率产生影响。基于此，本研究基于温忠麟等的研究，采用逐步回归法对中间作用路径进行中介效应检验①。构建以下方程对变量之间的关系进行描述：

$$OE_i = \alpha_1 + c_1 OECH_i + c_2 X_i + \mu_1 \tag{11-3}$$

$$Z_i = \alpha_2 + a_1 OECH_i + a_2 X_i + \mu_2 \tag{11-4}$$

$$OE_i = \alpha_3 + b_1 OECH_i + b_2 Z_i + b_3 X_i + \mu_3 \tag{11-5}$$

式中，OE_i 为被解释变量，表示农民合作社的经营效率；$OECH_i$ 为核心解释变量，表示农民合作社的资本禀赋；Z_i 为中介变量，表示外部资金支持；X_i 表示一系列影响农民合作社经营效率的控制变量；α_1、α_2、α_3 为常数项；a_1、a_2、b_1、b_2、b_3、c_1、c_2 为待估计参数的列向量；μ_1、μ_2、μ_3 为误差项。

3. 调节效应模型

为验证政府培训的调节效应，在基准回归模型的基础上引入调节效应模型，考察自变量 $OECH_i$ 对因变量农民合作社经营效率的影响，具体模型如下：

$$OE_i = \alpha_4 + d_1 OECH_i + d_2 T_i + d_3 X_i + \mu_4 \tag{11-6}$$

$$OE_i = \alpha_5 + e_1 OECH_i + e_2 T_i + e_3 T_i OECH_i + e_4 X_i + \mu_5 \tag{11-7}$$

式中，OE_i 为被解释变量，表示农民合作社的经营效率；$OECH_i$ 为核心解释变量，表示农民合作社的资本禀赋，T_i 为调节变量，表示政府培训支持；X_i 表示一系列影响农民合作社经营效率的控制变量；α_4、α_5 为常数项；d_1、d_2、d_3、e_1、e_2、e_3、e_4 为待估计参数的列向量；μ_4、μ_5 为误差项。

（二）主要变量选取与说明

基于第九章资本禀赋影响农民合作社经营效率的机理分析，选取相关解释

① 温忠麟，叶宝娟．中介效应分析：方法和模型发展［J］．心理科学进展，2014，22（5）：731－745.

变量，具体指标如下：

（1）被解释变量。农民合作社的经营效率，由本章第一节测算得出。

（2）核心解释变量。探究资本禀赋对农民合作社经营效率的影响，其核心解释变量为农民合作社的资本禀赋，此外，为具体分析不同维度资本禀赋对合作社经营效率的影响，选取合作社人力资本禀赋、物质资本禀赋和社会资本禀赋为核心解释变量，具体结果由第八章测算得出。

（3）中介变量。外部资金支持为中介变量，具体为问卷中的“合作社近三年是否获得过政府资金支持”与“合作社近三年是否获得过商业贷款支持”。

（4）调节变量。政府培训支持为调节变量。具体为问卷中的“合作社理事长参与政府组织的合作社管理培训次数”和“社员参与政府组织的培训次数”。

（5）控制变量。为尽可能减少不可观测因素的影响，本研究从理事长特征、合作社运营特征和外部环境特征 3 个方面共选取 6 个控制变量。具体而言，理事长特征中包括理事长性别、年龄，合作社特征方面包括合作社成立年限和合作社提供的服务种类两个控制变量。外部环境特征选取合作社所在村庄的特征，包括合作社与最近乡镇的距离和合作社所在村庄是否还有其他合作社。具体变量定义与描述性统计分析见表 11-3。

表 11-3　变量名称、变量定义与描述性统计分析

变量名称	变量定义	均值	标准差
结果变量（被解释变量）			
农民合作社经营效率	DEA 测度	0.299 4	0.176 5
处理变量（解释变量）			
合作社资本禀赋	根据熵值法测度	0.240 3	0.157 3
人力资本禀赋	根据熵值法测度	0.070 2	0.074 6
理事长文化程度	小学及以下＝1，初中＝2，高中或中专＝3，大专及以上＝4	2.789 8	0.811 4
担任理事长年限	5 年及以下＝1，6～10 年＝2，11～15 年＝3，15 年及以上＝4	1.773 5	0.667 8
核心技术人员	无技术人员＝1，1～5 位＝2，6～10 位＝3，11 位及以上＝4	2.010 8	0.815 3
是否有职业经理人	否＝0，是＝1	0.218 3	0.413 7
物质资本禀赋	根据熵值法测度	0.044 3	0.067
注册资金	万元	439.078 3	583.526 8
农业机械及配套农机具固定资产原值	万元	213.694 1	346.354 7

（续）

变量名称	变量定义	均值	标准差
是否有自己的加工企业	否=0，是=1	0.245 3	0.430 8
社会资本禀赋	根据熵值法测度	0.125 8	0.08
理事长政治身份经历	1=没有行政职务，2=村干部或人大代表或政协委员，3=村干部并兼任人大代表或政协委员	1.692 8	1.006 7
理事长是否有经商经历	否=0，是=1	0.420 5	0.494 3
合作社成员信任程度	非常不信任=1，不太信任=2，一般=3，比较信任=4，非常信任=5	3.884 1	0.735 2
是否加入联合社	否=0，是=1	0.199 5	0.400 1
合作社示范等级	不是示范社=1，县级示范社=2，市级示范社=3，省级示范社=4，国家级示范社=5	2.204 9	1.284 5
中介变量			
政府资金支持	合作社近三年是否获得过政府资金支持；否=0，是=1	0.266 8	0.442 9
商业贷款支持	合作社近三年是否获得过商业贷款支持；否=0，是=1	0.175 2	0.380 7
调节变量			
理事长参加政府管理培训次数	次	1.633 4	1.155 7
社员参与政府培训次数	次	1.876 0	1.517 7
协变量/控制变量			
合作社理事长特征			
理事长性别	女=0，男=1	0.911 1	0.285 1
理事长年龄	18～30 岁=1，31～40 岁=2，41～50 岁=3，51～60 岁=4，60 岁以上=5	3.094 3	0.787 9
合作社特征			
合作社成立年限	到 2021 年合作社成立时间（年）	6.609 2	2.730 4
合作社提供服务种类	购买物资服务，技术指导服务，金融信贷担保服务，仓储服务，统一销售服务	2.946 1	1.222 5
村庄特征			

（续）

变量名称	变量定义	均值	标准差
合作社与乡镇距离	合作社所在村庄距离乡镇距离，5 千米以下＝1，5～10 千米＝2，10～15 千米＝3，15～20 千米＝4，20 千米以上＝5	1.962 3	0.745 2
本村是否还有其他合作社	否＝0，是＝1	0.725 1	0.447 1

三、实证检验与结果分析

（一）基准回归结果

本章运用统计软件 Stata17.0，利用 Tobit 计量模型，实证分析了农民合作社资本禀赋、资本禀赋各个维度（人力资本禀赋、物质资本禀赋和社会资本禀赋）和资本禀赋具体的 12 个指标对农民合作社经营效率的影响。

通过表 11－4 的模型 11－1 回归结果可以看出，资本禀赋对农民合作社经营效率的回归系数为 0.451 4，且在 1%统计水平下显著，这表明合作社资本禀赋对农民合作社经营效率具有显著的正向影响。因此，H3 得到验证。在模型 11－2 中，人力资本禀赋、物质资本禀赋和社会资本禀赋对农民合作社的经营效率的回归系数分别为 0.262 4、0.555 2 和 0.546 1，且三者都通过了 1%水平下的显著性检验。这表明合作社的人力资本禀赋、物质资本禀赋和社会资本禀赋都对合作社经营效率的提高具有正向影响，但其中物质资本禀赋对农民合作社经营效率的影响最大，其次为社会资本禀赋，最后为人力资本禀赋。因此，H3－1、H3－2 和 H3－3 得到验证。

表 11－4　资本禀赋影响农民合作社经营效率的估计结果

变量	模型 11－1	模型 11－2	模型 11－3
	合作社经营效率	合作社经营效率	合作社经营效率
资本禀赋	0.451 4*** (0.058 4)		
人力资本禀赋		0.262 4** (0.122 1)	
理事长文化程度			0.005 6 (0.011 1)

（续）

变量	模型 11 - 1 合作社经营效率	模型 11 - 2 合作社经营效率	模型 11 - 3 合作社经营效率
担任理事长年限			0.008 2 (0.014 0)
核心技术人员			0.029 9*** (0.011 4)
是否有职业经理人			0.004 0* (0.021 7)
物质资本禀赋		0.555 2*** (0.139 6)	
注册资金			0.000 0 (0.000 0)
农业机械及配套农机具固定资产原值			0.000 1*** (0.000 0)
是否有自己的加工企业			0.056 4*** (0.021 0)
社会资本禀赋		0.546 1*** (0.111 0)	
理事长政治身份经历			0.011 5 (0.009 1)
理事长是否有经商经历			0.022 3 (0.017 9)
合作社成员信任程度			0.005 4 (0.011 1)
是否加入联合社			0.097 9*** (0.021 2)
合作社示范等级			0.012 7* (0.007 4)
理事长性别	0.029 0 (0.029 7)	0.024 8 (0.029 7)	0.006 5 (0.028 7)
理事长年龄	−0.006 9 (0.010 8)	−0.007 3 (0.010 8)	−0.013 9 (0.010 7)

（续）

变量	模型 11-1	模型 11-2	模型 11-3
	合作社经营效率	合作社经营效率	合作社经营效率
合作社成立年限	0.003 5*	0.003 8*	0.006 0*
	(0.001 9)	(0.002 1)	(0.003 4)
合作社提供服务种类	0.015 9**	0.016 3**	0.015 3**
	(0.007 3)	(0.007 3)	(0.007 4)
合作社与乡镇距离	0.008 0	0.008 9	0.004 8
	(0.011 4)	(0.011 3)	(0.010 9)
本村是否还有其他合作社	−0.009 8	−0.007 8	−0.000 3
	(0.019 0)	(0.019 0)	(0.018 2)
常数项	0.181 9***	0.182 6***	0.137 2*
	(0.057 4)	(0.057 5)	(0.074 8)
N	371	371	371
LRchi2	67.41	70.54	105.91
Prob>*chi2*	0.000 0	0.000 0	0.000 0

注：***、**、*分别表示在1%、5%和10%的统计水平下显著，括号内为标准误。

具体而言，人力资本禀赋中合作社中的核心技术人员对农民合作社经营效率的提升具有正向促进作用，且在1%统计水平下显著；合作社是否有职业经理人对其经营效率具有正向促进作用，在10%统计水平下显著。这表明合作社中的核心技术人员和职业经理人在对合作社经营效率发展方面都具有重要的作用。物质资本禀赋中，合作社农业机械及配套农机具固定资产原值对农民合作社的经营效率在1%统计水平下具有显著正向影响，这可能的原因是，当合作社拥有较多或较好的农业机械时有利于促进农民合作社的经营效率；合作社是否有加工企业对合作社的经营效率具有显著的正向影响，这是因为当合作社成立自己的加工企业时，则将农业产业链中的价值更多地留存在合作社中，从而促进合作社经营效率的提高。社会资本禀赋中，合作社加入联合社对其经营效率具有显著正向影响，且通过1%水平的统计学检验，这可能与加入合作社后，有利于合作社之间资源的互补，提高合作社农业机械等方面的利用率，从而提高农民合作社的经营效率；合作社的示范等级在10%统计水平下显著正向影响合作社的经营效率，这表明合作社等级越高，越有利于合作社经营效率的提高，这是因为示范等级高的合作社一般都是发展比较好的合作社，其对于合作社的管理较为科学，资源利用较为充分，能够提升合作社的经营效率。

从控制变量来看，农民合作社成立年限对农民合作社经营效率具有显著正向影响，且在10%统计水平下显著，这表明合作社成立时间越长越有利于促进合作社经营效率的提升，这是因为当合作社经营时间越长时，合作社管理人员对于合作社运营较为熟悉，合作社内部社员之间更为熟悉，能够促进合作社成员之间种植技术的有效沟通，提高农业生产效率，从而提高合作社的经营效率。合作社提供的服务种类对农民合作社经营效率提升具有显著的正向影响，且在5%统计水平下显著，这表明农民合作社提供服务种类越多，越有利于促进合作社经营效率的提升，一般农民合作社所提供的服务种类越多时，合作社从服务项目中获取的利润越多，所以合作社服务种类有利于合作社经营效率的提高。

（二）稳健性分析

1. 稳健性检验

本章采用替换模型的方法进行稳健性检验，验证资本禀赋对农民合作社经营效率影响基准回归结果的可靠性。通过 OLS 模型检验了资本禀赋对农民合作社经营效率的影响效果。回归结果如表 11－5 所示，农民合作社资本禀赋、人力资本禀赋、物质资本禀赋、社会资本禀赋和各维度具体指标的显著性水平和影响方向与基准回归模型 11－1、模型 11－2 和模型 11－3 的结果基本一致。因此，稳健性检验方法均验证了资本禀赋对农民合作社经营效率基准回归结果的可靠性。

表 11－5　资本禀赋影响农民合作社经营效率的稳健性检验估计结果

变量	模型 11－4	模型 11－5	模型 11－6
	合作社经营效率	合作社经营效率	合作社经营效率
资本禀赋	0.449 3***		
	(0.058 7)		
人力资本禀赋		0.259 6**	
		(0.123 1)	
理事长文化程度			0.005 8
			(0.011 4)
担任理事长年限			0.008 1
			(0.014 3)
核心技术人员			0.029 5**
			(0.011 7)
是否有职业经理人			0.004 2*
			(0.022 1)

（续）

变量	模型 11－4 合作社经营效率	模型 11－5 合作社经营效率	模型 11－6 合作社经营效率
物质资本禀赋		0.553 0*** (0.140 8)	
注册资金			0.000 0 (0.000 0)
农业机械及配套农机具固定资产原值			0.000 1*** (0.000 0)
是否有自己的加工企业			0.056 3*** (0.021 4)
社会资本禀赋		0.544 9*** (0.111 9)	
理事长政治身份经历			0.011 3 (0.009 3)
理事长是否有经商经历			0.021 8 (0.018 3)
合作社成员信任程度			0.005 6 (0.011 3)
是否加入联合社			0.098 1*** (0.021 6)
合作社示范等级			0.012 6* (0.007 5)
控制变量	已控制	已控制	已控制
常数项	0.180 2***	0.180 8***	0.135 1*
	(0.057 7)	(0.058 0)	(0.076 4)
N	371	371	371
F	10.39	8.45	6.50
Prob>*F*	0.000 0	0.000 0	0.000 0

注：***、**、*分别表示在1%、5%和10%的统计水平下显著，括号内为标准误。

2. 内生性检验

和第十章同理，选取合作社所在村非本合作社农户人均收入水平作为工具变量。本村非本合作社农民的收入水平可能会影响合作社的资本禀赋，而其与合作社的经营效率并无直接联系，符合工具变量的选取原则。其中 Kleibergen

- Paap rk Wald F 值和 Cragg - Donald Wald F 值均大于其检验临界值，表明所选工具变量可行（表 11 - 6）。另外，如模型 11 - 7 所示，使用工具变量的结论与上文基准回归结论保持一致，因此，资本禀赋正向影响农民合作社经营效率的结论可靠。

表 11 - 6　资本禀赋影响农民合作社经营效率的内生性检验结果

变量	模型 11 - 7 合作社经营效率	
	系数	标准误
资本禀赋	0.432 6***	(0.067 1)
控制变量	已控制	
Cragg - Donald Wald F 值	15.32	
Kleibergen - Paap rk Wald F 值	14.27	
Stock - Yogo 弱工具变量临界值（10%）	13.75	
N	371	
$LRchi2$	65.96	
$Prob>chi2$	0.000 0	

注：***、**、* 分别表示在 1%、5%和 10%的统计水平下显著，括号内为标准误。

四、机制检验与进一步分析

（一）中介机制检验

通过表 11 - 7 和表 11 - 8 可以看出政府的财政资金支持和商业贷款支持在资本禀赋对农民合作社生产经营效率影响中都具有部分中介效应，且分别在 5%和 10%统计水平下显著，验证了 H4 和 H5。这表明资本禀赋较强的农民合作社容易获取外部的资金支持，从而增强农民合作社的物质基础，进而提高农民合作社的经营效率。

表 11 - 7　政府资金支持在资本禀赋影响农民合作社经营效率中的中介效应估计结果

变量	模型 11 - 8 合作社经营效率	模型 11 - 9 政府资金支持	模型 11 - 10 合作社经营效率
资本禀赋	0.451 4*** (0.058 4)	2.380 8*** (0.512 2)	0.428 6*** (0.060 4)
政府资金支持			0.029 6** (0.015 1)

（续）

变量	模型 11-8 合作社经营效率	模型 11-9 政府资金支持	模型 11-10 合作社经营效率
控制变量	已控制	已控制	已控制
常数项	0.181 9***	−3.052 7***	0.192 6***
	(0.057 4)	(0.173 5)	(0.058 3)
N	371	371	371
LRchi2	67.41	70.49	69.45
Prob>chi2	0.000 0	0.000 0	0.000 0

注：***、**、*分别表示在1%、5%和10%的统计水平下显著，括号内为标准误。

表 11-8　商业贷款支持在资本禀赋影响农民合作社经营效率中的中介效应估计结果

变量	模型 11-11 合作社经营效率	模型 11-12 商业贷款支持	模型 11-13 合作社经营效率
资本禀赋	0.451 4***	0.898 2*	0.445 8***
	(0.058 4)	(0.517 5)	(0.058 6)
商业贷款支持			0.022 8*
			(0.012 2)
控制变量	已控制	已控制	已控制
常数项	0.181 9***	−3.066 0***	0.189 1
	(0.057 4)	(0.582 9)	(0.057 8)
N	371	371	371
LRchi2	67.41	45.26	68.34
Prob>chi2	0.000 0	0.000 0	0.000 0

注：***、**、*分别表示在1%、5%和10%的统计水平下显著，括号内为标准误。

（二）调节效应分析

通过表 11-9 可以看出，理事长参加的培训次数与合作社的资本禀赋的交互项系数为正，且通过5%水平的统计学检验，这表明政府对理事长的管理培训在资本禀赋影响合作社经营效率过程中具有正向调节作用，即政府对合作社理事长的培训支持促进了资本禀赋对农民合作社经营效率的提升。政府对合作社理事长的管理培训，能够让理事长学习到一些先进的管理理念，能够使理事长合理地调动合作社内部资源与外部资源从而提高合作社的经营效率。合作社成员参加的培训次数与合作社资本禀赋的交互项系数也显著为正，在5%统计水平下显著，这表明政府对合作社成员的培训在资本禀赋影响农民合作社经营效率过程中也具有正向调节作用，即政府对合作社成员的培训促进了资本禀赋对农民合作社经营效率的提升。政府对合作社成员的培训，使得合作社成员能够学习了解到更多的种植技术和经营理念，促进农民合作社社员整体素质的提升以及农业生产效率的提高，进而提高农民合作社的经营效率，验证了H6。

表11-9　政府培训在资本禀赋影响农民合作社经营效率中的调节效应估计结果

变量	模型11-14 合作社经营效率		模型11-15 合作社经营效率	
	系数	标准误	系数	标准误
资本禀赋	0.161 1**	(0.081 0)	0.452 5***	(0.106 5)
理事长参加培训次数	0.010 4*	(0.005 6)		
资本禀赋×理事长参加培训次数	0.111 5**	(0.048 0)		
合作社社员参加培训次数			0.018 7*	(0.010 8)
资本禀赋×社员参加培训次数			0.027 7**	(0.013 6)
控制变量	已控制		已控制	
常数项	0.231 0***	(0.062 4)	0.173 5***	(0.061 4)
N	371		371	
LRchi2	85.61		68.93	
Prob>*chi2*	0.000 0		0.000 0	

注：***、**、*分别表示在1%、5%和10%的统计水平下显著，括号内为标准误。

五、本章小结

本章以黑龙江省371家粮食种植类农民合作社为例，运用Tobit模型定量分析了资本禀赋对农民合作社经营效率的影响，并通过中介效应模型和调节效应模型检验了其中的影响机制，主要结论如下：

资本禀赋对农民合作社经营效率具有显著的正向影响。人力资本禀赋、物质资本禀赋、社会资本禀赋对农民合作社的经营效率都具有显著正向作用。具体而言，人力资本禀赋中，合作社中的技术人员对农民合作社经营效率的提升具有正向促进作用，且在1%统计水平下显著；合作社是否有职业经理人对其经营效率具有正向促进作用，在10%统计水平下显著。这表明合作社中的核心技术人员和职业经理人在对合作社经营效率提升方面具有重要的作用。物质资本禀赋中，合作社农业机械及配套农机具固定资产原值对农民合作社的经营效率在1%统计水平下具有显著影响，可能的原因是，当合作社组织拥有较多或较好的农业机械时有利于农业生产效率的提升，进而促进农民合作社经营效率的提升；合作社成立自己的加工企业对合作社的经营效率具有显著的正向影响，且在1%统计水平下显著，这是因为，当合作社成立自己的加工企业时，合作社将农业产业链中的价值更多地留存在合作社中，从而促进合作社经营效率的提高。社会资本禀赋中，合作社加入联合社对经营效率具有显著正向影响，且通过1%统计水平的检验，这可能是因为加入联合社后，有利于合作社之间资源的互补，提高合作社农业机械等方面的利用率，提高农业生产效率，进而提高农民合作社的经营效率；合作社的示范等级在10%统计水平下显著正向影响合作社的经营效率，这表明合作社等级越高，越有利于合作社经营效率的提高，这是因为示范等级高的合作社一般都是发展比较好的合作社，其对于合作社的管理较为科学，资源利用较为充分，能够提升合作社的经营效率。此外，政府财政资金支持、商业贷款支持在资本禀赋对农民合作社经营效率影响中具有部分中介效应；政府对合作社中理事长的管理培训和社员的培训在资本禀赋影响农民合作社经营效率过程中具有显著的正向调节作用。

第十二章　资本禀赋对农民合作社的示范带动效应的影响

本章从农民合作社示范带动效应的视角来探讨资本禀赋对农民合作社高质量发展的影响问题。在第九章机理分析基础上，本章实证分析资本禀赋对农民合作社示范带动效应的影响。首先，构建农民合作社示范带动效应的测度指标，并利用熵值法进行测算分析。其次，基于理论分析构建 Tobit 模型、中介效应模型和调节效应模型。最后，进行资本禀赋对农民合作社示范带动效应的实证检验。

一、农民合作社的示范带动效应测度与特征分析

农民合作社是农民的代言人，是政府和科研机构密切联系农民的桥梁和纽带，可以将农业政策和科技的最新成果传达到农民手里，也可以将农民的现实需求上传到政府和科研机构，帮助农民参与农业政策制定和农业科技化发展过程。农民合作社不仅是农业实用技术的使用者和推广者，更是市场经济的重要参与者，有着较为丰富的市场运作经验和个体农户不具备的创业优势。此外，农民合作社也是实现人才内部培养与外部引进的有效组织形式。因此，农民合作社社员以此为平台，开阔视野、锻炼能力、培养技能。

农民合作社的中国实践虽展现出蓬勃的民间活力，如若想取得高质量的发展，还需采取积极主动的行动策略，发展成为“为社会的经济”或者“是社会的经济”。社会经济组织的运行突出强调生产不仅是为了消费而是为了解决民生问题，在社会生产中促进社会财富分配均衡化，使那些处于社会边缘的弱势群体更加平等地参与市场活动之中，共同享受社会发展的成果，搭建社会公平的制度基础。波兰尼的经济史研究中提倡实在主义的社会经济学分析框架，指出经济发展的可持续性的关键在于经济与社会关系、文化传统以及资源环境之间保持内在关联和有机协调①。简单来说，他提倡一种嵌入社会关系中的经济

① 波兰尼．巨变：当代政治与经济的起源［M］．黄树民，译．北京：社会科学文献出版社，2013.

发展。因此，农民合作社作为一种符合规制性、规范性和认知性要求的正式组织，其不仅要承担市场机制下的经济职能，还肩负着特定的社会责任，即农民合作社的示范带动效应。

（一）农民合作社示范带动效应测度指标构建

农民合作社示范带动效应测度指标体系是研究资本禀赋对农民合作社示范带动效应影响的基础。为保证研究的科学性，结合农民合作社现实情况和已有研究，基于广泛性原则、现实性原则、可获得性原则、一致性原则和独立性原则构建农民合作社示范带动效应的评价指标体系。

1. 农民合作社示范效应指标

农民合作社作为一种经济组织形式，要想更好地起到带头作用，其发展要以为广大社员谋福祉作为根本宗旨，让更多的前来参观学习的非社员及其他合作社引以为“榜样”。结合已有研究，农民合作社示范效应指标具体包括合作社拥有社员户数量、社员户数量增减情况、合作社社员的覆盖范围、盈利能力（合作社年盈余总额、平均每户社员年盈余）、品牌化程度等六个指标。

农民合作社的社员户数量。农民组织化是现代农业的发展方向和一般途径，农民组织化可以有效赋予农民进入市场、价格改进、降低交易费用、接受特殊服务、降低风险等收益。因此，通过农民合作社中的社员户数量来表征农民合作社的示范效应。

农民合作社的社员户数量增减情况。相较于成立时合作社成员的增减情况在一定程度上代表了合作社发展质量，当农民合作社运营效果较好时将会吸引更多的农户加入该组织，进而扩大农民合作社的影响范围，带动当地“三农”发展。

农民合作社社员的覆盖范围。一家合作社社员可能来自不同地区，当其社员覆盖范围越大时，则其影响到的普通农户越多，能够起到的示范效应越大。

农民合作社盈利能力。农民合作社作为一种中介性组织，它能够将分散的农民有效地组织起来，实现“化零为整”，提高农民的组织化程度，又能够通过降低交易成本和提高交易地位为“小农户”与“大市场”的博弈增添砝码，展现了极强的经济活力。合作社发展要兼顾公平与效率，即要同时提高合作社产业效益与增加社员收入。在利益上，村民在参与市场竞争过程中产生强烈的趋利意识，合理的利益分配成为联结村民的新纽带。因此，在农民合作社盈利能力方面选取合作社年盈余总额、平均每户社员年盈余来测度。

农民合作社农产品的品牌级别。合作社农产品品牌有利于促进农民合作社资源的优化，带动区域经济的发展。一个农民合作社有了名牌产品，就可以使农产品价值充分利用，发挥最大经济效应，同时积累经验创造出更多的名牌社会效应，从而对农村地区经济产生拉动作用。

2. 农民合作社带动效应指标

农民合作社兼有社会、文化和教育等方面的新功能。在社会职能方面，作为弱势小农的联合体，农民合作社具有明显的减贫和互助性质，其自身发展和运营就是一项公益性极强的社会福利事业；在文化职能方面，农民合作社通过形式多样的社区文体活动，丰富了社员们的精神文化生活，提升了社员们的整体文化素质；在教育职能方面，合作社以生产合作为依托，使农户在生产合作中获得新知识、新观念和新技能，实现了农民的再教育。农民合作社带动效应表现为合作社对其他组织以及非社员的带动效果，主要包括合作社是否帮助弱势群体、合作社参与村庄治理情况、合作社年平均组织文化娱乐活动情况、合作社带动非社员人数等四个指标。

农民合作社是否帮助弱势群体。农民合作社制度具有天然的群众性和扶弱性，因为合作社是那些缺少资本的社会弱势群体的联合体。在农业农村领域，合作社以独立经营的广大农户为主体，实践“有福同享、有难同当”的发展理念，奉行“诚实、公平、承担社会责任和关心他人”的价值观。经过艰难探索与发展壮大，农民合作社已经成为助力广大农户摆脱贫困，联合走上致富之路的有效载体，支持合作社发展成为各国政府的基本惯例。在发展中国家，合作社是政府政策实施的重要工具，中国也不例外。在实施乡村振兴战略中，农民合作社是政府产业扶贫政策的重要实施载体。其在发展壮大的过程中，注重对当地弱势群体的保护，有效解决乡村贫困问题，推动农民共同富裕。

农民合作社参与村庄治理情况。乡村振兴，治理有效是基础。2019 年，中办、国办印发《关于加强和改进乡村治理的指导意见》指出，支持多方主体参与乡村治理。当前在工商登记注册的农民合作社数量超过 200 万家，成为农村数量规模最大的乡村组织。充分发挥农民合作社的乡村治理作用，对于构建党委领导、政府负责、社会协同、公众参与的现代乡村社会治理体制，实现充满活力、和谐有序的善治乡村具有重要的现实意义。

农民合作社年平均组织文化娱乐活动情况。乡村振兴，既要塑形，也要铸魂。乡村文化振兴是乡村振兴战略的重要组成部分。推动乡村文化振兴，满足人民对美好生活的向往，对于助推乡村振兴战略的实施具有重要的意义。文化振兴需要载体，乡村文化振兴模式的构建离不开农民合作社文化的弘扬，乡村文化振兴模式是多元的，可以发挥农民合作社文化的作用，探索出以合作社文化建设为依托的乡村文化模式。农民合作社文化娱乐活动能够丰富当地人文生活，提高农民生活的幸福感。

农民合作社带动非社员人数。农村社区教育比较容易形成“学习共同体”。农民受传统生活方式的影响，日常社会经济和文化活动一般以村组集体的形式开展。村组集体行动力有利于农民学习共同体的形成，引导农民主动参与团体学习活动，通过沟通交流、共同分享资源等相互促进的形式，实现农民与农业共同发展。农民合作社与村“两委”、农业企业多方合作积极参与学习共同体的建设。尤其是一些专业合作社或者同类型、同行业合作社，因农民所需技能大致趋同，教育的实用性和针对性强，可以提高共同体的学习效果。教育、培训是合作社发展的优良传统，1995 年，国际合作社联盟将“教育培训和宣传”认定为合作社的基本原则之一。合作社的教育、培训和宣传，一方面是针对内部成员的技能培训，以提高成员专业能力，为合作社发展服务；另一方面是合作社对外进行合作社知识文化的传播，培养合作意识，由内及外推行合作社教育。非社员通过参与合作社组织的活动等方式，进而提升自身发展能力。

在前人研究的基础上，本章构建农民合作社示范带动测度指标体系如表 12-1。

表 12-1　农民合作社示范带动效应的变量名称、变量定义与描述性统计分析

一级指标	二级指标	测量指标	变量定义与赋值
农民合作社示范带动效应	示范效应	社员户数量	户
		社员户数量增减情况	减少=1，不变=2，增加=3
		社员覆盖范围	本村=1，跨村、本乡镇=2，跨乡镇、本县区=3，跨县区、本市内=4，跨地市、本省内=5
		合作社年盈余总额	万元
	带动效应	合作社盈余总额/社员户数量	万元/户
		合作社品牌级别	没有品牌=1，县级品牌=2，市级品牌=3，省级品牌=4，国家级品牌=5
		是否帮助弱势群体	否=0，是=1
		合作社参与村庄治理情况	没有参与=0，参与 1 种=1，参与 2 种=2，参与 3 种及以上=3（包括道路、路灯、自来水、公园、环境卫生等基础设施治理）
		2021 年合作社组织娱乐活动次数	次
		合作社带动非社员人数	人

（二）农民合作社示范带动效应测算

1. 测度方法

为避免主观因素所带来的偏误，本章运用熵值法对农民合作社示范带动效应进行测度。

2. 示范带动效应分析结果

利用熵值法对农民合作社示范带动效应构成的各个指标的权重进行计算（表 12－2）。由表 12－2 中可以发现，示范效应中的合作社农产品品牌级别指标的权重最高，其值为 0.168 825，这说明不同农民合作社之间的农产品品牌级别差异较大。权重最低的是示范效应中的社员户数量增减情况（0.014 579），这说明不同农民合作社之间的社员增减情况差异较小。

表 12－2　变量名称、变量定义与描述性统计分析

测量指标	变量定义与赋值	归一化权重
社员户数量	户	0.147 442 7
社员户数量增减情况	减少＝1，不变＝2，增加＝3	0.014 579
社员覆盖范围	本村＝1，跨村、本乡镇＝2，跨乡镇、本县区＝3，跨县区、本市内＝4，跨地市、本省内＝5	0.152 719 4
合作社年盈余总额	万元	0.130 093 1
合作社盈余总额/社员户数量	万元/户	0.079 047 1
合作社品牌级别	没有品牌＝1，县级品牌＝2，市级品牌＝3，省级品牌＝4，国家级品牌＝5	0.168 825
是否帮助弱势群体	否＝0，是＝1	0.017 538 3
合作社参与村庄治理情况	没有参与＝0，参与 1 种＝1，参与 2 种＝2，参与 3 种及以上＝3（包括道路、路灯、自来水、公园、环境卫生等基础设施治理）	0.081 095 2
2021 年合作社组织娱乐活动次数	次	0.101 62
合作社带动非社员人数	人（与合作社经常交往学习和长期雇佣的非社员）	0.107 040 3

（三）农民合作社示范带动效应特征分析

1. 农民合作社示范带动效应原始表征指标特征分析

将表征农民合作社示范带动效应的各指标进行描述性统计分析，结果见

表 12 - 3。

表 12 - 3　农民合作社示范带动效应观测指标的描述性统计

测量指标	变量定义与赋值	最小值	最大值	均值	标准误
社员户数量	户	5	1 014	39.321	89.338
社员户数量增减情况	减少＝1，不变＝2，增加＝3	1	3	2.364	0.610
社员覆盖范围	本村＝1，跨村、本乡镇＝2，跨乡镇、本县区＝3，跨县区、本市内＝4，跨地市、本省内＝5	1	5	1.477	0.889
合作社年盈余总额	万元	0	4 723	78.789	267.793
合作社盈余总额/社员户数量	万元/户	0	36	4.339	6.051
合作社品牌级别	没有品牌＝1，县级品牌＝2，市级品牌＝3，省级品牌＝4，国家级品牌＝5	1	5	1.665	1.312
是否帮助弱势群体	否＝0，是＝1	0	1	0.854	0.353
合作社参与村庄治理情况	没有参与＝0，参与 1 种＝1，参与 2 种＝2，参与 3 种及以上＝3 （包括道路、路灯、自来水、公园、环境卫生等基础设施治理）	0	3	0.658	0.734
2021 年合作社组织娱乐活动次数	次	1	6	1.609	0.864
合作社带动非社员人数	人（与合作社经常交往学习和长期雇佣的非社员）	5	98	22.329	19.593

从表 12 - 3 中可以看出，样本农民合作社中社员户最多有 1 014 户，最少为 5 户，平均为 39 户；大部分合作社的社员户数量从成立至 2021 年保持不变；社员覆盖范围基本上在本村或本乡镇范围内；合作社年盈余最多的为 4 723 万元，最少为 0 元；平均每户年盈余最多的为 36 万元；样本农民合作社中大部分合作社没有自己的农产品品牌；多数农民合作社帮助过弱势群体；样本农民合作社参与村庄治理情况的均值为 0.658；样本农民合作社 2021 年组织娱乐活动次数最少为 1 次，最多有 6 次；带动非社员人数方面，最少的有 5 人，最多的为 98 人。

2. 农民合作社示范带动效应及其构成特征分析

利用各个指标标准化数值和权重加权计算每个农民合作社的示范带动效

应，农民合作社示范带动效应及各个维度评价结果见表 12 - 4。

表 12 - 4　农民合作社示范带动效应评价结果

项目	均值	标准误	最小值	最大值	弱		强	
					数量	比例%	数量	比例%
示范效应	0.073 0	0.077 0	0.000 1	0.467 1	245	66.037 7	126	33.962 3
带动效应	0.055 0	0.041 4	0.000 3	0.253 5	215	57.951 5	156	42.048 5
综合效应	0.127 9	0.102 3	0.005 3	0.666 2	229	61.725 1	142	38.274 9

由表 12 - 4 可知，对于农民合作社示范带动效应的总指数来说，最小值为 0.005 3，最大值为 0.666 2，极差比较大，说明农民合作社之间的示范带动效应差异比较大。为了考察农民合作社示范带动效应的强弱情况，将农民合作社划分为强示范带动型和弱示范带动型，具体划分方法是农民合作社的示范带动效应大于均值的为强示范带动型，小于均值的为弱示范带动型。通过表 12 - 4 中可以看出，不管是农民合作社示范带动效应的两个分维度还是综合效应，弱效应型农民合作社都超过了一半，说明一半以上农民合作社的示范带动效应低于平均水平。在综合示范带动效应中，61.73%的农民合作社属于弱示范带动效应类型，38.27%的农民合作社属于强示范带动效应类型。

二、模型构建与变量说明

（一）模型构建

1. Tobit 模型

在分析资本禀赋对农民合作社的示范带动效应的影响效果时，使用 Tobit 模型进行分析。由于农民合作社示范带动效应评价中计算所得的值大多介于 0～1，具有非负截断特征，属于受限的被解释变量。因此，采用 Tobit 模型进行检验。具体估计模型如下：

$$DE_i = \alpha + \beta DECH_i + \gamma X_i + \mu_i \qquad (12-1)$$

式中，DE_i 为粮食种植类农民合作社的示范带动效应，$DECH_i$ 为农民合作社的资本禀赋，X_i 为控制变量，α、β、γ 为待估计系数的列向量，μ_i 为随机干扰项。

2. 中介效应模型

为验证外部资金支持的中介效应，在基准回归模型的基础上引入中介效应模型，考察自变量 $DECH_i$ 对因变量的影响。如果自变量 $DECH_i$ 通过变量 Z_i 来影响因变量 DE_i ，则称变量 Z_i 为中介变量。根据理论分析，农民合作社资本禀赋可以通过政府资金支持和商业贷款支持对农民合作社示范带动效应产生影响。基于此，本研究基于温忠麟等的研究，采用逐步回归法对中间作用路径进行中介效应检验①。构建以下方程对变量之间的关系进行描述：

$$DE_i = \alpha_1 + c_1 DECH_i + c_2 X_i + \mu_1 \quad (12-2)$$

$$Z_i = \alpha_2 + a_1 DECH_i + a_2 X_i + \mu_2 \quad (12-3)$$

$$DE_i = \alpha_3 + b_1 DECH_i + b_2 Z_i + b_3 X_i + \mu_3 \quad (12-4)$$

式中，DE_i 为被解释变量，表示农民合作社的示范带动效应；$DECH_i$ 为核心解释变量，表示农民合作社的资本禀赋；Z_i 为中介变量，表示外部资金支持；X_i 表示一系列影响农民合作社示范带动效应的控制变量；α_1、α_2、α_3 为常数项；a_1、a_2、b_1、b_2、b_3、c_1、c_2 为待估计参数的列向量；μ_1、μ_2、μ_3 为误差项。

3. 调节效应模型

为验证政府培训的调节效应，在基准回归模型的基础上引入调节效应模型，考察自变量 $OECH_i$ 对因变量农民合作社示范带动效应的影响，具体模型如下：

$$DE_i = \alpha_4 + d_1 DECH_i + d_2 T_i + d_3 X_i + \mu_4 \quad (12-5)$$

$$DE_i = \alpha_5 + e_1 DECH_i + e_2 T_i + e_3 T_i DECH_i + e_4 X_i + \mu_5 \quad (12-6)$$

式中，DE_i 为被解释变量，表示农民合作社的示范带动效应；$DECH_i$ 为核心解释变量，表示农民合作社的资本禀赋；T_i 为调节变量，表示政府培训支持；X_i 表示一系列影响农民合作社示范带动效应的控制变量；α_4、α_5 为常数项；d_1、d_2、d_3、e_1、e_2、e_3、e_4 为待估计参数的列向量；μ_4、μ_5 为误差项。

（二）主要变量选取与说明

基于第九章资本禀赋影响农民合作社示范带动效应的机理分析，选取相关解释变量，具体指标如下：

（1）被解释变量。农民合作社的示范带动效应。

（2）核心解释变量。探究资本禀赋对农民合作社示范带动效应的影响，其核心解释变量为农民合作社的资本禀赋。此外，为具体分析不同维度资本禀赋对农民合作社示范带动效应的影响，选取合作社人力资本禀赋、物质资本禀赋和社会资本禀赋为核心解释变量，具体结果由第八章测算得出。

（3）中介变量。外部资金支持为中介变量，具体为问卷中的“合作社近三年是否获得过政府资金支持”与“合作社近三年是否获得过商业贷款支持”。

（4）调节变量。政府培训支持为调节变量。具体为问卷中的“合作社理事长参与政府组织的合作社管理培训次数”和“社员参与政府组织的培训次数”。

① 温忠麟，叶宝娟．中介效应分析：方法和模型发展［J］．心理科学进展，2014，22（5）：731-745.

（5）控制变量。为尽可能减少不可观测因素的影响，本研究从理事长特征、合作社运营特征和外部环境特征 3 个方面共选取 6 个控制变量。具体而言，理事长特征中包括理事长性别、年龄，合作社特征方面包括合作社成立年限和合作社提供的服务种类 2 个控制变量。外部环境特征选取合作社所在村庄的特征，包括合作社与最近乡镇的距离和合作社所在村庄是否还有其他合作社。具体变量定义与描述性统计分析见表 12－5。

表 12－5　变量名称、变量定义与描述性统计分析

变量名称	变量含义	均值	标准差
结果变量（被解释变量）			
农民合作社示范带动效应	根据熵值法测度	0.127 9	0.102 3
处理变量（解释变量）			
合作社资本禀赋	根据熵值法测度	0.240 3	0.157 3
人力资本禀赋	根据熵值法测度	0.070 2	0.074 6
理事长文化程度	小学及以下＝1，初中＝2，高中或中专＝3，大专及以上＝4	2.789 8	0.811 4
担任理事长年限	5 年及以下＝1，6～10 年＝2，11～15 年＝3，15 年及以上＝4	1.773 5	0.667 8
核心技术人员	无技术人员＝1，1～5 位＝2，6～10 位＝3，11 位及以上＝4	2.010 8	0.815 3
是否有职业经理人	否＝0，是＝1	0.218 3	0.413 7
物质资本禀赋	根据熵值法测度	0.044 3	0.067
注册资金	万元	439.078 3	583.526 8
农业机械及配套农机具固定资产原值	万元	213.694 1	346.354 7
是否有自己的加工企业	否＝0，是＝1	0.245 3	0.430 8
社会资本禀赋	根据熵值法测度	0.125 8	0.08
理事长政治身份经历	1＝没有行政职务，2＝村干部或人大代表或政协委员，3＝村干部并兼任人大代表或政协委员	1.692 8	1.006 7
理事长是否有经商经历	否＝0，是＝1	0.420 5	0.494 3
合作社成员信任程度	非常不信任＝1，不太信任＝2，一般＝3，比较信任＝4，非常信任＝5	3.884 1	0.735 2
是否加入联合社	否＝0，是＝1	0.199 5	0.400 1

（续）

变量名称	变量含义	均值	标准差
合作社示范等级	不是示范社＝1，县级示范社＝2，市级示范社＝3，省级示范社＝4，国家级示范社＝5	2.204 9	1.284 5
中介变量			
政府财政资金支持	合作社近三年是否获得过政府财政资金支持；否＝0，是＝1	0.266 8	0.442 9
商业贷款支持	合作社近三年是否获得过商业贷款支持；否＝0，是＝1	0.175 2	0.380 7
调节变量			
理事长参加政府管理培训次数	次	1.633 4	1.155 7
社员参与政府培训次数	次	1.876 0	1.517 7
协变量/控制变量			
合作社理事长特征			
理事长性别	女＝0，男＝1	0.911 1	0.285 1
理事长年龄	18～30 岁＝1，31～40 岁＝2，41～50 岁＝3，51～60 岁＝4，60 岁以上＝5	3.094 3	0.787 9
合作社特征			
合作社成立年限	到 2021 年合作社成立时间（年）	6.609 2	2.730 4
合作社提供服务种类	购买物资服务，技术指导服务，金融信贷担保服务，仓储服务，统一销售服务	2.946 1	1.222 5
村庄特征			
合作社与乡镇距离	合作社所在村庄与乡镇距离，5 千米以下＝1，5～10 千米＝2，10～15 千米＝3，15～20 千米＝4，20 千米以上＝5	1.962 3	0.745 2
本村是否还有其他合作社	否＝0，是＝1	0.725 1	0.447 1

三、实证检验与结果分析

（一）基准回归结果

本章运用统计软件 Stata17.0 和 Tobit 计量模型，实证分析了农民合作社资本禀赋、人力资本禀赋、物质资本禀赋、社会资本禀赋和资本禀赋具体的

12个指标对农民合作社示范带动效应的影响。

通过表12-6的模型12-1回归结果可以看出，资本禀赋对农民合作社示范带动效应的回归系数为0.339 7，且在1%统计水平下显著，这表明合作社资本禀赋对农民合作社示范带动效应具有显著的正向影响。因此，H7得到验证。在模型12-2中，人力资本禀赋、物质资本禀赋和社会资本禀赋对农民合作社的示范带动效应的回归系数分别为0.347 7、03 779和0.301 5，且三者都通过了1%统计水平下的显著性检验。这表明合作社的人力资本禀赋、物质资本禀赋和社会资本禀赋都对合作社示范带动效应的提升具有正向影响，但其中物质资本禀赋对农民合作社示范带动效应的影响最大，其次为人力资本禀赋，最后为社会资本禀赋。因此，H7-1、H7-2和H7-3得到验证。

表12-6　资本禀赋影响农民合作社示范带动效应的估计结果

变量	模型12-1 示范带动效应	模型12-2 示范带动效应	模型12-3 示范带动效应
资本禀赋	0.339 7*** (0.028 2)		
人力资本禀赋		0.347 7*** (0.059 1)	
理事长文化程度			0.020 9*** (0.005 2)
担任理事长年限			−0.009 0 (0.006 5)
核心技术人员			0.019 2*** (0.005 3)
是否有职业经理人			0.026 4*** (0.010 0)
物质资本禀赋		0.377 9*** (0.067 6)	
注册资金			0.000 01 (7.51e-06)
农业机械及配套农机具固定资产原值			0.000 1*** (0.000 01)
是否有自己的加工企业			0.037 7*** (0.009 7)

（续）

变量	模型 12-1 示范带动效应	模型 12-2 示范带动效应	模型 12-3 示范带动效应
社会资本禀赋		0.301 5*** (0.053 7)	
理事长政治身份经历			0.013 2*** (0.004 2)
理事长是否有经商经历			0.027 6*** (0.008 3)
合作社成员信任程度			0.001 3 (0.005 1)
是否加入联合社			0.041 0*** (0.009 8)
合作社示范等级			0.008 8** (0.003 4)
理事长性别	0.005 3 (0.014 3)	0.005 8 (0.014 4)	−0.007 3 (0.013 3)
理事长年龄	−0.000 8 (0.005 2)	−0.000 7 (0.005 2)	−0.001 9 (0.004 9)
合作社成立年限	0.000 3 (0.001 6)	0.000 3 (0.001 6)	0.000 1 (0.001 6)
合作社提供服务种类	0.021 1*** (0.003 5)	0.020 9*** (0.003 5)	0.018 5*** (0.003 4)
合作社与乡镇距离	0.010 8** (0.005 5)	0.010 8* (0.005 5)	0.009 1* (0.005 1)
本村是否还有其他合作社	−0.005 1 (0.009 2)	−0.004 8 (0.009 2)	−0.002 4 (0.008 4)
常数项	0.006 1*** (0.000 4)	0.006 1*** (0.000 4)	0.005 1*** (0.000 4)
N	371	371	371
LRchi2	200.39	201.15	268.83
Prob>*chi2*	0.000 0	0.000 0	0.000 0

注：***、**、*分别表示在1%、5%和10%的统计水平下显著，括号内为标准误。

具体而言，人力资本禀赋中农民合作社理事长受教育程度、核心技术人员和合作社是否有职业经理人对农民合作社示范带动效应的提升具有正向促进作用，且在1%统计水平下显著，这表明合作社的理事长文化程度、合作社核心技术人员数量和合作社职业经理人在对合作社示范带动效应的发挥方面具有重要的作用。

物质资本禀赋中，合作社的农业机械及配套农机具固定资产原值对农民合作社的示范带动效应具有显著正向影响，且在1%统计水平下显著，这是因为当合作社农业机械及配套农机具固定资产原值越大时，合作社拥有的农业机械数量和规模越大，越有利于农业生产效率的提高，进而促进社员增收。另外，其规模越大则越容易吸引当地周围群众的观摩。合作社是否成立加工企业对合作社的示范带动效应具有显著的正向影响，且在1%统计水平下显著，这是因为农民合作社拥有自己的加工企业时，能够通过延长产业链提高社员收入，还可以通过吸纳本地非社员进厂工作，提高当地农户整体收入。

社会资本禀赋中，理事长的政治身份经历对合作社示范带动效应具有显著正向影响，且通过1%显著水平下的统计学检验，这表明合作社理事长有过政治身份，则会注重合作社的外部效应，带动当地农民共同富裕；合作社理事长的经商经历对合作社示范带动效应具有显著性影响，且在1%统计水平下显著，这表明理事长的经商经历能够促进合作社的示范带动效应。合作社成员之间的信任程度对农民合作社示范带动效应没有显著正向影响，这表明合作社内部成员信任程度并不必然促进合作社的示范带动效应。合作社加入联合社对其示范带动效应具有显著正向影响，这是因为合作社加入联合社后，有利于合作社之间的互相学习，进而提升合作社经营水平以及对外部的带动效应。合作社的示范等级显著正向影响合作社的示范带动效应，且在5%统计水平下显著，这表明合作社等级越高，越有利于合作社的示范带动效应，这是因为政府部门对不同示范等级的合作社的要求不同，尤其对合作社的带动效应要求不同，示范等级高的合作社一般具有较强的带动效应。

从控制变量来看，农民合作社提供的服务种类显著正向影响农民合作社的示范带动效应，可能的原因是当合作社提供的服务种类越多时，越有利于合作社经营效率的提高，带动农民增收。此外，合作社提供服务种类越多，其与合作社当地农户交流沟通的机会越多，越有利于社员与非社员之间的交流，提升合作社示范带动效应。合作社与乡镇的距离显著正向影响合作社的示范带动效应，可能的原因是相对于城市，偏远农村受传统文化的影响更为深刻和久远，农村的正规学校教育缺位，导致农户的文化程度偏低，只能依靠口口相传和实践传统，通过“干中学”了解新的种植技术等，因此，与乡镇距离越远的合作社对当地示范带动效应越强。

（二）稳健性分析

1. 稳健性检验

为检验资本禀赋对农民合作社示范带动效应回归结果的可靠性，本章采用替换模型的方法进行稳健性检验。通过 OLS 模型检验了资本禀赋对农民合作社示范带动效应的影响效果。回归结果如表 12－7 所示，农民合作社资本禀赋、人力资本禀赋、物质资本禀赋、社会资本禀赋和各维度具体指标的显著性水平和影响方向与基准回归模型 12－1、模型 12－2 和模型 12－3 的结果基本一致。综上，稳健性检验方法均验证了上述基准回归结果的可靠性。

表 12－7　资本禀赋影响农民合作社示范带动效应的稳健性检验估计结果

变量	模型 12－4	模型 12－5	模型 12－6
	示范带动效应	示范带动效应	示范带动效应
资本禀赋	0.339 7***		
	(0.028 5)		
人力资本禀赋		0.347 7***	
		(0.059 9)	
理事长文化程度			0.020 9***
			(0.005 3)
担任理事长年限			−0.009 0
			(0.006 7)
核心技术人员			0.019 2***
			(0.005 4)
是否有职业经理人			0.026 4**
			(0.010 3)
物质资本禀赋		0.377 9***	
		(0.068 5)	
注册资金			0.000 01
			(7.71e-06)
农业机械及配套农机具固定资产原值			0.000 1***
			(0.000 01)
是否有自己的加工企业			0.037 7***
			(0.010 0)
社会资本禀赋		0.301 5***	
		(0.054 5)	

（续）

变量	模型 12-4	模型 12-5	模型 12-6
	示范带动效应	示范带动效应	示范带动效应
理事长政治身份经历			0.013 2***
			(0.004 3)
理事长是否有经商经历			0.027 6***
			(0.008 5)
合作社成员信任程度			0.001 3
			(0.005 3)
是否加入联合社			0.041 0***
			(0.010 1)
合作社示范等级			0.008 8**
			(0.003 5)
控制变量	已控制	已控制	已控制
常数项	−0.037 7	−0.035 4	−0.111 1***
	(0.028 0)	(0.028 2)	(0.035 6)
N	371	371	371
F	37.14	28.87	20.81
Prob>*F*	0.000 0	0.000 0	0.000 0

注：***、**、* 分别表示在 1%、5%和 10%的统计水平下显著，括号内为标准误。

2. 内生性检验

本章选取合作社所在村非本合作社农户人均收入水平作为工具变量。本村非本合作社农民的收入水平可能会影响合作社的资本禀赋，而其与合作社的示范带动效应并无直接联系，符合工具变量的选取原则。其中 Kleibergen－Paap rk Wald *F* 值和 Cragg－Donald Wald *F* 值也均大于检验临界值，表明不存在弱工具变量问题（表 12－8）。如模型 12－7 所示，使用工具变量的结论与基准回归结论保持一致，因此，资本禀赋正向影响农民合作社示范带动效应的结论具有可靠性。

表 12－8　资本禀赋影响农民合作社示范带动效应的内生性检验估计结果

变量	模型 12-7	
	示范带动效应	
	系数	标准误
资本禀赋	0.321 9***	(0.052 6)
控制变量	已控制	

（续）

变量	模型 12－7	
	示范带动效应	
	系数	标准误
Cragg－Donald Wald *F* 值	16.35	
Kleibergen－Paap rk Wald *F* 值	15.26	
Stock－Yogo 弱工具变量临界值（10%）	14.22	
N	371	
LRchi2	78.43	
Prob>*chi2*	0.000 0	

注：***、**、*分别表示在1%、5%和10%的统计水平下显著，括号内为标准误。

四、机制检验与进一步分析

（一）中介机制检验

通过表 12－9 和表 12－10 可以看出，政府的资金支持和商业贷款支持在资本禀赋对农民合作社示范带动效应中具有部分中介效应，且都在 1%统计水平下显著，验证了 H8 和 H9。这表明资本禀赋较强的农民合作社容易得到当地政府的资金支持以及商业贷款的支持，从而提高农民合作社的物质基础，进而提高农民合作社经营效率，提高社员收入，带动当地发展。此外，合作社通过获取外部资金支持开展从事乡村治理等方面的工作，提高合作社的示范带动效应。最终，农民合作社更好地发挥了示范带动效应，促进乡村振兴。

表 12－9　政府资金支持在资本禀赋影响农民合作社示范带动效应中的中介效应估计结果

变量	模型 12－8	模型 12－9	模型 12－10
	示范带动效应	政府资金支持	示范带动效应
资本禀赋	0.339 7***	2.380 8***	0.312 1***
	(0.028 2)	(0.512 2)	(0.028 7)
政府资金支持			0.036 3***
			(0.010 0)
控制变量	已控制	已控制	已控制
常数项	−0.037 7	−3.052 7***	−0.022 5
	(0.027 7)	(0.173 5)	(0.027 5)

（续）

变量	模型 12-8 示范带动效应	模型 12-9 政府资金支持	模型 12-10 示范带动效应
N	371	371	371
LRchi2	200.39	70.49	213.44
Prob>chi2	0.000 0	0.000 0	0.000 0

注：***、**、* 分别表示在1%、5%和10%的统计水平下显著，括号内为标准误。

表 12-10 商业贷款支持在资本禀赋影响农民合作社示范带动效应中的中介效应估计结果

变量	模型 12-11 示范带动效应	模型 12-12 商业贷款支持	模型 12-13 示范带动效应
资本禀赋	0.339 7*** (0.028 2)	0.898 2* (0.517 5)	0.332 6*** (0.028 3)
商业贷款支持			0.029 5*** (0.011 3)
控制变量	已控制	已控制	已控制
常数项	−0.037 7 (0.027 7)	−3.066 0*** (0.582 9)	−0.028 3 (0.027 7)
N	371	371	371
LRchi2	200.39	45.26	207.23
Prob>chi2	0.000 0	0.000 0	0.000 0

注：***、**、* 分别表示在1%、5%和10%的统计水平下显著，括号内为标准误。

（二）调节效应分析

通过表 12-11 可以看出，理事长参加的培训次数与合作社的资本禀赋的交互项系数为正，且通过10%显著水平下的统计学检验，这表明政府对理事长的管理培训在资本禀赋影响合作社示范带动效应中具有正向调节作用，即政府培训支持促进了资本禀赋对农民合作社示范带动效应的发挥。政府对合作社理事长的管理培训，能够让理事长学习到一些先进的管理理念，能够使理事长了解到合作社运营的实际意义，能够促进合作社理事长注重合作社的发展，使其合理地调动内外部资源，从而发挥合作社的示范带动效应。

表 12-11　政府培训在资本禀赋影响农民合作社示范带动效应中的调节效应估计结果

变量	模型 12-14 示范带动效应		模型 12-15 示范带动效应	
	系数	标准误	系数	标准误
资本禀赋	0.261 8***	(0.057 0)	0.277 5***	(0.051 0)
理事长培训次数	0.008 3*	(0.004 9)		
资本禀赋×理事长培训次数	0.040 3*	(0.023 2)		
合作社社员培训次数			0.009 8**	(0.004 5)
资本禀赋×社员培训次数			0.020 6*	(0.010 9)
控制变量	已控制		已控制	
常数项	−0.030 5	(0.030 4)	−0.029 9	(0.029 4)
N	371		371	
LRchi2	215.01		211.32	
Prob>chi2	0.000 0		0.000 0	

注：***、**、*分别表示在1%、5%和10%的统计水平下显著，括号内为标准误。

合作社成员参加的培训次数与合作社资本禀赋的交互项系数也显著为正，在10%统计水平下显著，这表明政府对合作社成员的培训在资本禀赋影响合作社示范带动效应中具有正向调节作用，即政府对合作社成员的培训促进了资本禀赋对农民合作社示范带动效应的发挥。政府对合作社成员的培训，使得合作社成员能够学习了解到更多的种植技术和合作社的经营理念，促进合作社成员素质的提升，促进当地农户整体的精神面貌，促进农户之间的交流学习，让农民合作社能够真正起到示范带动的作用，促进当地农民共同富裕，验证了H10。

五、本章小结

本章以黑龙江省371家粮食种植类农民合作社调研数据为例，运用Tobit模型定量分析了资本禀赋对农民合作社示范带动效应的影响，并通过中介效应模型和调节效应模型检验了其中的影响机制。主要结论如下：

资本禀赋对农民合作社示范带动效应具有显著的正向影响。人力资本禀赋、物质资本禀赋、社会资本禀赋对农民合作社的示范带动效应都具有显著正向作用。具体而言，人力资本禀赋中，合作社理事长受教育程度、核心技术人员和合作社中是否有职业经理人对农民合作社示范带动效应的提升具有正向促进作用，且在1%统计水平下显著，这表明合作社的理事长文化程度、合作社核心技术人员数量和合作社职业经理人在对合作社规范化发展方面具有重要的作用。物质资本禀赋中，合作社的农业机械及配套农机具固定资产原值对农民合作社的示范带动效应具有显著正向影响，且在1%统计水平下显著，原因可能是当合作社农业机械及配套农机具固定资产原值越大时，其拥有的机械数量和规模越大，其农业经营效率越高，越有利于促进社员增收，并吸引当地周围农户的观摩学习。合作社是否成立加工企业对合作社的示范带动效应具有显著的正向影响，且在1%统计水平下显著，这是因为农民合作社拥有自己的加工企业时，能够通过延长产业链提高社员收入。此外，农民合作社还可以通过吸纳本地非社员进厂工作，提高当地农户整体收入。社会资本禀赋中，理事长的政治身份经历对合作社示范带动效应具有显著正向影响，且通过1%显著水平下的统计学检验，这表明合作社理事长有过政治身份，则会注重合作社的外部效应，带动当地农民共同富裕；合作社理事长的经商经历对合作社示范带动效应具有显著性影响，这表明理事长的经商经历能够提升合作社的示范带动效应。合作社加入联合社对其示范带动效应具有显著正向影响，这可能与加入联合社后，有利于合作社之间的互相学习，促进合作社成员之间的交流，进而提升合作社经营水平以及对外部的带动效应。合作社的示范等级显著正向影响合作社的示范带动效应，这表明合作社等级越高，越有利于合作社的示范带动性，这是因为政府部门对不同示范等级的合作社的要求不同，尤其对合作社的带动效应要求不同，示范等级高的合作社一般具有较强的带动效应。此外，政府财政资金支持和商业贷款支持在资本禀赋对农民合作社示范带动效应中具有部分中介效应；政府对合作社理事长的管理培训和对社员的培训在资本禀赋影响农民合作社示范带动效应中具有正向调节作用。

第十三章　促进农民合作社高质量发展的政策建议

上述研究得出的相应政策启示是：促进农民合作社高质量发展，应以提高农民合作社规范化水平、生产经营效率和示范带动效应为目标，以提升农民合作社资本禀赋为核心手段，构建系统的农民合作社高质量发展驱动机制，培育农民合作社高质量发展的新动能。为此，本章从培养农民合作社人才队伍，强化农民合作社物质基础，增强合作社带头人、社员及合作社的社会资本禀赋，完善外部支持政策与发展环境等方面提出相应的对策建议，促进农民合作社发展质量的全面提升，带动乡村振兴，推动共同富裕。

一、着力加强农民合作社的人才队伍建设

从上述结论可以看出，人力资本禀赋对农民合作社的规范化发展、经营效率的提升和示范带动效应的增强都具有显著的促进作用。因此，农民合作社人才队伍建设是合作社高质量发展的关键。具体可以从以下几个方面入手：一是通过技术入股的形式吸纳更多农技人员和职业经理人加入合作社，提升合作社内部人力资本禀赋；二是农民合作社积极争取与地方高校、科研院所和农技部门开展合作，通过合作开展科研项目提高合作社的人力资本以及内部成员的专业技能；三是政府部门通过开展培训班培养农民合作社带头人和社员的合作意识、专业技能和利用社会资本的能力，通过提升农民合作社带头人和社员的能力推动农民合作社高质量发展；四是地方政府加强对农民合作社政策的宣传与推介，制定相关激励政策，吸引更多优秀人才参与到农民合作社的建设和发展中，为农民合作社的发展注入优质稀缺资源，提升农民合作社的关键能力。

二、延长农民合作社产业链条

2023 年中央 1 号文件指出："实施农产品加工业提升行动，支持家庭农

场、农民合作社和中小微企业等发展农产品产地初加工，引导大型农业企业发展农产品精深加工。”从本篇研究结论不难看出，较高的物质资本禀赋对农民合作社的规范化发展、经营效率提升和示范带动效应的增强都具有正向的作用。其中，农民合作社产业链的延伸对农民合作社高质量发展具有重要影响。因此，地方政府出台具体奖励政策，激励有条件的农民合作社延长产业链条，开展农产品的深加工，将更多的产业链利益留在农民合作社内部，进而提高农民合作社的物质资本，最终促进合作社的高质量发展。另外，产业链的延伸，需要应用新的技术，进而促进农民合作社服务模式的创新。这将进一步要求农民合作社理事长和成员具有较好的素养，掌握合作社兴办企业的基本知识。农民合作社可以通过开展内部培训和外出参观学习等方式提高内部社员的专业技能、生产技术和市场营销等方面的能力，进而推动农民合作社的规范化发展、经营效率的提升和示范带动效应的增强，推动农民合作社的高质量发展。

三、积累合作社带头人、社员及合作社的社会资本

社会资本禀赋对农民合作社的规范化发展、经营效率的提升和示范带动效应的增强也都具有显著的促进作用。因此，通过激活农民合作社内生要素，积累合作社带头人、社员和农民合作社的社会资本，进而推动农民合作社高质量发展。一是拓宽合作社社会关系网络，鼓励多主体参与。合作社及内部社员的社会关系网络是合作社获取外部资源的重要渠道和有效方式。合作社制定适用于自身发展的激励政策，引导社员通过自身社会关系积极参与合作社治理与运营。二是提升合作社内部信任水平，增强内部凝聚力。农民合作社要发挥主观能动性，为合作社内部成员之间的沟通交流创建平台，完善互惠共享机制，加强生产技术与信息的传递与分享，增强社员之间、社员与合作社之间的信任程度。合作社通过对社员的各种帮助，增强社员对合作社的信任及社员之间的互惠关系。同时，通过鼓励社员参与合作社的管理与运营，推动合作社高质量发展。三是为了获取资源，合作社要发挥自身优势，加强与其他组织的联系，加入联合社，推动合作社将基于血缘和地缘关系所建立的传统人际关系向建立在组织关系和制度信任基础上的新型市场交易关系转变，从而谋求更大的发展空间。四是合作社以政治资源为依托提升自我拓展能力，积极争取政策安排的外部资源，形成以国家政策支持和自我拓展为主导的资源获取方式。通过外部资源的嵌入和内部凝聚力的提升，两者“镶嵌互作”，促进农民合作社高质量发展。

四、完善支持政策和发展环境

提高扶持政策的精准性，重点支持薄弱环节和关键环节，聚焦农民合作社发展需求，以确保农民合作社规范化发展为基础，提高经营效率为目标，以示范带动、推动共同富裕为最终目的。在研究结论中可以看出，政府对合作社理事长的培训支持对农民合作社高质量发展具有重要的影响。由于农民合作社的理事长和带头人基本上都是当地种植大户，外来人才领办农民合作社的情况还不多见，而我国农民整体文化程度还不高，对农民合作社的运营管理知识不够了解，因此，针对农民合作社理事长和带头人的培训格外重要。培训内容主要以提升农民合作社理事长和带头人对合作社组织理念的认知程度为主。政府对合作社社员的培训对农民合作社高质量发展具有重要影响，社员积极参与合作社事务是农民合作社发展的基础，社员参与政府组织的培训能提高社员的种植技术水平。因此，政府可以通过定期举办合作社知识竞赛、农业种植技术培训等方式提高社员的文化水平和种植技术水平。要优化农民合作社外部支持政策，重点支持规范化水平高、示范带动效应强的农民合作社。在合作社运营过程中，将更多的乡村振兴支农项目交由农民合作社执行，提升合作社物质资本。建立农民合作社金融支持体系，地方政府除了向农民合作社拨付财政资金和提供信贷支持外，鼓励建立由合作社内部成员资金支持的金融体系；地方政府将各类优质企业纳入社企对接合作范围，面向农民合作社提供覆盖全产业链条的服务，降低农民合作社运营的风险和成本。

总之，促进农民合作社高质量发展，需要修炼合作社内功，强化合作社自身资本禀赋。在此基础上，鼓励农民合作社积极争取外部支持，参加外部培训，从而推动农民合作社高质量发展。

下 篇

农民合作社效率测度及其影响因素研究

第十四章　引　言

一、研究背景与问题的提出

我国是农业大国，小农户是我国农业生产的基本面，然而农业是弱质产业，小农户是弱势群体。小农户组织化程度低，小农户的经济利益较难得到保障，更不易改变其弱势地位。鉴于小农户家庭经营作为我国农业主要经营方式将长期存在的现实，组织小农户进行适度规模经营、发展社会化大生产是现代农业的必然选择。因此，发展农民合作社是不以人的意志为转移的客观规律。

2007 年，《农民专业合作社法》正式颁布实施，我国农民专业合作社进入了依法设立、蓬勃发展的新阶段。为大力支持合作社发展，2008—2012 年的中央 1 号文件多次明确提出各级财政要持续加大对农民合作社的经费支持，鼓励合作社承担国家涉农项目，深入推进示范社建设，引导合作社开展农村资金互助，并重视合作社在开拓农村市场、推进农业机械化、加强农产品物流设施建设、支撑种业科技创新以及强化农村基层党组织建设等方面的作用；各级地方政府也加快制定推动合作社发展的实施细则，制定扶持合作社发展的政策意见，不断探索合作社发展新模式。2013 年中央 1 号文件重申合作社的重要地位，认为合作社是带动农户进入市场的基本主体，是发展农村集体经济的新型实体，是创新农村社会管理的有效载体，并为合作社制定了全面、系统的帮扶支持政策。2014 年、2015 年，中央政府提出要发展新型农业经营主体，构建新型农业经营体系，鼓励兴办专业合作或股份合作等多元化、多类型的合作社，引导合作社拓宽服务领域，并督促相关部门适时修订农民专业合作社法以适应合作社多元发展趋势。党的十九大以来，抓好合作社建设成为巩固和完善农村基本经营制度的重要任务：一是开展合作社规范提升行动，注重合作社质量提升工作，不断引导合作社高质量发展；二是创新利益联结机制，鼓励构建“村集体＋农户＋合作社”“农户＋合作社＋公司”“农户＋合作社＋合作社联社”等形式的利益联结机制，促进小农户和现代农业有机衔接；三是拓宽合作社功能属性，以合作社为主要载体发展特色村镇、休闲旅游、社会化服务和农业产业链建设。

我国合作社实践已取得了一定的成果。截至2022年底，全国依法登记的农民专业合作社达到222.9万家，吸纳近五成农户入社。与此同时，合作社所涉产业类型日益丰富，合作领域不断扩展，服务属性持续增强，合作形式接续创新，已在促进农技推广、推进农业生产标准化进程、助力农产品品牌建设以及创新乡村治理等方面做出突出贡献，已成为带动农户增收、助力农业增效和实现小农户与现代农业有机衔接的重要力量。东北三省（黑龙江、吉林、辽宁）是我国的农业大省，也是我国重要的粮食主产区和商品粮供给区。培育和壮大合作社，增强农民组织化程度已经成为破解东北三省“粮食增产不增收”难题的重要途径。然而，合作社数量急剧扩张背后的隐患却不容忽视。合作社发展出现的“量大质忧”矛盾和“骗补”“凑数”问题，严重制约了合作社功能作用的发挥，损害了合作社的社会形象。为推动新型经营主体高质量发展，2022年3月农业农村部印发《关于实施新型农业经营主体提升行动的通知》，明确提出要规范合作社管理和财务会计等五项管理服务制度；地方政府也深入贯彻2023年中央1号文件精神，出台关于大力促进合作社高质量发展的实施意见，开展“空壳社”专项清理活动，加大对涉嫌违法合作社的风险排查力度，加强与承担财政项目合作社的对接和沟通。但是，现阶段，“空壳社”仍然存在，优质合作社数量较少，合作社融资“贫血”严重，近三分之二的合作社带动成员的作用依然不明显，合作社距离实现高质量发展仍存在一定距离。现有研究多认为高效率是合作社高质量发展的重要特征，提升合作社效率是促进合作社高质量发展的重要前提，即欲“提质”先“提效”。因此，围绕合作社效率及其影响因素进行研究对于释放合作社助农增收潜力、提升合作社发展质量、推进合作社高质量发展进程具有重要的理论价值和现实意义。那么，我国农民专业合作社真实的效率水平如何？哪些因素会影响合作社的效率？相关因素又是怎样影响合作社效率的？本书后续章节将围绕这些问题进行讨论。

二、相关研究的文献梳理

（一）不同视角下的合作社研究

随着合作社实践的逐步深入，新古典经济学理论和新制度经济学理论相继被引入到合作社问题的研究中。根据合作社的组织特点，学术界先后发展出垂直一体化、企业、市场主体联盟和契约连接视角下的合作社研究，且不同视角下的合作社研究之间存在差异又相互继承。

垂直一体化视角下的合作社研究认为，合作社是农场的延伸与扩展。某一区域的农场主通过自愿联合的方式组建合作社，进入市场，并促进市场的有效竞争。由各农场主联合组成的合作社并非盈亏自负的企业组织，而是农场主自担风险的垂直经营联合体。同时，Phillips 认为，农场主间“联合”的紧密程度受可预期的不确定性、联合降低成本的有效性、成员出资的情况和成员对合作社效率的关注度影响，且农场主间应按比例分享收益、承担成本①。然而，垂直一体化视角下的合作社研究忽略了合作社内部各农场主间的交易成本，故于 20 世纪 60 年代后逐渐被企业视角下的合作社研究取代。

企业视角下的合作社研究认为合作社是一种特殊类型的企业。Enke 认为，在垄断竞争市场中，若合作社能够按照边际成本曲线与市场需求曲线的交点产量进行生产，合作社就能实现消费者和生产者剩余最大化②。然而，社员和合作社交易量的增加使得合作社的实际产量偏离最优产量，故 Enke 假设的均衡是不稳定的。在 Enke 假设的基础上，Helmberger 等提出了合作社决策的短期和长期模型，并发现合作社既有成员的利益才是影响合作社最优决策的决定性因素③。同样，在企业视角下，Albaek、Chaddad 和 Royer 等学者认为，与投资者所有企业（IOF）相比，多数合作社在农产品深加工方面存在劣势，但合作社在古诺双寡头市场中更具竞争力，且随着市场竞争的加剧，一部分合作社会演变成投资者所有企业（IOF）④~⑥。

市场主体联盟视角下的合作社研究打破了“合作社社员同质性”的假设，认为合作社社员具有异质性特征，不同社员的目标函数不尽相同，故社员间要通过博弈和谈判来维系合作社运营。Staatz 认为，合作社内部社员间的博弈存在以下规律：一是若不能制定合理的利益分配机制以满足不同社员的目标函数，合作社将难以为继；二是无差别定价会对社员产生负向激励作用，最优的

① Phillips R. Economic nature of the cooperative association [J]. Journal of Farm Economics, 1953, 35 (1): 74-87.

② Enke S. Consumer cooperatives and economic efficiency [J]. The American Economic Review, 1945, 35 (1): 148-155.

③ Helmberger P, Hoos S. Cooperative enterprise and organization theory [J]. Journal of Farm Economics, 1962, 44 (2): 275-290

④ Schultz C, Albaek S. One cow, one vote? [J]. Scandinavian Journal of Economics, 1997, 99 (4): 597-615.

⑤ Chaddad F R, Cook M L. An ownership rights typology of cooperative models [R]. Working Papers, 2002.

⑥ Royer J S, Smith D B. Patronage refunds, producer expectations and optimal pricing by agricultural cooperatives [J]. Journal of Cooperatives, 2007 (20): 1-16.

方式应是将边际成本定价法和交易比例定价法结合使用进行定价①。

契约视角下的合作社研究主要基于新制度经济学理论。从交易成本角度出发，Coase认为，合作社可有效降低农业生产各环节间的交易费用②。从产权角度出发，Cook认为，产权的模糊性使得合作社易出现“搭便车”问题、短视问题、控制问题、投资组合问题和影响成本问题③。从“委托—代理关系”角度出发，Eilers等认为，根据契约的不同，合作社管理者和社员既可承担委托人角色，亦可担任代理人角色，即合作社生产经营中存在双向的委托代理关系④。

（二）合作社效率研究

关于合作社效率的研究应至少包含两个部分：一是界定合作社效率内涵的研究；二是测度合作社效率的研究。下面依次介绍两部分的研究现状。

1. 合作社效率内涵的研究

国外学者参照效率理论研究成果对合作社效率内涵进行界定。Sexton等将价格因素考虑在内，把合作社的经营效率分为技术效率、配置效率、规模效率和价格效率⑤。Ariyaratne等研究了合作社的X-效率和规模效率，其中，X-效率考察的是合作社对投入品进行最优利用的能力，规模效率描述的是合作社是否在最优规模上运营⑥。

在国外研究的基础上，国内学者对于合作社效率内涵的解释更加具象。相关学者主要从公共经济学理论和帕累托最优理论两个视角对合作社效率的内涵做出诠释，形成了相对丰富的研究成果。一方面，从公共经济学角度出发，樊丽明等认为，合作社提供产品和服务极具“俱乐部产品”属性⑦。由此，张靖会认为，合作社的效率可概括为合作社向社员提供产品和服务的效率，合作社

① Staatz J M. A Theoretical perspective on the behavior of farmers' cooperatives (game theory) [D]. Michigan State University, 1984.

② Coase R H. The nature of the firm [M]. Macmillan Education UK, 1995.

③ Cook M L. The future of US agricultural cooperatives: A neo - institutional approach [J]. American journal of agricultural economics, 1995, 77 (5): 1153 - 1159.

④ Eilers C, Hanf C H. Contracts between farmers and farmers' processing co - operatives: A principal - agent approach for the potato starch industry [C] //Vertical relationships and coordination in the food system. Physica - Verlag HD, 1999: 267 - 284.

⑤ Sexton R J, Iskow J. What do we know about the economic efficiency of cooperatives: an evaluative survey [J]. Journal of Agricultural Cooperation, 1993 (8): 15 - 27.

⑥ Ariyaratne C B, Featherstone A M, Langemeier M R, et al. Measuring X - efficiency and scale efficiency for a sample of agricultural cooperatives [J]. Agricultural and Resource Economics Review, 2000, 29 (2): 198 - 207.

⑦ 樊丽明，石绍宾，张靖会．农民专业合作社供给“俱乐部产品”及其经济效应［J］．财政研究，2011（1）：15 - 17.

高效率意味着要以最低的成本提供种类多、数量大、质量高的产品和服务，以满足社员的需求[①]。王文慧认为，合作社具备经济俱乐部属性，合作社效率应包括整体效率和个体效率两个方面，整体效率可由合作社整体盈利能力评价，个体效率可由社员入社前后的收益变动反映，且单独考虑整体效率易挫伤社员积极性，仅仅考虑个体效率又不利于合作社发展大局[②]。另一方面，从帕累托最优理论出发，黄祖辉等提出合作社效率内涵应包括两个层次：一是“内部效率”，即合作社的投入产出效率；二是“外部效率”，即合作社对社会总福利的贡献度。合作社追求内部效率的同时，也应考虑外部效率使全社会的资源得到充分利用[③]。张超将外部效率定义为合作社在服务社员过程中所“溢出”的服务社区和社会的效率，其内涵反映的是合作社在带动非社员农户和促进地区经济社会发展等方面的社会影响力，并用社区服务和社会影响等指标来衡量外部效率[④]。综合公共经济学理论和帕累托最优理论，崔宝玉和李彪等提出，合作社需要追求经济效率、社会效率和交易效率，以实现增加收入和利润的经济目标、实现农产品交易的交易目标和带动社员增收的社会目标[⑤⑥]。

2. 合作社效率测度的研究

从测度方式上看，现代经济学多使用允许技术无效的前沿面分析方法。该方法通过构造生产可能集合，测度各个决策单元（DMU）与生产最优前沿面之间的距离来测算效率，并依据数据拟合中是否需要参数设定，分为参数方法和非参数方法。参数方法是随机边界分析法（SFA）、厚前沿法（TFA）等；非参数分析法主要是数据包络分析法（DEA）。

在参数方法的使用上，王颜齐等利用随机边界分析法（SFA）测度大豆合作社效率[⑦]，许朗等利用随机边界法（SFA）分析合作社灌溉用水的效率[⑧]。

---

① 张靖会．农民专业合作社效率评价体系：基于供给机制视角的研究［J］．中央财经大学学报，2012（2）：12－17.

② 王文慧．农民专业合作社效率评价问题研究［J］．统计与决策，2014（2）：64－67.

③ 黄祖辉，扶玉枝．合作社效率评价：一个理论分析框架［J］．浙江大学学报（人文社会科学版），2013，43（1）：73－84.

④ 张超．合作社公共服务效率及其影响因素分析——基于浙江省的调查［J］．财贸研究，2016，27（3）：63－71.

⑤ 崔宝玉，徐英婷，简鹏．农民专业合作社效率测度与改进“悖论”［J］．中国农村经济，2016（1）：69－82.

⑥ 李彪，李旭，陈珂．基于效率分解视角的林业专业合作社提质增效研究［J］．西北农林科技大学学报（社会科学版），2021，21（2）：152－160.

⑦ 王颜齐，史修艺．市场化介入对组织化小农户经营效率的影响——基于黑龙江省大豆合作社的面板数据［J］．农林经济管理学报，2020，19（3）：314－323.

⑧ 许朗，陈杰，刘晨．小农户与新型农业经营主体的灌溉用水效率及其影响因素比较［J］．资源科学，2021，43（9）：1821－1833.

相对于参数方法，以数据包络分析（DEA）为代表的非参数方法成为测度合作社效率的主流方法。在使用数据包络分析（DEA）测度合作社效率时，主要存在三种方法分支。一是运用静态DEA方法对不同类型的合作社效率进行测度。例如，陈江华等基于江西省调查数据，利用DEA方法测度养殖类、瓜果蔬菜类、粮食种植类和茶叶及一般经济作物类合作社效率①；姜宇博以黑龙江省的15个现代农机合作社为样本，运用DEA-BCC方法测度从事大豆种植的农机合作社效率②；梁岚清使用DEA方法，结合分布于四川省5大经济区的35家农机专业合作社调研数据，测度四川省农机专业合作社的效率③。二是运用DEA-Malmquist刻画合作社效率的动态变化。例如，扶玉枝等用Bootstrap-Malmquist指数方法，测算浙江省粮食和一般经济作物类、蔬菜水果类、畜禽水产养殖类三类营销合作社的全要素生产率（TFP）增长及其分解指数④；姚宗东等以陕西省烟农专业合作社为例，采用Malmquist指数投入导向模型测量了合作社的全要素生产率变化指数与综合技术效率变化指数⑤。三是利用三阶段DEA模型测算剔除环境因素和随机干扰后合作社效率的真实水平。例如，冯娟娟等以苹果合作社为样本，运用三阶段DEA模型测度合作社效率并分析经济环境对合作社治理效率的影响⑥；杨丹使用重庆市95家合作社样本数据，利用三阶段DEA方法测度合作社效率，并发现合作社所处的外部环境显著影响合作社要素投入水平⑦。在使用数据包络分析（DEA）对合作社效率进行测度时，投入和产出指标的选取是评价测度结果是否科学的基础。投入指标通常根据生产要素投入设定，如章文芳从人力、资本、土地以及机械等四个要素角度选取投入指标⑧。收入往往是核心产出指

---

① 陈江华，等．农民专业合作社经营效率及其影响因素［J］．华南农业大学学报（社会科学版），2015，14（4）：37-47.

② 姜宇博，李爽．黑龙江省现代农机合作社大豆生产效率研究［J］．大豆科学，2016，35（6）：1018-1024.

③ 梁岚清，漆雁斌．基于DEA模型的四川省农机专业合作社经营效率研究［J］．中国农机化学报，2018，39（3）：87-92.

④ 扶玉枝，徐旭初．技术进步、技术效率与合作社生产率增长［J］．财贸研究，2013，24（6）：46-55.

⑤ 姚宗东，付榕，杨斐．供给侧结构改革背景下烟农合作社绩效评价与政策取向——以陕西烟农合作社为例［J］．管理评论，2019，31（4）：295-304.

⑥ 冯娟娟，田祥宇，霍学喜．改善经济环境有助于提高农民合作社治理效率吗——基于三阶段DEA模型的实证分析［J］．农村经济，2019（8）：87-95.

⑦ 杨丹，刘自敏，徐旭初．环境异质性、合作社交叉效率与合作关系识别［J］．农业技术经济，2015（3）：33-45.

⑧ 章文芳．三峡库区茶叶专业合作社运行绩效及投影优化分析［J］．茶叶通讯，2020，47（2）：328-333.

标，如古羽加在测量水果类、花卉类以及蔬菜类合作社的效率时，选择总收入作为产出指标①。另外，很多学者根据所研究合作社的生产经营特殊性，调整投入、产出指标的选取。例如，马凤才等根据农业产业投入要素特征，将投入指标的选取细化成种肥投入、雇工投入和雇佣机械投入等以便更准确地测度水稻种植合作社效率②；刘文丽考虑到烟农合作社的特殊性，在测度烟农专业合作社的效率时，选取专业化技术培训次数作为投入指标，且创新性地选取可分配盈余返还额作为反映成员利益是否得到保障的关键性产出指标③。

（三）合作社效率影响因素研究

本节依次从合作社效率的影响因素和合作社效率影响因素的研究方法两方面介绍现有研究的现状。

1. 合作社效率的影响因素

国外学者对于合作社效率影响因素的探究相对较早，探究视角也相对发散。Ferrier 等认为，政府的优惠政策没有发挥到应有的作用是导致合作社低效率的重要原因④。Lorendahl 认为，合作社的基础设施建设情况、就业情况和本身的商业发展都对合作社效率有显著的影响作用⑤。Hailuetal 则认为，自身的规模是影响合作社效率最主要的因素⑥。Narciso 等研究发现经营战略、丰富资源和先进专业技能对合作社效率影响很大⑦。Peterson 通过对美国东北部 21 家合作社的深入调查，认为在衡量合作社效率时，不仅要把合作社选择的战略纳入指标体系，还要考虑不同战略组合对合作社效率的综合影响作用⑧。Jeffrey 认为，合作社的所有者和管理者由于拥有合作社的所有权和决定

① 古羽加. 基于DEA模型的农民专业合作社经济效率研究［J］. 现代经济信息，2020（12）：14-15.

② 马凤才，郭喜伟. 水稻生产主体效率分析——基于黑龙江省牡丹江市的调查［J］. 江苏农业科学，2020，48（18）：306-316.

③ 刘文丽，等. 基于 DEA 模型的烟农专业合作社经营效率研究——以湖南省为例［J］. 中南林业科技大学学报，2016，36（9）：127-132.

④ Ferrier G D，Porter P K. The productive efficiency of US milk processing co-operatives［J］. Journal of agricultural Economics，1991，42（2）：161-173.

⑤ Lorendahl B. New cooperatives and local development：A study of six cases in Jaemtland，Sweden［J］. Journal of Rural Studies，1996，12（2）：143-150.

⑥ Hailu，G，Goddard E W，Jeffrey S R. Measuring efficiency in fruit and vegetable marketing co-operatives with heterogeneous technologies in Canada［C］. Rhode Island：American Agricultural Economics Association Annual Meeting，2005：211-224.

⑦ Lario N A，Alemán J L M，Espallardo M H. Beneficio de las cooperativas agrarias de segundo grado：contribución a los objetivos de sus socios［J］. REVESCO：revista de estudios cooperativos，2002（76）：7-26.

⑧ Peterson H C，Anderson B L. Cooperative strategy：theory and practice［J］. Agribusiness：An International Journal，1996，12（4）：371-383.

权，并在决定合作社采用竞争战略方面起着关键作用，故合作社的所有者和管理者是影响合作社效率的根本原因①。Benos 利用 116 家农业合作社的数据，通过比较合作社战略属性（市场和品牌导向）和组织属性（所有权、控制权和利益分配权）对合作社效率的影响强度差异得出战略属性对组织效率的影响比组织属性更大的结论②。Jasper 对 707 家美国农业合作社 2005—2011 年的数据进行实证分析，发现品牌资产与合作社的效率有显著的正相关关系③。

国内关于合作社效率影响因素的研究主要从合作社外部、组织层面和成员层面展开。在外部层面，崔宝玉等认为，政府的支持和引导会提升合作社的收入预期，促使合作社通过扩大规模、增加投入和采纳新技术等方式来提升效率④；徐旭初认为，政府对合作社的资金支持和政策扶持可以壮大合作社经济实力，提高合作社服务水平和竞争能力，进而提升合作社效率⑤；梁巧等认为，合作社与金融机构、中介组织以及科研机构之间的良好合作关系也会显著提升合作社效率⑥。在组织层面，崔宝玉等认为，治理有效的合作社更容易实现高效率⑦；刘同山等认为，财务公开、成员退出等组织内部的监督制衡越强，合作社效率越高⑧；赵彩云认为，合作社利益联结方式越完善，利益分配越合理，利益激励越健全越有利于合作社获得良好的效率⑨；韩旭东等认为，二次返利对合作社效率的正向影响作用尤为显著⑩。在成员层面，合作社负责人的企业家才能和成员的人力资本状况是提高合作社效率的关键因素。例如，

---

① Katz J P. Managerial behavior and strategy choices in agribusiness cooperatives [J]. Agribusiness: An International Journal, 1997, 13 (5): 483-495.

② Benos T, Kalogeras N, Verhees F, et al. Cooperatives' organizational restructuring, strategic attributes, and performance: the case of agribusiness cooperatives in Greece [J]. Agribusiness, 2016, 32 (1): 127-150.

③ Grashuis J. The impact of brand equity on the financial performance of marketing cooperatives [J]. Agribusiness, 2019, 35 (2): 234-248.

④ 崔宝玉，徐英婷，简鹏．农民专业合作社效率测度与改进“悖论”[J]. 中国农村经济，2016 (1)：69-82.

⑤ 徐旭初，吴彬，应丽．农民专业合作社财务绩效的影响因素分析——基于浙江省 319 家农民专业合作社的实地调查 [J]. 西北农林科技大学学报（社会科学版），2013，13 (6)：20-26.

⑥ 梁巧，等．社会资本对农民合作社社员参与行为及绩效的影响 [J]. 农业经济问题，2014，35 (11)：71-79，111.

⑦ 崔宝玉，谢煜．农民专业合作社：“双重控制”机制及其治理效应 [J]. 农业经济问题，2014，35 (6)：60-67，111-112.

⑧ 刘同山，孔祥智．治理结构如何影响农民合作社绩效——对 195 个样本的 SEM 分析 [J]. 东岳论丛，2015，36 (12)：16-23.

⑨ 赵彩云，王征兵，邹润玲．农民专业合作社利益机制及其绩效实证分析——以陕西省为例 [J]. 农村经济，2013 (10)：121-125.

⑩ 韩旭东，等．盈余分配制度对合作社经营绩效影响的实证分析——基于新制度经济学视角 [J]. 中国农村经济，2020 (4)：56-77.

杨军等发现农村能人主导型的合作社往往拥有较高的效率，能人的社会职务、持股份额、市场开拓能力和引进推广新技术、新品种能力对合作社效率均存在显著的正向影响作用①。除此之外，合作社理事长的管理能力、企业家精神、风险承担能力、创业能力、关系能力等都会对合作社效率产生积极影响。

2. 合作社效率影响因素的研究方法

回归分析法是检验各因素对合作社效率影响作用的主流方法。例如，孔令英通过建立 Tobit 模型对合作社规模、理事会规模、理事长受教育程度和合作社等级等因素对合作社效率的影响作用进行检验②；黄胜忠等通过使用有序概率回归模型探究治理结构和理事长胜任特征对合作社效率的影响作用③；胡平波采用了典型相关分析法分析了企业家能力与合作社效率之间的相关关系④；董晓波通过构建非递归模型探究核心成员的风险态度对合作社效率的影响程度⑤；邵科等通过构建多元回归模型检验了成员参与下的合作社股权、惠顾和治理结构对合作社效率的影响作用⑥。同时，近年来，结构方程模型（SEM）以其在因子分析和路径探究方面的独特优势受到研究合作社效率问题的学者的广泛青睐。例如，刘同山等以 195 个合作社样本数据为基础，以分配、决策和内控作为治理结构的变量，构建结构方程模型以探究治理结构对合作社效率的影响⑦；孙亚范从制度安排角度出发，利用结构方程模型梳理产权安排、治理结构与利益制度对合作社效率的影响及影响机制⑧；娄锋使用结构方程模型解析合作社产权、治理和分配制度等潜变量之间的交互作用，并检验所有潜变量对合作社效率的影响⑨；侯佳君等利用结构方程模型探究合作社自生能力和交

---

① 杨军．不同模式农民合作社绩效的差异分析——基于广东、安徽 148 家农民合作社的调查[J]．西北农林科技大学学报（社会科学版），2014，14（3）：40-44.

② 孔令英，王云．基于 DEA-Tobit 模型的农民专业合作社效率分析——来自新疆生产建设兵团的实证[J]．中国农业资源与区划，2021，42（7）：175-182.

③ 黄胜忠，林坚，徐旭初．农民专业合作社治理机制及其绩效实证分析[J]．中国农村经济，2008（3）：65-73.

④ 胡平波．合作社企业家能力与合作社绩效关系的实证分析——基于江西省的调查[J]．华东经济管理，2013，27（9）：38-43.

⑤ 董晓波．农民专业合作社高管团队集体创新与经营绩效关系的实证研究[J]．农业技术经济，2010（8）：117-122.

⑥ 邵科，郭红东，黄祖辉．农民专业合作社组织结构对合作社绩效的影响——基于组织绩效的感知测量方法[J]．农林经济管理学报，2014，13（1）：41-48.

⑦ 刘同山，孔祥智．治理结构如何影响农民合作社绩效——对 195 个样本的 SEM 分析[J]．东岳论丛，2015，36（12）：16-23.

⑧ 孙亚范，余海鹏．农民专业合作社制度安排对成员行为及组织绩效影响研究[J]．南京农业大学学报（社会科学版），2012，12（4）：61-69.

⑨ 娄锋，程士国，樊启．农民专业合作社绩效评价及绩效影响因素[J]．北京理工大学学报（社会科学版），2016，18（2）：79-87.

易环节对合作社效率的影响作用[①]；董晓波和张怀英等利用结构方程模型分析高管创新、企业家精神对合作社效率的影响作用[②③]。

（四）组态理论的应用研究

组态理论最早应用于战略管理领域。组态理论的应用打破了战略管理“最优区分”的思维定式，开始关注战略维度之间以及战略与环境要素间的组态效应。Mckenny 等采用定性比较分析方法（QCA）和组态理论分析了创业导向战略的自主性、创新、风险承担、先动性和竞争积极性五个维度对企业绩效系统性的影响作用[④]。Du 等基于组态思想和 QCA 方法探究了不同环境要素的组合如何影响企业绩效，并发现了产生高绩效结果的 6 种战略组态[⑤]。Gupta 等探究了不同制度环境下，不同利益相关者参与战略对企业绩效的影响[⑥]。

近年来，随着组态理论和 QCA 方法的不断完善与发展，组态理论逐步被应用到创业和创新生态系统问题、商业模式探究、公共管理、图书情报与档案管理等众多领域。杜运周首次将组态分析引入到生态系统领域，率先探究了城市营销环境生态的各类要素如何系统地影响创业活跃度[⑦]。谢智敏基于组态理论，探究了市场规模、互联网和金融资本等创业生态系统要素对城市创业质量的复杂影响机制[⑧]。杨伟等从组态理论出发，研究包含五类种群和三类流量要素的数字创新生态系统对企业技术绩效和财务绩效的复杂影响效用[⑨]。Täuscher 则利用组态理论的整体性优势，探究商业模式的多种要素会如何组合以创造企业

① 侯佳君，曾以宁，刘云强．自生能力、交易环境与农民专业合作社绩效——基于四川省 321 家农民专业合作社的实证研究［J］．农村经济，2020（11）：113－120.

② 董晓波．专业合作社高管团队风险承担与经营绩效关系研究［J］．安徽农业科学，2011，39（29）：18 295－18 297.

③ 张怀英，原丹奇，周忠丽．企业家精神、社员自身能力与合作社绩效［J］．贵州社会科学，2019（5）：123－129.

④ McKenny A F，Short J C，Ketchen Jr D J，et al. Strategic entrepreneurial orientation：Configurations，performance，and the effects of industry and time［J］．Strategic Entrepreneurship Journal，2018，12（4）：504－521.

⑤ Du Y，Kim P H. One size does not fit all：Strategy configurations，complex environments，and new venture performance in emerging economies［J］．Journal of Business Research，2021（124）：272－285.

⑥ Gupta K，Crilly D，Greckhamer T. Stakeholder engagement strategies，national institutions，and firm performance：A configurational perspective［J］．Strategic Management Journal，2020，41（10）：1869－1900.

⑦ 杜运周，刘秋辰，程建青．什么样的营商环境生态产生城市高创业活跃度——基于制度组态的分析［J］．管理世界，2020，36（9）：141－155.

⑧ 谢智敏，等．创业生态系统如何促进城市创业质量——基于模糊集定性比较分析［J］．科学学与科学技术管理，2020，41（11）：68－82.

⑨ 杨伟，刘健，武健．“种群—流量”组态对核心企业绩效的影响——人工智能数字创新生态系统的实证研究［J］．科学学研究，2020，38（11）：2077－2086.

价值[①]。李文等利用组态思想探究商业模式创新的 4 大关键特征对企业内部绩效的综合影响作用[②]。段尧清等将扎根理论和组态思想结合，探究突发公共卫生事件背景下公众持续使用政府信息行为的驱动因素，认为触发公众持续使用政府信息行为的路径存在差异[③]。刘司可等利用组态思想和 QCA 方法对湖北省 11 家新型智库成果产出情况进行考察，概括出 3 类高成果产出路径和 4 类低成果产出路径[④]。

另外，有少数学者开始将组态思想应用到农业经济领域的问题探索上。刘民坤等采用组态理论和 QCA 方法，基于竞争优势理论构建组态分析框架，探究乡村振兴战略旅游路径的多元形成逻辑[⑤]。文杰等运用组态思想探讨资源禀赋、社会资本、社会文化和制度规则四个要素如何协同影响农田灌溉系统治理绩效，并将高水平农田灌溉系统治理绩效的组态路径划分为 3 类[⑥]。苑甜甜等基于组态思想，研究心理感知要素和外部情境要素对农户减少使用化肥、采用农业增效技术行为的多元影响作用，并将采纳化肥减施增效技术行为的组态概括为意愿主导、外部情境主导和内外联合约束三类[⑦]。

（五）关于信贷约束的研究

从研究视角上看，国外关于信贷约束的研究可以划分为国家宏观经济和市场微观经济主体两个方面。在国家宏观经济方面，有研究认为，信贷约束能够影响整个社会的人力资本与经济增长，并且该影响可以通过家庭的代际传递实现。在市场微观经济主体方面，相关文献主要涵盖了对企业、农户和合作社三类主体的研究。在企业方面，Todo 基于日本企业的研究发现，信贷约束阻碍了企业出口与对外直接投资[⑧]。Shi 等以中国企业为例的研究表

---

① Karl Täuscher. Using qualitative comparative analysis and system dynamics for theory - driven business model research [J]. Strategic Organization，2018，16 (4)：470 - 481.

② 李文，刘思慧，梅蕾 . 基于 QCA 的商业模式创新对企业绩效的影响研究 [J]. 管理案例研究与评论，2022，15 (2)：129 - 142.

③ 段尧清，等 . 突发公共卫生事件下公众持续使用政府信息行为影响因素研究——基于 QCA 的触发路径及演化分析 [J]. 信息资源管理学报，2022，12 (3)：89 - 99.

④ 刘司可，方吉，傅智能 . 新型智库成果产出的影响因素与组态路径 [J]. 图书馆论坛，2022，42 (8)：110 - 118.

⑤ 刘民坤，任莉莉，邓小桂 . 乡村振兴战略的旅游路径研究——准入门槛及其差异化选择 [J]. 经济管理，2021，43 (10)：173 - 192.

⑥ 文杰，黎红梅 . 农田灌溉系统治理绩效增进及组态路径——基于多因协同联动的 QCA 方法 [J]. 资源科学，2022，44 (5)：1066 - 1078.

⑦ 苑甜甜，王俊芹，赵邦宏 . 农户采纳化肥减施增效技术何以有效——基于组态分析视角 [J]. 江西财经大学学报，2022 (2)：95 - 106.

⑧ Todo Y. Quantitative evaluation of the determinants of export and FDI：Firm - level evidence from Japan [J]. World economy，2011 (3)：355 - 381.

明，当市场流动性趋紧时，与国有企业相比，民营企业面临更严重的信贷约束①。Guevara 等以西班牙企业为例的研究表明，信贷约束对企业投资行为的影响效应与负债的影响效应具有差异性，前者对企业投资行为的影响效应强于后者的影响效应②。在农户方面，为了使信贷需求方的违约概率达到最小，贷款供给主体往往更倾向于向收入水平高的农户发放贷款，因此，农户的收入水平成为信贷约束的重要制约因素。Afolabi 等基于尼日利亚畜牧业农户样本的研究认为，农户的年龄、婚姻状况和从业年限能够显著影响农户的信贷约束状况③。Woldekidan 等基于埃塞俄比亚畜牧业农户样本的研究认为，农户年龄小、牲畜规模大和到信贷市场的距离短的农户面临信贷约束的概率更小，而信贷约束对农户采纳改良种子等技术有抑制作用④。Twumasi 等基于加纳 15～40 岁年轻农户样本的研究认为，农户受教育程度高、银行存款额度大、父母拥有固定职业的农户面临信贷约束的概率更小，但贷款申请程序繁琐和贷款发放时间跨度大的农户面临信贷约束的概率更大，而信贷约束降低了农户的农业生产参与力度⑤。此外，贷款利率和土地所有权也是影响农户信贷约束的重要因素。在合作社方面，由于缺乏担保品、产权结构模糊，合作社普遍面临信贷约束。Chaddad 等通过对投资行为的考察验证了美国合作社信贷约束的存在性，发现合作社投资行为与其内部融资可得性有关，也与现金流量的敏感性、合作社经营规模等内部结构特征有关⑥。Yu 等研究发现，获得示范社称号和理事长拥有政府资源的合作社更容易获得银行贷款⑦。Musson 等认为，在全球经济衰退背景下合作社面临严

① Shi Q, Wang C, Wang W. Liquidity shock, credit constraint and the development of private vs. state - owned enterprises [J]. Frontiers of economics in China, 2019 (4): 583 - 603.

② Guevara J F, Maudos J, Salvador C. Effects of the degree of financial constraint and excessive indebtedness on firms' investment decisions [J]. Journal of international money & finance, 2021 (110): 102 288.

③ Afolabi O I, Adegbite D A, Akinbode S O, Ashaolu O F, Shittu A M. Credit constraints: Its existence and determinants among poultry (Egg) farmers in Nigeria [J]. British journal of economics, management & trade, 2014 (12): 1834 - 1848.

④ Woldekidan H, Hadush G, Gerezihar K. Impacts of credit constraint on small holder farmer's technology adoption in Ethiopia: In case of south Ethiopia [J]. Journal of land & rural studies, 2017 (2): 110 - 119.

⑤ Twumasi M A, Jiang Y, Acheampong M O, Turvey C G. Capital and credit constraints in the engagement of youth in Ghanaian agriculture [J]. Agricultural finance review, 2019 (1): 22 - 37.

⑥ Chaddad F R, Cook M L, Heckelei T. Testing for the presence of financial constraints in US agricultural cooperatives: An investment behaviour approach [J]. Journal of agricultural economics, 2005 (3): 385 - 397.

⑦ Yu L, Nilsson J. Social capital and the financing performance of farmer cooperatives in Fujian Province, China [J]. Agribusiness, 2018 (4): 847 - 864.

重的信贷约束，但现金流量处于中等水平的合作社面临的信贷约束更严重①。

国内文献关于信贷约束的研究同样围绕国家宏观经济和市场微观经济主体两个方面展开，但在市场微观经济主体方面的研究主要围绕企业个体展开，对新型农业经营主体，特别是合作社的研究较少。基于国家宏观经济的研究视角，翟乃森运用数值模拟方法，研究中国房地产市场与宏观经济波动之间的传导机制，发现房地产需求冲击引起的竞争性需求通过内生信贷约束机制支撑房价不断上涨，并且信贷约束机制对于外生冲击存在放大效应②。基于市场微观经济主体的研究视角，已有文献对信贷约束的研究可以进一步划分为企业、家庭和新型农业经营主体三个方面。其中，在企业方面，余静文运用 A 股上市企业数据，从企业融资交易成本的角度测算企业信贷约束并分析信贷约束对企业股利分红行为的影响，发现企业的信贷约束程度越高，股利分红比例越小③。卞泽阳等基于供应链的思路，对政府在国家级开发区中主导产业的政策偏向构成的外生冲击能否通过供应链关系缓解上下游企业的信贷约束问题进行研究，发现开发区主导产业受到的正向冲击能够缓解主导产业上下游企业的信贷约束，上游企业和下游企业信贷约束缓解分别约占现金流的 12.5% 和 8.5%④。在家庭方面，陈永伟等研究发现，住房财富的增加能够缓解家庭面临的信贷约束，进而增加家庭教育开支⑤。吴雨等研究发现，地区银行的发展有利于缓解家庭面临的正规信贷约束，而地区银行的发展对农村家庭信贷约束的缓解作用比城市家庭更弱⑥。在新型农业经营主体方面，已有文献的研究对象主要集中于种粮大户，相比之下，对其他类型经营主体的研究不足。有研究认为，大部分新型农业经营主体的信贷需求是强烈的，合作社和农业企业面临的正规信贷约束程度小于普通农户、种粮大户和家庭农场。于丽红等基于辽宁省的调研数据，分析种粮大户面临的信贷约束问题，发现种粮大户同时面临多种类型的信贷约束，其中受到信贷数量约束的种粮大户比例最高，其次是交易

① Musson A, Rousselière D. Identifying the impact of crisis on cooperative capital constraint. A short note on French craftsmen cooperatives [J]. Finance research letters. 2020 (35).

② 翟乃森．竞争性需求、信贷约束与宏观经济波动 [J]．经济问题探索，2020 (4)：45－53.

③ 余静文．信贷约束、股利分红与企业预防性储蓄动机——来自中国 A 股上市公司的证据 [J]．金融研究，2012 (10)：97－110.

④ 卞泽阳，李志远，徐铭遥．开发区政策、供应链参与和企业融资约束 [J]．经济研究，2021 (10)：88－104.

⑤ 陈永伟，顾佳峰，史宇鹏．住房财富、信贷约束与城镇家庭教育开支——来自 CFPS2010 数据的证据 [J]．经济研究，2014 (S1)：89－101.

⑥ 吴雨，彭嫦燕，秦芳．地区银行发展对家庭正规信贷约束缓解的不均衡影响——基于中国家庭金融调查数据的实证研究 [J]．经济评论，2018 (2)：119－132.

成本约束，并且种粮大户受到的信贷约束类型与土地规模有关[①]。王晶等基于黑龙江省、河南省、四川省和浙江省粮食生产规模户与普通农户数据，通过DEM方法识别信贷约束，运用内生转换回归模型分析正规信贷约束对农户粮食生产的影响效应，认为信贷约束对农户粮食产出具有抑制效应，同时，与需求型信贷约束相比，供给型信贷约束带来的生产损失效应更强[②]。

与其他新型农业经营主体信贷约束的研究相比，专门针对合作社信贷约束的研究在数量上相对不多，而内容上主要聚焦于合作社信贷约束的现状和产生原因。韦克游基于滇桂黔石漠化片区合作社的调查表明，在当前阶段，合作社贷款需求规模普遍较大，但信贷可获得性较低，多数合作社只能把内部融资作为最主要融资渠道，因此，合作社面临着资金约束[③]。有研究认为，在合作社信贷可得性的影响因素中，服务内容等因素为表层因素，债务状况等因素为中层因素，病虫害或疾病防治措施是否到位等因素为深层原因。孟维福等研究认为，固定资产规模、财务制度、农业产业化程度等因素对合作社能否获得正规信贷有显著影响[④]。施生旭等认为，合作社难以获得信贷资金，不仅与合作社的固定资产规模等经营特征有关，而且与合作社的融资历史有关[⑤]。王若男等分析合作社面临的正规信贷约束问题，认为合作社同时面临供给型信贷约束和需求型信贷约束，并且以供给型信贷约束为主，而贷款条件苛刻和交易成本约束分别是合作社面临供给型信贷约束和需求型信贷约束的主要原因[⑥]。

（六）文献评述

综合国内外研究现状发现，现有研究已取得一定成果。

（1）既往学者在不同视角下对合作社进行研究，已经达成了一些合作社研究的共识。一是合作社既具备合作联盟属性，又具有企业经营性质；二是合作社社员存在异质性问题，不同主体的目标函数存在差异；三是合作社研究需关注交易成本问题，需注重合作社产权问题的纠正和解决，需兼顾合作社存在的

---

① 于丽红，等．粮食主产区种粮大户正规信贷约束实证考察——以辽宁省为例［J］．江苏农业科学，2017（14）：262-267.

② 王晶，等．正规信贷约束对农户粮食生产的影响分析［J］．农业技术经济，2018（5）：28-39.

③ 韦克游．滇桂黔石漠化片区农民专业合作社信贷融资约束分析及融资平台构建对策——基于广西片区调查数据［J］．南方农业学报，2016（11）：1986-1991.

④ 孟维福，杨兆廷．农民专业合作社信贷可得性影响因素分析［J］．统计与决策，2019（18）：111-115.

⑤ 施生旭，庄哲耕．农民专业合作社融资渠道影响因素研究——以福建省调查数据为例［J］．农林经济管理学报，2015（5）：472-479，489.

⑥ 王若男，等．合作社信贷约束：需求型还是供给型——基于双变量Probit模型的分析［J］．农业现代化研究，2019（5）：774-784.

特殊委托代理关系。

（2）学术界对于合作社效率测度的研究相对成熟，数据包络分析（DEA）成为测度合作社效率的主流方法。但是，对于DEA方法的使用存在差异：一是运用静态DEA方法对不同类型的合作社效率进行评价；二是运用DEA-Malmquist刻画合作社效率的动态变化；三是利用三阶段DEA模型测算剔除环境因素和随机因素后合作社效率的真实水平。另外，投入和产出指标的确定是评价DEA测度结果是否科学的基础。

（3）学术界对于合作社效率影响因素的研究，成果丰富。其中，国外学者对于合作社效率影响因素的探究相对较早，探究视角也相对发散；国内关于合作社效率影响因素的研究主要从合作社外部、组织和成员三个层面展开。

（4）组态理论已被广泛应用在战略管理、创业和创新生态系统问题、商业模式探究等众多领域，少数学者开始将组态思想应用到农业经济领域问题的探索上。

（5）国内外关于信贷约束的研究主要围绕国家宏观经济和市场微观经济主体两个方面展开。其中，在市场微观经济主体方面，相关文献主要涵盖了对企业、农户（农村家庭）、合作社等主体信贷约束的研究。

然而，对于合作社效率及其影响因素的研究依然存在一些不足：在研究视角方面，对于合作社效率影响因素的研究多为简化的单要素分析，即只聚焦于“理事长能力”“内部治理结构”“关系网络”等单一要素对合作社效率的作用是否显著，而缺乏在整体框架下对各个影响因素之间组合关系的研究，缺乏对影响合作社效率的复杂动因分析。从方法论角度出发，合作社效率影响因素的研究方法多见于结构方程、Tobit回归分析等演绎分析方法，缺乏对于典型案例的溯因分析，现有学者将组态理论和QCA方法应用到合作社问题的探究上。多数文献仅从理论层面分析合作社信贷约束与其绩效水平之间的关系，缺乏相关的实证研究；鲜有文献多聚焦于对正规信贷约束的讨论，忽视了非正规信贷约束对经营主体的影响。

三、相关概念界定

（一）农民合作社

1995年，国际合作社联盟发布《关于合作社界定的声明》，将合作社定义为“自愿联合起来的人们，通过联合所有民主控制的企业来满足他们的经济、社会与文化的需求与抱负的自治组织”。这一定义既突出了合作社的“企业”属性，又强调了合作社“自愿联合”“自治组织”的性质。一方面，合作社是具有同类需求的人们自发组建、民主控制的企业；另一方面，合作社是为满足成员多元化需求而建立的自治组织。具体来看，合作社可按领域分为农业合作社、工业合作社、营销合作社和信贷合作社等。然而，在我国，“合作社”更多情况下是“农民（专业）合作社”的简称。

据《农民专业合作社法》定义，“农民专业合作社是指在农村家庭承包经营基础上，农产品的生产经营者或者农业生产经营服务的提供者、利用者，自愿联合、民主管理的互助性经济组织”。该定义基本符合国际合作社联盟对合作社的界定，都明确了合作社“自愿联合”“民主管理”“经济组织”的重要特征。根据《农民专业合作社法》定义，农民合作社具有以下特点：一是合作社是一种互助性经济组织，是独立的市场经济主体。一方面，合作社是从事经营活动的实体型农民合作经济组织，通过合作互助提高规模效益，完成单个农民办不了、办不好、办了不合算的事；另一方面，合作社具有法人资格，享有生产经营自主权，受法律保护，任何单位和个人都不得侵犯其合法权益。二是合作社建立在农村家庭承包经营基础之上。区别于农村集体经济组织，合作社是由依法享有农村土地承包经营权的农村集体经济组织成员，即农民为主体，故加入合作社并不改变家庭承包经营方式。三是合作社从事专业性的经营服务。我国合作社以同类农产品的生产或同类农业生产经营服务为纽带，来实现成员共同的经营目的，其经营服务的内容具有很强的专业性。四是自愿的入退社机制。农户是独立的决策、生产和经营主体，是否加入合作社取决于农户自身的选择。原则上，合作社不得为符合主体身份要求的农户设置额外的退社门槛。

根据不同的分类标准，农民合作社一般具有以下分类方式：按照合作社组办方式，可将合作社分为村干部领办型合作社、种植大户领办型合作社、农户自发组建型合作社、企业领办型合作社；按照从事行业划分，可将合作社分为种植业合作社、林业合作社、畜牧业合作社、渔业合作社和服务业合作社，其中，种植业合作社主要包括粮食产业合作社和蔬菜产业合作社，畜牧业合作社主要包括生猪合作社、奶牛合作社、肉牛羊合作社、肉鸡合作社、蛋鸡合作社等，服务业合作社主要包括农机服务合作社、植保服务合作社等；按照经营服务内容划分，可将合作社分为产加销一体化服务的合作社、运销服务为主的合作社和加工服务为主的合作社。

本研究以我国《农民专业合作社法》中对农民专业合作社的定义为基准，选择东北三省的粮食种植合作社为样本开展研究。其中，粮食种植合作社是指从事玉米、水稻、大豆和马铃薯等粮食作物种植和生产经营的农民专业合作社。

（二）农民合作社效率

经济学家们对“效率”一词有众多不同角度的解释，但一直未有明确、统一的定义。古典经济学的效率理论认为"单个企业利润最大相加等于社会最优"，但现实情况却是个体追求效率并不一定带来社会福利最优的结果。新古典经济学的效率理论更关注市场的配置效率，其中，最主流的是帕累托效率理论。该理论认为，若不存在其他可行的配置方式使得经济体中的至少有一人的情况比初始情况要好，则当下的资源配置即为帕累托最优。同样，萨缪尔森从商品组合的分配角度阐述了与帕累托最优基本相同的效率思想①。现代经济学的效率理论将效率问题的侧重点由市场配置效率转向企业效率。Farrell 系统地研究了企业效率，并将企业效率分解为技术效率和配置效率②。其中，技术效率即在投入固定的情况下，产出最大化的能力；配置效率即以投入要素的最佳组合来生产出"最优的"产品数量组合。Whitesel 和 K. P. Kalirajan 有较为相似的观点，认为经济效率是在既定经营目标下的生产能力，是技术效率和配置效率的综合反映③④。总之，效率可解释为一种追求低投入、高产出的经济行为。从理论辨析上看，效率反映的是经营主体在既定条件下投入与产出之间的关系。"有效率"是指在既定产出下实现投入最小化，或在既定投入下实现产出最大化。

基于效率理论，本研究将合作社效率理解为合作社的投入—产出效率，即在既定要素投入条件下获得最大产出的能力。然而，考虑到合作社既是"企业"，又是"自治组织"的特征，合作社的产出应包含两个方面：一方面，作为"企业"的合作社应以追求经济利益为目标，获得经济收入，控制成本，实现利润率上浮，故经济产出是合作社基本的产出形式；另一方面，作为"自治组织"的合作社应兼顾社会效益，将农户联合起来共同经营、共御风险，以提高农业生产效率、助力农户增收，故社会产出是合作社重要的产出形式。另外，追求经济产出往往是实现社会产出的充分条件，社会产出的实现有赖于经济产出的达成。

结合本研究合作社效率的定义和所选择合作社效率测度方法的范式，将合作社效率划分为综合效率、纯技术效率和规模效率三个层次。综合效率是合作社投入—产出效率的映射，是对各合作社决策单元的资源配置能力、资源使用

① 保罗.A. 萨缪尔森，威廉.D. 诺德豪斯. 经济学 [M]. 萧琛，译. 北京：人民邮电出版社，2008：22-26.

② Farrell M J. The measurement of productive efficiency [J]. Journal of the Royal Statistical Society，1957，120 (3)：253-290.

③ Whitesell R S. Industrial growth and efficiency in the United States and the former Soviet Union [J]. Comparative Economic Studies，1994，36 (4)：7-77.

④ Kalirajan K P，Shand R T. Frontier production functions and technical efficiency measures [J]. Journal of Economic surveys，1999，13 (2)：149-172.

效率等多方面能力的综合衡量与评价。在规模报酬可变的条件下，综合效率可分解为纯技术效率和规模效率。其中，纯技术效率是当规模报酬可变时，合作社当前生产点与生产前沿面之间的差距，表征由于管理和技术等因素影响的生产效率；规模效率是衡量规模报酬不变的生产前沿与规模报酬可变的生产前沿之间的距离，表征由于合作社规模因素影响的生产效率。同时，本研究认为合作社效率具有两大特点：一方面，合作社效率应反映合作社追求经济产出和社会产出的双重目标；另一方面，合作社效率水平受合作社内部、外部等多种因素影响，这些因素直接或间接地作用于合作社，对合作社效率产生一定影响。

（三）信贷约束的内涵与分类

若借款人的信贷需求未得到满足，则认为该借款人面临信贷约束。相关领域的学者认为，信贷约束的来源既包括正规金融机构因道德风险导致的低额度配给，也包括贷款申请者自身所面临的交易成本的和认知偏差。不同学派识别与衡量市场微观经济主体面临的信贷约束的具体方法不尽相同。其中，一种识别与衡量信贷约束的方法称为间接法，该方法根据市场微观经济主体面临信贷约束后可能产生的结果，反向推测信贷约束的存在性。例如，Chaddad 等通过考察合作社的投资行为判断信贷约束的存在性[①]。另一种识别与衡量信贷约束的方法称为半直接法，该方法根据借款人的一部分信贷需求与信贷供给信息测算信贷约束。此外，一种更为普遍接受的方法称为直接法，即直接通过问卷调查逐步询问借款人的信贷需求与信贷供给的全部信息，据此识别与衡量该借款人面临的信贷约束的存在性与强度。结合研究对象的特点，参照应用最广泛的做法，本研究采用直接法识别与衡量合作社面临的信贷约束。

一般地，正规金融来源渠道包括股份制商业银行、农村信用社等正规金融机构，非正规金融来源渠道包括民间借贷等非正规金融机构。而根据信贷资金来源渠道类型的不同，信贷约束可以划分为正规信贷约束和非正规信贷约束。若借款人对股份制商业银行、农村信用社等正规金融机构有信贷需求并且信贷需求未得到满足，则认为该借款人面临正规信贷约束；若借款人对民间借贷等非正规金融机构有信贷需求并且信贷需求未得到满足，则认为该借款人面临非正规信贷约束。

因此，在本研究中，若合作社的信贷需求未得到满足，则认为该合作社面临信贷约束。而若合作社对股份制商业银行、农村信用社等正规金融机构有信

① Chaddad F R, Cook M L, Heckelei T. Testing for the presence of financial constraints in US agricultural cooperatives: An investment behaviour approach [J]. Journal of agricultural economics, 2005 (3): 385-397.

贷需求并且信贷需求未得到满足，则认为该合作社面临正规信贷约束；若合作社对民间借贷等非正规金融机构有信贷需求并且信贷需求未得到满足，则认为该合作社面临非正规信贷约束。

四、研究思路与方法

（一）研究思路

本研究按照“理论分析—现状描述—实证检验—提升策略”的逻辑主线展开研究，主要研究内容可分为四个部分。具体如下：

（1）农民合作社效率影响因素组态分析框架构建。在界定农民合作社概念和农民合作社效率内涵的基础上，依据相关理论和实地调研经验，构建了农民合作社效率影响因素组态分析框架。该框架主要从以下两方面展开：一是分别对每一个要素涵盖的具体内容，要素影响合作社效率的具体路径进行理论梳理；二是分别讨论内部影响因素之间相互影响，外部因素之间相互作用，内外部因素相互牵制，进而说明影响因素之间的复杂作用关系，展现合作社效率及其效率影响因素间的复杂因果关系。

（2）农民合作社效率测度。为客观、准确地测度合作社效率，此部分一是根据合作社效率内涵定义，借鉴现有的合作社效率测度研究，选取合理的投入、产出与外部环境变量；二是遵照三阶段 DEA 方法范式，测算剔除外部环境和随机干扰影响的合作社效率，并对比第一、三阶段效率测度结果，全面、客观和准确地了解我国农民合作社效率现状。

（3）农民合作社效率影响因素的组态分析。此部分以三阶段 DEA 测度的合作社综合效率值为结果变量，使用 fsQCA 方法完成对理论框架的实证检验。通过前因条件校准、构建真值表等步骤，识别影响合作社效率的必要条件，得到影响合作社效率的复杂解、中间解和简约解，形成合作社高效率或低效率的影响因素组态路径。

（4）农民合作社信贷约束对其绩效的影响研究。首先，从理论分析的角度研究信贷约束对合作社绩效的影响机理与影响方向。其次，运用经典截面数据计量经济学模型，实证研究信贷约束对合作社绩效的影响方向与影响强度，并讨论模型中可能存在的内生性问题。最后，实证探究不同类型信贷约束对合作社绩效影响的差异性和不同绩效水平下信贷约束对合作社绩效影响效应的异质性。

（5）提出促进农民合作社高质量发展的对策建议。此部分基于效率测度结果、组态分析结论和信贷约束实证研究结论，从不同角度提出提升合作社效率，促进合作社高质量发展的政策建议，以期为相关部门提供决策参考。

基于研究背景与问题的提出、相关研究的文献梳理和概念界定，设计具体的技术路线见图 14 - 1。

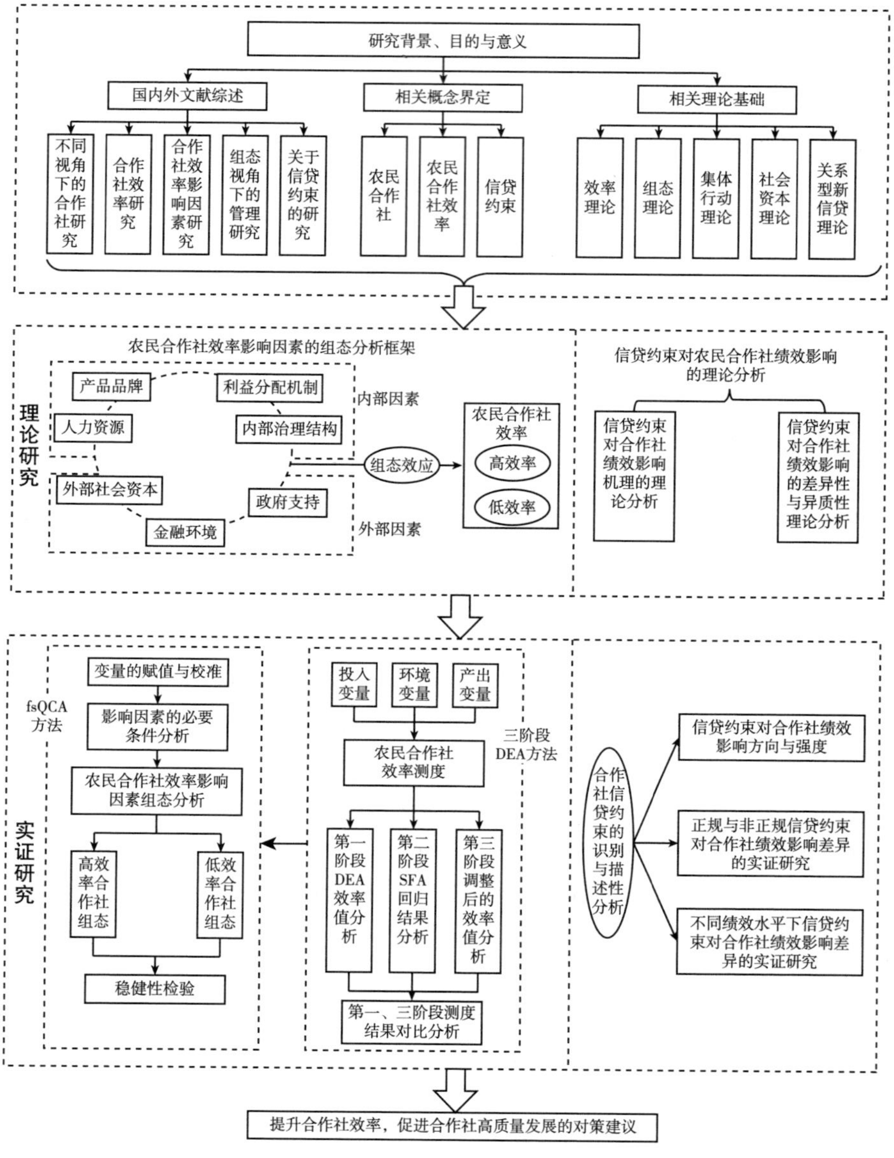

图 14 - 1　技术路线

（二）研究方法

1. 文献分析法

文献分析方法是开展学术研究的基础研究方法之一。本研究在检索、阅读与整理大量关于合作社效率和合作社效率影响因素的研究文献的基础上，构建了农民合作社效率影响因素组态分析框架。同时，合作社效率测度的投入、产出指标选取和 7 个影响合作社效率的条件变量的量化也借鉴了大量国内外相关研究成果，并结合本研究的实际情况进行了调整与优化。

2. 问卷调查法

问卷是社会调查中用来测量和收集被调查者的行为、态度、社会特征等信息的一种工具。围绕研究主题，本研究设计和使用的问卷主要包括合作社社员人数、注册资金、收入与要素投入情况、利润分配机制和产品品牌建设情况等 40 余个问题的填空与选择题。最终，通过电子问卷与纸质问卷相结合的形式，向符合样本要求的合作社发放。

3. 规范分析与实证分析相结合法

规范分析与实证分析相结合的过程是检验理论框架与实证结果是否统一的重要方法。首先，构建理论框架，提出本研究重点关注的两类因果关系。其次，运用三阶段 DEA 和 fsQCA 相结合的方法，对两类因果关系进行检验。其中，三阶段 DEA 方法用于准确地测度合作社效率，三阶段 DEA 方法的测度结果作为 fsQCA 方法的结果变量；fsQCA 方法用于探究和检验各个影响因素和影响因素组态对合作社效率的影响作用。下面分别对三阶段 DEA 方法和 QCA 方法进行简要的介绍。

三阶段 DEA 方法通过剔除外部环境和随机误差对合作社效率的影响，得到客观、准确的合作社效率测度结果。具体操作如下：第一阶段，选择 BCC 模型对合作社效率进行测度，并计算投入松弛值；第二阶段，以投入松弛值为因变量，各外部环境要素为自变量，构建 SFA 回归模型，并计算投入调整值；第三阶段，利用投入调整值再次进行 BCC 模型分析，得到已剔除外部环境和随机误差影响的合作社效率值。

QCA 方法是一种案例导向的定性研究方法，该方法可分为清晰集定性比较分析（csQCA）、多值集定性比较分析（mvQCA）和模糊集定性比较分析（fsQCA）。其中 fsQCA（模糊集定性比较分析）以 fsQCA3.0 软件为工具，基于布尔代数和集合论的方法，通过原始数据校准、必要条件分析、组态分析与结果解释、稳健性检验四个主要步骤完成对现实中广泛存在的非对称性关系的研究，以及对复杂因果关系的探索。

经典截面数据计量经济学模型是研究不同变量间因果关系的有效工具箱，研究中使用的相关方法有最小二乘回归模型（Ordinary least squares，OLS）、条件混合估计模型（Conditional mixed process，CMP）和分位数回归模型（Quantile regression，QR）。具体而言，运用最小二乘回归模型（Ordinary least squares，OLS）实证研究信贷约束对合作社绩效影响的效应问题，以及正规信贷约束与非正规信贷约束对合作社绩效影响的差异性问题；运用条件混合估计模型（Conditional mixed process，CMP）实证研究信贷约束对合作社绩效的影响中可能存在的内生性问题；运用分位数回归模型（Quantile regression，QR）实证研究不同绩效水平下信贷约束对合作社绩效影响的异质性问题。

第十五章 农民合作社效率测度分析

现有关于合作社效率测度的研究相对成熟，数据包络分析（DEA）已经成为测度合作社效率的主流方法。但是，对于 DEA 方法的使用存在差异：一是运用静态 DEA 方法对不同类型的合作社效率进行评价；二是运用 DEA - Malmquist 刻画合作社效率的动态变化；三是利用三阶段 DEA 模型测算剔除环境因素和随机因素后合作社效率的真实水平。另外，投入指标和产出指标的确定是评价 DEA 测度结果是否科学的基础。参照现有研究的效率测度方法，本章选用非参数分析的三阶段 DEA 模型，科学确定测度合作社效率的投入指标和产出指标，以本团队 2021 年 8—12 月对黑龙江、吉林和辽宁三省 120 家合作社的调查数据为例，客观、准确和真实地测度合作社效率，回答“我国农民合作社真实的效率水平如何?”的问题，并为后续合作社效率影响因素的研究奠定基础。

一、农民合作社效率测度方法

由于三阶段 DEA 模型第一阶段和第三阶段所选择的方法皆为经典的数据包络分析方法（DEA），故先简要介绍经典数据包络分析的原理和分类，再对三阶段 DEA 方法各阶段的具体操作做详细的阐述。

（一）经典数据包络分析

经典的数据包络分析（DEA）假定系统内部存在 n 个可以相互比较的决策单元（DMU），对所有决策单元的投入和产出数据进行处理以构建一个效率前沿面，并根据每个决策单元距效率前沿面的距离来测度决策单元的相对效率值。首先，经典数据包络分析（DEA）的具体评价方法可分为两类，分别是 CCR 方法和 BCC 方法。其中，CCR 方法在规模报酬不变的假设条件下，测度决策单元的综合效率；BCC 方法在规模报酬可变的假设条件下，测度决策单元的综合效率，并可将综合效率（TE）拆解为纯技术效率（PTE）和规模效率（SE）。其次，无论是 CCR 方法，还是 BCC 方法，使用时都要选择投入导向或产出导向。具体而言，投入导向是指在产出一定的条件下，追求投入最小化的规划问题；产出导向是指在投入一定的条件下，追求产出最大化的规划问题。通常情况下，由于规模报酬不变的条件过于严苛和决策单元产出要素的稳定性差等原因，投入角度的 BCC 模型受到众多学者的青睐。

（二）三阶段 DEA 方法

区别于经典数据包络分析（DEA），三阶段 DEA 方法测度效率时会考虑外部环境的影响。一般而言，三阶段 DEA 方法首先利用经典 DEA 方法对决策单元的效率进行测度，并计算投入松弛值；其次，以投入松弛值为因变量，各外部环境要素为自变量，构建 SFA 回归模型，计算投入调整值；最后，利用投入调整值再次进行经典 DEA 模型分析，得到已剔除外部环境和随机误差影响的合作社效率值。由于农业生产极具地域性的特点，从事农业生产活动的合作社会不可避免地受到外部环境和管理无效率的影响。鉴于本研究调研样本广泛分布于东北三省各市县，故本章借鉴 Fried 提出的三阶段 DEA 方法来剔除合作社经营过程中外部环境和随机误差对效率的影响，使得测度结果客观反映合作社效率状况。具体操作如下：

第一阶段，相对于产出变量，合作社投入变量通常更加可控，故本研究选择投入角度的 BCC 模型对合作社的效率进行测度。该方法在可变规模报酬的条件下，得到对合作社综合效率、纯技术效率、规模效率以及投入松弛值的测度。具体的线性表达式如下：

$$\min \theta - \varepsilon\left(\hat{e}^T s^- + e^T s^+\right)$$

$$\text{s.t.}\begin{cases}\sum_{j=1}^{n}\lambda_j x_j + s^- = \theta x_0 \\ \sum_{j=1}^{n} y_j\lambda_j - s^+ = y \\ \sum_{j=1}^{n}\lambda_j = 1 \\ \lambda_j \geqslant 0, s^- \geqslant 0, s^+ \geqslant 0, j = 1,2,\cdots,n\end{cases} \tag{15-1}$$

式中，n 是决策单元（DMU）的个数，x_j 为投入变量，y_j 为产出变量，s^+ 为投入松弛变量，s^- 为产出松弛变量，θ 为决策单元的综合效率值，θ 的取值范围在［0，1］之间。当 $\theta=1$ 时，表明该合作社为 DEA 有效，合作社的综合效率值达到最优；若 $\theta<1$，则该合作社为 DEA 无效，合作社存在投入冗余。另外，在 BCC 模型中综合效率（TE）等于纯技术效率（PTE）乘以规模效率（SE）。

第二阶段，本研究采用 SFA 方法以投入松弛值为因变量，各外部环境要素为自变量，构建 SFA 回归模型，如式（15－2）：

$$s_{ni}=f(Z_i;\beta_n)+v_{ni}+\mu_{ni}\qquad n=1,2,\cdots,\alpha;\ i=1,2,\cdots,n \tag{15-2}$$

式中，s_{ni} 为第 i 个决策单位第 n 项投入松弛值，即原始投入值与目标投入值的差值；Z_i 为影响合作社效率的外部环境因素；β_n 为 Z_i 的待估参数；$f(Z_i;\beta_n)$ 为外部环境变量对投入松弛值 s_{ni} 的影响函数；$v_{ni}+\mu_{ni}$ 为混合误差项，$v_{ni}\sim N(0,\sigma_{ni}^2)$ 为随机误差，μ_{ni} 为管理无效率项，服从非负断尾正态分布，且 v_{ni} 与 μ_{ni} 不相关。同时，$\gamma=\frac{\sigma_{\mu n}^2}{\sigma_{\mu n}^2+\sigma_{vn}^2}$ 表示管理无效率方差占总方差的比率，若 γ 趋近于 1，则管理无效率因素起主要的影响作用；若 γ 趋近于 0，则意味着随机因素起主要的影响作用。

得到 SFA 回归结果后，本研究使用 Excel 软件，利用回归结果中系数 β_n、σ^2 与 γ 计算剔除了外部环境因素和随机误差影响的投入调整值，如式（15－3）：

$$x_{ni}^A=x_{ni}+[\max(f(Z_i;\hat{\beta}_n)-f(Z_i;\hat{\beta}_n)]+[\max(v_{ni})-v_{ni}] \tag{15-3}$$

式中，x_{ni}^A 为投入调整值；x_{ni} 为原始投入值；$[\max(f(Z_i;\hat{\beta}_n)-f(Z_i;\hat{\beta}_n)]$ 和 $[\max(v_{ni})-v_{ni}]$ 将所有决策单元调整到同一外部环境和自然状态。

第三阶段，利用第二阶段得到的投入调整值再次进行投入角度 BCC 模型分析。用投入调整值代替原始投入值，再次运用投入角度的 BCC 模型对各合作社的效率进行测度，此时得到的合作社效率值已剔除外部环境和随机误差的影响，变得更真实、客观与准确。

二、投入、产出及环境变量的选取

科学地选取用于三阶段 DEA 分析的投入、产出和外部环境变量，是确保合作社效率测度结果准确的关键步骤。参照现有测度合作社效率的研究，结合调研实际和三阶段 DEA 方法要求，科学、合理地选取测度合作社效率的投入、产出和外部环境变量。

（一）投入与产出变量的选取

合作社生产经营活动中的主要投入要素为人力、土地和资本。参照合作社效率测度的相关研究，社员总数、总成本、经营土地面积以及固定资产净值常被选取为投入变量。综合考虑本研究目标、样本特点和数据获取难度，分别从人力、土地和资本方面选取投入要素指标。在人力要素方面，由于合作社雇佣关系复杂，具体的劳动时间或劳动量投入数据难以统计，故选择实际参与合作社运营的社员总数（人）近似衡量合作社人力要素投入情况。在资本要素方面，由于本研究调研的合作社涉及了小农自发组建、农村大户领办以及企业领办等多种形式，涉及从县级示范社到国家级示范社的不同规模级别，不宜选用固定资产净值作为投入变量，故选择包含合作社购买农资、管理费用等支出的总成本（单位：万元）综合衡量合作社资本要素投入情况。在土地投入方面，由于本研究收集的样本为仅从事粮食作物种植、经营的合作社，故选取合作社自主经营的土地面积（单位：公顷）衡量合作社土地要素投入情况。

为突出合作社是具有经济和社会双重属性的组织，相关研究多选用总收入作为经济产出变量，用带动农户数、社员人均年收入作为社会产出变量。本研究在实地调研过程中发现，带动农户数的内涵相对模糊，社员人均年收入易受种植大户的影响，使得多数合作社对带动农户数和社员人均年收入的统计较不明确。故本研究选取合作社的总收入（单位：万元）和土地增收（单位：元/公顷）作为产出变量。其中，总收入是指合作社年生产经营活动的经济利益总流入，反映合作社整体经济产出水平；土地增收是指相较于农户个体种植，入社成员平均每公顷土地增收的金额，该产出变量直接表征合作社经营为社员带来的单位土地增量收益，反映合作社带动社员增收的社会性产出能力。

投入与产出变量的描述性统计分析结果如表 15 - 1 所示。分析显示，一方面，样本合作社的投入和产出变量皆具有较大的标准差，说明合作社投入和产出规模具有较大的异质性。另一方面，相较于投入变量，样本合作社产出变量的标准差相对较大，土地增收变量的标准差最大为 2 045.904 1，说明合作社之间投入的差异相对较小，而产出的差异相对较大，原因可能是部分合作社运营不规范、生产缺乏效率所导致的。同时，合作社土地增收的最小值为 0，即存在合作社经营并不能带动农业增效、农民增收的情况。

表 15 - 1　投入、产出变量的描述性统计分析

类别	指标	最小值	最大值	平均值	标准差
投入变量	社员总数（人）	5	1 180	107.516 7	210.056 6
	总成本（万元）	5.8	5 309	403.272 4	591.744 5
	经营土地面积（公顷）	9	2 100	306.492 0	349.040 9
产出变量	总收入（万元）	10	6 100	544.398 0	726.849 6
	土地增收（元/公顷）	0	10 000	2 081.644 7	2 045.904 1

（二）环境变量的选取

外部环境是指对样本合作社效率产生影响的不可控变量，通常包括宏观经济状况、政策支持力度、粮食产业发展情况和人力要素投入情况等。围绕上述四个方面，选择合适的环境指标作为 SFA 回归的被解释变量。各变量选取的依据如下：

1. 农林牧渔业生产总值

某一地区的宏观经济发展状况，尤其是农业经济发展情况对该区域内合作社经营发展的影响作用不容小觑。一方面，拥有较好的农业经济发展情况的地区往往拥有更完善的农业基础设施、更稳定的农业生产资料供应和更大的农产品销售市场容量，进而有利于从事农业生产的合作社发展；另一方面，若某一地区农业经济发展情况较好，则从事农业生产经营的主体活力较强，更便于合作社拓展与外部主体的合作，进而节约交易成本，提升合作社效率，故剔除宏观经济状况影响是确保合作社效率测度准确的重要步骤。农林牧渔业生产总值是反映一段时期内某一地区农业生产总规模和总成果的指标，本研究选择农林牧渔业生产总值对宏观农业经济状况进行测度。

2. 财政农林水事务支出

农业的弱质性和农民的弱势性使得联合农户进行农业生产的合作社的发展离不开政府政策的支持。然而，不同地方政府支持农业农村发展的力度存在差异，剔除政策支持力度的差异对客观衡量合作社效率来说至关重要。财政农林水事务支出包含农业、林业、扶贫和农业综合开发等项目财政支出，是衡量各级政府支持“三农”发展力度的重要综合性指标，故选取财政农林水事务支出衡量政府政策支持力度。

3. 粮食总产量

受自然环境和地区经济技术的影响，农产品生产极具地域性特征。东北三省是我国重要的粮食生产基地，粮食产业发达程度深刻影响着当地合作社的经营与发展。就粮食生产而言，若某一地区拥有较发达的粮食产业，则意味着该地区拥有较高的粮食生产技术、较大的粮食生产规模和较成熟的粮食加工产业。在专业化生产和规模经济的带动下，该地区内的合作社与其他主体更易形成粮食产业的聚集效应，进而取得快速、高效的发展。本研究选用粮食总产量表征粮食产业发展状况。

4. 居住在农村的人口占比

粮食种植业需要一定量的劳动力投入，合作社的组织和运营也依赖一定的劳动力资源。因此，当地的农业劳动力要素情况是影响粮食种植合作社发展的重要因素。然而，随着城镇化进程的加快，农业户籍人口加速向城镇流动，可投入农业生产的劳动力往往是居住在农村的人口，且考虑到不同地区人口规模和耕地面积等复杂情况，本研究选择相对数据——居住在农村的人口占比来表征合作社所处外部环境的人力资源状况。

为确保指标数据对合作社外部环境刻画得准确，本研究通过东北三省《统计年鉴》、各市县《国民经济与社会发展统计公报》以及各市县《第七次全国人口普查主要数据公报》等统计资料对样本合作社涉及的17个市、51个县的外部环境指标数据进行收集。另外，由于部分市县的个别数据缺失，考虑到合作社所处外部环境通常不会发生突变，本研究选择利用相邻年份的数据对缺失数据进行补齐。

外部环境变量的描述性统计分析如表15－2所示。由表15－2可知，除居住在农村的人口占比外，其余外部环境变量的标准差相对较大，如粮食总产量的最大值为314.709 0万吨，最小值为4.6万吨，平均值为101.550 1万吨，标准差为72.365 7，表明样本选取的各市县间外部环境差距较大，选择用SFA方法剔除外部环境和随机干扰对合作社效率的影响是必要的。

表15－2　外部环境变量的描述性统计分析

类别	指标	最小值	最大值	平均值	标准差
外部环境变量	农林牧渔业生产总值（亿元）	4.9	258.588 2	81.408 3	48.650 5
	财政农林水事务支出（亿元）	21.041 8	132.679 4	78.015 7	39.270 7
	粮食总产量（万吨）	4.6	314.709 0	101.550 1	72.365 7
	居住在农村的人口占比（%）	25.43	64.400 0	39.550 0	9.050 0

三、农民合作社效率测度结果分析

根据前文方法介绍和指标选择，先后运用DEAP2.1和EXCEL软件科学、准确地测度合作社效率，并分阶段对测度结果进行分析，进而准确把握我国农民合作社整体效率水平、分布特点及所处规模报酬阶段，了解低效率合作社和高效率合作社之间的客观差距。

（一）第一阶段DEA效率值分析

第一阶段利用调研所得投入和产出数据，使用投入角度的BCC方法，运用DEAP2.1软件，对东北地区120家粮食种植合作社综合效率、纯技术效率以及规模效率进行测度。测度结果如表15－3、表15－6所示。

表 15-3　第一阶段合作社效率值测度结果分布

效率范围	综合效率		纯技术效率		规模效率	
	数量（个）	比例（%）	数量（个）	比例（%）	数量（个）	比例（%）
(0，0.4]	10	8.33	6	5.00	0	0.00
(0.4，0.5]	14	11.67	11	9.17	1	0.83
(0.5，0.6]	23	19.17	21	17.50	3	2.50
(0.6，0.7]	18	15.00	14	11.67	3	2.50
(0.7，0.8]	24	20.00	19	15.83	5	4.17
(0.8，0.9]	11	9.17	15	12.50	18	15.00
(0.9，1)	8	6.67	1	0.83	73	60.83
1	12	10.00	33	27.50	17	14.17
总数	120	100	120	100	120	100
平均值	0.674 9		0.738 8		0.922 1	

传统的 DEA 分析结果显示，在不剔除外部环境和随机因素的干扰时，调研样本的综合效率、纯技术效率以及规模效率均值分别为 0.674 9、0.738 8 和 0.922 1，说明从整体上看，我国农民专业合作社整体效率水平适中。若消除技术无效率，合作社的产出水平还能继续提高 32.51%。相较于综合效率和纯技术效率，合作社的规模效率均值更接近生产前沿面，说明合作社拥有较高的规模效率。另外，合作社的纯技术效率均值严重低于合作社规模效率均值，即合作社的综合效率主要是受纯技术效率的限制，说明合作社内部资源配置不合理、管理效率低的问题突出，优化合作社资源配置、进行有效的合作社管理要比单纯扩大合作社规模更有利于提升合作社效率。

从整体效率值分布上看，综合效率、纯技术效率和规模效率中 DEA 有效（效率值为 1）的合作社数量分别为 12、33 和 17，分别占样本总量的 10.00%、27.50%和 14.17%，DEA 完全有效（综合效率、纯技术效率以及规模效率都为 1）的合作社仅有 12 家，占总量的 10%，但综合效率和纯技术效率值在 0.4 以下的合作社占比不足 10%，说明合作社效率分布呈现“两头少，中间多”的特点，即仅有少数合作社达到完全有效，极少数合作社效率水平过低，大多数合作社效率水平适中，这主要跟我国近年来逐步重视新型经营主体的发展质量，鼓励适度规模经营，清退“空壳社”，扶植合作社实现高质量发展等系列政策有关。

从所处规模报酬阶段上看，有 35.83%的合作社处于规模报酬递增阶段，说明扩大合作社规模，合作社的边际收益会增加，该部分合作社可适当加大投入，扩大合作社规模，获取较多的产出收益；有 18 家合作社处于规模报酬不变阶段，占样本总量的 15%，说明该部分合作社大规模生产的优越性已得到了充分发挥，合作社应该采取各种措施来避免进入规模不经济的状态；近半数合作社处于规模报酬递减阶段，即人力、资本以及土地投入的增速相较于技术水平的增速呈现冗余状态。

然而，第一阶段的测度结果并未考虑到外部环境和随机干扰的影响，并不能准确反映我国农民专业合作社的效率水平，故本研究利用 SFA 方法重新对合作社效率进行测度。

（二）第二阶段 SFA 回归结果分析

第二阶段的分析运用 Frontier4.1 软件，分别以社员总数投入松弛值、总成本投入松弛值和经营土地面积投入松弛值为被解释变量，以农林牧渔业生产总值、财政农林水事务支出、粮食总产量和居住在农村的人口占比 4 个外部环境变量作为解释变量进行 SFA 回归分析，分别分析各个投入松弛值受外部环境因素的影响，并利用 EXCEL 软件计算投入调整值，回归结果如表 15－4 所示。

根据回归结果显示，广义单边似然比检验（LR test）均在 1%的水平上显著，说明测度合作社效率时选用 SFA 回归对外部环境和随机干扰因素进行剔除是合理且必要的。同时，由 BCC 方法可知，投入变量的松弛值是合作社改进内部经营以达到生产前沿时可以节省的投入量，若外部环境变量对投入松弛值具有显著的正向影响，则外部环境变量的提高不利于投入松弛值的减少，不利于合作社效率的提高。相反，外部环境变量对投入松弛值具有显著的负向影响，则有利于合作社效率的提升。由此，根据回归结果分析外部环境变量对投入松弛值的影响：

农林牧渔业生产总值与社员总数松弛变量、总成本松弛变量和经营土地面积松弛变量均呈负相关关系，除对社员总数松弛变量的负向影响未通过显著性检验外，对其余两项投入松弛值的负向影响均通过 1%的显著性检验，说明在良好的农业宏观经济环境下，合作社能够更好地吸纳资金，整合土地资源，获得人力资源补给，进而缩小合作社在资本、人力及土地方面的投入松弛值，提升合作社效率。

表 15－4　SFA 模型回归结果

变量	社员总数松弛变量	总成本松弛变量	经营土地面积松弛变量
常数项	－46.111 6*** （－46.113 3）	－68.670 6*** （－20.758 2）	－281.954 5*** （－284.576 4）

（续）

变量	社员总数松弛变量	总成本松弛变量	经营土地面积松弛变量
农林牧渔业生产总值	−0.039 1 (−0.417 2)	−0.127 8*** (−3.033 7)	−0.372 8*** (−10.209 0)
财政农林水事务支出	0.556 4 (1.197 1)	0.029 9 (0.984 3)	0.367 8*** (6.361 2)
粮食总产量	0.125 1* (1.782 8)	0.085 4*** (3.928 0)	0.286 2*** (10.675 5)
居住在农村的人口占比	−1.116 1 (−1.256 0)	1.357 3*** (12.054 5)	4.690 2*** (27.197 6)
σ^2	62 273.211 0*** (62 273.211 0)	30 507.786 0*** (30 510.922 0)	130 886.340 0*** (130 886.350 0)
γ	1.000 0*** (40 350 553.000 0)	1.000 0*** (304 114.280 0)	1.000 0*** (27 427.660 0)
Log likelihood function	−724.494 7	−692.507 8	−773.665 9
LR test	110.533 2***	83.217 8***	99.468 5***

注：* 表示 $P<0.1$，** 表示 $P<0.05$，*** 表示 $P<0.01$；括号内为估计系数的 t 值统计量。

财政农林水事务支出并不利于各项投入松弛值的减少，其中，对于经营土地面积松弛值的影响通过1%的显著性检验，原因与地方政府对合作社的支持态度发生转变有关：一方面，地方政府主张改盲目补贴为项目支持或绩效奖励，给盲目增投扩张的合作社“降温”，引导合作社发展趋于理性；另一方面，政策更倾向于整改与规范合作社运营，并持续巩固整改成果，建立健全长效管理机制，故短时间内会抑制合作社投入扩张。

粮食总产量在10%显著性水平上对社员总数松弛值有显著的正向影响作用，在1%显著性水平上对总成本松弛值和经营土地面积松弛值有显著的正向影响作用，主要是因为近年来种粮成本上升，单纯从事种粮经营的主体效益总体不高，故很多合作社开始缩减各项投入规模，并试图通过延长产业链、拓展合作社服务功能来寻求新的效益增长点。

居住在农村的人口占比是降低经营土地面积松弛值和总成本松弛值的不利因素，显著性水平为1%，原因可能与我国农业生产已进入机械化主导的新阶段，以劳动密集、高耗低产为特点的传统农业生产方式已被彻底改变有关。虽然居住在农村的人口占比对社员总数松弛值的负向影响关系并未通过显著性检验，但依旧可以看出居住在农村的人口占比的上升依旧会在一定程度上增加合作社人力资源投入量，这可能与合作社势必会吸纳部分本地农业人口就业有关。

（三）第三阶段调整后的效率值分析

在第三阶段，本研究将调整后的投入值与原始产出值结合，再次进行DEA－BCC效率分析，得出已剔除外部环境变量和随机误差的影响的合作社效率值。测度结果如表15－5和表15－6所示。

表15－5　第三阶段合作社效率值测度结果分布

效率范围	综合效率		纯技术效率		规模效率	
	数量（个）	比例（%）	数量（个）	比例（%）	数量（个）	比例（%）
(0，0.4]	17	14.17	0	0.00	6	5.00
(0.4，0.5]	22	18.33	16	13.33	2	1.67
(0.5，0.6]	17	14.17	15	12.50	4	3.33
(0.6，0.7]	21	17.50	27	22.50	8	6.67
(0.7，0.8]	16	13.33	16	13.33	13	10.83
(0.8，0.9]	9	7.50	12	10.00	24	20.00
(0.9，1)	5	4.17	10	8.33	49	40.83
1	13	10.83	24	20.00	14	11.67
总数	120	100	120	100	120	100
平均值	0.626 3		0.741 0		0.845 6	

如表15－5所示，调整后，我国农民专业合作社的效率仍然处于适中水平，综合效率、纯技术效率和规模效率均值分别为0.626 3、0.741 0和0.845 6。从均值角度看，相较于规模效率，合作社纯技术效率拥有更大的提升空间，合作社综合效率水平不高可能主要是由合作社的生产技术或管理技术偏低造成的，即提高合作社综合效率应重点改善其纯技术效率。如果排除合作社规模的影响，合作社存在25.90%的纯技术效率提升空间，其中，纯技术效率在(0.6，0.7]的效率值区间内的合作社最多，约占样本总量的22.5%，需着力提高此部分合作社的技术和管理水平，以较大幅度地提升合作社的整体效率水平。

从整体效率分布的角度出发，综合效率、纯技术效率和规模效率中DEA有效（效率值为1）的合作社数量分别为13、24和14，分别占样本总量的10.83%、20.00%和11.67%，DEA完全有效（综合效率、纯技术效率以及规模效率都为1）的合作社仍仅有13家，占总量的10.83%，但综合效率和纯技术效率值在0.4以下的合作社占比仍不足15%，说明合作社效率分布仍呈现“两头少，中间多”的效率分布特点，这与近年来我国逐渐重视合作社质量提升工作，不断引导合作社高质量发展的政策导向有关。

从所处规模报酬阶段来看，约有14%的合作社处于规模报酬不变的阶段，即在现有的技术水平下已达到最佳的规模效益，除非调整投入值，否则无法得到增加的产出量；多数合作社（占样本总量的75%）实际上处于规模报酬递增阶段，有较大的提升和改进空间，应适当增加投入，优化内部资源配置；约13.33%的合作社处于规模报酬递减阶段，需尽快摒弃盲目规模扩张的发展道路，将投入冗余转化为有效产出。

表15-6　第一、三阶段合作社规模报酬

第一阶段合作社规模报酬						第三阶段合作社规模报酬					
规模报酬递增		规模报酬递减		规模报酬不变		规模报酬递增		规模报酬递减		规模报酬不变	
数量（个）	比例（%）	数量（个）	比例（%）	数量（个）	比例（%）	数量（个）	比例（%）	数量（个）	比例（%）	数量（个）	比例（%）
43	35.83	59.00	49.17	18.00	15	90	75.00	16.00	13.33	14.00	11.67

对比第一、三阶段效率测度结果可知，首先，相较于第一阶段，合作社效率测度结果发生变化，具体而言，合作社综合效率均值下降约7.20%，说明剔除环境因素变量和随机干扰后，合作社整体效率水平下降；规模效率均值下降约8.30%，纯技术效率均值上涨约0.30%，这表明在剔除了外部环境变量和随机误差影响后合作社整体效率下降主要是由规模效率降低所导致的。其次，调整前后，合作社所处规模报酬阶段存在较大差异，处于规模报酬递增阶段的合作社数量增加一倍，这说明外部环境对合作社所处规模报酬阶段具有较大影响，多数合作社的投入并没有形成规模经济，少数合作社投资规模过剩。最后，就单个合作社主体而言，效率测度结果的变化要分情况进行讨论。存在调整前后合作社效率变化不明显的情况，但若剥离环境和随机因素前后，合作社的效率值变化明显，则说明合作社效率受环境影响较大。具体而言，若在剥离环境和随机因素下的同质环境中合作社效率水平下降，则说明调整前合作社的高效率并不能真实反映合作社的管理与技术水平或规模效率水平，若效率值上升，则说明调整前该合作社的低效率存在着受不好的运气或较差的环境所累的情况。

第十六章　农民合作社效率影响因素的组态分析

第十五章已对我国合作社的效率进行了测度和评价，回答了“我国农民专业合作社真实的效率水平如何?”这一问题。本章将接续对合作社效率影响因素进行研究。目前，学术界对于合作社效率影响因素的研究，成果丰富，且主要从合作社外部、组织和成员三个层面展开。在外部层面，政府的支持会促使合作社通过增加投入、采纳新技术等方式来提升效率；合作社与金融机构、中介组织及科研机构之间良好的合作关系也会显著提升合作社效率。在组织层面，内部治理结构会影响合作社效率，如财务公开、成员退出等组织内部的监督制衡越强，合作社效率越高。在成员层面，理事长的管理能力、企业家精神、创业能力及关系能力等都会对合作社效率产生影响。然而，关于合作社效率影响因素的研究，一是多聚焦于简化的单要素分析，即只聚焦于“理事长能力”“内部治理结构”“关系网络”等单一要素对合作社效率的作用是否显著，缺乏在整体框架下对各个影响因素之间组合关系的研究，缺乏对影响合作社效率的复杂动因分析；二是所采用的研究方法多见于演绎分析，缺乏对于典型案例的溯因分析。

本章基于组态视角，尝试建立一个相对完整的农民专业合作社效率影响因素组态分析框架，对影响合作社效率的复杂动因进行理论梳理；将三阶段DEA与fsQCA方法结合，对影响合作社效率的关键因素进行识别，分析合作社高效率或低效率结果下不同影响因素的组合形态；回答“某种单一要素是否能够构成影响合作社效率的必要条件?”和“要素之间如何耦合以产生合作社高效率或低效率的结果?”两个问题，并为“如何提升合作社效率，引导合作社高质量发展”议题提供理论依据与实践指导。

一、农民合作社效率影响因素组态分析的理论框架

依据文献回顾和实地调研经验，本研究基于组态思想，参照相关理论，构建了一个涵盖合作社内部、外部两个方面，具体包括人力资源、产品品牌、内

部治理结构、利益分配机制、政府支持、金融环境和外部社会资本7个因素的农民专业合作社效率影响因素组态分析框架，从此框架把握实现农民专业合作社高效率发展的组态路径，了解导致农民专业合作社低效率发展的复杂动因。

(一) 内部影响因素分析

1. 人力资源

合作社人力资源是影响合作社效率的重要因素。参照核心能力理论，在合作社管理中，良好的人力资源有助于合作社培育其核心管理能力、核心技术能力和核心市场能力，进而形成合作社的核心竞争力。然而，由于地理位置、薪资待遇和工作环境等因素，合作社往往无法吸引到充沛的人力资源，合作社大多缺乏优秀的农业技术人员和经验丰富的管理人员。合作社人力资源匮乏，严重制约了合作社的发展。破解合作社人力资源不足的难题能有效促进合作社效率的提升。大多数合作社的经营发展都需要两类人力资源禀赋，分别为理事长的经营管理能力和社员的专业技术能力。一方面，相较于一般农户，理事长良好的经营管理能力可提高合作社的经营管理水平，对合作社效率产生积极影响；另一方面，通过对社员进行有计划的专业技术及管理知识培训可以提升社员的人力资本，加强社员合作意识，提高社员参与水平，促进合作社效率提升。

2. 产品品牌

合作社产品品牌是影响合作社效率的核心因素。由于农业的弱质性特征，合作社规范经营获得的规模经济往往并不能大规模提高合作社产出，不能大幅度提升合作社效率。因此，寻找新的产出增长点是提升合作社效率的关键，推进农产品品牌建设是解决农产品销路问题、提升农产品附加值的重要手段，也是一些合作社变革生产经营方式、寻求效率突破的新选择。合作社可以利用产品品牌影响力开拓销路，建立线上、线下销售网络，增加销售收益，提升合作社效率。合作社也可以利用品牌优势来提升农产品附加值，进而获得较高的农产品品牌溢价，提高合作社效率。同时，农产品品牌建设能够倒逼合作社革新生产经营方式，进行规模化、标准化生产，以优质低耗的投入、有效的经营管理方式从事农产品生产活动，进而提升合作社效率。本研究着力通过合作社自有注册商标的数量和品牌产品销售范围两方面来刻画合作社创建产品品牌情况。

3. 内部治理结构

在诸多关于组织效率影响因素的研究中，治理结构往往被视为核心影响因素。对于股份公司而言，治理结构分为外部治理结构和内部治理结构。但是，相较于股份公司，合作社缺乏外部股权交易市场、合作社经理人市场和相对激烈的外部竞争。因此，合作社内部治理结构是影响合作社效率的主要因素。根据现有研究和调研情况，本研究认为完善的合作社内部治理结构需包括完整的组织结构、合理的决策方式以及有效的监督机制。首先，完整的组织结构是合作社内部治理结构的“骨架”，具体包括作为权力机构的社员大会、作为执行机构的理事会和行使监督权的监事会。其次，《农民专业合作社法》规定成员大会是合作社的权力机构，但现实情况大多是少数核心成员掌握着合作社的实际控制权，致使委托—代理问题严重。合作社的决策方式能否让普通社员参与到重大问题的决策中是降低委托—代理成本，实现全体社员利益最大化的关键。最后，合作社内部监督机制的完善可以增加合作社经营透明度，提高社员满意度，进而增加社员惠顾次数，提升合作社效率。监事会作为代表全体社员监督合作社财务和业务执行情况的机构，监事会召开会议次数直接表征合作社内部监督机制的健全程度。

4. 利益分配机制

作为兼顾社会公平和经济效率的合作组织，合作社利益分配机制是影响合作社效率的关键因素。从激励理论角度出发，有效的合作社利益分配机制应当给予有贡献的所有要素合理的激励，即赋予土地要素、资本要素和劳动力要素合理的剩余索取权，保证不同要素投入都能够分配到合理的利益，从而激发不同要素所有者扩大要素投入的积极性，提升合作社效率。从社员参与角度出发，合理的合作社利益分配机制，一是可以提高社员参与满意度，增加社员惠顾次数，降低社员违约率，从而确保合作社生产经营的稳定性，增强合作社面对农资采购商和农产品销售企业时的谈判能力，助力合作社生产形成规模效应，最终促进合作社效率提升；二是可以实现合作社和社员之间的利益“捆绑”，约束社员在生产和交易过程中的投机行为，促使社员关注合作社的可持续发展，达成两者间“利益交互、风险共担”的良性循环，助力合作社效率的提升。根据合作社发展的实践情况，本研究认为合理的合作社利益分配机制应包括提取合作社公共积累（公积金）以培育合作社可持续发展能力，进行二次返利以实现社员和合作社之间的利益“捆绑”，构建合理的盈余分配方式以保障各要素投入的合理剩余索取权。

（二）外部影响因素分析

1. 政府支持

依据政府规制理论，政府支持对合作社效率的影响可以分为两类——“促进论”和“抑制论”。“促进论”认为，政府通过给予合作社资金扶持来壮大其经济实力，提高合作社服务水平和竞争能力。“抑制论”认为，政府支持资源无法实现最优配置和有效监控，从而导致合作社对于政府支持过分依赖，滋生“骗补”“空壳社”等舞弊经营行为。由此可见，无论是“促进论”还是“抑制论”，政府支持对于合作社效率的重要意义都不言而喻。结合目前国内合作社的发展现状和政府对合作社的支持行为，本章认为可将政府支持分为直接支持和间接支持两种基本模式。直接支持模式是一种“硬”扶持手段，主要包括专项资金支持、税费减免、金融支持、产业政策倾斜以及配套设置优惠等；间接支持模式是一种“软”扶持手段，主要包括信息指导、技能培训和管理辅助等。政府支持合作社发展往往是“直接支持＋间接支持”同时使用，软硬兼施，且通常对处于发展初期的合作社使用“硬”手段进行直接扶持，对已取得一定规模的合作社使用“软”手段进行规范。

2. 金融环境

农民合作社的资金来源主要有政府财政补贴、合作社内源性筹资、正规金融机构筹资和非正规民间借贷，其中，政府财政补贴取决于各级政府政策，属于政府支持影响范畴；合作社大多由农民自主创建，注册资本有限，经营资本积累较少，内源性筹资能力不足；非正规民间借贷渠道复杂，风险不受控制。因此，正规金融机构是合作社筹资的有效途径，由正规金融机构构成的金融环境也是影响合作社效率的重要因素。现阶段，金融环境对合作社发展表现出严重的束缚作用，合作社和正规金融机构之间通常存在着极大的信息不对称问题。金融机构无法准确、完整地获取关于合作社生产经营情况的信息，致使放贷于合作社的预期风险和交易成本巨大，合作社“贷款难、贷款少”的问题凸显。本研究中，金融环境要素涵盖合作社在正规金融机构获得贷款资金的难度和获得的贷款资金满足合作社资金需求的程度两个方面。

3. 外部社会资本

合作社的外部社会资本是指以外部社会网络为核心载体，通过与外部环境中各相关主体的直接或间接关联，从而获得资源、信息和机会的能力。合作社可通过与外部社会网络中的相关主体保持良好的合作关系，来降低交易成本、降低风险和不确定性，进而更好地获得资金、资源和信息，增强自身实力和成长能力，提升合作社效率。然而，不同主体的外部社会网络存在差异，廖媛红认为，合作社的外部社交网络可以分为横向联系和纵向联系两类，横向联系包括与科研院所、银行、商业合作伙伴等主体的联系，纵向联系包括与农业农村局、工商局、相应协会组织等主体的联系[①]。但是，上述分类忽略了合作社与所处产业上下游相关主体之间的联系，淡化了合作社与其他合作社、合作社联社之间的合作效益。故本研究将外部社会网络分为三类：一是与研究院所（高校）、技术服务部门之间的关系网络；二是与生产资料供应商、农产品批发或收购商、物流运输商之间的关系网络；三是与其他合作社、合作社联社之间的关系网络。根据三种社会网络的分类，合作社外部社会资本亦可分为依托研究院（高校）、技术服务部门合作形成的社会资本，依托生产资料供应商、农产品收购商以及物流运

① 廖媛红．农民专业合作社的内部社会资本与绩效关系研究［J］．农村经济，2011，345（7）：126－129.

输商合作形成的社会资本和与其他合作社、合作社联社合作形成的社会资本。

（三）内外部影响因素的组态分析

传统的研究假设每种要素之间相互独立，通过回归估计每一个变量对合作社效率的影响程度。但是，现实情况是，各种影响要素之间相互影响，共栖于一个合作社发展生态中。具体而言，内部因素之间相互影响，如自有农产品品牌可以侧面反映合作社对于产品质量的关注程度，体现合作社力求做好农业生产的决心和意愿，进而间接促使合作社规范内部治理，完善利益分配机制。外部因素之间相互作用，如政府政策会直接影响正规金融机构对合作社的放贷行为。内外部因素相互牵制，如合作社的内部治理结构不佳，利益分配制度混乱，则会直接影响正规金融机构对合作社信贷资质的判断，影响合作社贷款业务；如政府支持、外部社会资本和金融环境影响合作社在生产经营中获得资金、信息和技术等支持的总量，进而直接影响合作社规范内部治理的力度、完善利益分配机制的决心和投资产品品牌的动力。鉴于影响合作社效率的各个要素之间存在相互作用的现实，本研究基于组态思想，致力于探讨人力资源、内部治理结构、利益分配机制等七种要素会如何组合，进而系统地影响合作社效率。

综上，本研究理论框架主要关注两种因果关系：①某种单一要素是否能够构成影响合作社效率的必要条件；②七种要素如何耦合以产生合作社高效率或低效率的结果，理论模型如图 16－1 所示。

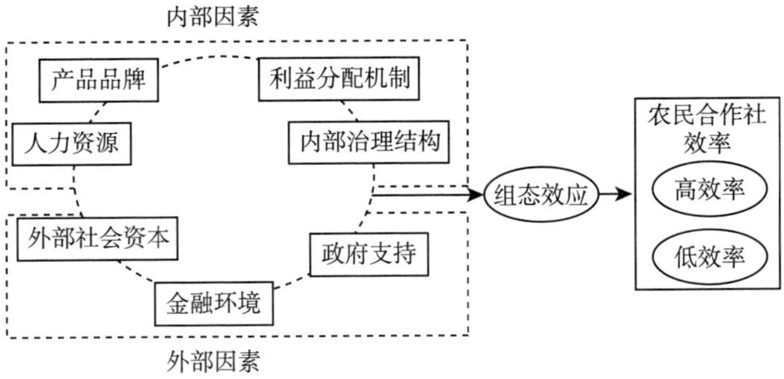

图 16－1　农民合作社效率影响因素的组态分析框架

二、定性比较分析方法与适用性分析

基于组态理论，参照本研究理论框架，在使用模糊集定性比较分析方法前，对定性比较分析方法的定义、优势和分类进行介绍，对模糊集定性比较分析方法的操作步骤进行阐述，并对本研究使用模糊集定性比较分析方法的适用性进行分析。

（一）定性比较分析方法

定性比较分析方法（QCA）是一种由 Ragin 提出的案例导向的定性研究方法，也是一种基于布尔代数和集合论的组态分析方法。现实中，某一现象的出现往往是多种条件变量共同作用、相互影响的结果。QCA 方法基于组态理论，通过考察条件变量和结果之间的充分与必要子集关系，探究条件变量之间的抑制、替代和互补关系如何系统地导致结果的发生或不发生。相较于假设自变量相互独立且考察线性因果净效应的传统计量分析，QCA 方法一是可运用集合论和布尔代数对必要和充分条件进行分析，二是可运用组态比较分析技术对多重并发因果关系进行探究，因此，QCA 方法更适用于现实中广泛存在的非对称性关系的研究，更适用于对复杂因果关系的探索。

根据数据类型，QCA 方法可以分为清晰集定性比较分析（csQCA）、多值集定性比较分析（mvQCA）和模糊集定性比较分析（fsQCA）。其中，csQCA 方法仅可以处理简单的二分变量，记数值“0”为完全不隶属，记数值“1”为完全隶属，故在数据处理过程中容易造成大量的信息丢失，分析结果存在较大偏误；在 csQCA 方法的基础上，mvQCA 方法将变量看作是多值的，但仍旧不能完全捕捉部分隶属或隶属程度变化引发的案例复杂性，应用范围仍旧有限；相较于 csQCA 和 mvQCA，fsQCA 方法允许取介于 0 和 1 之间的部分隶属分数，评估介于“完全隶属”和“完全不隶属”之间的隶属程度，故更能够捕捉隶属程度变化带来的路径差异，适用于连续型数据的分析。

在 QCA 的三种方法中，fsQCA 方法得到了最广泛的应用。在完成组态分析框架构建、条件变量选取和案例选择后，以 fsQCA3.0 软件为工具，可将该方法分为四个主要步骤。首先，原始数据的校准。现有研究通常使用直接校准方法，即先根据相关理论或经验选择三个合理的定性锚点（完全隶属、完全不隶属和交叉点），再运用 fsQCA3.0 软件的校准函数进行校准。其次，必要条件分析。通过 fsQCA3.0 软件提供的程序评估条件集合和结果集合的子集关系，检查是否有条件对结果来说是必要的。再次，组态分析与结果解释。通过构建真值表生成潜在条件组合，设定阈值剔除不符合要求的案例样本，进行布尔运算简化条件组合等系列步骤得到复杂解、简约解和中间解，区分核心条件和边缘条件，并解释组态分析结果。最后，稳健性检验。通过改变参数、增减案例等方式对 fsQCA 分析所得到的组态进行稳健性分析。

（二）方法适用性分析

定性比较分析方法（QCA）与本研究的思想具有一致性。具体到本研究中，合作社是具有“企业”和“自治组织”双重属性的互助性经济组织，合作社效率是一个多层次的概念，合作社效率及其影响因素的问题是一个复杂、综合的系统，但目前的研究尚未形成关于合作社效率影响因素的分析框架，并未将系统、综合的组态理论应用于合作社效率的研究中。合作社作为重要的新型农业经营主体，合作社效率提升是一个多要素、系统性的议题，QCA 方法通过对合作社内部和外部多个要素间的抑制、替代和互补性互动关系的分析，能够全面、深刻地揭示影响合作社效率的复杂因果关系，进而识别促进合作社效率提升的不同因果路径，剖析致使合作社低效率的深层原因。

此外，本研究选用模糊集定性比较分析（fsQCA）方法，还考虑到如下原因：一是该方法要求案例结果由多个要素交互作用形成，且各个要素的作用机理和要素间相互作用关系要有充分的理论支撑。本研究基于组态理论论述合作社高效率或低效率结果背后的因果复杂性，结合集体行动理论将影响合作社效率的因素分为内部和外部两类，且单个因素对合作社效率的影响作用分析均来自对现有研究成果的借鉴和梳理。二是该方法突破了传统定量分析对样本数量的限制，将逻辑余项纳入分析过程，弥补了案例分析“少数性”的质疑，适用于对中小样本的分析与研究。本研究的样本总量为 120，符合方法要求。三是本研究选取的条件数据类型多为连续型，更匹配 fsQCA 方法对数据的要求，且 fsQCA 方法的变量赋值要求也可以有效减少数据处理中的信息丢失问题，使得研究结果更具科学性和精准性。

三、变量的赋值、校准与真值表的构建

变量的赋值和案例数据的校准是 fsQCA 分析的基础性工作，构建真值表是进行组态分析的前提条件。参照理论分析对变量进行赋值，参考现有 fsQCA 研究规范对案例数据进行校准并构建真值表是本小节重点介绍的内容。

（一）变量的选取及测量

根据前文构建的农民合作社效率影响因素组态分析框架中的相关梳理和论证，对结果变量和各条件变量进行测量。首先，本研究选用三阶段 DEA 模型得到的合作社综合效率值作为结果变量，该数值介于 0～1 之间，数值越接近于 1，说明该合作社综合效率值越高。其次，对影响合作社效率的条件变量进行测度。各项条件变量均设有二级指标，二级指标均参照本研究构建的农民合作社效率影响因素组态分析框架中的相关论述进行选定。另外，条件变量取值由二级指标算术平均计算得出，其中，由于人力资源、产品品牌、内部治理结构与利益分配机制条件变量的二级指标拥有不同的量纲，故先对二级指标进行无量纲处理，再进行算术平均计算出条件变量取值。具体测量见表 16 - 1。

表 16-1　条件变量与结果变量测量

变量类型	变量视角	二级指标	指标定义与说明
条件变量	人力资源	理事长受教育程度	无=1，小学=2，中学=3，大专=4，大学本科及以上=5
		社员培训情况	社员年培训次数
	产品品牌	合作社自有注册商标的数量	个
		品牌产品销售范围	本县=1；本市=2；本省=3；多省=4；全国=5
	内部治理结构	是否具有较完善的组织架构	否=0；是=1
		重大问题决策的方式	主要由负责人决定=1；由负责人和理事会讨论决定=2；由社员（代表）大会投票表决=3；由理事会提出方案，经社员（代表）大会讨论，修改后执行=4
		监事会实际召开会议情况	年度内监事会实际召开会议次数
	利益分配机制	是否提取公共积累（公积金）	否=0；是=1
		是否存在二次返利	否=0；是=1
		盈余分配方式	无盈余分配=1；按股分红=2；按交易额（量）分配；按股分红和按交易额分红相结合=3，按交易额（量）分红比例 60%=4；按股分红和按交易额分红相结合，且按交易额（量）分红比例 60%=5
	政府支持	政府的政策扶持（专项资金支持、税费减免、融资帮助以及产业扶持等）	非常不好=1；比较不好=2；一般=3；比较好=4；非常好=5
		政府的指导与服务效用（指导合作社制度建设、经营发展方向；提供法律、技术服务等）	非常不好=1；比较不好=2；一般=3；比较好=4；非常好=5

（续）

变量类型	变量视角	二级指标	指标定义与说明
条件变量	金融环境	信贷融资获取难度（正规金融机构筹资渠道）	非常难＝1；比较难＝2；一般＝3；比较容易＝4；非常容易＝5
		信贷融资获得程度（正规金融机构筹资渠道）	未获得贷款＝1；获得贷款但完全不满足资金需求＝2；获得贷款但不完全满足资金需求＝3；获得贷款且基本满足资金需求＝4；获得贷款且完全满足资金需求＝5
	外部社会资本	依托研究院（高校）、技术服务部门合作取得的效益	无＝1；比较不好＝2；一般＝3；比较好＝4；非常好＝5
		依托生产资料供应商、农产品收购商以及物流运输商合作取得的效益	无＝1；比较不好＝2；一般＝3；比较好＝4；非常好＝5
		与其他合作社、合作社联社合作取得的效益	无＝1；比较不好＝2；一般＝3；比较好＝4；非常好＝5
结果变量	合作社效率值	三阶段 DEA 调整后的综合效率值	

（二）变量的校准

变量校准是给案例赋予集合隶属的过程，即运用模糊集思想将条件变量和结果变量转化为介于 0 和 1 之间的数值，进而表征不同案例对于某个集合的隶属程度。数值为 1 代表案例“完全隶属”于某一集合；数值为 0 代表“完全不隶属”于某一集合；数值为 0.5，也称交叉点，是指一个案例与某一集合既是隶属关系又是非隶属关系。现有研究一般采用直接校准法，凭借数据特征和基本理论知识设定完全不隶属、交叉点和完全隶属三个锚点，并运用 fsQCA3.0 软件中的 Calibrate 函数进行校准。

参考 fsQCA 方法规范，综合考虑数据特征，对本研究的案例数据进行校准。在本研究中，除产品品牌变量外，其余变量均选择 0.05 分位点作为完全不隶属的校准标准，0.5 分位点作为交叉点的校准标准，0.95 分位点作为完全隶属的校准标准。另外，目前拥有产品品牌的合作社数量较少，使得产品品牌变量的 0.05 分位点和 0.5 分位点对应数值相同，故根据调研经验选择“拥有一个自有注册商标”且“品牌产品销售范围为本市”的合作社产品品牌变量取值为交叉点的校准标准，0.05 分位点为完全不隶属点的校准标准，0.95 分位点为完全隶属点的校准标准。各条件变量和结果变量的校准信息如表 16-2 所示。

表 16-2　各变量校准锚点

变量	完全不隶属	交叉点	完全隶属
人力资源	−0.899 0	0.080 7	0.960 0
产品品牌	−0.728 4	0.292 0	1.584 6
内部治理结构	−0.993 4	0.145 5	0.877 2
利益分配机制	−1.300 7	0.301 1	1.039 9
政府支持	2.750 0	4.000 0	5.000 0
金融环境	1.000 0	3.500 0	4.750 0
外部社会资本	1.000 0	3.000 0	5.000 0
合作社效率值	0.285 0	0.614 0	1.000 0

在 fsQCA3.0 软件完成校准后，若案例的隶属度恰好为 0.5，在后续的分析中该案例则会被删除，造成信息遗失。为尽可能减少案例信息丢失，通常将隶属度为 0.5 的值手动修改为 0.51。

（三）真值表的构建

在变量校准的基础上，本研究使用 fsQCA3.0 软件分别对合作社高效率和低效率两种结果构建真值表，以呈现导致合作社高效率和低效率的所有逻辑可能。由于本研究有 7 个条件变量，故可能存在着 2^7 个条件组态。然而，现实情况是实际观测的样本并不一定能全部覆盖 2^7 个条件组态，即在 2^7 个条件组态中存在组态并没有被实际观测的案例覆盖。此时，没有被实际观测案例覆盖的组态被称为逻辑余项。为剔除逻辑余项，简化后续分析结果，通常需要通过设定一致性阈值、案例频数阈值和 PRI 值来简化真值表。遵循 fsQCA 方法范式，本研究将真值表的一致性阈值设为 0.8，案例频数阈值设为 1，并将初始一致性高于 0.8，但 PRI 值低于 0.7 的案例结果手动修改为 0。最终，分别得到合作社高效率和低效率结果的真值表（略）。

四、结果分析

本节运用模糊集定性比较分析方法（fsQCA）对影响合作社效率的关键因素进行识别，对合作社高效率组态形式进行梳理，对合作社低效率组态特征进行分析，以期为农民专业合作社效率影响因素的组态分析框架提供实证支持，为促进合作社高质量发展提供决策依据。

（一）必要条件分析

在进行组态分析前，fsQCA方法要求判断各条件变量中是否存在导致结果出现的必要条件。在必要条件分析结果中，通常将一致性指标作为判定必要条件的标准，若某一条件变量的一致性大于0.9，即判定此条件变量为结果出现的必要条件。本研究分别对农民合作社高效率和低效率结果进行必要条件分析。

结果如表16-3所示，各条件变量影响合作社高效率或低效率的一致性均未超过0.9，即单个条件变量对合作社效率结果的解释力均比较弱。因此，合作社高效率或低效率绝不仅是单一条件要素作用的结果，而是多种条件综合作用的结果。另外，由于单个条件变量均不构成高效率或低效率结果出现的必要条件，后续的分析需进一步考量人力资源、内部治理结构、利益分配机制、政府支持和外部社会资本等因素的多重并发协同效应，即高效率或低效率结果的组态分析。

表16-3　必要条件分析结果

条件变量	农民专业合作社高效率		农民专业合作社低效率	
	一致性	覆盖度	一致性	覆盖度
人力资源	0.605 6	0.656 5	0.577 3	0.637 9
～人力资源	0.666 0	0.607 2	0.689 1	0.640 4
产品品牌	0.497 2	0.689 3	0.376 4	0.531 8
～产品品牌	0.662 3	0.510 3	0.780 1	0.612 6
内部治理结构	0.644 5	0.671 3	0.594 4	0.631 0
～内部治理结构	0.645 8	0.609 7	0.690 4	0.664 3
利益分配机制	0.598 4	0.653 2	0.559 5	0.622 5
～利益分配机制	0.654 2	0.593 0	0.688 3	0.635 9
政府支持	0.708 2	0.598 3	0.691 8	0.595 6
～政府支持	0.521 3	0.624 0	0.533 4	0.650 8
金融环境	0.619 2	0.640 1	0.629 4	0.663 1
～金融环境	0.674 1	0.640 9	0.658 4	0.638 0
外部社会资本	0.684 5	0.662 4	0.639 1	0.630 4
～外部社会资本	0.618 0	0.626 9	0.657 8	0.680 0

（二）高效率组态分析

基于上一节构建的合作社高效率和低效率结果的真值表，运用fsQCA3.0

软件进行组态分析，按照反事实假设的程度将所得到的解区分为简约解、中间解和复杂解。按现有研究规范，本研究主要对简约解和中间解进行介绍。根据fsQCA方法得到的中间解和简约解识别合作社高效率或低效率的核心条件与边缘条件，其中，同时在中间解和简约解中出现的条件为核心条件，只在中间解中出现的条件为边缘条件。本研究得到促使合作社高效率的简约解4个、中间解7个；致使合作社低效率的简约解3个、中间解4个，分析结果如表16-4、表16-5所示。

如表16-4所示，农民合作社高效率的组态结果有7种，且无论是单一组态还是总体解的一致性皆远高于可接受的最低标准0.75。同时，总体解的覆盖度为0.361 3，说明36.13%的案例可解释合作社高效率的原因。本研究将7种组态归纳为四类合作社高效率类型。

表16-4　农民合作社高效率组态分析

条件	S1a	S1b	S2a	S2b	S3a	S3b	S4
人力资源	●	●	•	⊗	⨂	⨂	⨂
产品品牌	●	●	●	●	●	●	●
内部治理结构	•		⨂	⨂	●	●	●
利益分配机制	●	●	●	●	•	⊗	⨂
政府支持		•	⨂	⨂	•	⊗	●
金融环境			⊗	•	●	●	
外部社会资本	●	●		•		•	⊗
原始覆盖度	0.230 0	0.211 3	0.178 2	0.139 2	0.196 7	0.151 4	0.170 6
唯一覆盖度	0.011 9	0.004 5	0.007 9	0.002 0	0.035 3	0.008 1	0.019 9
一致性	0.878 5	0.895 2	0.960 1	0.967 3	0.959 0	0.971 9	0.916 0
总体一致性				0.876 7			
总体覆盖度				0.361 3			

注：●=核心条件存在；⨂=核心条件缺失；•=边缘条件存在；⊗=边缘条件缺失。

1. 全能综合型高效率合作社（S1a、S1b）

组态S1a和S1b以人力资源、产品品牌、利益分配机制和外部社会资本为核心条件，分别以内部治理结构和政府支持为边缘条件。全能综合型高效率合作社多为国家级或省级示范社，具有“规模大、功能全”的特点，且多呈现出一种“无短板式”的经营状态。同时，该类合作社理事长往往具有独到的经营理念和长远的战略眼光，注重合作社内部管理，关注社员利益，积极搭建与政府、联社及企业等外部利益相关主体的良好关系。

2. 自主探索品牌建设型高效率合作社（S2a、S2b）

组态S2a和S2b以产品品牌、非内部治理结构、利益分配机制以及非政府支持为核心条件，其中，组态S2a以人力资源、非金融环境为边缘条件，组态S2b以非人力资源、金融环境与外部社会资本为边缘条件。组态为S2a和S2b的合作社拥有良好的利益分配机制，有利于合作社广泛吸纳社员，故此类型合作社的社员人数普遍偏多。一方面，社员人数的增加可以为合作社带来更多的人力、资本和土地的投入，有利于合作社快速积累农业生产经验，推动合作社积极追求更高的效益，进而选择自主探索品牌建设的发展方向。另一方面，庞大的社员总数也为合作社的内部治理带来了极大的挑战，集中召开会议的协调难度大，全员集体决策的成本高，很多合作社便简单选取“负责人决定”的决策方式，故此类合作社的内部治理结构得分偏低。同时，选择建立产品品牌的合作社往往因厂房、加工及包装流水线的建设而具有较大的资金需求，此时若不能得到政府的资金支持或政策倾斜，合作社便会通过内源性筹资、正规金融机构筹资或非正规民间借贷等渠道寻求资金帮助。具体而言，S2a组态的合作社拥有较高的人力资源，此类合作社的理事长和社员往往拥有较多的资金和较广的社会人脉，可以为合作社提供部分内源性或非正规民间借贷资金以改善较差金融环境带来的资金压力；相反，S2b组态表明若合作社没有较高的人力资源，则需积极争取正规金融机构的资金支持，并努力加深与外部利益相关主体的合作以节约交易成本，才能实现合作社高效率发展。

3. 市场对接融洽型高效率合作社（S3a、S3b）

组态S3a和S3b以非人力资源、产品品牌、内部治理结构和金融环境为核心条件，其中，组态S3a以利益分配机制与政府支持为边缘条件，组态S3b以非利益分配机制、非政府支持以及外部社会资本为边缘条件。相较于全能综合型高效率合作社，市场对接融洽型高效率合作社多为农户自发组建或种粮大户领办的合作社，理事长多为当地农户，故在人力资源上存在一定的短板。但是，市场对接融洽型高效率合作社的市场对接能力突出，并打造了以农产品品牌为核心的高效率链条。该链条的核心逻辑为：合作社利用金融环境优势融资进行产品品牌建设，提高管理能力对农产品品牌进行有效管理，以期打造出销售范围广、产品品类多的自有品牌，进而获取高额品牌溢价，提升合作社效率。在此核心逻辑上，S3a组态的合作社还积极获取政府支持，建设有效的利益分配机制将品牌溢价合理分配，以保证合作社可持续运营；S3b组态的合作社则依托于品牌产品，力求拓展与其他相关主体的合作关系以整合相关资源，节约交易成本，拓宽销售渠道。

4. 党支部领办型高效率合作社（S4）

组态S4以非人力资源、产品品牌、内部治理结构、非利益分配机制以及政府支持为核心条件，以非外部社会资本为边缘条件。此类型的合作社多为党支部领办的合作社，其高效率的原因一方面来源于把同村分散的小农户聚集起来适度规模经营，形成经济利益共同体，共同对接市场的挑战，获得较高的规模效益；另一方面来源于由党支部统筹规划合作社依托一二三产业融合优势进行全产业链生产，获得高附加值效益。但是，该类合作社的理事长多为村干部，社员也大多是小农户，故多具有人力资源劣势；此类合作社的社员多以土地入股的形式加入合作社，盈余分配方式也多为按股分配，故利益分配机制得分偏低。

（三）低效率组态分析

表 16－5 所呈现的关于农民合作社低效率的组态分析结果可分为三种类型，总体解的一致性为 0.896 0，覆盖度为 0.374 1，单一组态一致性均处于 0.9 以上，说明这些组态可以作为合作社低效率的充分条件，且 37.41%的案例可解释合作社低效率原因。

表 16－5　农民合作社低效率组态分析

条件	N1	N2	N3a	N3b
人力资源	⨂	⨂	•	•
产品品牌	⊗	⊗	⨂	⨂
内部治理结构	⨂	⨂	⊗	•
利益分配机制	⨂	⨂	⊗	•
政府支持	⨂		⨂	⨂
金融环境	⊗	●	●	●
外部社会资本		⨂	●	●
原始覆盖度	0.249 6	0.274 9	0.158 2	0.150 9
唯一覆盖度	0.050 7	0.075 0	0.005 9	0.027 2
一致性	0.909 2	0.911 8	0.974 6	0.970 3
总体一致性	0.896 0			
总体覆盖度	0.374 1			

注：●＝核心条件存在；⨂＝核心条件缺失；•＝边缘条件存在；⊗＝边缘条件缺失。

1. “类空壳社”式低效率合作社（N1、N2）

组态 N1 以非人力资源、非内部治理结构、非利益分配机制以及非政府支持为核心条件，以非产品品牌、非金融环境为边缘条件。组态 N1 的合作社虽有一定的农业生产活动，但通常组织结构不健全或形同虚设，无二次返利，无盈余分配，更无力打造产品品牌，也得不到政府和正规金融机构的支持，是一种“类空壳社”式的低效率。与组态 N1 类似，组态 N2 以非人力资源、非内部治理结构、非利益分配机制、金融环境和非政府支持为核心条件，以非产品品牌为边缘条件，虽能申请到部分金融贷款支持，但经营不规范，和农户利益联结不紧密，故效率不高、实力羸弱。

2. 缺乏规范式低效率合作社（N3a）

组态 N3a 以非产品品牌、非政府支持、金融环境和外部社会资本为核心条件，以人力资源、非内部治理结构与非利益分配机制为边缘条件。该组态的合作社具有一定的人力资源储备，注重搭建与外部利益相关主体之间的社会网络，且能够获得一定量的正规金融机构贷款支持。但是，此类合作社仍效率低下的原因有两个：一是此类合作社多数只从事种植生产活动，售卖原粮，有合作的外部利益主体仅为生产资料供应商、农产品收购商以及物流运输商，由此便只能获得一定量的规模效益；二是该类合作社利益分配机制不合理、内部管理不规范，合作社经营获取的规模效益既没有作为公积金用于合作社发展，也没有以合理的分配方式返还给社员，反而可能被核心成员中饱私囊。

3. “规模陷阱”式低效率合作社（N3b）

组态 N3b 与组态 N3a 的核心条件相同，但组态 N3b 以人力资源、内部治理结构和利益分配机制为边缘条件。相较于组态 N1、N2 和 N3a，组态 N3b 类型的合作社通常具有较大的生产经营规模，其效率较低实则是遭遇了“规模陷阱”的发展窘境。随着合作社规模不断扩大，组织结构愈发复杂，内部协调的成本不断增加，再加上农业生产附加值低，合作社效率的增加与规模的扩大很快就会失去同步效应，致使合作社发展陷入低效率困境。

五、稳健性检验

fsQCA 作为质性与量化研究相结合的方法，对其结果进行稳健性检验是必要的。现有研究通常在调高案例一致性阈值、增加或删减案例、提高 PRI 一致性等方法中任选一种进行稳健性检验。本研究选用（1）将案例一致性阈值从 0.8 提高到 0.85 和（2）按所在省份等比例删减 10 个案例两种方式进行稳健性检验。结果显示，方法（1）得到的组态结果与上述结果一致，方法（2）得到的组态结果与上述结果基本一致，即本研究结果具有良好的稳健性。

第十七章　信贷约束对农民合作社绩效的影响

近年来，合作社“融资难”的问题严重地制约了合作社的高质量发展。2017年，中共中央办公厅、国务院办公厅《关于加快构建政策体系培育新型农业经营主体的意见》从金融信贷等六个方面系统地构建了支持合作社等新型经营主体的扶持政策体系。2021年，中国人民银行、中央农办、农业农村部、财政部、银保监会和证监会六部门发布《关于金融支持新型农业经营主体发展的意见》指出，做好合作社等新型农业经营主体金融服务，对于巩固拓展脱贫攻坚成果、助力乡村全面振兴和农业农村现代化、构建新发展格局具有重要意义。本章基于调研数据，从信贷约束的角度描述合作社“融资难”的问题，并实证分析合作社面临的信贷约束对其绩效的影响。

一、信贷约束对农民合作社绩效影响的理论分析

对信贷约束对合作社绩效的影响机理进行理论分析，一方面，要分析信贷约束对合作社绩效的影响效用；另一方面，要分析正规信贷约束和非正规信贷约束影响合作社绩效的差异性，以及不同合作社绩效水平下信贷约束对合作社绩效影响的异质性。

（一）信贷约束对合作社绩效影响机理的理论分析

信贷约束对合作社绩效的影响机理可从合作社购买农业机械、引进农业技术和聘用职业经理三个维度论述。

首先，信贷约束减少合作社购买农业机械设备数量，降低合作社绩效。农业机械作为合作社生产和经营活动所需要的物质资本，对合作社成长与发展有重要支撑作用，是影响合作社绩效的重要物质资本因素。在生产和流通环节，合作社通过引进农业机械设备，实现规模化经营，获得更高的生产经营性收入，从而提升绩效水平。但是，若合作社面临信贷约束，合作社难以获得充足

的信贷资金购买农业机械，合作社不具备农业机械，那么合作社在生产、流通和服务等领域就难以创收，合作社的成长与发展就会受到限制，影响合作社绩效水平的提升。

其次，信贷约束限制合作社农业技术引进，降低合作社绩效。能否引进先进的农业技术是影响合作社绩效的重要因素。一是农民合作社通过引进农业技术实现生产要素之间的相互替代，提升农产品品质，从而增加合作社的经营收入，提升合作社绩效；二是农民合作社通过培训等方式指导入社农户采用先进的农业技术或为农户提供技术领域的服务，提升农户生产能力，带动农户增加收入，进而提升合作社绩效；三是农民合作社通过科学利用农业生产废弃物改变要素投入，降低对化肥等生产资料的依赖，从而降低生产成本，提升合作社绩效。但是，引进农业技术的成本较高，信贷约束的存在使合作社难以筹备充足的资金引进农业技术，进而制约合作社绩效的提升。

最后，信贷约束限制合作社聘用职业经理，降低合作社绩效。在全面推进乡村振兴的进程中，大量农业职业经理人才投身于合作社建设中。相较于普通农户，农业职业经理已经成为推动合作社管理现代化、发展合规化、规模扩大化的重要人力资本。通过聘用农业职业经理，合作社可以将现代管理理念融入日常经营和管理之中，建立起一套科学、完整、全面的管理体系，使合作社的经营机制更加民主、完善，提升入社农户的生产积极性，不断带动农户增产增收，增加合作社经营收入。但是，从事合作社生产和经营的职业经理作为重要的人力资本具有一定的资源稀缺性，故聘用成本较高，若信贷约束存在，则合作社难以获得足够的信贷资金支付聘用成本，从而降低合作社绩效。

（二）信贷约束对合作社绩效影响的差异性与异质性理论分析

首先，正规与非正规信贷约束对合作社绩效影响具有一定的差异性。在正规金融与非正规金融并存的农村二元金融结构中，正规信贷是农村信贷市场的主要组成部分，是合作社申请并获得贷款的主要来源；非正规信贷根植于农村乡土文化。当合作社难以获得正规信贷时，非正规信贷作为正规信贷的有益补充，也可以充当维持合作社生产和经营活动所需信贷资金来源的重要角色。据此认为，正规信贷约束和非正规信贷约束均对合作社绩效具有负向影响，并且正规信贷约束对合作社绩效的影响效应比非正规信贷约束更强。

其次，不同绩效水平下信贷约束对合作社绩效影响具有一定的异质性。成长与发展前景较好的合作社所具有经营和服务规模化的特征，使其具有生产、运营成本较高的特性。当合作社需要弥补经营或服务领域的规模化发展所增加的生产和运营成本，或者因市场环境而需要扩大经营规模或服务规模时，其信贷资金需求量也会大幅增加。充足的资金是合作社经营规模化和服务规模化的必要条件。当成长与发展水平较高的合作社面临信贷约束时，现有资金难以弥补其生产和运营成本，导致这类合作社会大幅缩小经营规模和服务规模，从而大幅度地降低其绩效水平。对于成长与发展水平较低的合作社而言，其本身的经营规模化水平和服务规模化水平相对较低。当这类合作社面临信贷约束时，虽然也可能缩小经营规模和服务规模，但限于生产和服务规模基数较小，为维持必要的业务运转，其经营规模和服务规模的缩小幅度会相对较小，信贷约束对这类合作社的绩效的影响效应更弱。因此，信贷约束对合作社绩效的影响效应随着合作社绩效水平的提高而增强。

二、农民合作社信贷约束的识别与描述性分析

接下来，基于本团队在 2020 年 6—11 月对黑龙江省 353 家合作社样本的专项调查数据，逐步识别研究所涉及的核心变量——合作社信贷约束，并对其进行描述性分析，归纳合作社信贷约束特征。

（一）合作社信贷约束的识别

基于 Boucher 等提出的诱导调查技术，结合柳凌韵等的识别程序逐步构建合作社信贷约束变量①②。首先，使用“2019 年，贵合作社是否需要向金融机构申请贷款”题项将合作社分为两组，即有信贷需求的合作社和没有信贷需求的合作社。然后，对有信贷需求的合作社，使用“2019 年，贵合作社是否从金融机构获得过贷款”题项。若回答“是”，再询问“获得的贷款是否满足需要”。对这一题项，若回答“否”，则表明该合作社面临供给型信贷约束，反之则未面临信贷约束。对上一题项，若回答“否”，则表明该合作社未获得过贷款，这时再询问未获得过贷款的原因是“没有主动申请”“申请后自动放弃”，还是“申请但被拒绝”。若回答“没有主动申请”或“申请后自动放弃”，则表明该合作社面临需求型信贷约束；若回答“申请但被拒绝”，则表明该合作社面临供给型信贷约束。如果样本合作社面临需求型信贷约束或供给型信贷约束，则表明该合作社面临信贷约束；反之，则未面临信贷约束。

值得注意的是，上述程序识别的对象是合作社信贷约束，其中包含了正规

① Boucher S, Guirkinger C, Trivelli C. Direct elicitation of credit constraints: Conceptual and practical issues with an application to Peruvian agriculture [J]. Economic development & cultural change, 2009 (4): 609-640.

② 柳凌韵，董凯，周宏．正规信贷约束降低了农业规模经营绩效吗［J］．农业技术经济，2020 (4): 25-37.

信贷约束和非正规信贷约束，但未对两者加以区分。根据研究需要，分别构建了合作社正规信贷约束和合作社非正规信贷约束变量。其中，合作社正规信贷约束的具体识别程序如下。首先，使用“2019 年，贵合作社是否需要向银行、信用社等正规金融机构申请贷款”题项将合作社分为两组，即有正规信贷需求和没有正规信贷需求的合作社（若合作社没有正规信贷需求，则认为该合作社未面临正规信贷约束）。然后，使用“2019 年，贵合作社是否从银行、信用社等正规金融机构获得过贷款”题项询问有正规信贷需求的合作社，若回答“否”，则表明该合作社面临正规信贷约束。若回答“是”，再使用“获得的贷款是否满足需要”题项，若回答“否”，则表明该合作社面临正规信贷约束；反之，则该合作社未面临正规信贷约束。

类似地，可以识别合作社是否面临非正规信贷约束，合作社非正规信贷约束的具体识别程序如下。首先，使用“2019 年，贵合作社是否需要向民间借贷等非正规金融机构申请贷款”题项将合作社分为两组，即有非正规信贷需求和没有非正规信贷需求的合作社（若合作社没有非正规信贷需求，则认为该合作社未面临非正规信贷约束）。然后，使用“2019 年，贵合作社是否从民间借贷等非正规金融机构获得过贷款”题项询问有非正规信贷需求的合作社，若回答“否”，则表明该合作社面临非正规信贷约束。若回答“是”，再使用“获得的贷款是否满足需要”题项，若回答“否”，则表明该合作社面临非正规信贷约束；反之，则该合作社未面临非正规信贷约束。

（二）合作社信贷约束的描述性分析

基于信贷约束识别结果和调研数据，对合作社的信贷需求与信贷供给进行描述性分析，并对正规信贷和非正规信贷的需求与供给进行描述性分析。在此基础上，对合作社信贷约束进行描述性分析，揭示合作社融资及其信贷约束的现实状况。

1. 合作社信贷需求与信贷供给情况

在样本合作社中，70.82%（250 家）的合作社有信贷需求，29.18%（103 家）的合作社没有信贷需求。在有信贷需求的合作社中，74.00%（185 家）的合作社获得过贷款，26.00%（65 家）的合作社没有获得过贷款。这表明，大部分合作社是有信贷需求的，即合作社的信贷需求比较强烈，而大部分合作社也获得过贷款。此外，调研数据显示，在获得过贷款的合作社中，36.76%（68 家）的合作社获得的贷款满足需要，63.24%（117 家）的合作社获得的贷款未满足需要。虽然大部分合作社获得过贷款，但大部分合作社获得的贷款没有满足其实际需求，合作社信贷供给有所不足。在有信贷需求而没有获得过贷款的合作社中，81.54%（53 家）的合作社未获得过贷款的原因是

“没有主动申请”，7.69%（5家）的合作社未获得过贷款的原因是“申请后自动放弃”，50.77%（33家）的合作社未获得过贷款的原因是“申请但被拒绝”。另外，上述百分比之和超出了100%（81.54%+7.69%+50.77%=140%>100%）是由于预调研中有部分受访者在回答题项“该没有获得过贷款的原因”时表示，当年合作社尝试申请了多笔贷款，并且均未获得贷款，但未获得过贷款的原因有所差异。因此，在正式调研中将该题项设置为不定项选择题，从而使受访者可以根据合作社的实际融资经历选择“申请但被拒绝”“没有主动申请”和“申请后自动放弃”中一项或几项。事实上，在整理和归纳受访者的回答结果后，发现在有信贷需求而没有获得过贷款的合作社中，1.54%（1家）的合作社同时选择了“没有主动申请”和“申请后自动放弃”，35.38%（23家）的合作社同时选择了“没有主动申请”和“申请但被拒绝”，1.54%（1家）的合作社同时选择了“申请后自动放弃”和“申请但被拒绝”。对于有信贷需求而没有获得过贷款的合作社而言，没有获得过贷款的原因主要是“没有主动申请”和“申请但被拒绝”，极少合作社由于“申请后自动放弃”而没有获得过贷款。

2. 合作社正规信贷和非正规信贷的需求与供给情况

在样本合作社中，57.79%（204家）的合作社有正规信贷需求，63.17%（223家）的合作社有非正规信贷需求，20.96%（74家）的合作社既有正规信贷需求，也有非正规信贷需求。总体来看，合作社对非正规信贷的需求比对正规信贷的需求更强烈，并且部分有非正规信贷需求的合作社同时也有正规信贷需求。此外，有关信贷需求的调研数据显示，在有正规信贷需求的合作社中，49.02%（100家）的合作社获得过正规贷款，50.98%（104家）的合作社没有获得正规贷款。在有非正规信贷需求的合作社中，78.48%（175家）的合作社获得过非正规贷款，21.52%（48家）的合作社没有获得非正规贷款。有关信贷供给的调研数据显示，在获得过正规贷款的合作社中，67.00%（67家）的合作社获得的贷款满足需要，33.00%（33家）的合作社获得的贷款未满足需要。在获得过非正规贷款的合作社中，72.00%（126家）的合作社获得的贷款满足需要，28.00%（49家）的合作社获得的贷款未满足需要。由此可见，大部分合作社获得的正规贷款与非正规贷款能够满足其资金需要。但是，有正规信贷需求的合作社获得过贷款的比例低于没有获得过贷款的比例，而有非正规信贷需求的合作社获得过贷款的比例高于没有获得过贷款的比例。这说明，与正规信贷相比，合作社更容易获得非正规信贷，非正规信贷对合作社更具有“亲和力”。在有正规信贷需求而没有获得过贷款的合作社中，27.88%（29家）的合作社未获得过贷款的原因是“没有主动申请”，5.77%（6家）的合作社未获得过贷款的原因是“申请后自动放弃”，66.35%（69家）

的合作社未获得过贷款的原因是“申请但被拒绝”。在有非正规信贷需求而没有获得过贷款的合作社中，41.67%（20家）的合作社未获得过贷款的原因是“没有主动申请”，8.33%（4家）的合作社未获得过贷款的原因是“申请后自动放弃”，50.00%（24家）的合作社未获得过贷款的原因是“申请但被拒绝”。这表明，无论是正规信贷需求还是非正规信贷需求，只要是对于有信贷需求而没有获得相应类型贷款的合作社而言，没有获得过贷款的原因主要均是“没有主动申请”和“申请但被拒绝”，而极少合作社由于“申请后自动放弃”而没有获得过贷款。同时，该结论与不考虑不同类型信贷时对有信贷需求而没有获得过贷款的合作社的分析结论是一致的。

3. 合作社信贷约束及其分类情况

调研数据显示，在样本合作社中，51.27%（181家）的合作社面临信贷约束，48.73%（172家）的合作社未面临信贷约束。在面临信贷约束的合作社中，79.56%（144家）的合作社面临供给型信贷约束，25.41%（46家）的合作社面临需求型信贷约束，4.97%（9家）的合作社同时面临供给型信贷约束和需求型信贷约束。同时，在面临信贷约束的合作社中，75.69%（137家）的合作社面临正规信贷约束，53.04%（96家）的合作社面临非正规信贷约束，28.73%（52家）的合作社同时面临正规信贷约束和非正规信贷约束。总体来看，超出半数合作社面临信贷约束，供给型信贷约束和正规信贷约束是合作社信贷约束的两种主要类型。此外，调研数据显示，在面临正规信贷约束的合作社中，74.45%（102家）的合作社面临供给型信贷约束，25.56%（35家）的合作社面临需求型信贷约束。在面临非正规信贷约束的合作社中，76.04%（73家）的合作社面临供给型信贷约束，23.96%（23家）的合作社面临需求型信贷约束。这表明，无论对于面临正规信贷约束还是非正规信贷约束的合作社，供给型信贷约束均是主要类型。同时，从比例上看，无论是正规信贷约束还是非正规信贷约束，面临供给型信贷约束合作社的数量与面临需求型信贷约束合作社的数量之比均在3∶1左右。在面临供给型信贷约束的合作社中，70.83%（102家）的合作社面临正规信贷约束，50.69%（73家）的合作社面临非正规信贷约束，21.53%（31家）的合作社同时面临正规信贷约束与非正规信贷约束。在面临需求型信贷约束的合作社中，76.09%（35家）的合作社面临正规信贷约束，50.00%（23家）的合作社面临非正规信贷约束，26.09%（12家）的合作社同时面临正规信贷约束与非正规信贷约束。这表明，无论对于面临供给型信贷约束还是需求型信贷约束的合作社，正规信贷约束均是主要类型。同时，从比例上看，无论是供给型信贷约束还是需求型信贷约束，面临正规信贷约束合作社的数量与面临非正规信贷约束合作社的数量之比均在1.5∶1左右。

三、信贷约束对农民合作社绩效影响的实证研究

理论分析的结果表明，信贷约束对合作社绩效具有抑制作用；正规信贷约束对合作社绩效的抑制作用比非正规信贷约束更强；信贷约束抑制高绩效合作社的效果强于抑制低绩效合作社的效果。接下来，构建经典截面数据计量经济学模型及其变量，对上述结论进行实证检验。

（一）模型构建与变量设置

为实证研究信贷约束对合作社绩效的影响效应，构建实证研究所需要的经典截面数据计量经济学模型，选择并且构建模型中的因变量、核心自变量和控制变量。

1. 模型构建

在经典截面数据计量经济学模型的选取和使用方面，根据研究需要和研究对象的特点，构建最小二乘回归模型（Ordinary least squares，OLS）、条件混合估计模型（Conditional mixed process，CMP）和分位数回归模型（Quantile regression，QR）进行实证研究，同时通过参考 StataMP15.0 软件平台内置的 Help 文件和经典计量经济学文献设计和实现操作步骤，以实现对经典截面数据计量经济学模型的“精准化”选取和“精确化”使用。

其中，运用最小二乘回归模型（OLS）实证研究信贷约束对合作社绩效的影响效应，以及正规信贷约束与非正规信贷约束对合作社绩效的影响差异；运用条件混合估计模型（CMP）实证研究信贷约束对合作社绩效的影响中可能存在的内生性问题；运用分位数回归模型（QR）实证研究不同合作社绩效水平下信贷约束对合作社绩效的影响差异。

（1）最小二乘回归模型。考虑到因变量合作社绩效属于连续型变量，因此采用最小二乘回归模型实证研究信贷约束对合作社绩效的影响效应，为此构建方程：

$$Performance_i = \alpha + \beta Credit\_Constraint_i + \gamma \sum Control_i + \mu_i \tag{17-1}$$

式中，$Performance_i$代表第 i 个合作社的绩效，$Credit_Constraint_i$代表第 i 个合作社面临的信贷约束情况，$Control_i$代表包括理事长特征、组织特征、政策环境特征与地区效应的控制变量，α、β、γ 为待估参数，μ 为随机扰动项。

根据信贷资金来源渠道类型的不同，信贷约束可以分为正规信贷约束和非正规信贷约束。为分析正规信贷约束与非正规信贷约束对合作社绩效的影响效应可能存在的差异，构建方程（17－2）和方程（17－3）：

$$Performance_i = \alpha + \beta Formal\_Credit\_Constraint_i + \gamma \sum Control_i + \mu_i \tag{17-2}$$

$$Performance_i = \alpha + \beta Informal\_Credit\_Constraint_i + \gamma \sum Control_i + \mu_i \tag{17-3}$$

式中，$Formal\_Credit\_Constraint_i$ 代表第 i 个合作社面临的正规信贷约束情况，$Informal\_Credit\_Constraint_i$ 代表第 i 个合作社面临的非正规信贷约束情况，其他变量和参数的含义与方程（17-1）相同。

（2）条件混合估计模型。虽然控制了理事长特征、组织特征、政策环境特征与地区效应变量，但受制于数据的有限性，所选取的自变量可能并不能包含影响合作社绩效的所有因素，而所遗漏的变量可能又与信贷约束相关，进而引发模型内生性问题。同时，合作社是否面临信贷约束与其绩效水平之间可能存在反向因果关系，从而进一步诱发内生性问题。上述可能出现的内生性问题，将导致回归模型的估计系数不一致。

根据变量设置，信贷约束属于离散型变量。由于工具变量法的普通两阶段回归（Two stage least square，TSLS）适用于内生变量为连续型变量而不适用于离散型变量的情形，因此，结合 Roodman 提出的条件混合估计模型（Conditional mixed process，CMP），运用工具变量法缓解信贷约束对合作社绩效的影响中可能存在的内生性问题①。条件混合估计模型适用于含有离散型内生变量的两阶段回归，其估计方法以似不相关回归（Seemingly unrelated regression estimation，SUR）为基础，基于极大似然估计法，通过构建两（多）维递归方程组实现两（多）阶段回归模型的估计。具体估计过程分为两个阶段：第一阶段，寻找工具变量并构建方程（17-4），估计其与内生变量的相关性；第二阶段，构建方程（17-5），将内生变量的拟合值代入模型进行回归，并根据内生性检验参数判别其外生性。若内生性检验参数 Atanhrho _ 12 统计量显著异于 0，则表明存在内生性，使用条件混合估计模型（CMP）得到的估计结果更准确；反之，参考最小二乘回归模型（OLS）的估计结果即可。

$$Credit\_Constraint_i^* = \alpha + \beta Instrumental\_Varialbe_i + \gamma \sum Control_i + \mu_i \tag{17-4}$$

$$Performance_i = \alpha + \beta Credit\_Constraint_i^* + \gamma \sum Control_i + \mu_i \tag{17-5}$$

式中，$Credit\_Constraint_i{}^*$ 代表第 i 个合作社的信贷约束拟合值，*Instrumen-*

① Roodman D. Fitting fully observed recursive mixed - process models with CMP [J]. The stata journal，2011 (2)：159 - 206.

$tal\_Variable_i$ 代表工具变量，其他变量和参数的含义与方程（17－1）类似，不再赘述。

由于条件混合估计模型实质上是一种对递归方程组的估计方法，因此，有必要为递归方程组内部嵌套的两个阶段性回归方程（17－4）和（17－5）分别选择一个合理的回归模型进行估计。第一阶段回归所依赖的方程（17－4）的因变量合作社信贷约束属于二元离散型变量，所以，在采用条件混合估计模型进行估计时，选用 Probit 模型估计方程（17－4）；第二阶段回归所依赖的方程（17－5）的因变量合作社绩效属于连续型变量，所以，在采用条件混合估计模型进行估计时，选用最小二乘回归模型（OLS）估计方程（17－5）。

此外，条件混合估计模型中第一阶段估计的实现建立在工具变量的选择的基础上。在工具变量选取方面，参考相关研究的做法，构建“本县其他合作社信贷约束均值”变量，将之作为信贷约束的工具变量，其计算方式如下：

$$IV\_Credit\_Constraint_{nk_i} = \sum_{k \neq k_j}^{j} (Credit\_Constraint_k)/(j-1) \tag{17-6}$$

式中，nk_i代表第n个县第k_i个合作社，$IV_Credit_Constraint_i$代表第n个县除第k_i个合作社外的其他合作社信贷约束均值，即工具变量，$Credit\_Constraint_i$ 代表第i个合作社面临的信贷约束情况。

一般情况下，在采用经典截面数据计量经济学模型缓解可能存在的内生性时，所选工具变量需要满足相关性和外生性条件。一方面，农村是熟人社会，合作社的信贷约束情况不仅与其所在县的金融环境密切相关，而且与该县其他合作社的信贷约束情况有关，如果本县其他合作社容易获得贷款，那么该合作社更倾向于容易获得贷款，故所选工具变量满足相关性条件。另一方面，本县其他合作社面临的信贷约束情况无法直接地影响该合作社的绩效，故所选工具变量满足外生性条件。

（3）分位数回归模型。最小二乘回归模型（OLS）本质上属于一种均值回归模型，估计系数容易受到样本极端值的影响，而分位数回归模型（QR）可以提供条件分布 $y \mid x$ 的全面信息，并且更加稳健。一般来说，分位数回归适用于“自变量对因变量的影响在因变量的不同水平上差异”的问题。本研究将采用分位数回归方法对式（17－1）重新估计。

2. 变量设置

在经典截面数据计量经济学模型中，引入合作社绩效和信贷约束两个核心变量。此外，为剥离除信贷约束之外的其他因素对合作社绩效的影响，选取和构建模型中的控制变量。所涉及的主要变量定义及其统计特征如下。

（1）因变量。基于熵权法测算出的指标权重，首先，根据加权求和公式计算得到每个合作社绩效的数值；然后，将该数值转换为百分制得分，将之作为因变量（合作社绩效）。

（2）核心自变量。将合作社信贷约束作为核心自变量纳入经典截面数据计量经济学模型中，以实证研究信贷约束对合作社绩效的影响效应。

（3）控制变量。为剥离除信贷约束之外的其他因素对合作社绩效的影响，选取理事长特征、组织特征和政策环境特征三个控制变量纳入模型。其中，理事长特征包括培训经历和社会职务，组织特征包括合作模式和盈余分配，政策环境特征主要指当地政府对合作社的支持政策。此外，在控制变量中加入合作社所在县的虚拟变量，以进一步控制其他因素对合作社绩效的潜在影响。主要变量的定义及其统计学特征如表17－1所示。

表17－1　主要变量定义及其统计学特征

变量类型	变量名	变量定义与说明	平均值	标准差
因变量	合作社绩效	根据加权求和公式计算，并转换为百分制	69.087	15.109
核心自变量	信贷约束	合作社是否面临信贷约束，是＝1；否＝0	0.513	0.501
控制变量	参与培训	合作社理事长是否参加过带头人培训，是＝1；否＝0	0.510	0.501
	社会职务	合作社理事长是否有社会职务，是＝1；否＝0	0.278	0.448
	合作模式	合作社＋农户＝1；合作社＋基地＋农户＝2；合作社＋企业＋农户＝3；其他＝4	1.909	0.993
	盈余分配	合作社是否有盈余分配制度，是＝1；否＝0	0.309	0.463
	政策支持	当地是否出台了支持合作社发展的指导意见，是＝1；否＝0	0.394	0.489

（二）信贷约束对合作社绩效影响方向与强度的实证研究

1. 模型多重共线性检验

在回归分析之前，首先分析模型中自变量的相关性，以检验可能出现的多重共线性。通过计算不同自变量之间的皮尔逊相关系数（Pearson correlation coefficient）与不同自变量的方差膨胀因子（Variance inflation factor，VIF），分别得到如表17－2和表17－3所示的测算结果。由表17－2可见，大部分自变量的相关度不高，在一定程度上表明模型不存在明显的多重共线性问题。虽然一部分自变量存在统计意义上显著的相关性关系，但表 17－3 中方差膨胀因子的测算结果显示，最大的方差膨胀因子为 1.32，平均方差膨胀因子为 1.18，在一定程度上表明模型不存在明显的多重共线性问题。皮尔逊相关系数与方差膨胀因子的测算结果共同表明，将所有自变量同时纳入回归模型时不会产生明显的多重共线性问题。因此，回归模型中的系数估计量是有效的，并且系数估计量的经济含义具有合理性。

表 17－2　皮尔逊相关系数分析

变量	信贷约束	参与培训	社会职务	合作社＋基地＋农户
信贷约束	1.000			
参与培训	−0.230***	1.000		
社会职务	−0.193***	0.114**	1.000	
合作社＋基地＋农户	−0.241***	0.029	0.144***	1.000
合作社＋企业＋农户	−0.150***	0.017	0.188***	−0.298***
其他	0.067	0.005	−0.083	−0.161***
盈余分配	−0.232***	0.054	0.120**	0.130**
政策支持	−0.258***	0.164***	0.251***	0.094*

变量	合作社＋企业＋农户	其他	盈余分配	政策支持
合作社＋企业＋农户	1.000			
其他	−0.153***	1.000		
盈余分配	0.102*	−0.054	1.000	
政策支持	0.116**	0.052	0.126**	1.000

注：①***、**、*分别表示 1%、5%和 10%的显著性水平；②为使分类变量“合作模式”估计系数具有合理的经济意义，结合经典截面数据计量经济学研究范式，将分类变量“合作模式”转化为虚拟变量“合作社＋基地＋农户”“合作社＋企业＋农户”和“其他”。其中，虚拟变量“合作社＋基地＋农户”的定义为“若合作社的合作模式是‘合作社＋基地＋农户’，则变量取值为 1，否则取值为 0”，虚拟变量“合作社＋企业＋农户”和“其他”采用类似的方式进行定义。将虚拟变量“合作社＋基地＋农户”“合作社＋企业＋农户”和“其他”同时纳入到回归模型中进行估计，得到系数的估计结果。这时，虚拟变量“合作社＋基地＋农户”“合作社＋企业＋农户”和“其他”的估计系数的经济意义是指，在其他条件不变的情况下，合作模式为“合作社＋基地＋农户”“合作社＋企业＋农户”和“其他”的合作社绩效得分分别与合作模式为“合作社＋农户”的合作社绩效得分均值的差异。

2. 模型回归结果分析

为缓解异方差的影响，在回归分析时均采用异方差稳健标准误（Heteroskedasticity－Robust Standard Error，HSE）进行估计。基于 StataMP15.0 软件，采用逐步回归法，运用最小二乘回归模型（OLS）对方程（17－1）进行拟合，得到如表 17－4 所示的回归结果。该表第 1 列至第 5 列方程中似然比检验(Likelihood ratio test，LRT）得到的 P 值均为 0.000，故拒绝“所有自变量回归系数均等于 0”的原假设，表明这 5 个回归模型在统计学意义上均是显著的，即模型的自变量整体上对因变量有显著性影响。第 1 列至第 5 列的回归结果中信贷约束的系数方向保持一致，并且随着逐步加入控制变量，从第 1 列至第 5 列信贷约束的系数的绝对值从 22.778 逐渐减小到 17.716，表明所得回归结果具有稳健性。同时，随着控制变量的逐步增加，方程的 R^2 从 0.569 逐渐增大到 0.685，表明拟合效果逐步提升，即控制变量的选择是合理的。

表 17－3　方差膨胀因子分析

变量	方差膨胀因子	容忍度
信贷约束	1.27	0.788 9
参与培训	1.08	0.929 0
社会职务	1.15	0.868 7
合作社＋基地＋农户	1.32	0.756 8
合作社＋企业＋农户	1.29	0.772 9
其他	1.09	0.918 6
盈余分配	1.08	0.925 3
政策支持	1.15	0.867 0

不同类型因素对合作社绩效影响效应的具体分析如下：按照逐步回归原理，以第 5 列估计结果为基准回归结果进行分析。从符号上看，第 1 列至第 5 列信贷约束的系数分别为－22.778、－21.261、－18.775、－18.216 和－17.716，均为负值；从显著性上看，第 1 列至第 5 列信贷约束均通过了置信度为 99%的显著性检验。这表明，在其他条件不变的情况下，信贷约束对合作社绩效具有显著负向影响，同时，该结论具有稳健性。从数值上看，在其他条件不变的情况下，面临信贷约束使合作社绩效得分降低 17.716。

接下来，按照模型中控制变量参与培训、社会职务、合作模式、盈余分配和政策扶持的出现顺序，依次分析除信贷约束之外的其他变量对合作社绩效的影响效应及其显著性问题。在第 5 列中，参与培训的系数为 3.565，为正值，且在统计学意义上显著，表明在其他条件不变的情况下，理事长参加负责人培训能够使合作社绩效得分提升 3.565。社会职务的系数为 3.059，为正值，且在统计学意义上显著，表明在其他条件不变的情况下，理事长拥有社会职务使合作社绩效得分具有显著正向影响，理事长拥有社会职务使合作社绩效得分提高 3.059。合作模式“合作社＋基地＋农户”和“合作社＋企业＋农户”的系数分别为7.024和7.023，均为正值，且均在统计学意义上显著，表明在其他条件不变的情况下，合作模式为“合作社＋基地＋农户”的合作社绩效得分比合作模式为“合作社＋农户”的合作社平均高出7.024，合作模式为“合作社＋企业＋农户”的合作社绩效得分比合作模式为“合作社＋农户”的合作社平均高出7.023。盈余分配的系数为3.214，为正值，且在统计学意义上显著，表明在其他条件不变的情况下，拥有盈余分配制度使合作社绩效得分提高3.214。政策支持的系数为3.194，为正值，且在统计学意义上显著，表明在其他条件不变的情况下，当地政府对合作社的支持政策能够提升合作社绩效，具体提升幅度为3.194。

表17-4　最小二乘回归模型下信贷约束对合作社绩效的影响效应

变量	(1)	(2)	(3)	(4)	(5)
信贷约束	−22.778***	−21.261***	−18.775***	−18.216***	−17.716***
	(1.06)	(1.14)	(1.20)	(1.23)	(1.26)
参与培训		3.036***	3.406***	3.084***	3.565***
		(1.10)	(1.03)	(1.01)	(1.05)
社会职务		4.736***	2.866**	2.177*	3.059**
		(1.16)	(1.19)	(1.21)	(1.25)
合作模式（以“合作社＋农户”为参照组）					
合作社＋基地＋农户			6.442***	6.215***	7.024***
			(1.43)	(1.41)	(1.45)
合作社＋企业＋农户			6.776***	6.450***	7.023***
			(1.26)	(1.26)	(1.32)
其他			0.905	0.266	0.964
			(1.91)	(1.96)	(1.93)
盈余分配			2.761**	2.584**	3.214***
			(1.13)	(1.09)	(1.13)
政策支持				3.384***	3.194***
				(1.08)	(1.09)
常数项	80.766***	77.125***	72.230***	71.195***	66.327***
	(0.76)	(1.18)	(1.44)	(1.50)	(2.39)
地区效应	未控制	未控制	未控制	未控制	已控制
样本量	353	353	353	353	353
R^2	0.569	0.600	0.649	0.660	0.685
Prob>*F*	0.000	0.000	0.000	0.000	0.000

注：①***、**、*分别表示1%、5%和10%的显著性水平；②括号内为异方差稳健标准误。

3. 模型内生性讨论

考虑到信贷约束变量可能具有内生性，采用条件混合估计模型（CMP）缓解内生性偏误。由于工具变量“本县其他合作社信贷约束均值”属于县域信贷约束水平，将县级地区效应纳入模型可能导致多重共线性。为此，在模型中将县级地区效应调整为市级地区效应进行回归，以缓解多重共线性，得到如表 17－5 所示的估计结果。

表 17－5　条件混合估计模型下信贷约束对合作社绩效的影响效应

变量	第一阶段回归	第二阶段回归
信贷约束		－18.096***
		(3.05)
工具变量	1.262***	
	(0.43)	
参与培训	－0.536***	3.162***
	(0.15)	(1.12)
社会职务	－0.205	2.845**
	(0.18)	(1.15)
合作模式（以“合作社＋农户”为参照组）		
合作社＋基地＋农户	－0.853***	6.685***
	(0.20)	(1.54)
合作社＋企业＋农户	－0.652***	6.825***
	(0.20)	(1.43)
其他	－0.065	1.181
	(0.29)	(1.82)
盈余分配	－0.540***	3.114***
	(0.17)	(1.16)
政策支持	－0.494***	3.286***
	(0.16)	(1.12)
常数项	0.749***	67.094***
	(0.34)	(3.30)
地区效应	已控制	已控制
Atanhrho _ 12	0.035	
	(0.20)	
样本量	353	353
Wald 卡方值	570.59***	

注：①***、**、*分别表示 1%、5%和 10%的显著性水平；②括号内为异方差稳健标准误。

第1列工具变量的系数为1.262，为正值，且在统计学意义上显著，表明在其他条件不变的情况下，合作社信贷约束情况与所在县其他合作社密切相关，若本县其他合作社面临的信贷约束情况越严重，则该合作社越倾向于面临信贷约束。在第1列其他变量中，参与培训的系数为－0.536，为负值，且在统计学意义上显著，表明在其他条件不变的情况下，合作社理事长参加带头人培训能够显著降低合作社面临信贷约束的概率。合作模式“合作社＋基地＋农户”和“合作社＋企业＋农户”的系数分别为－0.853和－0.652，均为负值，且在统计学意义上显著，表明在其他条件不变的情况下，合作模式为“合作社＋基地＋农户”的合作社比合作模式为“合作社＋农户”的合作社面临信贷约束的概率更小。盈余分配的系数为－0.540，为负值，且在统计学意义上显著，表明在其他条件不变的情况下，拥有盈余分配制度能够显著降低合作社面临信贷约束的概率。政策支持的系数为－0.494，为负值，且在统计学意义上显著，表明在其他条件不变的情况下，当地政府对合作社的支持政策能够显著降低合作社面临信贷约束的概率。

在第2列中，信贷约束的系数为－18.096，为负值，且在统计学意义上显著，表明在其他条件不变的情况下，信贷约束对合作社绩效有显著负向影响。在第2列中控制变量参与培训、社会职务、合作模式、盈余分配和政策扶持的系数大小、方向及其在统计学意义上的显著性与最小二乘回归模型（OLS）的估计结果基本一致，进一步表明了结论的稳健性。条件混合估计模型（CMP）中的第一阶段回归中Atanhrho _ 12统计量为0.035，但在统计学意义上不显著异于0，表明模型中不存在明显的内生性，参考最小二乘回归模型（OLS）的估计结果即可。

（三）正规信贷约束与非正规信贷约束对合作社绩效影响差异的实证研究

从影响方向和影响强度两个方面实证检验正规信贷约束与非正规信贷约束对合作社绩效影响可能存在的差异。采用最小二乘回归模型（OLS）对方程（17－2）和方程（17－3）进行拟合，依次得到表17－6第1～2列的回归系数估计结果。在第1～2列中，控制变量参与培训、社会职务、合作模式、盈余分配和政策扶持的系数大小、方向及其在统计学意义上的显著性是基本一致的，同时两者与最小二乘回归模型（OLS）对方程（17－1）进行拟合的结果基本一致，进一步表明了模型与变量的合理性和相关结论的稳健性。

第1列中正规信贷约束的系数为－12.723，第2列中非正规信贷约束的系数为－8.597，均为负值，且均在统计学意义上显著。因此，在影响方向方面，正规信贷约束与非正规信贷约束对合作社绩效均具有显著负向影响，正规信贷约束与非正规信贷约束对合作社绩效的影响方向是没有差异的。但是，在影响强度方面，正规信贷约束与非正规信贷约束对合作社绩效的影响有所不同，正规信贷约束对合作社绩效的影响效应更强。因此，正规信贷约束仍然是影响合作社绩效的关键因素。

表 17-6　正规信贷约束与非正规信贷约束对合作社绩效的影响差异

项目	(1)	(2)
正规信贷约束	−12.723***	
	(1.32)	
非正规信贷约束		−8.597***
		(1.39)
参与培训	4.620***	5.865***
	(1.21)	(1.25)
社会职务	4.247***	3.363**
	(1.40)	(1.57)
合作模式（以“合作社＋农户”为参照组）		
合作社＋基地＋农户	9.217***	11.049***
	(1.57)	(1.66)
合作社＋企业＋农户	8.937***	9.439***
	(1.53)	(1.67)
其他	−0.980	2.070
	(2.63)	(2.70)
盈余分配	4.777***	4.875***
	(1.27)	(1.33)
政策支持	4.518***	5.251***
	(1.26)	(1.32)
常数项	58.924***	52.942***
	(2.39)	(2.06)
地区效应	已控制	已控制
样本量	353	353
R^2	0.578	0.498
Prob>F	0.000	0.000

注：① ***、**、* 分别表示 1%、5%和 10%的显著性水平；②括号内为异方差稳健标准误。

(四) 不同绩效水平下信贷约束对合作社绩效影响差异的实证研究

基于方程（17-1），运用分位数回归模型研究信贷约束对合作社绩效的影响效应与合作社绩效之间的定量关系，在不同分位点上的估计结果如表 17－7 所示。在第 1～5 列中，控制变量参与培训、社会职务、合作模式、盈余分配和政策扶持的系数大小、方向及其在统计学意义上的显著性是基本一致的，并且与最小二乘回归模型（OLS）对方程（18－1）进行拟合的结果基本一致。

表 17－7　不同合作社绩效水平下信贷约束对合作社绩效的影响差异

变量	(1)	(2)	(3)	(4)	(5)
	0.1SR	0.3SR	0.5SR	0.7SR	0.9SR
信贷约束	−15.682***	−18.011***	−18.695***	−18.719***	−20.258***
	(1.60)	(1.18)	(1.56)	(1.83)	(1.71)
参与培训	4.799**	3.220	3.012**	4.543***	3.187
	(2.42)	(2.04)	(1.30)	(1.35)	(2.19)
社会职务	5.027*	3.635**	3.426***	3.519**	0.785
	(2.80)	(1.45)	(1.31)	(1.68)	(1.42)
合作模式（以“合作社＋农户”为参照组）					
合作社＋基地＋农户	6.115**	5.544***	7.990***	6.088***	5.238**
	(2.73)	(2.12)	(1.82)	(2.04)	(2.08)
合作社＋企业＋农户	10.508***	7.255***	6.010***	5.116***	2.854
	(1.76)	(1.87)	(1.88)	(1.31)	(2.15)
其他	−1.327	0.498	0.010	1.294	−2.115
	(2.92)	(2.29)	(2.18)	(2.08)	(2.13)
盈余分配	5.289**	3.902**	2.979**	1.433	3.029**
	(2.35)	(1.60)	(1.49)	(1.40)	(1.49)
政策支持	3.899	3.795***	3.116*	2.084	1.207
	(2.44)	(1.29)	(1.77)	(1.69)	(1.39)
常数项	49.690***	62.640***	67.802***	73.223***	80.612***
	(4.41)	(4.69)	(3.37)	(3.25)	(3.74)
地区效应	已控制	已控制	已控制	已控制	已控制
样本量	353	353	353	353	353
Pseudo R^2	0.4304	0.4825	0.4913	0.4743	0.3995

注：① ***、**、* 分别表示 1%、5%和 10%的显著性水平；②括号内为异方差稳健标准误。

第 1～5 列的回归结果表明，在 0.1、0.3、0.5、0.7 和 0.9 五个分位点上，信贷约束的系数分别为－15.682、－18.011、－18.695、－18.719 和－20.258，均为负值，且均在统计学意义上显著。这表明，在不同分位点上，信贷约束对合作社绩效均有显著负向影响。因此，信贷约束对合作社绩效的负向影响并不随着合作社绩效水平的改变而发生变化。此外，在第 1～5 列的回归结果中，对于处于 0.1 及以上分位点的合作社样本，随着合作社绩效水平不断提高，信贷约束的边际贡献的绝对值从 15.682 逐渐增大到 20.258。这表明，信贷约束抑制高绩效合作社的效果显著强于抑制低绩效合作社的效果。因此，随着合作社绩效水平不断提高，信贷约束对合作社绩效的影响效应不断增强。

模型的控制变量中，在 0.1、0.3、0.5、0.7 和 0.9 五个分位点上，合作模式"合作社＋基地＋农户"的系数分别为 6.115、5.544、7.990、6.088 和 5.238，均为正值，且均在统计学意义上显著。这表明，在其他条件不变的情况下，合作模式为"合作社＋基地＋农户"的合作社绩效得分比合作模式为"合作社＋农户"的合作社更高，而这种差异并不随着合作社绩效水平的改变而发生变化。此外，在 0.1、0.3、0.5、0.7 和 0.9 五个分位点上，政策支持的系数分别为 3.899、3.795、3.116、2.084 和 1.207，均为正值，但只有 0.3 分位点和 0.5 分位点上的 3.795 和 3.116 在统计学意义上显著。这表明，在其他条件不变的情况下，当地政府的支持政策有助于提升合作社绩效，并且这种政策支持效应不随着合作社绩效水平的改变而发生变化，即当地政府对合作社的政策支持具有一定的普惠性。但是，当地政府的政策支持对绩效水平极低、偏高和极高的合作社的政策支持效应并不显著，对偏低和中等绩效水平的合作社的政策支持效应是显著的。

第十八章　提升农民合作社效率的政策建议

依据前述构建的农民合作社效率影响因素的组态分析框架、测度的农民合作社效率结果、实证检验的农民合作社效率影响因素的组态分析结果和信贷约束对合作社绩效的实证分析结果，本章从加大对效率水平适中合作社的培育力度、增强合作社市场对接能力、继续发扬党支部领办型合作社的优势、接续巩固规范合作社的成果、协调正规金融支持和非正规金融支持的关系、精准施策鼓励金融机构针对不同合作社差异化放贷 6 个方面提出了对策建议，以期提升合作社效率，促进农民合作社高质量发展。

一、加大对部分有潜力的农民合作社的投资力度与政策倾斜

梳理 2007 年以来政府对合作社的帮扶政策发现，过去政府对合作社常采取粗放式的扶持政策，政府的政策和资金支持往往是无门槛的、分散的，导致谋求高效、高质量发展的合作社得不到足够的资金支持和政策帮扶，而“有关系”“找路子”的“空壳社”却能“骗补”成功。要想实现合作社高质量发展，改盲目补贴为有针对性的、有门槛的、成体系的扶持政策迫在眉睫。本研究的合作社效率测算结果显示，我国农民合作社的整体效率水平适中，总体效率分布呈现出“两头少、中间多”的特点，多数合作社处于规模报酬递增阶段，说明我国存在大量效率水平适中且尚处于规模报酬递增阶段的合作社。着力加大对效率水平处于中游且规模报酬递增合作社的投资力度与政策倾斜可以增加高效率合作社数量，进而快速、大幅地提升合作社整体效率水平，提高合作社整体发展质量。一方面，政府应深入了解合作社发展过程中“急、难、愁、盼”的问题，有针对性地制定精准帮扶方案，切实扶植一批中等效率的合作社做大做强；另一方面，政府可通过“统筹财政预算和涉农资金，撬动社会资本和金融资本”的方式设立“资金池”，集中、优先地为已取得一定规模且有较好发展势头的合作社提供支持。

二、增强农民合作社市场对接能力

实证结果显示，合作社高效率组态类型有自主探索品牌建设型高效率合作社和市场对接融洽型高效率合作社。其中，自主探索品牌建设型高效率合作社可快速积累农业生产经验的优势推动其通过内源性融资、争取金融机构支持等方式突破发展困境、追求更高效益，进而选择进行品牌建设；市场对接融洽型高效率合作社则依赖良好的金融环境和突出的管理能力打造以农产品品牌为核心的高效率链条。但是，无论是自主探索品牌建设型高效率合作社还是市场对接融洽型高效率合作社都具有较敏锐的市场环境分析能力和较强的市场对接意识。因此，增强合作社市场对接能力，培育一批自主探索品牌建设型或市场对接融洽型高效率合作社是提高合作社盈利能力、提升合作社发展质量的有效途径。政府一是着力培养一批具备市场化意识、互联网思维和销售管理能力的理事长；二是应引导合作社与其他外部市场主体组建合作联盟或协会，如引导合作社与物流企业合作以完善品牌农产品保鲜、分拣和物流配送体系，引导合作社与大型超市或电商平台合作以建立长期稳定的产销关系；三是要通过贷款支持、税收减免和出口补贴等方式缓解合作社探索品牌建设、对接农产品市场的资金压力。同时，在对接市场的过程中，合作社自身应增强合作社品牌管理能力，制定合作社商标使用规章制度，成立品牌管理小组，严格把控品牌产品质量，提高品牌产品品质，着力打造高端化、精细化的品牌产品，提升合作社产品品牌价值。处于“规模陷阱”的合作社应果断决策，通过对接市场带动合作社产业升级，进而摆脱低效率困境。

三、打造一批党支部领办型高效率合作社样板

实证结果显示，党支部领办型合作社是合作社高效率组态类型。该类型高效率合作社多以土地入股的形式把同村分散的小农户聚集起来适度规模经营，并由党支部统一筹划合作社发展。近年来，村级党支部开创了一条依托合作社大力推进三产融合发展的农业现代化经营之路。多地政府坚持推进党支部领办型合作社发展进程，已在助力合作社增效，促进农民增收，实现党建与乡村振兴深度融合等方面取得一定成效。促进合作社高质量发展，应继续发扬党支部领办型合作社的优势，着力打造一批党支部领办型高效率合作社样板。政府应积极整合农业农村、财政、金融等多部门的力量，利用“组合拳”的政策优先推进党支部领办型合作社发展进程。政府还应在引进人才上寻求突破，制定人才引进专项计划，改变党支部领办型合作社人力资源匮乏的现状。党支部领办

型合作社应充分依托市、县、乡相关部门力量，如依托乡镇经管站力量捋清财务账目、建立财务管理制度、创新盈余分配方式。

四、接续巩固规范农民合作社的成果

近年来，针对合作社发展过程中的问题，多数地方政府通过建立领导小组、成立指导中心等方式对合作社进行排查和整顿，已清理了很多“空壳社”，打击了很多“骗补”行为。然而，实证结果显示，在我国，多数合作社效率水平适中，且“类空壳社”式低效率合作社和缺乏规范式低效率合作社成为合作社低效率的组态类型。要想进一步促进合作社高质量发展，需加大对“类空壳社”式低效率合作社和缺乏规范式低效率合作社的规范力度，接续巩固规范合作社的成果。政府既需要加大对“类空壳社”式低效率合作社的整顿与劝退力度，也需要“一对一”或“一对多”低效率合作社建立起规范的运营制度。政府一是可以开展全面摸底普查行动，调查了解合作社经营状况，编制合作社经营状态调查名录，区分“空壳社”“类空壳社”和缺乏规范合作社，分类进行劝退、指导和帮扶工作；二是在摸底普查的基础上，建立合作社动态管理制度，通过年报抽查和上门走访等方式定期评价合作社生产经营绩效，对合作社经营状态调查名录进行动态管理；三是利用合作社动态管理制度，将连续多年规范经营且效益良好的合作社评定为示范社，精准指导该类示范社树立现代经营理念，打造自主产品品牌，积极对接农产品市场。

五、协调正规金融支持与非正规金融支持的关系

实证研究的结果表明，与非正规信贷约束相比，总体上看，正规信贷约束对农民合作绩效的影响效应更强。由此可见，虽然信贷约束的缓解有助于合作社绩效的提升，但不同类型信贷约束缓解所带来的绩效效应呈现一定的差异性。正规金融和非正规金融均为可供合作社选择的融资渠道。为更好地支持合作社高质量发展，应坚持主次分明原则，协调两者之间的关系。由于正规信贷约束是影响合作社绩效的关键因素，在处理正规金融和非正规金融的关系时，应以发展和完善正规金融为重点，着重缓解合作社的正规信贷约束，从而以更大的幅度提升合作社绩效。一方面，对银行等正规金融机构，除鼓励其单独制订合作社专项贷款计划以及开发合作社专属贷款产品之外，更应研究和建立银行等正规金融机构服务合作社的监测统计制度，将金融服务合作社与银行等正规金融机构的绩效考核评价“捆绑”起来，以激励银行等正规金融机构更加积极地向有信贷需求的合作社发放贷款，不断提升金融服务的效率，推动更多的

信贷资金流向合作社。另一方面，应加快建立和完善合作社信用体系，逐步引导市场化征信机构为合作社提供高质量的涉农征信服务，进一步缓解由于银行等正规金融机构和合作社之间存在的信息不对称及其所导致的逆向选择问题，以更好地缓解合作社的正规信贷约束，从而提升合作社绩效。此外，也应该注意到，非正规信贷根植于农村乡土文化，在正规金融与非正规金融并存的二元农村金融体制下，当合作社难以获得正规信贷时，非正规信贷作为正规信贷的有益补充，充当了维持合作社经营的资金来源非常重要的角色，是提升合作社绩效的重要因素。因此，在正规金融和非正规金融共同构成的农村金融二元结构和实施乡村振兴战略的历史背景下，既要加大对正规金融的扶持力度，也要充分保护、引导和规范非正规信贷市场发展，鼓励更多合法的非正规信贷资金流向合作社，协调正规金融与非正规金融支持合作社发展的关系，以进一步提高合作社绩效，推动合作社高质量发展。

六、精准施策鼓励金融机构针对不同合作社差异化融资

要想为农民合作社高质量发展营造良好的融资环境，就要让更多金融的“活水”流向农民合作社。实证结果表明，随着合作社绩效水平发生变化，信贷约束对其绩效的影响强度也随之变化。信贷约束对高绩效合作社的成长和发展的抑制作用较强，对低绩效合作社的成长和发展的抑制作用相对较弱。因此，在扩大农民合作社信贷规模时，应精准施策，鼓励金融机构根据合作社发展情况差异化放贷，把信贷资金向发展前景较好的合作社倾斜。具体而言，首先，应鼓励金融机构建立一套合作社绩效评价体系，科学、准确、全面地评价合作社绩效。其次，应引导金融机构根据合作社绩效水平精准放贷，把信贷资金向高绩效农民合作社倾斜，逐步提高向发展前景较好的合作社发放贷款的额度，通过差异化的信贷约束方案，最大限度地发挥信贷资金对合作社绩效的提升作用。

REFERENCES 主要参考文献

[1] Aggarwal S, Srivastava M K. Towards a grounded view of collaboration in Indian agri-food supply chains [J]. British Food Journal, 2016 (118): 1085-1106.

[2] Anggraeni E W, Handayati Y, Novani S. Improving Local Food Systems through the Coordination of Agriculture Supply Chain Actors [J]. Sustainability, 2022 (14).

[3] Ariyaratne C B, Featherstone A M, Langemeier M R, et al. Measuring X-efficiency and scale efficiency for a sample of agricultural cooperatives [J]. Agricultural and Resource Economics Review, 2000, 29 (2): 198-207.

[4] Benos T, Kalogeras N, Verhees F, et al. Cooperatives' organizational restructuring, strategic attributes, and performance: the case of agribusiness cooperatives in Greece [J]. Agribusiness, 2016, 32 (1): 127-150.

[5] Bijman J, Iliopoulos C. Farmers' Cooperatives in the Eu: Policies, Strategies, and Organization [J]. Annals of Public & Cooperative Economics, 2015, 85 (4): 497-508.

[6] Boer H, Gertsen F, Kaltoft R, Nielsen J S. Factors affecting the development of collaborative improvement with strategic suppliers [J]. Production Planning Control, 2005 (16): 356-367.

[7] Borodin V, et al. Handling uncertainty in agricultural supply chain management: A state of the art [J]. European journal of operational research, 2016 (254): 348-359.

[8] Boyle, G. E. The Economic Efficiency of Irish Dairy Marketing Cooperatives [J]. Agribusiness, 2004. 20 (2): 143-153.

[9] Cao Y, Mohiuddin M. Sustainable Emerging Country Agro-Food Supply Chains: Fresh Vegetable Price Formation Mechanisms in Rural China [J]. Sustainability, 2019 (11), 2184.

[10] Chaddad F R, Cook M L, Heckelei T. Testing for the presence of financial constraints in US agricultural cooperatives: An investment behaviour approach [J]. Journal of agricultural economics, 2005 (3): 385-397.

[11] Chen L, et al. Performance improving design on cloud computing for agricultural products safety traceability system. Transactions of the Chinese Society of Agricultural Engineering, 2013, 29 (24): 268-274.

[12] Chen X, Wang X, Zhou M. Firms' green R&D cooperation behaviour in a supply chain: Technological spillover, power and coordination [J]. International Journal of Production Economics, 2019 (218): 118-134.

[13] Chris L B, Peter G, David E H, William JT. Key Success Factors for Emerging Agri-

cultural Marketing Cooperatives [J]. Journal of Cooperation，2001 (16)：14 - 24.

[14] Cook M L. The Future of U. S. Agricultural Cooperatives：A Neo - Institutional Approach [J]. American Journal of Agricultural Economics，1995，77 (5)：1153 - 1159.

[15] Dania W，Xing K，Amer Y. Collaboration behavioural factors for sustainable agri - food supply chains：A systematic review [J]. Journal of Cleaner Production，2018 (186)：851 - 864.

[16] De A，Singh S P. Analysis of Fuzzy Applications in the Agri - Supply Chain：A Literature Review [J]. Journal of Cleaner Production，2021 (283)：124577.

[17] Deng L，Wang R，Dong T，et al. Assessing the table grape supply chain performance in China - a value chain analysis perspective [J]. British Food Journal，2016，118 (5)：1129 - 1145.

[18] Downey W D. The challenges of food andagriproduct supply chains [C]. Proceedings of the 2" d international conference on chain management in agribusiness and the food industry. Wageningen Agricultural University，1996 (5)：5 - 13.

[19] Egerstorm，L. Obstacles to Cooperation，in Christopher D. Merrett & Norman Walzer (ets)：Cooperatives and Local Development [J]. Journal of the Community Development Society，2004 (3)：70 - 91.

[20] Eilers C，Hanf C H. Contracts between farmers and farmers' processing co - operatives：A principal - agent approach for the potato starch industry [C] //Vertical relationships and coordination in the food system. Physica - Verlag HD，1999：267 - 284.

[21] Elder S D. The impact of supermarket supply chain governance on smallholder farmercooperatives：The case of Walmart in Nicaragua [J]. Agriculture and Human Values，2019，36 (2)：213 - 224.

[22] Ellram L M，Cooper M C. Supply chain management，partnerships，and the shipper - third party relationship [J]. International Journal of Logistics Management，1990，1 (2)：1 - 10.

[23] Ferrier G D，Porter P K. The productive efficiency of US milk processing co - operatives [J]. Journal of agricultural Economics，1991，42 (2)：161 - 173.

[24] Fischer C，Reynolds N. Collaborative advantage，relational risks and sustainable relationships：a literature review and definition [R]. Agri - food Chain Relationships，CABI，Wallingford，2010：74 - 89.

[25] Fulton，Murray. The Future of Canadian Agricultural Cooperatives：A Property Rights Approach [J]. American Journal of Agricultural Economics，1995，77 (5)：1144 - 1152.

[26] Fynes B，Voss C，S D Búrca. The impact of supply chain relationship quality on quality performance [J]. International Journal of Production Economics，2005 (96)：339 - 354.

[27] Galdeano - Gomez E. Productivity Effects of Environmental Performance：Evidence From tfp Analysis on Marketing Cooperatives [J]. Applied Economics，2008，40

(14): 1873 - 1888.

[28] Glover J. The dark side of sustainable dairy supply chains [J]. International Journal of Operations & Production Management, 2020, 40 (12): 1801 - 1827.

[29] Guo Y, Yin Y. Analysis on Optimization of Agricultural Products Supply Chain Based on Dynamic System [J]. Discrete Dynamics in Nature and Society, 2022 (5): 1 - 13.

[30] Hailu, Getu. Efficiency, Economic Performance and Financial Leverage of Agribusiness Marketing Co - operatives in Canada [J]. Advances in the Economic Analysis of Participatory and Labor - Managed Firms, 2007 (3): 47 - 77.

[31] Hailu, G, Goddard E W, Jeffrey S R. Measuring efficiency in fruit and vegetable marketing cooperatives with heterogeneous technologies in Canada [C]. Rhode Island: American Agricultural Economics Association Annual Meeting, 2005: 211 - 224.

[32] Hakelius, K. Cooperative Values. Farmers' Cooperatives in the Minds of the Farmers, PhD Dissertation [D]. Uppsala, Sweden, Swedish University of Agricultural Sciences, 1996.

[33] Harland C. Supply chain operational performance roles [J]. Integrated Manufacturing System, 1997, 2 (8): 145 - 146.

[34] Helmberger P, Hoos S. Cooperative Enterprise and Organization Theory [J]. Journal of Farm Economics, 1962, 44 (2): 275 - 290.

[35] Hendrikse G, Veerman C P. Marketing Cooperatives: An Incomplete Contracting Perspective [J]. Journal of Agricultural Economics, 2001, 52 (1): 53 - 64.

[36] Hsieh C, Chang Y, Wu C. Competitive pricing and ordering decisions in a multiple - channel supply chain [J]. International Journal of Production Economics, 2014, 154 (4): 156 - 165.

[37] Huang Z H, Wu B, Xu X C, et al. Situation Features and Governance Structure of Farmer Cooperatives in China: Does Initial Situation Matter? [J]. The Social Science Journal, 2016, 53 (1): 100 - 110.

[38] Ip W H, Chan S L, Lam C Y. Modeling supply chain performance and stability [J]. Industrial management & data systems, 2011, 111 (8 - 9): 1332 - 1354.

[39] Jain K, Nagar L, Srivastava V. Benefit sharing in inter - organizational coordination [J]. Supply Chain Management, 2006, 11 (5): 400 - 406.

[40] James, Vercammen, Murray, et al. Nonlinear Pricing Schemes for Agricultural Cooperatives [J]. American Journal of Agricultural Economics, 1996, 78 (3): 572 - 584.

[41] Jena S, Ghadge A. Product bundling and advertising strategy for a duopoly supply chain: A power - balance perspective [J]. Annals of Operations Research, 2020, 315 (2): 1729 - 1753.

[42] Jiang L, Wang Y, Liu D. Logistics cost sharing in supply chains involving a third - party logistics provider [J]. Central European Journal of Operations Research, 2016, 24 (1): 207 - 230.

[43] Kamble S S，Gunasekaran A，Gawankar S A. Achieving Sustainable Performance in a Data - driven Agriculture Supply Chain：A Review for Research and Applications [J]. International journal of production economics，2020 (219)：179 - 194.

[44] Katz J P. Managerial behavior and strategy choices in agribusiness cooperatives [J]. Agribusiness：An International Journal，1997，13 (5)：483 - 495.

[45] Kyriakopoulos K，Meulenberg M，Nilsson J. The Impact of Cooperative Structure and Firm Culture on Market Orientation and Performance [J]. Agribusiness，2002，20 (4)：379 - 396.

[46] Leng K，Bi Y，Jing L，et al. Research on agricultural supply chain system with double chain architecture based on blockchain technology [J]. Future Generation Computer Systems，2018 (86)：641 - 649.

[47] Li J，Wang S，Cheng T. Competition and cooperation in a single - retailer two - supplier supply chain with supply disruption [J]. International Journal of Production Economics，2010，124 (1)：137 - 150.

[48] Li M. On the Internal Contradictions in the Supply Chain of Fresh Agricultural Products and Its Optimization Approach [J]. China Business and Market，2017 (7).

[49] Liang，Q.，G. Hendrikse，Core and Common Members in the Genesis of Farmer Cooperatives in China [J]. Managerial and Decision Economics，2013，34 (3)：244 - 257.

[50] Liu L，Cavaye J，Ariyawardana A. Supply chain responsibility in agriculture and its integration with rural community development：A review of issues and perspectives [J]. Journal of Rural Studies，2022 (93)：134 - 143.

[51] Liu Y，Renwick A，Fu X. The role of agricultural cooperatives in serving as a marketing channel：Evidence from low - income regions of Sichuan province in China [J]. International Food and Agribusiness Management Review，2019，22 (2)：268 - 282.

[52] Lorendahl B. New cooperatives and local development：A study of six cases in Jaemtland，Sweden [J]. Journal of Rural Studies，1996，12 (2)：143 - 150.

[53] Lozano S，Moreno P，Adenso - Díaz B，Algaba E. Cooperative game theory approach to allocating benefits of horizontal cooperation [J]. European Journal of Operational Research，2013 (229)：444 - 452.

[54] Luo Z，Chen X，Kai M. The effect of customer value and power structure on retail supply chain product choice and pricing decisions [J]. Omega - International Journal of Management Science，2018 (77)：115 - 126.

[55] Lutz J，Smetschka B，Grima N. Farmer Cooperation as a Means for Creating Local Food Systems - Potentials and Challenges [J]. Sustainability，2017，9 (6)：1 - 2.

[56] Manzini R，Accorsi R. The new Conceptual Framework for Food Supply Chain Assessment [J]. Journal of Food Engineering，2013，115 (2)：251 - 263.

[57] Ming Y，Grabot B，R Houé. A typology of the situations of cooperation in supply

chains [J]. Computers Industrial Engineering, 2014 (67): 56 - 71.

[58] Morenomiranda C, Dries L. Integrating coordination mechanisms in the sustainability assessment of agri - food chains: From a structured literature review to a comprehensive framework [J]. Ecological Economics, 2022 (192).

[59] Nematollahi M, Tajbakhsh A. Past, present, and prospective themes of sustainable agricultural supply chains: A content analysis [J]. Journal of cleaner production, 2020 (271): 122201.

[60] Nie K, Xie D F, Li W. Research on Dynamic Pricing and Ordering Policy of Fresh Agriculture Product Considering Consumers Perceived Quality [C]. International Conference on Computer Information Systems and Industrial Applications, 2015.

[61] Patel H. An Introduction to Supply Chain Management [D]. McGraw - Hill Professional, 2009.

[62] Peterson H C, Anderson B L. Cooperative strategy: theory and practice [J]. Agribusiness: An International Journal, 1996, 12 (4): 371 - 383.

[63] Phillips R. Economic Nature of the Cooperative Association [J]. Journal of Farm Economics, 1953, 35 (1): 74 - 87.

[64] Porter P. K. , Seully G. W. Economic efficiency in cooperatives [J]. Journal of Law and Economics. 1987, 30 (3): 489 - 512.

[65] Qiu F, Hu Q, Xu B. Fresh Agricultural Products Supply Chain Coordination and Volume Loss Reduction Based on Strategic Consumer [J]. *International Journal of Environmental Research and Public Health*, 2020, 17 (21): 7915.

[66] Raimondi V, Swinnen J, Olper A. Global Value Chain Linkages and Trade Policy: Evidence from the Agricultural and Food Sector [R]. University of Milano, Internal report. 2019.

[67] Raquel, Ajates. Agricultural cooperatives remaining competitive in a globalised food system: At what cost to members, the cooperative movement and food sustainability? [J]. Organization, 2019, 27 (2): 337 - 355.

[68] Rezitis, A N. Empirical analysis of price relations along the Finnish supply chain of selected meat, dairy, and egg products: A dynamic panel data approach [J]. Agribusiness, 2018, 34 (3): 542 - 561.

[69] Royer J S, Smith D B. Patronage refunds, producer expectations and optimal pricing by agricultural cooperatives [J]. Journal of Cooperatives, 2007 (20): 1 - 16.

[70] Schultz C, Albaek S. One cow, one vote? [J]. Scandinavian Journal of Economics, 1997, 99 (4): 597 - 615.

[71] Sexton R J. Current Issues in Cooperative Marketing: The California Perspective [J]. Working Paper, 1991 (2): 49 - 51.

[72] Sexton R J, Iskow J. What do we know about the economic efficiency of cooperatives: an evaluative survey [J]. Journal of Agricultural Cooperation, 1993 (8): 15 - 27.

[73] Sexton R J. The Formation of Cooperatives：A Game－Theoretic Approach with Implications for Cooperative Finance，Decision Making and Stability [J]. American Journal of Agricultural Economics，1986，68 (2)：215－216.

[74] Sharma R，Kamble S S，Gunasekaran A. Big GIS analytics framework for agriculture supply chains：A literature review identifying the current trends and future perspectives [J]. Computers and Electronics in Agriculture，2018 (155)：103－120.

[75] Singhavara M，Leerattanakorn N，Cheamuangphan A，et al. An Analysis of Operational Efficiency and Optimal Development for Agricultural Cooperatives in Chiang Mai [J]. Empirical Econometrics & Quantitative Economics Letters，2013 (3)：19－24.

[76] Sipahi R，Delice I. Stability of inventory dynamics in supply chains with three delays [J]. International Journal of Production Economics，2010，123 (1)：107－117.

[77] Soboh R，Lansink A O，Dijk G V. Efficiency of Cooperatives and Investor Owned Firms Revisited [M]. Blackwell Publishing Ltd. Blackwell Publishing Ltd，2012：142－157.

[78] Staatz J M. A Theoretical perspective on the behavior of farmers' cooperatives (game theory) [D]. Michigan State University，1984.

[79] Su Y，Cook M. Price Stability and Economic Sustainability－Achievable Goals? A Case Study of Organic Valley [J]. American Journal of Agricultural Economics，2018 (97)：635－651.

[80] Sun Y，Zhu Z，Yang H. Fairness Perception，Trust Perception，and Relationship Quality in Agricultural Supply Chains [J]. Journal of Food Quality，2021 (10)：1－10.

[81] Tabrizi S，Ghodsypour S H，Ahmadi A. Modelling three－echelon warm－water fish supply chain：A bi－level optimization approach under nash－cournot equilibrium [J]. Applied Soft Computing，2017 (71)：1035－1053.

[82] Theuvsen L，Franz A. The Role and Success Factors of Livestock Trading Cooperatives：Lessons from German Pork Production [J]. International Food & Agribusiness Management Review，2007，10 (3)：1－15.

[83] Trienekens J H. Agricultural value chains in developing countries a framework for analysis [J]. International Food and Agribusiness Management Review，2011 (1)：51－82.

[84] Valentinov V，Iliopoulos C. Economic Theories of Nonprofits and Agricultural Cooperatives Compared：New Perspectives for Nonprofit Scholars [J]. Nonprofit and Voluntary Sector Quarterly，2013，42 (1)：109－126.

[85] Vicari，Sara，Johnson，et al. What Makes Rural Co－Operatives Resilient in Developing Countries? [J]. Journal of International Development：the Journal of the Development Studies Association，2016，28 (1)：89－111.

[86] Wang J L，Peng X，Du Y A. A tripartite evolutionary game research on information sharing of the subjects of agricultural product supply chain with a farmer cooperative as

the core enterprise [J]. Managerial and Decision Economics, 2021 (43): 159 - 177.

[87] Wang J, Huo Y, Guo X, et al. The pricing strategy of the agricultural product supply chain with farmer cooperatives as the core enterprise [J]. Agriculture, 2022, 12 (5): 732.

[88] Wang YY, Sun J, Wang J C. Equilibrium markup pricing strategies for the dominant retailers under supply chain to chain competition [J]. International Journal of Production Research, 2016, 54 (7): 2075 - 2092.

[89] Woldekidan H, Hadush G, Gerezihar K. Impacts of credit constraint on small holder farmer's technology adoption in Ethiopia: In case of south Ethiopia [J]. Journal of land & rural studies, 2017 (2): 110 - 119.

[90] Xie J P, Lei H Y. Simulation study on the evolutionary game mechanism of collaborative innovation in supply chain enterprises and its influencing elements [J]. Journal of Mathematics, 2021 (2021): 1 - 10.

[91] Yan B, Wang T, Liu Y P, et al. Decision analysis of retailer - dominated dual - channel supply chain considering cost misreporting [J]. International Journal of Production Economics, 2016 (178): 34 - 41.

[92] Yan B, Wu J, Jin Z, et al. Decision - making of fresh agricultural product supply chain considering the manufacturer's fairness concerns [J]. Quarterly Journal of the Belgin, French and Italian Operations Research Societies, 2020 (18): 91 - 122.

[93] Ye F, Lin Q, Li Y. Coordination for contract farming supply chain with stochastic yield and demand under CVaR criterion [J]. Operational Research, 2020 (20): 369 - 397.

[94] Yin S, Bai L, Zhang R. Prevention schemes for future fresh agricultural products (FAPs) supply chain: Mathematical model and experience of guaranteeing the supply of FAPs during the covid - 19 pandemic [J]. Journal of The Science of Food And Agriculture, 2021, 101 (15): 6368 - 6383.

[95] Yu L, Nilsson J. Social capital and the financing performance of farmer cooperatives in Fujian Province, China [J]. Agribusiness, 2018 (4): 847 - 864.

[96] Yu M, Chen Y, Yi Z, et al. Benefits of market information and professional advice in a vertical agricultural supply chain: the role of government provision [J]. International Journal of Production Research, 2022 (60): 3461 - 3475.

[97] Zhao J, Wei J, Li Y. Pricing Decisions for Substitutable Products in a Two - Echelon Supply Chain with Firms Different Channel Powers [J]. International Journal of Production Economics, 2014 (153): 243 - 252.

[98] Zhong Z, Zhang C, Jia F, Bijman J. Vertical coordination and cooperative member benefits: case studies of four dairy farmers' cooperatives in China [J]. Journal of Cleaner Production, 2018 (172): 2266 - 2277.

[99] Zi W, et al., Lin G. Preserving relational contract stability of fresh agricultural product supply chains [J]. Journal of Industrial and Management Optimization, 2021, 17

(5)：2505－2518.
[100] 白世贞，陶阳红，鄢章华．信用支付下基于收益共享契约的网购供应链协调策略研究 [J]. 运筹与管理，2019 (7).
[101] 卞泽阳，李志远，徐铭遥．开发区政策、供应链参与和企业融资约束 [J]. 经济研究，2021 (10).
[102] 蔡荣．“合作社+农户”模式：交易费用节约与农户增收效应——基于山东省苹果种植农户问卷调查的实证分析 [J]. 中国农村经济，2011 (1).
[103] 陈菲琼，范良聪．基于合作与竞争的战略联盟稳定性分析 [J]. 管理世界，2007 (7).
[104] 陈洪转，等．复杂产品主制造商——供应商协同合作最优成本分担激励研究 [J]. 中国管理科学，2014 (9).
[105] 陈锐，张社梅．示范抑或挤出——农民合作社示范社的空间溢出效应 [J]. 中国农村经济，2022 (11).
[106] 陈耀，生步兵．供应链联盟关系稳定性实证研究 [J]. 管理世界，2009 (11).
[107] 陈永伟，顾佳峰，史宇鹏．住房财富、信贷约束与城镇家庭教育开支——来自 CFPS2010 数据的证据 [J]. 经济研究，2014 (S1).
[108] 程克群，孟令杰．农民专业合作社绩效评价指标体系的构建 [J]. 经济问题探索，2011 (7).
[109] 崔宝玉，刘丽珍．交易类型与农民专业合作社治理机制 [J]. 中国农村观察，2017 (4).
[110] 崔宝玉，马康伟．合作社能成为中国乡村治理的有效载体吗——兼论合作社的意外功能 [J]. 中国农村经济，2022 (10).
[111] 董亚．基于管理学的新型农民合作社高质量发展探索 [J]. 中国农业资源与区划，2021 (10).
[112] 樊丽明，石绍宾，张靖会．农民专业合作社供给“俱乐部产品”及其经济效应 [J]. 财政研究，2011 (1).
[113] 方婷．政策环境与社会资本禀赋对农民合作行为的影响机制研究 [D]. 南昌：南昌大学，2022.
[114] 冯华，聂蕾，施雨玲．供应链治理机制与供应链绩效之间的相互作用关系——基于信息共享的中介效应和信息技术水平的调节效应 [J]. 中国管理科学，2020 (2).
[115] 冯开文．微观经济组织研究的新思路——关于合作社与乡镇企业制度变迁比较研究的思考 [J]. 农业经济问题，2000 (8).
[116] 扶玉枝，徐旭初．技术进步、技术效率与合作社生产率增长 [J]. 财贸研究，2013 (6).
[117] 戈锦文，范明，肖璐．社会资本禀赋对农民合作社创新绩效的作用机理研究——吸收能力作为中介变量 [J]. 农业技术经济，2016 (1).
[118] 郭红东，等．影响农民专业合作社成长的因素分析——基于浙江省部分农民专业合作社的调查 [J]. 中国农村经济，2009 (8).

［119］郭铁民．中国共产党领导百年农民合作社发展的“三个逻辑”［J］．福建论坛（人文社会科学版），2021（12）.
［120］郭翔宇，刘永悦．农产品供应链与农民专业合作社绩效优化研究［M］．北京：中国农业出版社，2019.
［121］郭翔宇，姚江南，杜旭．扎根范式下农民专业合作社战略选择与演进机理研究［J］．学习与探索，2022（5）.
［122］郭翔宇．推进农业高质量发展，以农业强省支撑农业强国建设［J］．农业经济与管理，2022（6）.
［123］韩俊，等．中国农民合作经济组织发展的影响因素分析［J］．红旗文稿，2006（15）.
［124］韩旭东，等．盈余分配制度对合作社经营绩效影响的实证分析：基于新制度经济学视角［J］．中国农村经济，2020（4）.
［125］何慧丽，杨光耀．农民合作社：一种典型的本土化社会企业［J］．中国农业大学学报（社会科学版），2019（3）.
［126］侯佳君，曾以宁，刘云强．自生能力、交易环境与农民专业合作社绩效——基于四川省321家农民专业合作社的实证研究［J］．农村经济，2020（11）.
［127］侯经川，钱文荣，黄祖辉．比较利益的分配法则——经济竞争力的决定机制研究［J］．经济研究，2007（10）.
［128］胡瑷龄．农民专业合作社高质量发展影响因素研究［D］．海口：海南大学，2022.
［129］胡平波．合作社企业家能力与合作社绩效关系的实证分析——基于江西省的调查［J］．华东经济管理，2013（9）
［130］胡玉凤，丁友强，孙元欣．平台模式下农民合作社与供应链协调研究——以农户主导视角［J］．中国管理科学，2021（5）.
［131］黄博．乡村振兴战略下农民专业合作社的发展路径研究［J］．经济体制改革，2020（5）.
［132］黄桂红，贾仁安．生鲜农产品供应链系统反馈结构模型的建立与应用——以赣南脐橙为例［J］．系统工程理论与实践，2010（6）.
［133］黄金秋，史顺超．地方政府作用对农民专业合作社成长影响的实证分析［J］．统计与决策，2018（19）.
［134］黄胜忠，林坚，徐旭初．农民专业合作社治理机制及其绩效实证分析［J］．中国农村经济，2008（3）.
［135］黄胜忠．利益相关者集体选择视角的农民合作社形成逻辑、边界与本质分析［J］．中国农村观察，2014（2）.
［136］黄祖辉，扶玉枝，徐旭初．农民专业合作社的效率及其影响因素分析［J］．中国农村经济，2011（7）.
［137］黄祖辉，扶玉枝．合作社效率评价：一个理论分析框架［J］．浙江大学学报（人文社会科学版），2013（1）.
［138］季晨，贾甫，徐旭初．基于复衡性和绩效视角的农民合作社成长性探析——对生猪

养殖合作社的多案例分析 [J]. 中国农村观察，2017 (3).
[139] 金碚．关于“高质量发展”的经济学研究 [J]. 中国工业经济，2018 (4).
[140] 孔令英，王云．基于 DEA - Tobit 模型的农民专业合作社效率分析——来自新疆生产建设兵团的实证 [J]. 中国农业资源与区划，2021 (7).
[141] 孔祥智，等．中国农民合作社运行机制与社会效应研究——百社千户调查 [M]. 北京：中国农业出版社，2012.
[142] 孔祥智，郭艳芹．现阶段农民合作经济组织的基本状况、组织管理及政府作用——23 省农民合作经济组织调查报告 [J]. 农业经济问题，2006 (1).
[143] 李斌，陈景．第三方物流企业协同关系的演化博弈 [J]. 统计与决策，2011 (3).
[144] 李成龙，周宏．资源禀赋、政府培训与农户生态生产行为 [J]. 农业经济与管理，2022 (5).
[145] 李后建，扈益，张玲玲．理事长社会关系网络对农民合作社创新行为的影响研究 [J]. 科研管理，2022 (8).
[146] 李辉婕，胡侦，陈洋庚．资本禀赋、获得感与农民有序政治参与行为——基于 CGSS2015 数据的实证研究 [J]. 农业技术经济，2019 (10).
[147] 李季芳，冷霄汉．基于节点关系视角的我国农产品供应链研究 [J]. 吉林大学社会科学学报，2016 (1).
[148] 李季芳．供应链节点企业竞争合作博弈分析 [J]. 理论学刊，2014 (4).
[149] 李明，赵晓飞．农产品供应链整合的特征与规律研究——基于传统渠道模式和全渠道模式的比较分析 [J]. 经济学家，2022 (7).
[150] 李维安，李勇建，石丹．供应链治理理论研究：概念、内涵与规范性分析框架 [J]. 南开管理评论，2016 (1).
[151] 李旭，李雪．社会资本禀赋对农民专业合作社成长的影响——基于资源获取中介作用的研究 [J]. 农业经济问题，2019 (1).
[152] 李云新，王晓璇．农民专业合作社行为扭曲现象及其解释 [J]. 农业经济问题，2017 (4).
[153] 梁巧，董涵．从国内外农民合作社相关研究看我国农民合作社发展问题——基于对 2015—2018 年相关文献的梳理 [J]. 农业经济问题，2019 (12).
[154] 梁巧，等．社会资本对农民合作社社员参与行为及绩效的影响 [J]. 农业经济问题，2014 (11).
[155] 廖小静，邓衡山，沈贵银．农民合作社高质量发展机制研究 [J]. 南京农业大学学报（社会科学版），2021 (2).
[156] 廖小静，邓衡山，沈贵银．农民合作社高质量发展机制研究 [J]. 南京农业大学学报（社会科学版），2021 (2).
[157] 廖晓明，方婷，邱俊柯．农民合作社发展：社会资本与合作参与——基于多案例比较研究 [J]. 南京农业大学学报（社会科学版），2023 (2).
[158] 林坚，黄胜忠．成员异质性与农民专业合作社的所有权分析 [J]. 农业经济问题，2007 (10).

[159] 刘同山，孔祥智．精英行为、制度创新与农民合作社成长——黑龙江省克山县仁发农机合作社个案 [J]. 商业研究，2014 (5).

[160] 刘同山，孔祥智．治理结构如何影响农民合作社绩效——对 195 个样本的 SEM 分析 [J]. 东岳论丛，2015 (12).

[161] 刘文康．不同等级示范社经营效率及影响因素研究 [D]. 南昌：江西农业大学，2019.

[162] 刘雨欣，胡月，郭翔宇．生产经营型农机合作社面临资金困境的原因分析及对策建议——以黑龙江省为例 [J]. 农村经济，2017 (1).

[163] 刘召云，孙世民，王继勇．我国农产品供应链管理的研究进展及趋势 [J]. 商业研究，2009 (3).

[164] 卢松泉．供应链核心企业生成机理研究 [D]. 武汉：华中科技大学，2008.

[165] 陆杉，高阳．供应链的协同合作：基于商业生态系统的分析 [J]. 管理世界，2007 (5).

[166] 罗昌，贾素玲，王惠文．基于系统动力学的供应链稳定性研究 [J]. 系统仿真学报，2008 (14).

[167] 罗明忠，刘子玉，郭如良．合作参与、社会资本积累与农户相对贫困缓解——以农民专业合作社参与为例 [J]. 农业现代化研究，2021 (5).

[168] 马士华，林勇．供应链管理（第二版）[M]，北京：机械工业出版社，2005.

[169] 孟维福，杨兆廷．农民专业合作社信贷可得性影响因素分析 [J]. 统计与决策，2019 (18).

[170] 莫华，曾福生．现代农业视角下农民专业合作社发展水平评估研究——基于湖南数据的实证 [J]. 农业现代化研究，2017 (3).

[171] 彭莹莹，苑鹏．合作社企业家能力与合作社绩效关系的实证研究 [J]. 农村经济，2014 (12).

[172] 秦愚，苗彤彤．合作社的本质规定性 [J]. 农业经济问题，2017 (4).

[173] 任保平，文丰安．新时代中国高质量发展的判断标准、决定因素与实现途径 [J]. 改革，2018 (4).

[174] 任海军，崔婧．经济高质量发展评价指标体系构建与实证 [J]. 统计与决策，2022 (13).

[175] 邵慧敏，秦德智．内部信任对农民合作社绩效的影响分析 [J]. 农村经济，2018 (3).

[176] 邵科，朱守银．农民专业合作社发展的不良类型、成因与应对思路 [J]. 农业经济与管理，2014 (1).

[177] 史丹，李鹏．中国经济高质量发展测度与国际比较 [J]. 东南学术，2019 (5).

[178] 孙亚范，余海鹏．农民专业合作社制度安排对成员行为及组织绩效影响研究 [J]. 南京农业大学学报（社会科学版），2012 (4).

[179] 万俊毅，曾丽军．合作社类型、治理机制与经营绩效 [J]. 中国农村经济，2020 (2).

[180] 汪恭礼，崔宝玉．乡村振兴视角下农民合作社高质量发展路径探析 [J]．经济纵横，2022 (3).
[181] 王清晓．供应链核心企业竞争优势提升策略 [J]．中国流通经济，2009 (6).
[182] 王若男，等．合作社信贷约束：需求型还是供给型——基于双变量 Probit 模型的分析 [J]．农业现代化研究，2019 (5).
[183] 王图展．自生能力、外部支持与农民合作社服务功能 [J]．农业经济问题，2017 (5).
[184] 王永平，孟卫东．供应链企业合作竞争机制的演化博弈分析 [J]．管理工程学报，2004 (2).
[185] 王真．合作社治理机制对社员增收效果的影响分析 [J]．中国农村经济，2016 (6).
[186] 吴天龙，刘同山，孔祥智．农民合作社与农业现代化——基于黑龙江仁发合作社个案研究 [J]．农业现代化研究，2015 (3).
[187] 吴翔宇，丁云龙．中国农民专业合作社为何迅猛发展——基于“关系产权”的农户产权稀释问题解释 [J]．农业经济问题，2019 (6).
[188] 徐良培，李淑华，陶建平．基于产品专用性差异的农产品供应链协同机制研究 [J]．科技进步与对策，2011 (22).
[189] 徐旭初，吴彬．治理机制对农民合作社绩效的影响——基于浙江省 526 家农民合作社的实证分析 [J]．中国农村经济，2010 (5).
[190] 徐旭初．农民专业合作经济组织的制度分析 [D]．杭州：浙江大学，2005.
[191] 徐旭初．农民专业合作社绩效评价体系及其验证 [J]．农业技术经济，2009 (4).
[192] 徐洋，郭翔宇．三产融合对农民合作社绩效的作用机制——来自黑龙江省 254 家农民合作社的经验 [J]．中国农业大学学报，2022 (11).
[193] 徐志向，丁任重．新时代中国省际经济发展质量的测度、预判与路径选择 [J]．政治经济学评论，2019 (1).
[194] 杨大蓉．农民专业合作社经营效率的测度 [J]．统计与决策，2016 (16).
[195] 杨丹，唐羽．合谋视角下的农民合作社绩效与评级 [J]．农业技术经济，2019 (3).
[196] 杨德礼，于江．供应链管理下节点企业与第三方物流间协同合作的量化研究 [J]．中国软科学，2003 (3).
[197] 苑鹏．对公司领办的农民专业合作社的探讨——以北京圣泽林梨专业合作社为例 [J]．管理世界，2008 (7).
[198] 苑鹏．“公司＋合作社＋农户”下的四种农业产业化经营模式探析——从农户福利改善的视角 [J]．中国农村经济，2013 (4).
[199] 张蓓，黄志平，杨炳成．农产品供应链核心企业质量安全控制意愿实证分析——基于广东省 214 家农产品生产企业的调查数据 [J]．中国农村经济，2014 (1).
[200] 张超．合作社公共服务效率及其影响因素分析——基于浙江省的调查 [J]．财贸研究，2016 (3).
[201] 张贵磊，刘志学．主导型供应链的 Stackelberg 利润分配博弈 [J]．系统工程，2006 (11).

[202] 张洪振，任天驰，杨汭华．大学生村官推动了村级集体经济发展吗——基于中国第三次农业普查数据［J］．中国农村观察，2020（6）．

[203] 张靖会．农民专业合作社效率评价体系：基于供给机制视角的研究［J］．中央财经大学学报，2012（2）．

[204] 张开华，张清林．农民专业合作社成长的困惑与思考［J］．农业经济问题，2007（5）．

[205] 张梅，杨志勇，高志杰．现代农机合作社政府管理的绩效评价——基于黑龙江省 44 家现代农机合作社的调查［J］．农业经济与管理，2016（3）．

[206] 张明月，薛兴利，郑军．合作社参与"农超对接"满意度及其影响因素分析——基于 15 省 580 家合作社的问卷调查［J］．中国农村观察，2017（3）．

[207] 张庆海．金融支持新型农业经营主体高质量发展问题研究［D］．长春：吉林财经大学，2022．

[208] 张树山，等．供应链数字化与供应链安全稳定——一项准自然实验［J］．中国软科学，2021（12）．

[209] 张喜才．农产品供应链安全风险及应对机制研究［J］．农业经济问题，2022（2）．

[210] 张向阳，熊峰，邱妘．我国农产品供应链构建［J］．中国流通经济，2013（11）．

[211] 张晓林，李广．鲜活农产品供应链协调研究——基于风险规避的收益共享契约分析［J］．技术经济与管理研究，2014（2）．

[212] 张晓山，苑鹏．合作经济理论与中国农民合作社的实践［M］．北京：首都经济贸易大学出版社，2009．

[213] 张晓山．促进以农产品生产专业户为主体的合作社的发展——以浙江省农民专业合作社的发展为例［J］．中国农村经济，2004（11）．

[214] 张学志，陈功玉．我国农产品供应链的运作模式选择［J］．中国流通经济，2009（10）．

[215] 张益丰，孙运兴．"空壳"合作社的形成与合作社异化的机理及纠偏研究［J］．农业经济问题，2020（8）．

[216] 张正岩，等．何以破解特困地区合作社的集体行动困境——基于社会资本视阈的多案例分析［J］．农业经济问题，2022（11）．

[217] 赵彩云，王征兵，邹润玲．农民专业合作社利益机制及其绩效实证分析——以陕西省为例［J］．农村经济，2013（10）．

[218] 赵佳荣．农民专业合作社"三重绩效"评价模式研究［J］．农业技术经济，2010（2）．

[219] 赵晓飞．我国现代农产品供应链体系构建研究［J］．农业经济问题，2012（1）．

[220] 赵晓峰．信任建构、制度变迁与农民合作组织发展——一个农民合作社规范化发展的策略与实践［J］．中国农村观察，2018（1）．

[221] 赵辛．鲜活农产品供应链价格风险生成机理与管理机制研究［D］．重庆：西南大学，2013．

[222] 郑阳阳，罗建利．农业生产培训能提升农户扩大农地规模意愿吗——来自 12 省

2340 个农户的证据 [J]. 华中农业大学学报（社会科学版），2020 (2).
[223] 钟真，黄斌．要素禀赋、入社门槛与社员增收——基于三家农民合作社的案例分析 [J]. 改革，2018 (9).
[224] 周娟．农村集体经济组织在乡村产业振兴中的作用机制研究——以“企业＋农村集体经济组织＋农户”模式为例 [J]. 农业经济问题，2020 (11).
[225] 周树华，张正洋，张艺华．构建连锁超市生鲜农产品供应链的信息管理体系探讨 [J]. 管理世界，2011 (113).
[226] 周文根．农民合作社发展的中国化道路探索 [J]. 农村经济，2022 (10).
[227] 周晓阳，等．政府补贴下考虑零售商不同竞争行为的闭环供应链决策及合同选择 [J]. 中国管理科学，2022 (3).
[228] 周振，孔祥智．资产专用性、谈判实力与农业产业化组织利益分配——基于农民合作社的多案例研究 [J]. 中国软科学，2017 (7).
[229] 周振，孔祥智．盈余分配方式对农民合作社经营绩效的影响——以黑龙江省克山县仁发农机合作社为例 [J]. 中国农村观察，2015 (5).
[230] 朱晨，张骥骧．基于政府参与的逆向供应链合作行为演化博弈分析 [J]. 统计与决策，2021 (18).
[231] 朱兴涛，吴宗劲，李方乐．农民专业合作社生命周期与长效机制初探 [J]. 长白学刊，2016 (4).
[232] 朱秀梅，费宇鹏．关系特征、资源获取与初创企业绩效关系实证研究 [J]. 南开管理评论，2010 (3).
[233] 朱毅华，王凯．农产品供应链整合绩效实证研究——以江苏地区为例 [J]. 南京农业大学学报（社会科学版），2004 (2).